동아출판이 만든 진짜 기출예상문제집

특급기출

기말고사

중학 영어 2-2

How to Study

이 책의 구성과 특징

STEP A   영역별로 교과서 핵심 내용을 학습하고, 연습 문제로 실력을 다집니다. 실전 TEST로 학교 시험에 대비합니다.

Words 만점 노트
교과서 흐름대로 핵심 어휘와 표현을 학습합니다.
Words Plus 만점 노트
대표 어휘의 영영풀이 및 다의어, 반의어 등을
학습하며 어휘를 완벽히 이해합니다.

Words 연습 문제 &
Words Plus 연습 문제
다양한 유형의 연습 문제를 통해 어휘 실력을
다집니다.

Words 실전 TEST
학교 시험 유형의 어휘 문제를 풀며
실전에 대비합니다.

Listen and Talk 핵심 노트
교과서 속 핵심 의사소통 기능을
학습하고, 시험 포인트를 확인합니다.
Listen and Talk 만점 노트
교과서 속 모든 대화문의 심층 분석을
통해 대화문을 철저히 학습합니다.

Listen and Talk 연습 문제
빈칸 채우기와 대화 순서 배열하기를
통해 교과서 속 모든 대화문을 완벽히
이해합니다.

Listen and Talk 실전 TEST
학교 시험 유형의 Listen and Talk 문제를
풀며 실전에 대비합니다. 서술형 실전 문항으로
서술형 문제까지 대비합니다.

Grammar 핵심 노트
교과서 속 핵심 문법을 명쾌한 설명과
시험 포인트로 이해하고, Quick Check로
명확히 이해했는지 점검합니다.

Grammar 연습 문제
핵심 문법별로 연습 문제를 풀며
문법의 기본을 다집니다.

Grammar 실전 TEST
학교 시험 유형의 문법 문제를 풀며
실전에 대비합니다. 서술형 실전 문항으로
서술형 문제까지 대비합니다.

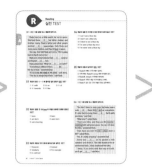

Reading 만점 노트
교과서 속 읽기 지문을
심층 분석하여 시험에
나올 내용을 완벽히
이해하도록 합니다.

Reading 연습 문제
빈칸 채우기, 바른 어휘·어법 고르기, 틀린 문장
고치기, 배열로 문장 완성하기 등 다양한 형태의
연습 문제를 풀며 읽기 지문을 완벽히 이해하고,
시험에 나올 내용에 완벽히 대비합니다.

Reading 실전 TEST
학교 시험 유형의 읽기 문제를
풀며 실전에 대비합니다. 서술형
실전 문항으로 서술형 문제까지
대비합니다.

기타 지문 만점 노트 &
기타 지문 실전 TEST
학교 시험에 나올 만한 각 영역의
기타 지문들까지 학습하고 실전
문항까지 풀어 보면 빈틈없는 내신
대비가 가능합니다.

STEP B 내신 만점을 위한 고득점 TEST 구간으로, 다양한 유형과 난이도의 학교 시험에 완벽히 대비합니다.

고득점을 위한 연습 문제
• Listen and Talk 영작하기
• Reading 영작하기

영작 완성 연습 문제를 통해, 대화문과
읽기 지문을 완벽히 이해하면서 암기합니다.

고득점 맞기 TEST
• Words 고득점 맞기   • Listen and Talk 고득점 맞기
• Grammar 고득점 맞기   • Reading 고득점 맞기

고난도 문제를 각 영역별로 풀며 실전에 대비합니다.
수준 높은 서술형 실전 문항으로 서·논술형 문제까지
영역별로 완벽 대비합니다.

서술형 100% TEST
다양한 유형의 서술형 문제를
통해 학교 시험에서 비중이
확대되고 있는 서술형 평가에
철저히 대비합니다.

내신 적중 모의고사 학교 시험과 유사한 모의고사로 실전 감각을 기르며, 내신에 최종적으로 대비합니다.

[1~3회] 대표 기출로 내신 적중 모의고사
학교 시험에 자주 출제되는 대표적인 기출 유형의
모의고사를 풀며 실전에 최종적으로 대비합니다.

[4회] 고난도로 내신 적중 모의고사
학교 시험에서 변별력을 높이기 위해 출제되는
고난도 문제 유형의 모의고사를 풀며 실전에
최종적으로 대비합니다.

오답 공략
모의고사에서 틀린 문제를 표시한 후, 부족한
영역과 학습 내용을 점검하여 내신 대비를
완벽히 마무리합니다.

Contents 차례

Special Lesson · Creative Ideas in Stories

정답 및 해설

If you can dream it, you can do it.

- Walt Disney -

Lesson 7

Life in Space

주요 학습 내용	의사소통 기능	알고 있는지 묻기	**A:** Did you hear about the new musical? (새로운 뮤지컬에 대해 들었니?) **B:** Yes, I did. / No, I didn't. (응. 들었어. / 아니, 못 들었어.)
		궁금증 표현하기	I'm really curious about it. (난 그게 뭔지 정말 궁금해.)
	언어 형식	현재완료	I've never **seen** a blue sky. (나는 파란 하늘을 본 적이 없다.)
		It ~ to부정사	It's difficult **to walk on Earth**. (지구에서는 걷는 것이 어렵다.)

학습 단계 PREVIEW	STEP **A**	Words	Listen and Talk	Grammar	Reading	기타 지문
	STEP **B**	Words	Listen and Talk	Grammar	Reading	서술형 100% Test
	내신 **적중** 모의고사	제 **1** 회	제 **2** 회	제 **3** 회	제 **4** 회	

Words

만점 노트

* 완벽히 외운 단어는 □ 안에 √표 해 봅시다.

Listen and Talk

□□ begin	동 시작하다; 시작되다 (-began-begun)	□□ Mars☆	명 화성
		□□ moon☆	명 (행성의) 위성; 달
□□ curious☆	형 궁금한, 호기심이 많은	□□ play	동 (영화가) 상영되다
□□ first	형 첫 번째의 부 우선, 첫째로; 처음으로	□□ space station☆	우주 정거장
□□ life	명 생활; 삶; 생명	□□ taste	명 맛 동 맛이 ~하다
□□ marathon	명 마라톤	□□ type	명 유형, 종류

Talk and Play

□□ dessert	명 후식	□□ soft drink	청량음료

Reading

□□ alright	형 괜찮은, 받아들일 만한 (= all right)	□□ space suit	우주복
□□ container	명 그릇, 용기	□□ spaceship	명 우주선
□□ Earth	명 지구	□□ swallow	동 삼키다
□□ ever	부 이전에; 지금까지	□□ towards	전 (어떤 방향을) 향하여
□□ everywhere	부 어디에나, 어디든지	□□ trip	명 여행
□□ exciting	형 신나는, 흥미진진한	□□ wet	형 젖은
□□ far	부 멀리	□□ be born	태어나다
□□ finally	부 마침내	□□ be covered with	~으로 뒤덮여 있다
□□ float	동 (물 위나 공중에서) 뜨다, 떠가다	□□ each other	서로
□□ form	동 형성하다, 만들다 명 양식	□□ get on	~에 타다
□□ grass	명 잔디	□□ go back to	~로 되돌아가다
□□ hill	명 언덕	□□ in surprise	놀라서
□□ land☆	동 착륙하다	□□ lie down	눕다, 누워있다
□□ later	부 나중에, 후에	□□ not ~ anymore	더 이상 ~이 아닌
□□ laugh	동 웃다	□□ pull down☆	~을 끌어내리다, 당겨서 내리다
□□ lie☆	동 눕다 (-lay-lain)	□□ roll down	굴러 내려가다
□□ secret	명 비밀	□□ run up to	~로 뛰어 올라가다
□□ shake	동 흔들다 (-shook-shaken)	□□ tell A about B	A에게 B에 대해 말하다
□□ space☆	명 우주; 공간	□□ work on	~에서 일하다

Language in Use

□□ dangerous	형 위험한	□□ French	형 프랑스의 명 프랑스어; 프랑스인
□□ fix	동 고치다, 수리하다	□□ thrilling	형 흥미진진한, 스릴 만점의

Review

□□ alone	부 홀로, 혼자서	□□ hero	명 영웅
□□ foreign	형 외국의	□□ save	동 구하다; 모으다, 저축하다

Words

연습 문제

A 다음 단어의 우리말 뜻을 쓰시오.

01 alright _____
02 thrilling _____
03 later _____
04 space _____
05 ever _____
06 container _____
07 Mars _____
08 taste _____
09 fix _____
10 hill _____
11 curious _____
12 swallow _____
13 towards _____
14 everywhere _____
15 laugh _____
16 form _____
17 spaceship _____
18 shake _____
19 dessert _____
20 float _____

B 다음 우리말 뜻에 알맞은 영어 단어를 쓰시오.

01 착륙하다 _____
02 멀리 _____
03 잔디 _____
04 시작하다 _____
05 유형, 종류 _____
06 마라톤 _____
07 (행성의) 위성; 달 _____
08 영웅 _____
09 우주 정거장 _____
10 위험한 _____
11 홀로, 혼자서 _____
12 눕다 _____
13 구하다; 모으다 _____
14 비밀 _____
15 젖은 _____
16 외국의 _____
17 신나는, 흥미진진한 _____
18 지구 _____
19 마침내 _____
20 우주복 _____

C 다음 영어 표현의 우리말 뜻을 쓰시오.

01 each other _____
02 in surprise _____
03 be born _____
04 pull down _____
05 work on _____
06 be covered with _____
07 get on _____
08 not ~ anymore _____
09 roll down _____
10 tell A about B _____

D 다음 우리말 뜻에 알맞은 영어 표현을 쓰시오.

01 ~로 뛰어 올라가다 _____
02 태어나다 _____
03 ~에 타다 _____
04 눕다, 누워있다 _____
05 더 이상 ~이 아닌 _____
06 놀라서 _____
07 ~으로 뒤덮여 있다 _____
08 ~을 끌어내리다 _____
09 서로 _____
10 ~로 되돌아가다 _____

Words Plus
만점 노트

영영풀이

☐☐ container	그릇, 용기	something that you keep things in
☐☐ curious	궁금한	wanting to know something or to learn about the world
☐☐ exciting	신나는, 흥미진진한	making you feel excited
☐☐ float	뜨다, 떠가다	to move slowly and gently through the water or the air
☐☐ form	형성하다, 만들다	to make something exist or develop
☐☐ grass	잔디	a common plant with thin, green leaves that grows close to the ground
☐☐ hill	언덕	an area of high land, like a small mountain
☐☐ land	착륙하다	to move down onto the ground
☐☐ laugh	웃다	to make a sound with your voice because you think something is funny
☐☐ lie	눕다	to be or to get into a position with your body flat on something
☐☐ roll	구르다, 굴러가다	to turn over and over and move in a particular direction
☐☐ secret	비밀	an idea, plan, or information that you do not tell other people about
☐☐ shake	흔들다	to move up and down or from side to side quickly
☐☐ space	우주	the area outside the Earth
☐☐ space station	우주 정거장	a place or vehicle in space where people can stay
☐☐ space suit	우주복	a special piece of clothing that astronauts wear in space
☐☐ spaceship	우주선	a vehicle that can carry people through space
☐☐ swallow	삼키다	to make food or drink go down your throat
☐☐ towards	(어떤 방향을) 향하여	in the direction of somebody or something
☐☐ trip	여행	a visit to a place that you travel to

단어의 의미 관계

● 유의어
  alone (혼자) = by oneself
  finally (마침내) = eventually
  trip (여행) = journey

● 반의어
  begin (시작하다, 시작되다) ↔ end (끝나다, 끝내다)
  safe (안전한) ↔ dangerous (위험한)
  exciting (신나는) ↔ boring (지루한)
  far (멀리) ↔ near (가까이)
  land (착륙하다) ↔ take off (이륙하다)

● 형용사 – 부사
  final (마지막의) – finally (마침내)
  real (진짜의, 실제의) – really (실제로, 정말로)

다의어

● land   1. 통 착륙하다   2. 명 토지, 땅
  1. The plane slowly came down to land.
     (비행기는 착륙하기 위해 천천히 내려왔다.)
  2. The land around here is quite flat.
     (이 근처의 땅은 꽤 평평하다.)

● lie   1. 통 눕다 (-lay-lain)   2. 통 거짓말하다 (-lied-lied)
  1. I told him to lie in bed.
     (나는 그에게 침대에 누워 있으라고 말했다.)
  2. Don't lie to me! (내게 거짓말하지 마!)

● space   1. 명 우주   2. 명 공간
  1. The astronauts will spend a week in space.
     (우주 비행사들은 우주에서 일주일을 보낼 것이다.)
  2. She found a parking space near the supermarket.
     (그녀는 슈퍼마켓 근처에서 주차 공간을 발견했다.)

연습 문제

A 다음 영영풀이에 해당하는 단어를 [보기]에서 찾아 쓴 후, 우리말 뜻을 쓰시오.

[보기]	roll	form	shake	secret	container	float	space	curious

1 _____ : the area outside the Earth : _____

2 _____ : something that you keep things in : _____

3 _____ : to make something exist or develop : _____

4 _____ : to move up and down or from side to side quickly : _____

5 _____ : to move slowly and gently through the water or the air : _____

6 _____ : wanting to know something or to learn about the world : _____

7 _____ : to turn over and over and move in a particular direction : _____

8 _____ : an idea, plan, or information that you do not tell other people about : _____

B 다음 빈칸에 알맞은 단어를 [보기]에서 찾아 쓰시오. (단, 한 번씩만 쓸 것)

[보기]	laugh	towards	swallow	everywhere	lie

1 Her dog goes _____ with her.

2 I heard him suddenly _____ aloud.

3 He stood up and walked _____ his friends.

4 You can _____ down if you're not feeling well.

5 I have a sore throat, and it hurts when I _____ something.

C 우리말과 의미가 같도록 빈칸에 알맞은 말을 쓰시오.

1 그녀는 놀라서 올려다보았다. → She looked up _____ _____.

2 그녀는 1877년 2월 7일에 태어났다. → She _____ _____ on February 7, 1877.

3 모퉁이에서 50번 버스를 타세요. → _____ _____ bus number 50 at the corner.

4 그 소녀들은 서로를 쳐다보고 미소 지었다. → The girls looked at _____ _____ and smiled.

5 그의 책상은 책과 종이로 뒤덮여 있었다. → His desk _____ _____ _____ books and paper.

D 다음 짝지어진 단어의 관계가 같도록 빈칸에 알맞은 단어를 쓰시오.

1 real : really = final : _____

2 begin : end = _____ : take off

3 safe : dangerous = _____ : near

4 finally : eventually = _____ : by oneself

W Words

실전 TEST

01 다음 영영풀이에 해당하는 단어로 알맞은 것은?

> to make something exist or develop

① land   ② form   ③ float
④ roll   ⑤ shake

02 다음 중 짝지어진 단어의 관계가 나머지와 <u>다른</u> 하나는?

① far – near   ② trip – journey
③ land – take off   ④ exciting – boring
⑤ safe – dangerous

03 다음 빈칸에 들어갈 말이 순서대로 바르게 짝지어진 것은?

> • He opened his eyes wide _____ surprise.
> • We got _____ the wrong subway train this morning.

① in – on   ② on – in   ③ in – by
④ of – in   ⑤ of – on

04 다음 빈칸에 공통으로 들어갈 말로 알맞은 것은?

> • Please tell me the truth. Don't _____ to me.
> • You should _____ down on the bed and get some rest.

① fix   ② play   ③ shake
④ laugh   ⑤ lie

05 다음 중 밑줄 친 부분의 우리말 의미가 알맞지 <u>않은</u> 것은?

① They <u>ran up to</u> the tree on the hill.
 (~로 뛰어 올라갔다)
② The mountains <u>are covered with</u> snow.
 (~로 뒤덮여 있다)
③ <u>Pull the handle down</u> on the machine.
 (~을 무너뜨리다)
④ The children looked at <u>each other</u> and laughed.
 (서로)
⑤ He <u>was born</u> in Germany, but his parents are from France. (태어났다)

06 다음 중 단어와 영영풀이가 바르게 연결되지 <u>않은</u> 것은?

① space: the area outside the Earth
② land: to move down onto the ground
③ trip: a visit to a place that you travel to
④ container: something that you keep things in
⑤ shake: to make food or drink go down your throat

07 다음 우리말과 의미가 같도록 빈칸에 알맞은 말을 쓰시오.

> 그 우주선은 곧 국제 우주 정거장에 착륙할 것이다.

→ The spaceship will soon land at the international _____ _____.

Listen and Talk

핵심 노트

1 알고 있는지 묻기

A: **Did you hear about** the new musical?   새로운 뮤지컬에 대해 들었니?

B: Yes, I did. / No, I didn't.   응, 들었어. / 아니, 못 들었어.

Did you hear (about) ~?은 '(~에 대해) 들었니?'라는 뜻으로 어떤 새로운 정보에 대해 알고 있는지 묻는 말이다. 비슷한 표현으로는 Do you know (about) ~? / Have you heard (about) ~? / Are you aware (of) ~? 등이 있다. Did you hear (about) ~? 에 답할 때는 Yes, I did. 또는 No, I didn't.로 말한다.

시험 포인트 **point**

새로운 정보의 구체적인 내용이 무엇인지 묻는 문제가 출제되므로, Did you hear about ~? 등의 표현 뒤에 이어지는 정보의 내용을 잘 파악하도록 한다.

· A: Did you hear about the new teacher? (새로 오신 선생님에 대해 들었니?)

  B: Yes, I did. I heard she's a science teacher. (응, 들었어. 과학 선생님이라고 들었어.)

· A: Do you know about the movie, *My Hero*? ('나의 영웅'이라는 영화에 대해 알고 있니?)

  B: Yes, I do. It's about a father who saves his son.

    (응, 알아. 아들을 구하는 한 아버지에 관한 영화야.)

· A: Have you heard about the book, *Matilda*? ('마틸다'라는 책에 대해 들어 봤니?)

  B: No, I haven't. (아니, 못 들어 봤어.)

  A: It's about a girl who uses her special powers to help her friends.

    (친구들을 돕기 위해 자신의 특별한 능력을 사용하는 한 소녀에 관한 거야.)

2 궁금증 표현하기

I'm really **curious about** it.   난 그게 뭔지 정말 궁금해.

어떤 대상에 관해 궁금하거나 그 대상에 대해 더 많은 정보를 알고 싶을 때 '나는 ~에 관해 궁금해.'라는 뜻으로 I'm curious about ~.으로 말한다. I'd like to know more about ~.으로 말할 수도 있다.

시험 포인트 **point**

언급된 대상에 대해 궁금증을 나타내는 다양한 표현을 알고 있는지 확인하는 문제가 자주 출제되므로, 궁금증을 나타내는 다양한 표현들을 익혀 두도록 한다. 또한 I'm curious about ~. 등의 표현 뒤에 이어지는 구체적인 정보를 묻는 문제가 출제되기도 하므로 화자가 궁금해 하는 내용과 관련 정보를 파악하도록 한다.

· A: Did you hear about the new TV show? (새 TV 프로그램에 대해 들었니?)

  B: No, I didn't. I'm curious about it. (아니, 못 들었어. 난 그게 뭔지 궁금해.)

· A: Did you hear about the new smartphone? (새로 나온 스마트폰에 대해 들었니?)

  B: No, I didn't. I'd like to know more about it.

    (아니, 못 들었어. 난 그것에 대해 더 알고 싶어.)

· A: Do you know about the new snack? (새로 나온 과자에 대해 알고 있니?)

  B: No, I don't. I'm really curious about the taste. (아니, 몰라. 맛이 정말 궁금하다.)

Listen and Talk A-1
교과서 120쪽

B: ❶Did you hear about the first spaceship that went into space?
G: No, I didn't. ❷I'm curious about it.
B: This is a poster of the spaceship.
G: Really? ❸I want to buy it.

❶ Did you hear about ~?은 어떤 새로운 정보에 대해 알고 있는지 물을 때 사용하는 표현이다. 주격 관계대명사 that이 이 끄는 관계대명사절이 the first spaceship을 수식하고 있다.
❷ I'm curious about ~.은 어떤 대상에 대해 궁금하거나 더 알고 싶을 때 사용하는 표현이다.
❸ it은 앞에 나온 a poster of the spaceship을 가리킨다.

Q1 The girl wants to buy a (model / poster) of the spaceship.

Listen and Talk A-2
교과서 120쪽

G: Did you hear about the new book about ❶Mars?
B: No, I didn't. ❷I'm really curious about Mars.
G: Look. ❸It's right here. ❹It's about Mars and its moons.
B: Great. I think I'll buy the book.

❶ 화성
❷ '나는 ~에 대해 정말 궁금해.'라고 말할 때는 I'm really curious about ~.이라고 한다.
❸ '그것은 바로 여기에 있어.'라는 뜻으로, right은 '바로'라는 뜻 의 부사로 쓰였다.
❹ 어떤 대상을 소개할 때 '그것은 ~에 관한 거야.'라는 뜻으로 It's about ~.이라고 말한다. its는 Mars'를 가리키며, moon은 '위성'이라는 의미로 쓰였다.

Q2 What is the boy curious about?
He is curious about _____.

Q3 두 사람이 이야기하고 있는 책은 무엇에 관한 내용인가요? (   )
ⓐ 지구와 달   ⓑ 화성과 그것의 위성들

Listen and Talk A-3
교과서 120쪽

G: ❶Did you hear about the space marathon?
B: No, I didn't.
G: It's a marathon on a ❷space station. Look at this video.
B: OK. ❸I'm really curious about it.

❶ 어떤 정보에 대해 들어서 알고 있는지 묻는 말이다.
❷ 우주 정거장
❸ 어떤 대상에 대한 궁금증이나 더 알고 싶음을 나타내는 말이다. (= I'd like to know more about it.)

Q4 The boy is going to watch the _____ about the _____ _____.

Listen and Talk A-4
교과서 120쪽

G: Did you hear about the new space food?
B: Yes, I did. It's ❶a type of ice cream.
G: Yes, and ❷here it is. It ❸looks good.
B: I'm really curious about the ❹taste.

❶ ~의 한 종류, 일종의 ~
❷ '여기 있네'라는 뜻으로, 찾는 것을 발견했을 때 사용하는 표현 이다.
❸ look+형용사: ~해 보이다
❹ taste는 '맛'이라는 뜻의 명사로 쓰였다.

Q5 The new space food is a kind of ice cream.
(T / F)

Listen and Talk C

교과서 121쪽

B: ❶Subin, did you hear about the new movie, *Life on the Moon*?

G: No, I didn't.

B: ❷I heard it's really good.

G: I'm really curious about the movie. ❸What's it about?

B: ❹It's about a man who is trying to live on the moon.

G: ❺That sounds interesting.

B: Look. ❻The movie is playing at the Space Theater here.

G: What time is the movie?

B: It begins at 2:30.

G: ❼Let's eat lunch first and then see the movie.

B: OK. I'm hungry. Let's go!

❶ 어떤 새로운 정보에 대해 알고 있는지 물을 때 Did you hear about ~?이라고 말한다.

❷ 자신이 들은 내용을 말할 때 「I heard (that)+주어+동사 ~.」로 표현한다.

❸ '그것은 무엇에 관한 거니?'라는 뜻으로, 앞서 언급된 대상에 대한 구체적인 내용을 물을 때 쓰는 표현이다.

❹ 앞서 언급된 대상이 무엇에 관한 것인지 말할 때 It's about ~.으로 표현한다. 주격 관계대명사 who가 이끄는 관계대명사절이 a man을 수식하고 있다.

❺ '그거 재미있겠다.'라는 뜻으로, 주어를 생략하고 Sounds interesting.으로도 말할 수 있다.

❻ 여기서 play는 '(영화가) 상영되다'라는 뜻으로, 보통 진행형의 형태로 쓰인다.

❼ 「Let's+동사원형 ~.」은 제안하는 표현으로, How(What) about -ing ~?로도 말할 수 있다.

Q6 The boy didn't hear about the movie, *Life on the Moon*. (T / F)

Q7 두 사람은 대화 직후에 무엇을 할까요? ( ) ⓐ 영화 보러 가기 ⓑ 점심 식사하기

Talk and Play

교과서 122쪽

B: Did you hear about the new dessert, Strawberry Bubbles?

G: No, I didn't, but ❶I'm curious about it.

B: It is a ❷soft drink.

❶ = I'd like to know more about it
❷ 청량음료

Q8 The girl is curious about Strawberry Bubbles. (T / F)

Review-1

교과서 134쪽

G: ❶Tony, did you hear about the movie, *My Hero*?

B: No, I didn't.

G: Well, ❷I heard it's really good.

B: I'm really curious about the movie. What's it about?

G: ❸It's about a father who saves his son.

❶ 어떤 정보에 대해 들어서 알고 있는지 묻는 말이다.

❷ 자신이 들은 내용을 말할 때 I heard (that) ~.라고 하며, it은 the movie, *My Hero*를 가리킨다.

❸ 앞서 언급된 대상에 대해 설명하는 말로, 주격 관계대명사 who가 이끄는 관계대명사절이 a father를 수식하고 있다.

Q9 'My Hero'의 내용은 무엇인가요?

Review-2

교과서 134쪽

G: Did you hear about the new book, *Living in a Foreign Country*?

B: No, I didn't.

G: Look. It's right here. ❶It's about living in New York.

B: Great. I'm really curious about this book.

G: ❷Me, too.

❶ It은 the new book, *Living in a Foreign Country*를 가리키며, 전치사 about의 목적어로 쓰인 living은 '사는 것, 살기'를 뜻하는 동명사이다.

❷ 상대방의 말에 자신도 그렇다며 동조하는 표현으로, 여기서는 I'm really curious about this book, too.를 의미한다.

Q10 The boy and the girl want to know more about the new book. (T / F)

빈칸 채우기

• 주어진 우리말과 일치하도록 교과서 대화문을 완성하시오.

Listen and Talk A-1

해석   교과서 120쪽

B: _____ _____ _____ _____ the first spaceship that went into space?

G: No, I didn't. I'm _____ _____ it.

B: This is a poster of the _____.

G: Really? I want to buy it.

B: 우주로 간 첫 번째 우주선에 대해 들었니?

G: 아니, 못 들었어. 난 그게 뭔지 궁금해.

B: 이것이 그 우주선의 포스터야.

G: 정말? 그것을 사고 싶다.

Listen and Talk A-2

교과서 120쪽

G: _____ _____ hear about the new book about Mars?

B: _____, _____ _____. I'm really _____ about Mars.

G: Look. It's _____ _____. It's _____ Mars and its moons.

B: Great. I think I'll buy the book.

G: 화성에 관한 새로 나온 책에 대해 들었니?

B: 아니, 못 들었어. 난 화성에 대해 정말 궁금해.

G: 봐. 바로 여기 있어. 화성과 그것의 위성들에 관한 책이야.

B: 멋지다. 그 책을 사야겠어.

Listen and Talk A-3

교과서 120쪽

G: Did you _____ _____ the space marathon?

B: No, _____ _____.

G: It's a marathon on a _____ _____. Look at this video.

B: OK. I'm _____ _____ about it.

G: 우주 마라톤에 대해 들었니?

B: 아니, 못 들었어.

G: 그것은 우주 정거장에서 하는 마라톤이야. 이 비디오를 봐.

B: 그럴게. 정말 궁금하다.

Listen and Talk A-4

교과서 120쪽

G: _____ _____ _____ _____ the new _____ _____?

B: Yes, I did. It's _____ _____ _____ ice cream.

G: Yes, and here it is. It looks good.

B: I'm really _____ _____ the _____.

G: 새로 나온 우주 음식에 대해 들었니?

B: 응, 들었어. 그건 아이스크림의 한 종류야.

G: 맞아, 그리고 여기 있네. 맛있어 보인다.

B: 맛이 어떨지 정말 궁금하다.

Listen and Talk C

B: Subin, did you _____ about the new movie, _____ on the Moon?

G: No, I didn't.

B: I _____ it's really good.

G: I'm really curious about the movie. _____ _____ _____?

B: _____ _____ a man who is trying to live on the moon.

G: That _____ _____.

B: Look. The movie _____ _____ at the Space Theater here.

G: What time is the movie?

B: It _____ at 2:30.

G: Let's _____ _____ _____ and then see the movie.

B: OK. I'm hungry. Let's go!

교과서 121쪽

해석

B: 수빈아, '달에서의 삶'이라는 새로 나온 영화에 대해 들었니?

G: 아니, 못 들었어.

B: 나는 굉장히 좋다고 들었어.

G: 그 영화가 정말 궁금하네. 무엇에 관한 거니?

B: 달에서 살기 위해 노력하는 한 남자에 관한 것이야.

G: 그거 재미있겠다.

B: 봐. 그 영화가 여기 우주 극장에서 상영 중이야.

G: 영화가 몇 시에 상영되니?

B: 2시 30분에 시작해.

G: 우선 점심부터 먹고 나서 영화를 보자.

B: 그래. 배고프다. 가자!

Talk and Play

A: _____ _____ _____ about the new dessert, Strawberry Bubbles?

B: No, I didn't, but I'm _____ _____ _____.

A: It is a soft drink.

교과서 122쪽

A: 새로 나온 후식인 Strawberry Bubbles에 대해 들었니?

B: 아니, 못 들었어. 그런데 그게 뭔지 궁금해.

A: 그것은 청량음료야.

Review-1

G: Tony, did you hear _____ _____ _____, My Hero?

B: No, I didn't.

G: Well, _____ _____ _____ _____ _____ _____.

B: _____ _____ _____ about the movie. What's it about?

G: It's _____ _____ _____ who saves his son.

교과서 134쪽

G: Tony, 'My Hero'라는 영화에 대해 들었니?

B: 아니, 못 들었어.

G: 음, 나는 정말 좋다고 들었어.

B: 그 영화에 대해 정말 궁금하다. 무엇에 관한 것이니?

G: 아들을 구하는 한 아버지에 관한 영화야.

Review-2

G: _____ _____ _____ _____ the new book, Living in a Foreign Country?

B: No, I didn't.

G: Look. It's right here. _____ _____ _____ in New York.

B: Great. _____ _____ _____ _____ this book.

G: Me, too.

교과서 134쪽

G: '외국에서 살기'라는 새로 나온 책에 대해 들었니?

B: 아니, 못 들었어.

G: 봐. 바로 여기 있어. 뉴욕에서 사는 것에 관한 책이야.

B: 멋지다. 이 책에 대해 정말 궁금해.

G: 나도 그래.

대화 순서 배열하기

1 Listen and Talk A-1
교과서 120쪽

ⓐ No, I didn't. I'm curious about it.
ⓑ Really? I want to buy it.
ⓒ Did you hear about the first spaceship that went into space?
ⓓ This is a poster of the spaceship.

(   ) – (   ) – (   ) – (   )

2 Listen and Talk A-2
교과서 120쪽

ⓐ Look. It's right here. It's about Mars and its moons.
ⓑ No, I didn't. I'm really curious about Mars.
ⓒ Great. I think I'll buy the book.
ⓓ Did you hear about the new book about Mars?

(   ) – (   ) – ⓐ – (   )

3 Listen and Talk A-3
교과서 120쪽

ⓐ OK. I'm really curious about it.
ⓑ No, I didn't.
ⓒ Did you hear about the space marathon?
ⓓ It's a marathon on a space station. Look at this video.

(   ) – (   ) – (   ) – (   )

4 Listen and Talk A-4
교과서 120쪽

ⓐ Yes, and here it is. It looks good.
ⓑ Did you hear about the new space food?
ⓒ Yes, I did. It's a type of ice cream.
ⓓ I'm really curious about the taste.

(   ) – (   ) – ⓐ – (   )

5 Listen and Talk C

교과서 121쪽

A: Subin, did you hear about the new movie, *Life on the Moon*?
ⓐ It begins at 2:30.
ⓑ What time is the movie?
ⓒ That sounds interesting.
ⓓ No, I didn't.
ⓔ Let's eat lunch first and then see the movie.
ⓕ OK. I'm hungry. Let's go!
ⓖ I'm really curious about the movie. What's it about?
ⓗ Look. The movie is playing at the Space Theater here.
ⓘ I heard it's really good.
ⓙ It's about a man who is trying to live on the moon.

A – (　　) – (　　) – ⓖ – (　　) – (　　) – ⓗ – (　　) – (　　) – (　　) – ⓕ

6 Talk and Play

교과서 122쪽

ⓐ No, I didn't, but I'm curious about it.
ⓑ Did you hear about the new dessert, Strawberry Bubbles?
ⓒ It is a soft drink.

(　　) – (　　) – (　　)

7 Review-1

교과서 134쪽

ⓐ I'm really curious about the movie. What's it about?
ⓑ Well, I heard it's really good.
ⓒ It's about a father who saves his son.
ⓓ Tony, did you hear about the movie, *My Hero*?
ⓔ No, I didn't.

(　　) – (　　) – ⓑ – (　　) – (　　)

8 Review-2

교과서 134쪽

ⓐ Look. It's right here. It's about living in New York.
ⓑ Great. I'm really curious about this book.
ⓒ No, I didn't.
ⓓ Me, too.
ⓔ Did you hear about the new book, *Living in a Foreign Country*?

(　　) – (　　) – ⓐ – (　　) – (　　)

STEP A

[01~02] 다음 대화의 빈칸에 들어갈 말로 알맞은 것을 고르시오.

01

A: Did you hear about the TV show?
B: _____ It's a show about training pets.

① Yes, it was.　　② Yes, I did.
③ No, I didn't.　　④ No, I haven't.
⑤ Of course not.

02

A: Did you hear about the new movie, *My Hero*?
B: No, I didn't, but _____.
A: It's about a father who saves his son.

① I'm curious about it
② I like the movie a lot
③ I watched it yesterday
④ I didn't like the movie that much
⑤ I think the movie is a little boring

03 다음 대화의 빈칸에 들어갈 말로 알맞지 <u>않은</u> 것은?

A: _____
B: No, but I'd like to know about it.
A: It's a baseball game. You can choose a player who you like and play.

① Are you aware of the new game?
② Did you hear about the new game?
③ Do you know about the new game?
④ Have you heard about the new game?
⑤ Do you want to know more about the new game?

04 자연스러운 대화가 되도록 (A)~(D)를 바르게 배열한 것은?

(A) Really? I want to buy it.
(B) Did you hear about the first spaceship that went into space?
(C) This is a poster of the spaceship.
(D) No, I didn't. I'm curious about it.

① (A) – (B) – (C) – (D)　　② (A) – (C) – (B) – (D)
③ (B) – (A) – (C) – (D)　　④ (B) – (D) – (C) – (A)
⑤ (C) – (D) – (B) – (A)

05 다음 대화의 밑줄 친 ⓐ~ⓓ 중 흐름상 어색한 것은?

A: Did you hear about the new space food?
B: ⓐ<u>No, I didn't.</u> It's a type of ice cream.
A: ⓑ<u>Yes, and here it is.</u> It looks good.
B: ⓒ<u>I'm really curious about the taste.</u>
A: Me, too. ⓓ<u>I want to try some.</u>

① 없음　　② ⓐ　　③ ⓑ　　④ ⓒ　　⑤ ⓓ

고/난도
06 다음 대화를 읽고 답할 수 <u>없는</u> 질문은?

Girl: Did you hear about the new book about Mars?
Boy: No, I didn't. I'm curious about Mars.
Girl: Look. It's right here. It's about Mars and its moons.
Boy: Great. I think I'll buy the book.

① Did the boy know about the new book?
② What is the title of the new book?
③ What is the boy curious about?
④ What is the new book about?
⑤ What is the boy going to buy?

[07~09] 다음 대화를 읽고, 물음에 답하시오.

> A: Subin, did you hear about the new movie, *Life on the Moon*?
> B: No, I didn't. (①)
> A: I heard it's really good.
> B: ⓐI'm really curious about the movie. (②)
> A: It's about a man who is trying to live on the moon.
> B: That sounds interesting. (③)
> A: Look. The movie is playing at the Space Theater here. (④)
> B: What time is the movie?
> A: It begins at 2:30. (⑤)
> B: Let's eat lunch first and then see the movie.
> A: OK. I'm hungry. Let's go!

07 위 대화의 ①~⑤ 중 주어진 문장이 들어갈 위치로 알맞은 것은?

> What's it about?

①   ②   ③   ④   ⑤

08 위 대화의 밑줄 친 문장 ⓐ와 바꿔 쓸 수 있는 것은?

① I want to be a movie star.
② I'm not interested in the movie.
③ I don't want to watch the movie.
④ I'd like to know more about the movie.
⑤ I've never heard about the movie before.

09 위 대화의 내용과 일치하지 <u>않는</u> 것은?

① 새로 나온 영화의 제목은 'Life on the Moon'이다.
② 새로 나온 영화는 달에서 살기 위해 노력하는 한 남자에 관한 내용이다.
③ 영화의 상영 장소는 우주 극장이다.
④ 영화의 시작 시각은 2시 30분이다.
⑤ 두 사람은 영화를 본 후 점심을 먹을 것이다.

서술형

10 다음 괄호 안의 말을 바르게 배열하여 대화를 완성하시오.

> A: _____,
> Strawberry Bubbles?
> (you, about, did, the new dessert, hear)
> B: Yes, I did.

11 다음 대화의 빈칸에 들어갈 말을 괄호 안의 지시대로 쓰시오.

> A: (1) _____,
>   (새로 나온 책에 대해 알고 있는지 묻기)
>   *Living in a Foreign Country*?
> B: No, I didn't.
> A: Look. It's right here. It's about living in New York.
> B: Great. (2) _____
>   (궁금증 표현하기)
> A: Me, too.

12 다음 대화를 읽고, 주어진 질문에 대한 답을 완전한 영어 문장으로 쓰시오.

> A: Did you hear about the space marathon?
> B: No, I didn't.
> A: It's a marathon on a space station. Look at this video.
> B: OK. I'm really curious about it.

> Q: What are the speakers talking about?
> A: _____

Grammar
핵심 노트

1 현재완료

읽기 본문	I've never **seen** a blue sky. 경험	나는 한 번도 파란 하늘을 본 적이 없다.
대표 예문	I've **known** him since I was a child. 계속	나는 어릴 때부터 그를 알고 지내 왔다.
	I **have** just **finished** my homework. 완료	나는 숙제를 막 끝냈다.
	Jane **has** never **been** to London. 경험	Jane은 런던에 가 본 적이 전혀 없다.
	Have you ever **seen** the movie before? 경험	너는 전에 그 영화를 본 적이 있니?

(1) 형태

평서문	have/has+과거분사
부정문	have/has+not/never+과거분사
의문문	(의문사+)Have/Has+주어+과거분사 ~?

(2) 쓰임: 과거의 일이 현재까지 영향을 미치거나 관련이 있을 때 사용한다.

(1) 경험: 과거부터 현재까지 경험 여부를 나타낸다.

　　I **have** never **seen** a whale. (나는 고래를 본 적이 없다.)

(2) 계속: 과거의 일이 현재까지 지속됨을 나타낸다.

　　He **has lived** in Toronto since last year. (그는 작년부터 토론토에서 살고 있다.)

(3) 완료: 과거에 시작된 일이 현재 완료되었음을 나타낸다.

　　Andy **has** already **done** his homework. (Andy는 이미 숙제를 끝냈다.)

(4) 결과: 과거에 일어난 일이 현재까지 영향을 미침을 나타낸다.

　　I **have left** my phone on the bus. (나는 버스에 전화기를 두고 내렸다.)

한 단계 | 더!

have been to는 '~에 가 본 적이 있다'라는 경험의 의미를 나타내고, have gone to는 '~에 가서 (현재) 여기 없다'라는 결과의 의미를 나타낸다.

I've **been to** Australia. (나는 호주에 가 본 적이 있다.)

She **has gone to** France. (그녀는 프랑스로 가 버렸다.)

시험 포인트 ❶ point

현재완료의 쓰임을 구분하는 문제가 자주 출제되므로, 현재완료를 사용한 문장이 어떤 의미로 쓰이고 있는지 구분할 수 있도록 연습한다.

현재완료와 자주 쓰이는 표현
- 경험: ever, never, once 등
- 계속: 「for+기간」, 「since+시점」
- 완료: just, already, yet 등

시험 포인트 ❷ point

현재완료는 명백한 과거를 나타내는 표현(ago, yesterday, last night, when 등)과 함께 쓰지 않는 것에 유의한다.

I've lost my bag *yesterday*. (×)
I **lost** my bag yesterday. (○)
(나는 어제 가방을 잃어버렸다.)

QUICK CHECK

1 다음 괄호 안에서 알맞은 것을 고르시오.

(1) I haven't (eaten / eating) lunch yet.

(2) I've (felt never / never felt) the wind.

(3) (Did / Have) you ever rolled down a hill?

2 다음 괄호 안의 단어와 현재완료를 사용하여 빈칸에 알맞은 말을 쓰시오.

(1) _____ you ever _____ to Europe? (be)

(2) I _____ _____ my pencil, so I'm looking for it. (lose)

(3) Harry isn't here. He _____ _____ to New Mexico. (go)

2 It ~ to부정사

읽기 본문 It's difficult **to walk on Earth**.
　　　　가주어　　　　　　　진주어

지구에서 걷는 것은 어렵다.

대표 예문 It's hard **to fix a bike**.

자전거를 고치는 것은 어렵다.

It's good **to eat a lot of vegetables**.

채소를 많이 먹는 것은 좋다.

It's nice **to take a walk in the park**.

공원에서 산책하는 것은 좋다.

It was exciting **to think about all the new things**.

그 모든 새로운 것들에 대해 생각하는 것은 흥미진진했다.

문장의 주어 자리에 to부정사(구)가 올 경우, 주로 to부정사(구)를 뒤로 보내고 주어 자리에 It을 쓴다. 이때 It을 가주어, to부정사(구)를 진주어라고 한다. 가주어 It은 특별한 뜻이 없으므로 해석하지 않는다.

To play the piano well is very difficult. (피아노를 잘 치는 것은 매우 어렵다.)

→ **It** is very difficult **to play the piano well**.
　　가주어　　　　　　　　　진주어

It is a good idea **to play the guitar at the party**.

(파티에서 기타를 치는 것은 좋은 생각이다.)

It is impossible **to build the bridge within three months**.

(3개월 내에 다리를 건설하는 것은 불가능하다.)

한 단계 더!

to부정사의 행위의 주체를 to부정사의 의미상의 주어라고 한다. to부정사의 의미상의 주어는 대부분은 to부정사 앞에 「for+목적격」의 형태로 쓴다.

It is impossible *for you* **to go** there. (네가 그곳에 가는 것은 불가능하다.)

It was difficult *for her* **to pass** the exam. (그녀가 그 시험을 통과하는 것은 어려웠다.)

시험 포인트 ❶ point

문장의 주어로 쓰인 It의 쓰임을 구분하는 문제가 자주 출제된다. 다음과 같이 다양한 It의 쓰임을 알아 두도록 한다.

- 대명사 it: '그것'이라는 의미로 주어나 목적어 역할로 사용
- 가주어 it: to부정사(구)가 진주어인 문장의 가주어
- 비인칭 주어 it: 날씨, 날짜, 거리, 시간 등을 나타내는 문장의 형식상의 주어로 사용

It is very cold high up in the Andes Mountains. 〈비인칭 주어 it〉
▶ 중 1 교과서 5과

시험 포인트 ❷ point

문장에서 주어, 목적어, 보어의 역할을 하는 to부정사의 명사적 용법과 부사의 역할을 하는 부사적 용법을 구별하여 알아 두도록 한다.

To watch a 4D movie is fun.
〈명사적 용법 – 주어 역할〉
▶ 중 1 교과서 6과

They have to produce a lot of milk **to win** a prize.
〈부사적 용법 – 목적의 의미〉
▶ 중 2 교과서 2과

QUICK CHECK

1 다음 괄호 안에서 알맞은 것을 고르시오.

(1) It is dangerous (play / to play) with fire.

(2) It is important (to / for) read good books.

(3) (It / That) is not easy to take care of children.

2 다음 문장에서 어법상 **틀린** 부분을 찾아 바르게 고쳐 쓰시오.

(1) It was easy solve the problem. ＿＿＿＿＿＿＿ → ＿＿＿＿＿＿＿

(2) It is difficult breathes underwater. ＿＿＿＿＿＿＿ → ＿＿＿＿＿＿＿

(3) It is very exciting made new friends. ＿＿＿＿＿＿＿ → ＿＿＿＿＿＿＿

연습 문제

1 현재완료

A 다음 괄호 안에서 알맞은 것을 고르시오.

1 Jane (has / have) been to London.

2 It (rains / has rained) since last night.

3 I have just (finished / finish) my homework.

4 How long (did you have studied / have you studied) English?

B 다음 두 문장을 한 문장으로 바꿔 쓸 때, 빈칸에 알맞은 말을 쓰시오.

1 Ben lost his umbrella. He doesn't have it now.
→ Ben _____ _____ his umbrella.

2 I had a toothache a week ago. I still have it.
→ I _____ _____ a toothache for a week.

3 Sam started living in Seoul when he was born. He still lives there.
→ Sam _____ _____ in Seoul since he was born.

4 We first went to Jeju-do three years ago. We went there again last year.
→ We _____ _____ to Jeju-do twice.

C 다음 문장의 밑줄 친 부분을 어법상 바르게 고쳐 쓰시오.

1 Tom has <u>visit</u> Thailand four times. → _____

2 I <u>have passed</u> the exam last month. → _____

3 She <u>doesn't have</u> told us anything yet. → _____

4 <u>Did you</u> ever seen a shooting star before? → _____

D 주어진 우리말과 의미가 같도록 괄호 안의 말을 바르게 배열하여 문장을 쓰시오.

1 그녀는 아직 저녁을 다 먹지 못했다. (finished, yet, she, her dinner, hasn't)
→ _____

2 나는 어린아이였을 때부터 그를 알고 지냈어. (since, a child, known, was, I've, him, I)
→ _____

3 그는 Alaska에 몇 번 가 봤니? (been to, he, Alaska, how many times, has)
→ _____

2 It ~ to부정사

A 다음 문장을 가주어 It을 사용한 문장으로 바꿔 쓰시오.

1 To fix a bike is hard. → _____

2 To exercise regularly is important. → _____

3 To eat a lot of vegetables is good. → _____

4 To move this rock alone is impossible. → _____

B 다음 문장에서 어법상 <u>틀린</u> 부분을 찾아 바르게 고쳐 쓰시오.

1 It is exciting travel with friends. _____ → _____

2 It's nice to taking a walk in the park. _____ → _____

3 There was difficult to make new friends. _____ → _____

4 Is this possible to remember all the names? _____ → _____

C 주어진 우리말과 의미가 같도록 괄호 안의 단어를 사용하여 빈칸에 알맞은 말을 쓰시오.

1 드럼을 치는 것은 재미있다.

→ _____ is fun _____ _____ the drums. (play)

2 공기 없이 사는 것은 불가능하다.

→ _____ is impossible _____ _____ without air. (live)

3 그렇게 빨리 운전하는 것은 위험할 수 있다.

→ _____ can be dangerous _____ _____ so fast. (drive)

4 그가 그 문제를 푸는 것은 쉽다.

→ It is easy _____ _____ _____ _____ the problem. (solve)

D 주어진 우리말과 의미가 같도록 괄호 안의 말을 바르게 배열하여 문장을 쓰시오.

1 애완동물을 키우는 것은 쉽지 않다.

→ _____

(is, it, a pet, easy, to keep, not)

2 콘서트 표를 사는 것은 어려웠다.

→ _____

(a ticket, was, it, for the concert, to buy, difficult)

3 헬멧 없이 오토바이를 타는 것은 안전하지 않다.

→ _____

(without, a motorcycle, is, to ride, not, it, a helmet, safe)

Grammar
실전 TEST

[01~02] 다음 빈칸에 들어갈 말로 알맞은 것을 고르시오.

01

I _____ Tom since he was a child.

① know ② known ③ will know
④ has known ⑤ have known

02

_____ is really wonderful to travel to other countries.

① This ② What ③ It
④ There ⑤ Where

03 다음 빈칸에 들어갈 말로 알맞지 <u>않은</u> 것은?

I have been to Italy _____.

① once ② twice
③ before ④ two years ago
⑤ many times

04 다음 우리말과 의미가 같도록 할 때, 빈칸에 들어갈 말이 순서대로 바르게 짝지어진 것은?

매일 운동을 하는 것은 어렵다.
→ _____ is hard _____ every day.

① It – exercise ② It – to exercise
③ This – to exercise ④ This – exercise
⑤ That – exercising

05 다음 중 밑줄 친 부분의 쓰임이 [보기]와 같은 것은?

[보기] He <u>has been</u> ill since last night.

① Julie <u>has left</u> the party.
② They <u>have met</u> each other before.
③ Dad <u>has</u> just <u>arrived</u> at the station.
④ She <u>has</u> already <u>finished</u> her homework.
⑤ I <u>have used</u> this computer for three years.

06 다음 중 밑줄 친 It의 쓰임이 나머지와 <u>다른</u> 하나는?

① <u>It</u> is fun to play board games.
② <u>It</u> is very hot this summer in Korea.
③ <u>It</u> is exciting to watch action movies.
④ <u>It</u> is dangerous to swim in a deep river.
⑤ <u>It</u> is important to eat breakfast every day.

07 다음 중 밑줄 친 부분이 어법상 <u>틀린</u> 것은?

① Have you ever <u>ridden</u> a horse?
② Jessica <u>have lost</u> her passport.
③ I <u>have not checked</u> my email yet.
④ We <u>have played</u> soccer since 2 o'clock.
⑤ The students <u>have learned</u> Chinese for six months.

08 다음 우리말을 영어로 바르게 옮긴 것은?

> 외국어를 배우는 것은 쉽지 않다.

① It is not easy learn a foreign language.
② It is not easy to learn a foreign language.
③ It is easy to learn not a foreign language.
④ It is not to learn easy a foreign language.
⑤ It is easy not learning a foreign language.

09 다음 중 어법상 틀린 문장은?

① Amy has just finished her project.
② Have you ever eaten Indian food?
③ She has gone to Canada last winter.
④ I have kept my diary since I was seven.
⑤ How long have you lived in this house?

한 단계 더!

10 다음 두 문장의 의미가 같도록 할 때, 빈칸에 들어갈 말로 알맞은 것은?

> Tina went to London, so she's not here now.
> = Tina ＿＿＿＿＿＿＿＿ to London.

① goes   ② is going   ③ will go
④ has been   ⑤ has gone

11 다음 문장에서 어법상 틀린 부분을 바르게 고친 것은?

> This is important to keep an open mind to others.

① This → It   ② to keep → keep
③ open → openly   ④ to → of
⑤ others → other

고/난도

12 다음 대화의 밑줄 친 ①~⑤ 중 어법상 틀린 것은?

> A: How long ①have you known Minho?
> B: ②For six years. I first ③have met him when I was in elementary school.
> A: ④Were you in the same class?
> B: Yes. We ⑤became best friends then.

13 다음 두 문장과 의미가 같도록 한 문장으로 바르게 나타낸 것은?

> I started to study English five years ago. I still study it.

① I studied English five years ago.
② I have studied English for five years.
③ I have studied English since I was five.
④ I haven't studied English for five years.
⑤ I'm going to study English for five years.

고/난도

14 다음 중 어법상 올바른 문장끼리 짝지어진 것은?

> ⓐ It's hard washes a big dog.
> ⓑ It'll be fun to go camping with us.
> ⓒ The restaurant hasn't opened yet.
> ⓓ Jason has never lied to his parents.
> ⓔ Did you ever seen a rainbow before?

① ⓐ, ⓒ   ② ⓐ, ⓓ   ③ ⓐ, ⓓ, ⓔ
④ ⓑ, ⓒ, ⓓ   ⑤ ⓑ, ⓓ, ⓔ

신유형

15 다음 우리말과 의미가 같도록 괄호 안의 단어들을 배열할 때, 5번째로 오는 단어는?

> 안전벨트를 매는 것이 필요하다.
> (is, belt, it, a, necessary, wear, to, safety)

① to   ② is   ③ belt
④ wear   ⑤ necessary

한 단계 | 더!

16 다음 중 두 문장의 의미가 같지 <u>않은</u> 것은?

① Reading books is interesting.
  = It is interesting to read books.
② She lost her ring, so she doesn't have it.
  = She has lost her ring.
③ To stay at home all day is boring.
  = It is boring to stay at home all day.
④ They went to Jeju-do, so they're not here.
  = They have been to Jeju-do.
⑤ Jiho started living in Busan in 2015, and he still lives there.
  = Jiho has lived in Busan since 2015.

고난도 한 단계 | 더!

17 다음 중 어법상 <u>틀린</u> 문장의 개수는?

> ⓐ It is important to study history.
> ⓑ It was easy for me to solve the puzzles.
> ⓒ This is always fun to go to the movies.
> ⓓ Have you ever heard this song before?
> ⓔ I have finished my homework an hour ago.

① 1개   ② 2개   ③ 3개   ④ 4개   ⑤ 5개

서술형

18 다음 두 문장의 의미가 같도록 빈칸에 알맞은 말을 쓰시오.

> To ride a mountain bike is exciting.
> = _____ is exciting _____.

19 다음 두 문장을 한 문장으로 바꿔 쓸 때, 빈칸에 알맞은 말을 쓰시오.

> Joe bought the wallet three years ago. He still has it.
> → Joe _____ _____ _____ _____ for three years.

20 다음 대화의 빈칸에 동사 see를 각각 어법상 올바른 형태로 쓰시오.

> **A:** Have you ever (1)_____ the movie, *My Hero*?
> **B:** Yes, I have. I (2) _____ it with my brother last Saturday. It was so sad that I cried a lot.

21 다음 문장의 밑줄 친 ⓐ~ⓓ 중 어법상 <u>틀린</u> 것을 찾아 기호를 쓰고, 바르게 고쳐 쓰시오.

> ⓐ<u>It</u> is ⓑ<u>good</u> for your health ⓒ<u>eats</u> a lot of ⓓ<u>fruit</u> and vegetables.

(   ) → _____

22 다음 우리말과 의미가 같도록 [조건]에 맞게 문장을 쓰시오.

[조건] 1. 괄호 안의 표현을 사용할 것
2. 현재완료 문장으로 쓸 것

(1) 나는 전에 해돋이를 본 적이 전혀 없다.
(see the sunrise)
→ _____

(2) 너는 기타 연습을 얼마나 오래 했니?
(practice playing the guitar)
→ _____

(3) 그녀는 10년 동안 이 회사에서 근무해 왔다.
(work for this company)
→ _____

23 다음 그림을 보고, [보기]에 주어진 표현을 사용하여 [예시]와 같이 문장을 완성하시오.

[예시]  (1)

(2)  (3)

[보기] • travel abroad • ride a roller coaster
• do yoga • watch a baseball game

[예시] It is fun to travel abroad.

(1) It is exciting _____.

(2) It is relaxing _____.

(3) It is thrilling _____.

24 다음 [예시]와 같이 두 문장을 한 문장으로 바꿔 쓰시오.

[예시] The boy lost his watch. He can't find it anywhere.
→ The boy has lost his watch.

(1) Jason started to be sick two days ago. He's still sick.
→ _____

(2) Ms. Davis went to New York. She's not here anymore.
→ _____

(3) We spent all of our money. We don't have any now.
→ _____

(4) Mina and I became friends when we were children. We are still friends.
→ _____

25 다음 표를 보고, [조건]에 맞게 문장을 쓰시오.

	good	exciting	difficult
(1) get enough sleep	✓		
(2) explore new places		✓	
(3) stand on my hands			✓
(4) watch a soccer game		✓	

[조건] 1. 가주어와 to부정사를 사용할 것
2. 현재 시제로 쓸 것

(1) _____
(2) _____
(3) _____
(4) _____

Reading
만점 노트

주요 문장

STEP **A**

최고의 새로운 것

The Best New Thing

01 Rada는 먼 우주의 작은 세계에 살았다.

01 Rada lived on a little world, far out in space.

02 그녀는 아빠와 엄마, 그리고 남동생 Jonny 와 함께 그곳에 살았다.

02 She lived there with her father, mother, and brother Jonny.
= on a little world, far out in space · =

03 Rada의 아빠와 다른 사람들은 우주선에 서 일했다.

03 Rada's father and other people worked on spaceships.
명 우주선

04 Rada와 Jonny만 아이들이었고, 그들은 우주에서 태어났다.

04 Only Rada and Jonny were children, and they were born in space.
부 오직, ~만   = Rada and Jonny

05 어느 날, 아빠가 Rada와 Jonny에게 "우 리는 내일 지구로 돌아갈 거야."라고 말 했다.

05 One day, Dad told Rada and Jonny, "We're going back to Earth tomorrow."
직접화법 (다른 사람의 말을 그대로 전달)
(과거의) 어느 날   현재진행형의 형태로 가까운 미래를 나타냄

06 Rada와 Jonny는 깜짝 놀라 아빠를 바 라보았고 그를 향해 둥둥 떠서 갔다.

06 Rada and Jonny looked at Dad in surprise and floated towards him.
전 (어떤 방향을) 향하여, ~ 쪽으로 (= toward)
병렬 구조   = Dad

07 Rada는 "지구는 어떤 곳인가요?"라고 아 빠에게 물었다.

07 Rada asked Dad, "What's it like on Earth?"
전 ~ 같은
= How's it ~? (~은 어떤가요?)

08 "그곳에서는 모든 것이 다르단다.

08 "Everything is different there.
모든 것 (단수 취급)   = on Earth

09 예를 들어, 하늘이 파란색이지."라고 아빠 가 대답했다.

09 For example, the sky is blue," answered Dad.
= For instance   인용문 다음에 '~가 말했다'와 같은 말을 쓸 경우
                              → 「동사+주어」의 어순

10 "전 한 번도 파란 하늘을 본 적이 없어요." 라고 Jonny가 말했다.

10 "I've never seen a blue sky," said Jonny.
「have never+과거분사」 ~한 적이 전혀 없다 (현재완료 – 경험)

11 "여기는 하늘이 항상 검은색이잖아요."라 고 Rada가 말했다.

11 "The sky is always black here," said Rada.
= in space
항상 (빈도부사 – 주로 be동사 뒤에 위치)

12 "그곳에는 어디에나 공기가 있기 때문에 크고 무거운 우주복을 입을 필요가 없단다.

12 "You don't have to wear your big heavy space suits because there is air everywhere.
「don't have to+동사원형」 ~할 필요가 없다 (= don't need to)
                                            이유의 부사절을
                                            이끄는 접속사
부 어디에나   셀 수 없는 명사

13 또한 지구가 너희를 끌어당기기 때문에 그 곳에서는 점프하는 것도 어렵단다."라고 아빠가 말했다.

13 It's also hard to jump there because Earth pulls you down," said Dad.
= on Earth   pull down: 잡아당기다
가주어   진주어   이어동사(동사+부사)의 목적어가 대명사일
                                        경우 목적어는 동사와 부사 사이에 위치

14 "What else?" asked Rada.
  형 그 밖에 다른

14 "그 밖에 또 뭐가 있어요?"라고 Rada가 물었다.

15 "There are hills, and they are covered with soft green grass.
  형 언덕   = hills   형 잔디, 풀

15 "언덕들이 있는데 부드러운 초록색 잔디로 뒤덮여 있단다.

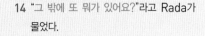

16 You can roll down the hills," answered Mom.
       굴러 내려가다

16 언덕을 굴러 내려갈 수도 있어."라고 엄마가 대답했다.

17 "Dad, have you ever rolled down a hill?" asked Rada.
  「Have/Has you ever+과거분사 ~?」
  현재완료를 사용해 상대방의 경험을 묻는 말

17 "아빠, 언덕을 굴러 내려가 보신 적 있으세요?"라고 Rada가 물었다.

18 "Yes, it's really amazing!" answered Dad.
  언덕을 굴러 내려가는 것

18 "그래, 정말 굉장해!"라고 아빠가 대답했다.

19 Jonny was thirsty, so he opened a milk container and shook it.
  접 그래서 (결과)   병렬 구조   shake의 과거형
                                        = a milk container

19 Jonny는 목이 말라서 우유 용기를 열어 그것을 흔들었다.

20 The milk floated in the air and formed balls.
              병렬 구조

20 우유가 공중에 떠서 방울을 형성했다.

21 Jonny swallowed the balls.
  동 삼키다

21 Jonny는 그 방울들을 삼켰다.

22 "Jonny, if you drink milk that way on Earth, you'll get wet," said Mom.
  ┌ (만약) ~라면 (조건)
  조건의 부사절에서는 미래를   우유 용기를 열어 흔들어서   「get+형용사」
  현재시제로 나타냄   우유 방울을 만들어 마시는 방식   ~한 상태가 되다

22 "Jonny, 지구에서 그런 식으로 우유를 마시면 너는 젖을 거야."라고 엄마가 말했다.

23 Later that night, Rada and Jonny talked a long time about Earth.
  부 나중에, 후에

23 그날 밤 늦게, Rada와 Jonny는 지구에 대해 오랫동안 이야기했다.

24 It was exciting to think about all the new things [they were going to see and do].
  ┌ 가주어   ┌ 이하가 진주어   「be going to+동사원형」 ~할 것이다 (시제 일치 – 과거)
                                  목적격 관계대명사 생략
             선행사   관계대명사절

24 그들이 보고, 하게 될 모든 새로운 것들에 대해 생각하는 것은 흥미진진했다.

25 There was one new thing [Rada and Jonny really wanted to do].
              목적격 관계대명사 생략
       선행사   관계대명사절

25 Rada와 Jonny가 정말로 하고 싶은 한 가지 새로운 것이 있었다.

26 They thought about it all night and didn't tell Mom and Dad about it.
          = one new thing Rada and Jonny really wanted to do

26 그들은 그것에 대해 밤새 생각했고 엄마와 아빠에게는 말하지 않았다.

27 It was their secret.
  = One new thing Rada and Jonny really wanted to do

27 그것은 그들의 비밀이었다.

28 The next day, Rada's family got on a spaceship.
                        get on: (교통수단을) 타다

28 다음 날, Rada의 가족은 우주선에 올라 탔다.

29 "It's going to be a long trip," said Mom.

29 "긴 여행이 될 거야."라고 엄마가 말했다.

30 "That's alright. I'm so excited!" said Rada.
  괜찮은   ┌ 부 매우, 정말
  (all right의 구어 표현) 과거분사 형태의 형용사
                  (주어가 감정을 느낄 때 사용)

30 "괜찮아요. 정말 신나요!"라고 Rada가 말했다.

STEP
A

31 우주선이 마침내 착륙했다.

31 The spaceship finally landed.
(부) 마침내 (동) 착륙하다

32 "아빠, 지구에서는 걷는 것이 어려워요."라
고 Rada가 말했다.

32 "Dad, it's difficult to walk on Earth," said Rada.
가주어   진주어

33 "그래. 지구가 너를 끌어당기고 있거든."이
라고 아빠가 말했다.

33 "I know. Earth is pulling you down," said Dad.

34 Rada와 Jonny는 더 이상 떠다닐 수 없
었다.

34 Rada and Jonny couldn't float anymore.
not ~ anymore: 더 이상 ~이 아닌

35 그것이 첫 번째 새로운 것이었다.

35 That was the first new thing.
더 이상 떠다닐 수 없다는 사실 (앞 문장 전체를 가리킴)

36 "저건 무슨 소리죠?"라고 Rada가 물었다.

36 "What's that sound?" asked Rada.
(명) 소리

37 "새가 노래하고 있어."라고 엄마가 말했다.

37 "A bird is singing," said Mom.
현재진행형

38 "저는 새가 노래하는 것을 들어 본 적이 전
혀 없어요."라고 Rada가 말했다.

┌ have never+과거분사 (현재완료 - 경험)
38 "I've never heard a bird sing," said Rada.
「지각동사 hear+목적어+목적격 보어(동사원형/-ing)」 ~가 …하는 것을 듣다

39 "그리고 저는 바람을 느껴 본 적도 전혀 없
어요."라고 Jonny가 말했다.

39 "And I've never felt the wind," said Jonny.
현재완료 (경험)

40 이러한 것들이 모두 새로운 것이었다.

40 These were all new things.
새가 노래하는 것을 듣는 것과 바람을 느끼는 것

41 Rada와 Jonny는 가장 가까운 언덕을
뛰어 올라갔다.

41 Rada and Jonny ran up the nearest hill.
near의 최상급

42 꼭대기에서, 그들은 서로를 쳐다보고 웃
었다.

42 At the top, they looked at each other and laughed.
└──── 병렬 구조 ────┘

43 그러고 나서 그들은 부드러운 초록 잔디에
누워서 언덕 아래로 굴러 내려갔다.

lie(눕다)의 과거형 (lie-lay-lain)
43 Then they lay down on the soft green grass and rolled
down the hill.└──────── 병렬 구조 ────────┘

44 그것이 그들의 비밀이었다!

44 That was their secret!
잔디에 누워서 언덕 아래로 굴러 내려가는 것(앞 문장 전체를 가리킴)

45 "이것이 모든 것들 중에서 최고의 새로운
것이에요!"라고 Rada와 Jonny는 외쳤다.

┌ 잔디에 누워서 언덕 아래로 굴러 내려가는 것
45 "This is the best new thing of all!" shouted Rada
and Jonny. good의 최상급

46 그리고 그들은 언덕 꼭대기로 다시 뛰어
올라갔다.

46 And they ran up to the top of the hill
again.

• 주어진 우리말과 일치하도록 교과서 본문의 문장을 완성하시오.

01 Rada lived on a little world, _____ out in space.

02 She _____ there _____ her father, mother, and brother Jonny.

03 Rada's father and other people _____ _____ spaceships.

04 _____ Rada and Jonny were children, and they _____ _____ in space.

05 One day, Dad told Rada and Jonny, "We're _____ _____ _____ Earth tomorrow."

06 Rada and Jonny looked at Dad _____ _____ and _____ towards him.

07 Rada asked Dad, "What's it _____ on Earth?"

08 "_____ _____ different there.

09 _____ _____, the sky is blue," answered Dad.

10 "I've _____ _____ a blue sky," said Jonny.

11 "The sky _____ _____ black here," said Rada.

12 "You _____ _____ _____ _____ your big heavy space suits because there is air _____.

13 It's also hard to jump there because Earth _____ _____ _____," said Dad.

14 "_____ _____?" asked Rada.

15 "There are hills, and they _____ _____ _____ soft green grass.

16 You can _____ _____ the hills," answered Mom.

17 "Dad, _____ you _____ _____ down a hill?" asked Rada.

18 "Yes, it's really _____!" answered Dad.

19 Jonny was _____, so he opened a milk container and _____ it.

20 The milk floated in the air and _____ balls.

21 Jonny _____ the balls.

01 Rada는 먼 우주의 작은 세계에 살았다.

02 그녀는 아빠와 엄마, 그리고 남동생 Jonny 와 함께 그곳에 살았다.

03 Rada의 아빠와 다른 사람들은 우주선에 서 일했다.

04 Rada와 Jonny만 아이들이었고, 그들은 우주에서 태어났다.

05 어느 날, 아빠가 Rada와 Jonny에게 "우리 는 내일 지구로 돌아갈 거야."라고 말했다.

06 Rada와 Jonny는 깜짝 놀라 아빠를 바 라보았고 그를 향해 둥둥 떠서 갔다.

07 Rada는 "지구는 어떤 곳인가요?"라고 아 빠에게 물었다.

08 "그곳에서는 모든 것이 다르단다.

09 예를 들어, 하늘이 파란색이지."라고 아빠 가 대답했다.

10 "전 한 번도 파란 하늘을 본 적이 없어요." 라고 Jonny가 말했다.

11 "여기는 하늘이 항상 검은색이잖아요."라 고 Rada가 말했다.

12 "그곳에는 어디에나 공기가 있기 때문에 크고 무거운 우주복을 입을 필요가 없단다.

13 또한 지구가 너희를 끌어당기기 때문에 그 곳에서는 점프하는 것도 어렵단다."라고 아빠가 말했다.

14 "그 밖에 또 뭐가 있어요?"라고 Rada가 물었다.

15 "언덕들이 있는데 부드러운 초록색 잔디로 뒤덮여 있단다.

16 언덕을 굴러 내려갈 수도 있어."라고 엄마 가 대답했다.

17 "아빠, 언덕을 굴러 내려가 보신 적 있으세 요?"라고 Rada가 물었다.

18 "그래, 정말 굉장해!"라고 아빠가 대답했다.

19 Jonny는 목이 말라서 우유 용기를 열어 그것을 흔들었다.

20 우유가 공중에 떠서 방울을 형성했다.

21 Jonny는 그 방울들을 삼켰다.

STEP A

22 "Jonny, _____ you drink milk that way on Earth, you'll _____ _____," said Mom.

23 _____ that night, Rada and Jonny talked a long time about Earth.

24 It was exciting _____ _____ about all the new things they _____ _____ _____ _____ and do.

25 There was one new thing Rada and Jonny really _____ _____ _____.

26 They thought about it all night and didn't _____ Mom and Dad _____ it.

27 It was _____ secret.

28 The next day, Rada's family _____ _____ a spaceship.

29 "It's _____ _____ _____ a long trip," said Mom.

30 "That's _____. I'm so _____!" said Rada.

31 The spaceship _____ _____.

32 "Dad, it's _____ _____ walk on Earth," said Rada.

33 "I know. Earth is _____ _____ _____," said Dad.

34 Rada and Jonny _____ float _____.

35 That was the first _____ _____.

36 "What's that _____?" asked Rada.

37 "A bird _____ _____," said Mom.

38 "I've never _____ _____ _____ _____," said Rada.

39 "And _____ _____ _____ the wind," said Jonny.

40 _____ _____ all new things.

41 Rada and Jonny ran up _____ _____ _____.

42 At the top, they looked at _____ _____ and laughed.

43 Then they _____ _____ on the soft green grass and _____ _____ the hill.

44 That was their _____!

45 "This is the _____ new thing of all!" _____ Rada and Jonny.

46 And they ran up to the _____ _____ _____ _____ again.

22 "Jonny, 지구에서 그런 식으로 우유를 마시면 너는 젖을 거야."라고 엄마가 말했다.

23 그날 밤 늦게, Rada와 Jonny는 지구에 대해 오랫동안 이야기했다.

24 그들이 보고, 하게 될 모든 새로운 것들에 대해 생각하는 것은 흥미진진했다.

25 Rada와 Jonny가 정말로 하고 싶은 한 가지 새로운 것이 있었다.

26 그들은 그것에 대해 밤새 생각했고 엄마와 아빠에게는 말하지 않았다.

27 그것은 그들의 비밀이었다.

28 다음 날, Rada의 가족은 우주선에 올라탔다.

29 "긴 여행이 될 거야."라고 엄마가 말했다.

30 "괜찮아요. 정말 신나요!"라고 Rada가 말했다.

31 우주선이 마침내 착륙했다.

32 "아빠, 지구에서는 걷는 것이 어려워요."라고 Rada가 말했다.

33 "그래. 지구가 너를 끌어당기고 있거든."이라고 아빠가 말했다.

34 Rada와 Jonny는 더 이상 떠다닐 수 없었다.

35 그것이 첫 번째 새로운 것이었다.

36 "저건 무슨 소리죠?"라고 Rada가 물었다.

37 "새가 노래하고 있어."라고 엄마가 말했다.

38 "저는 새가 노래하는 것을 들어 본 적이 전혀 없어요."라고 Rada가 말했다.

39 "그리고 저는 바람을 느껴 본 적도 전혀 없어요."라고 Jonny가 말했다.

40 이러한 것들이 모두 새로운 것들이었다.

41 Rada와 Jonny는 가장 가까운 언덕을 뛰어 올라갔다.

42 꼭대기에서, 그들은 서로를 쳐다보고 웃었다.

43 그러고 나서 그들은 부드러운 초록 잔디에 누워서 언덕 아래로 굴러 내려갔다.

44 그것이 그들의 비밀이었다!

45 "이것이 모든 것들 중에서 최고의 새로운 것이에요!"라고 Rada와 Jonny는 외쳤다.

46 그리고 그들은 언덕 꼭대기로 다시 뛰어 올라갔다.

Reading

바른 어휘·어법 고르기

01 Rada lived on a little world, far out (in / to) space.

02 She lived there with her father, mother, (and / or) brother Jonny.

03 Rada's father and (others / other) people worked on spaceships.

04 Only Rada and Jonny were children, and they (are / were) born in space.

05 One day, Dad told Rada and Jonny, "We're going back (to / at) Earth tomorrow."

06 Rada and Jonny looked at Dad in surprise and (floated / floating) towards him.

07 Rada asked Dad, "(What's / Where's) it like on Earth?"

08 "Everything (is / are) different there.

09 (However / For example), the sky is blue," answered Dad.

10 "I've never (seen / saw) a blue sky," said Jonny.

11 "The sky (are / is) always black here," said Rada.

12 "You (have to / don't have to) wear your big heavy space suits because there is air everywhere.

13 It's also hard to jump there (so / because) Earth pulls you down," said Dad.

14 "What else?" (asking / asked) Rada.

15 "There are hills, and they are covered (with / of) soft green grass.

16 You can roll (down / up) the hills," answered Mom.

17 "Dad, (have / did) you ever rolled down a hill?" asked Rada.

18 "Yes, it's really (amazing / amazed)!" answered Dad.

19 Jonny was thirsty, so he opened a milk container and (shakes / shook) it.

20 The milk floated (in / of) the air and formed balls.

21 Jonny (swallowing / swallowed) the balls.

22 "Jonny, (if / although) you drink milk that way on Earth, you'll get wet," said Mom.

23 (Later / Lately) that night, Rada and Jonny talked a long time about Earth.

24 It was exciting (to think / think) about all the new things they were going to see and do.

25 There was one new thing Rada and Jonny really wanted (doing / to do).

26 They thought about it all night and didn't tell Mom and Dad (about / of) it.

27 It was their (secret / space).

28 The next day, Rada's family got (on / up) a spaceship.

29 "It's going to (do / be) a long trip," said Mom.

30 "That's alright. I'm so (exciting / excited)!" said Rada.

31 The spaceship (finally / final) landed.

32 "Dad, (it's / that's) difficult to walk on Earth," said Rada.

33 "I know. Earth is pulling (down you / you down)," said Dad.

34 Rada and Jonny couldn't float (anymore / no more).

35 That was the first (new / same) thing.

36 "What's that (sound / sounded)?" asked Rada.

37 "A bird is (singing / sung)," said Mom.

38 "(I'm / I've) never heard a bird sing," said Rada.

39 "And I've never (feel / felt) the wind," said Jonny.

40 These (was / were) all new things.

41 Rada and Jonny ran up the (nearly / nearest) hill.

42 At the top, they looked at each other and (laugh / laughed).

43 Then they (lay / lied) down on the soft green grass and rolled down the hill.

44 That was (their / theirs) secret!

45 "This is the best new thing of (some / all)!" shouted Rada and Jonny.

46 And they ran up to the (top / bottom) of the hill again.

틀린 문장 고치기

• 밑줄 친 부분이 내용이나 어법상 바르면 ○, **틀리면** ×에 동그라미하고 **틀린** 부분을 바르게 고쳐 쓰시오.

01 Rada lived on a little world, <u>far out in space</u>. ☐○ ☐×

02 She lived there <u>from</u> her father, mother, and brother Jonny. ☐○ ☐×

03 Rada's father and other people <u>worked on</u> spaceships. ☐○ ☐×

04 Only Rada and Jonny were children, and they <u>bore</u> in space. ☐○ ☐×

05 One day, Dad told Rada and Jonny, "<u>We're going back</u> to Earth tomorrow." ☐○ ☐×

06 Rada and Jonny looked at Dad <u>in surprised</u> and floated towards him. ☐○ ☐×

07 Rada asked Dad, "<u>What's it like</u> on Earth?" ☐○ ☐×

08 "<u>Everything are different</u> there. ☐○ ☐×

09 For example, the sky is blue," <u>answered Dad</u>. ☐○ ☐×

10 "I've <u>seen never</u> a blue sky," said Jonny. ☐○ ☐×

11 "The sky <u>is always</u> black here," said Rada. ☐○ ☐×

12 "You don't have to wear your big heavy space suits because <u>there is air everywhere</u>. ☐○ ☐×

13 It's also hard <u>jumps</u> there because Earth pulls you down," said Dad. ☐○ ☐×

14 "<u>Else what</u>?" asked Rada. ☐○ ☐×

15 "<u>There is</u> hills, and they are covered with soft green grass. ☐○ ☐×

16 You can <u>roll down</u> the hills," answered Mom. ☐○ ☐×

17 "Dad, <u>have you ever rolled</u> down a hill?" asked Rada. ☐○ ☐×

18 "Yes, it's really <u>amazing</u>!" answered Dad. ☐○ ☐×

19 Jonny was thirsty, <u>but</u> he opened a milk container and shook it. ☐○ ☐×

20 The milk floated in the air and <u>forms</u> balls. ☐○ ☐×

21 Jonny <u>swallowed</u> the balls. ☐○ ☐×

22 "Jonny, if you <u>drink</u> milk that way on Earth, you'll get wet," said Mom. ☐○ ☐×

23　Later that night, Rada and Jonny talked a long time about Earth.　⭘　✕

24　This was excited to think about all the new things they were going to see and do.　⭘　✕

25　There was one new thing Rada and Jonny really wanted to do.　⭘　✕

26　They thought about it all night and didn't tell to Mom and Dad about it.　⭘　✕

27　It was their secret.　⭘　✕

28　The next day, Rada's family got at a spaceship.　⭘　✕

29　"It's going to be a long trip," said Mom.　⭘　✕

30　"That's alright. I'm so excited!" said Rada.　⭘　✕

31　The spaceship finally landed.　⭘　✕

32　"Dad, it's difficult for walk on Earth," said Rada.　⭘　✕

33　"I know. Earth is pulled you down," said Dad.　⭘　✕

34　Rada and Jonny couldn't float anymore.　⭘　✕

35　That was a first new thing.　⭘　✕

36　"What's that sound?" asked Rada.　⭘　✕

37　"A bird is singing," said Mom.　⭘　✕

38　"I've never heard a bird to sing," said Rada.　⭘　✕

39　"And I'm never felt the wind," said Jonny.　⭘　✕

40　These were all new thing.　⭘　✕

41　Rada and Jonny ran up the nearest hill.　⭘　✕

42　At the top, they looked at each others and laughed.　⭘　✕

43　Then they lay down on the soft green grass and rolling down the hill.　⭘　✕

44　That was their secret!　⭘　✕

45　"This is the better new thing of all!" shouted Rada and Jonny.　⭘　✕

46　And they ran down to the top of the hill again.　⭘　✕

배열로 문장 완성하기

1 Rada는 먼 우주의 작은 세계에 살았다. (on a little world / Rada / in space / far / lived / out)
>

2 그녀는 아빠와 엄마, 그리고 남동생 Jonny와 함께 그곳에 살았다.
(her father / lived / she / brother Jonny / with / mother / and / there)
>

3 Rada의 아빠와 다른 사람들은 우주선에서 일했다. (worked / Rada's father / and / spaceships / other people / on)
>

4 Rada와 Jonny만 아이들이었고, 그들은 우주에서 태어났다.
(were / they / and / children / in space / only Rada and Jonny / were born)
>

5 어느 날, 아빠가 Rada와 Jonny에게 "우리는 내일 지구로 돌아갈 거야."라고 말했다.
(told / tomorrow / we're / one day / to Earth / Rada and Jonny / going back / Dad)
>

6 Rada와 Jonny는 깜짝 놀라 아빠를 바라보았고 그를 향해 둥둥 떠서 갔다.
(in surprise / towards him / and / Rada and Jonny / Dad / floated / looked at)
>

7 Rada는 "지구는 어떤 곳인가요?"라고 아빠에게 물었다. (asked / Rada / on Earth / Dad / what's it like)
>

8 "그곳에서는 모든 것이 다르단다. (different / is / everything / there)
>

9 예를 들어, 하늘이 파란색이지."라고 아빠가 대답했다. (Dad / blue / for example / is / answered / the sky)
>

10 "전 한 번도 파란 하늘을 본 적이 없어요."라고 Jonny가 말했다. (a blue sky / said / I've / Jonny / never seen)
>

11 "여기는 하늘이 항상 검은색이잖아요."라고 Rada가 말했다. (black / always / Rada / the sky / here / is / said)
>

12 "그곳에는 어디에나 공기가 있기 때문에 크고 무거운 우주복을 입을 필요가 없단다.
(everywhere / your big heavy space suits / there / you / wear / because / is / don't have to / air)
>

13 또한 지구가 너희를 끌어당기기 때문에 그곳에서는 점프하는 것도 어렵단다."라고 아빠가 말했다.
(pulls you down / there / it's / because / said / also hard / Earth / Dad / to jump)
>

14 "그 밖에 또 뭐가 있어요?"라고 Rada가 물었다. (asked / what / Rada / else)
>

15 "언덕들이 있는데 부드러운 초록색 잔디로 뒤덮여 있단다.
(they / there are / are covered with / and / soft green grass / hills)
>

16 너희들은 언덕을 굴러 내려갈 수도 있어."라고 엄마가 대답했다.
(roll down / answered / you / can / the hills / Mom)
>

STEP A

17 "아빠, 언덕을 굴러 내려가 보신 적 있으세요?"라고 Rada가 물었다.
(rolled down / asked / a hill / Dad / you / have / Rada / ever)

>

18 "그래, 정말 굉장해!"라고 아빠가 대답했다. (really / answered / yes / amazing / it's / Dad)

>

19 Jonny는 목이 말라서 우유 용기를 열어 그것을 흔들었다.
(and / so / a milk container / Jonny / opened / shook it / was / he / thirsty)

>

20 우유가 공중에 떠서 방울을 형성했다. (in the air / the milk / balls / formed / floated / and)

>

21 Jonny는 그 방울들을 삼켰다. (swallowed / Jonny / the balls)

>

22 "Jonny, 지구에서 그런 식으로 우유를 마시면 너는 젖을 거야."라고 엄마가 말했다.
(you'll / milk / on Earth / if / Jonny / drink / said / that way / you / get wet / Mom)

>

23 그날 밤 늦게, Rada와 Jonny는 지구에 대해 오랫동안 이야기했다.
(talked / later that night / a long time / Rada and Jonny / Earth / about)

>

24 그들이 보고, 하게 될 모든 새로운 것들에 대해 생각하는 것은 흥미진진했다.
(exciting / all the new things / going to see / it / they were / was / and do / to think about)

>

25 Rada와 Jonny가 정말로 하고 싶은 한 가지 새로운 것이 있었다.
(Rada and Jonny / there / was / to do / one new thing / really wanted)

>

26 그들은 그것에 대해 밤새 생각했고 엄마와 아빠에게는 말하지 않았다.
(all night / they / didn't tell / and / about it / Mom and Dad / thought about it)

>

27 그것은 그들의 비밀이었다. (secret / it / their / was)

>

28 다음 날, Rada의 가족은 우주선에 올라탔다. (got on / the next day / a spaceship / Rada's family)

>

29 "긴 여행이 될 거야."라고 엄마가 말했다. (a long trip / said / it's / Mom / going to be)

>

30 "괜찮아요. 정말 신나요!"라고 Rada가 말했다. (said / so excited / that's / I'm / Rada / alright)

>

31 우주선이 마침내 착륙했다. (finally / the spaceship / landed)

>

32 "아빠, 지구에서는 걷는 것이 어려워요."라고 Rada가 말했다. (it's / to walk / Dad / Rada / difficult / on Earth / said)
>

33 "나도 안단다. 지구가 너를 끌어당기고 있거든."이라고 아빠가 말했다. (pulling / I know / down / you / is / said / Earth / Dad)
>

34 Rada와 Jonny는 더 이상 떠다닐 수 없었다. (float / Rada and Jonny / anymore / couldn't)
>

35 그것이 첫 번째 새로운 것이었다. (the / that / new thing / first / was)
>

36 "저건 무슨 소리죠?"라고 Rada가 물었다. (asked / that sound / what's / Rada)
>

37 "새가 노래하고 있어."라고 엄마가 말했다. (singing / Mom / is / said / a bird)
>

38 "저는 새가 노래하는 것을 들어 본 적이 전혀 없어요."라고 Rada가 말했다.
(a bird / Rada / never / said / sing / I've / heard)
>

39 "그리고 저는 바람을 느껴 본 적도 전혀 없어요."라고 Jonny가 말했다.
(the wind / Jonny / and / never / I've / said / felt)
>

40 이러한 것들이 모두 새로운 것들이었다. (all / these / new things / were)
>

41 Rada와 Jonny는 가장 가까운 언덕을 뛰어 올라갔다. (the nearest / Rada and Jonny / hill / ran up)
>

42 꼭대기에서, 그들은 서로를 쳐다보고 웃었다. (and / they / each other / at the top / laughed / looked at)
>

43 그러고 나서 그들은 부드러운 초록 잔디에 누워서 언덕 아래로 굴러 내려갔다.
(on the soft green grass / the hill / then / and / lay down / they / rolled down)
>

44 그것이 그들의 비밀이었다! (that / secret / was / their)
>

45 "이것이 모든 것들 중에서 최고의 새로운 것이에요!"라고 Rada와 Jonny는 외쳤다.
(new thing / this / of all / shouted / the / Rada and Jonny / is / best)
>

46 그리고 그들은 언덕 꼭대기로 다시 뛰어 올라갔다. (again / to the top / and / of the hill / ran up / they)
>

[01~05] 다음 글을 읽고, 물음에 답하시오.

Rada lived on a little world, far out in space. She lived there ____ⓐ____ her father, mother, and brother Jonny. Rada's father and other people worked ____ⓑ____ spaceships. Only Rada and Jonny were children, and they (A) bear in space.

One day, Dad told Rada and Jonny, "We're going back to Earth tomorrow."

Rada and Jonny looked at Dad ____ⓒ____ surprise and floated ____ⓓ____ him.

Rada asked Dad, "What's it ____ⓔ____ on Earth?"

"Everything is different there. _____(B)_____, the sky is blue," answered Dad.

"(C) 전 한 번도 파란 하늘을 본 적이 없어요," said Jonny.

"The sky is always black here," said Rada.

01 윗글의 빈칸 ⓐ~ⓔ에 들어갈 말로 알맞지 <u>않은</u> 것은?

① ⓐ: with   ② ⓑ: on   ③ ⓒ: of
④ ⓓ: towards   ⑤ ⓔ: like

02 윗글의 밑줄 친 (A) <u>bear</u>의 어법상 올바른 형태로 알맞은 것은?

① bore   ② born
③ are born   ④ were born
⑤ were bearing

03 윗글의 흐름상 빈칸 (B)에 들어갈 말로 알맞은 것은?

① However   ② Instead
③ Similarly   ④ For example
⑤ In contrast

04 윗글의 밑줄 친 우리말 (C)를 영어로 바르게 옮긴 것은?

① I can't see a blue sky
② I won't see a blue sky
③ I'd love to see a blue sky
④ I've seen a blue sky once
⑤ I've never seen a blue sky

05 윗글의 내용과 일치하지 <u>않는</u> 것은?

① Rada의 아빠는 우주선에서 일한다.
② 우주선에는 Rada와 Jonny 외에 아이들이 많다.
③ Rada와 Jonny는 우주에서 태어났다.
④ Rada의 가족은 내일 지구로 돌아갈 것이다.
⑤ Rada가 살고 있는 곳의 하늘은 항상 검은색이다.

[06~10] 다음 글을 읽고, 물음에 답하시오.

"You don't have to wear your big heavy space suits ____ⓐ____ there (A) is / are air everywhere. It's also hard to jump there ____ⓑ____ Earth pulls you down," said Dad.

"What else?" asked Rada.

"There are hills, and they are (B) covered / covering with soft green grass. You can roll down the hills," answered Mom.

"Dad, have you ever (C) roll / rolled down a hill?" asked Rada.

"Yes, it's really amazing!" answered Dad.

Jonny was ____ⓒ____, so he opened a milk container and shook it. The milk floated in the air and formed balls. Jonny swallowed the balls.

"Jonny, if you drink milk that way on Earth, you'll get ____ⓓ____," said Mom.

06 윗글의 빈칸 ⓐ와 ⓑ에 공통으로 들어갈 말로 알맞은 것은?

① but   ② until   ③ unless
④ because   ⑤ although

07 윗글의 (A)~(C)의 각 네모 안에 주어진 말 중 어법상 올바른 것끼리 짝지어진 것은?

	(A)	(B)	(C)
①	is	covered	roll
②	is	covering	roll
③	is	covered	rolled
④	are	covered	roll
⑤	are	covering	rolled

08 윗글의 빈칸 ⓒ와 ⓓ에 들어갈 말이 순서대로 바르게 짝지어진 것은?

① thirsty – wet   ② hungry – fat
③ sleepy – tired   ④ excited – dirty
⑤ worried – sick

09 다음 영영풀이에 해당하는 단어를 윗글에서 찾아 쓰시오.

something that you keep things in

_____

10 윗글의 내용과 일치하도록 할 때, 빈칸에 들어갈 말로 알맞은 것은?

Q: What is Rada's family talking about?
A: They are talking about _____.

① their life in space
② the importance of air
③ how to drink milk in space
④ Mom's childhood memories on Earth
⑤ differences between life in space and life on Earth

[11~14] 다음 글을 읽고, 물음에 답하시오.

(①) Later that night, Rada and Jonny talked a long time about Earth. (A) It was ____(B)____ to think about all the new things they were going to see and do. (②) There was ⓐone new thing Rada and Jonny really wanted to do. (③) They thought about ⓑit all night and didn't tell Mom and Dad about ⓒit. (④) It was ⓓtheir secret.
(⑤) "It's going to be ⓔa long trip," said Mom. "That's alright. I'm so ____(C)____!" said Rada.

11 윗글의 ①~⑤ 중 주어진 문장이 들어갈 위치로 알맞은 것은?

The next day, Rada's family got on a spaceship.

①   ②   ③   ④   ⑤

12 윗글의 밑줄 친 (A) It과 쓰임이 다른 것은?

① It is important to make plans.
② It is not safe to go there alone.
③ It is not far from here to my house.
④ It is fun to go camping with friends.
⑤ It can be dangerous to swim there.

13 윗글의 빈칸 (B)와 (C)에 들어갈 excite의 올바른 형태가 순서대로 짝지어진 것은?

① excites – excite
② excited – excited
③ exciting – excites
④ excited – exciting
⑤ exciting – excited

14 윗글의 밑줄 친 ⓐ~ⓔ 중 가리키는 내용이 나머지와 다른 하나는?

① ⓐ   ② ⓑ   ③ ⓒ   ④ ⓓ   ⑤ ⓔ

15 윗글의 밑줄 친 ⓐ~ⓔ의 우리말 의미가 알맞지 않은 것은?

① ⓐ: 착륙했다
② ⓑ: 너희들을 끌어내리고 있는
③ ⓒ: 각자 따로
④ ⓓ: 드러누웠다
⑤ ⓔ: ~로 뛰어 올라갔다

16 윗글의 밑줄 친 ①~⑤ 중 어법상 틀린 것은?

①   ②   ③   ④   ⑤

17 윗글의 밑줄 친 (A) the first new thing이 가리키는 것은?

① 언덕을 뛰어 올라가는 것
② 공중에 떠다닐 수 없는 것
③ 바람이 부는 것을 느끼는 것
④ 언덕에서 굴러서 내려오는 것
⑤ 새가 노래하는 소리를 듣는 것

[15~18] 다음 글을 읽고, 물음에 답하시오.

The spaceship finally ⓐlanded.
"Dad, it's difficult ①to walk on Earth," said Rada.
"I know. Earth is ⓑpulling you down," said Dad.
Rada and Jonny couldn't float anymore. That was (A) the first new thing.
"What's that sound?" asked Rada.
"A bird ②is singing," said Mom.
"I've never heard a bird ③to sing," said Rada.
"And I've never ④felt the wind," said Jonny.
These were all new things.
Rada and Jonny ran up the nearest hill. At the top, they looked at ⓒeach other and laughed. Then they ⓓlay down on the soft green grass and rolled down the hill. That was their secret!
"This is ⑤the best new thing of all!" shouted Rada and Jonny. And they ⓔran up to the top of the hill again.

18 윗글을 읽고 답할 수 없는 질문은?

① How long did it take to go to Earth?
② What couldn't Rada and Jonny do on Earth?
③ What sound did Rada hear on Earth?
④ What did Rada and Jonny do on the hill?
⑤ What was the best new thing to Rada and Jonny?

서술형

[19~21] 다음 글을 읽고, 물음에 답하시오.

Rada lived on a little world, far out in space. She lived there with her father, mother, and brother Jonny. Rada's father and other people worked on spaceships. Only Rada and Jonny were children, and they were born in space.

One day, Dad told Rada and Jonny, "We're going back to Earth tomorrow."

Rada and Jonny looked at Dad in surprise and floated towards him.

Rada asked Dad, "(A)지구는 어떤 곳인가요?"

"Everything is different there. For example, the sky is blue," answered Dad.

"I've never ⓐsee a blue sky," said Jonny.

"The sky is always black here," said Rada.

"You don't have to wear your big heavy space suits because there is air everywhere. It's also hard ⓑjump there because Earth pulls you down," said Dad.

19 윗글의 밑줄 친 우리말 **(A)**와 의미가 같도록 주어진 단어들을 바르게 배열하시오.

→ _____

(on, it, what's, Earth, like)

20 윗글의 밑줄 친 ⓐsee와 ⓑjump를 각각 어법상 올바른 형태로 쓰시오.

ⓐ _____

ⓑ _____

21 윗글의 내용과 일치하도록 주어진 질문에 대한 답을 완성하시오.

(1) What is Rada's family going to do tomorrow?

→ They are _____.

(2) Why don't Rada and Jonny have to wear space suits on Earth?

→ It's because _____.

[22~23] 다음 글을 읽고, 물음에 답하시오.

"What else?" asked Rada.

"There are hills, and they are covered with soft green grass. You can roll down the hills," answered Mom.

"Dad, _____ⓐ_____?" asked Rada.

"Yes, it's really amazing!" answered Dad.

Jonny was thirsty, so he opened a milk container and shook it. The milk floated in the air and formed balls. Jonny swallowed the balls.

"Jonny, if you drink milk ⓑthat way on Earth, you'll get wet," said Mom.

22 윗글의 빈칸 ⓐ에 알맞은 말을 괄호 안의 말을 배열하여 쓰시오.

→ Dad, _____?

(you, have, a hill, rolled, down, ever)

23 윗글의 밑줄 친 ⓑ that way가 가리키는 것을 우리말로 쓰시오.

→ _____

24 다음 글의 내용과 일치하도록 주어진 문장에서 **틀린** 부분을 찾아 바르게 고쳐 쓰시오.

Later that night, Rada and Jonny talked a long time about Earth. It was exciting to think about all the new things they were going to see and do. There was one new thing Rada and Jonny really wanted to do. They thought about it all night and didn't tell Mom and Dad about it. It was their secret.

(1) Rada and Jonny were excited to talk about space.

_____ → _____

(2) Rada and Jonny told their parents one new thing that they really wanted to do.

_____ → _____

만점 노트

Listen and Talk D

교과서 121쪽

❶Did you hear about the new book, *Dave's Adventures*? This book is about Dave and his adventures in the woods. The ❷main characters are Dave and a big bear. The story is fun. ❸Are you curious about the book? ❹Then you should read it!

'Dave의 모험'이라는 새로 나온 책에 대해 들었나요? 이 책은 Dave와 그의 숲속 모험에 관한 것입니다. 주인공은 Dave와 큰 곰이에요. 이야기가 재미있죠. 그 책에 대해 궁금한가요? 그러면 그것을 꼭 읽어 봐야 해요!

❶ Did you hear about ~?은 새로운 정보에 대해 알고 있는지 묻는 표현이다.
❷ main character: 주인공
❸ Are you curious about ~?은 상대방이 어떤 대상에 대해 궁금하거나 더 알고 싶은지 물을 때 사용하는 표현이다.
❹ 「You should+동사원형 ~.」은 '너는 ~하는 게 좋겠어.'라는 뜻으로, 상대방에게 조언이나 당부하는 표현이다.

After You Read A

교과서 128쪽

Rada's family lived in space. ❶One day, they ❷decided to go back to Earth. Rada's family talked about life on Earth. They talked about the blue sky and ❸hills which are covered with green grass. The next day, Rada's family ❹got on a spaceship. It was a long trip to Earth. ❺When they arrived on Earth, Rada and Jonny ran up the nearest hill and ❻rolled down it. That was the best new thing to them.

Rada의 가족은 우주에서 살았다. 어느 날, 그들은 지구로 돌아가기로 결정했다. Rada의 가족은 지구에서의 생활에 대해 이야기했다. 그들은 파란 하늘과 초록색 잔디로 뒤덮인 언덕에 대해 이야기했다. 다음 날, Rada의 가족은 우주선에 올라탔다. 그것은 지구로 가는 긴 여행이었다. 그들이 지구에 도착했을 때, Rada와 Jonny는 가장 가까운 언덕을 뛰어 올라가 아래로 굴러 내려갔다. 그것이 그들에게 최고의 새로운 것이었다.

❶ one day: (과거의) 어느 날
❷ decide는 to부정사를 목적어로 쓰는 동사이다.
❸ 주격 관계대명사 which가 이끄는 관계대명사절이 선행사 hills를 수식하고 있다.
❹ get on: (탈것에) 타다, 탑승하다
❺ when은 '~할 때'라는 의미로, 시간의 부사절을 이끄는 접속사로 쓰였다.
❻ roll down은 '아래로 구르다'라는 의미이고, it은 the nearest hill을 가리킨다.

Around the World

교과서 129쪽

- 1957 – Russia sent the first dog into space. ❶It was small, and its name was Laika.
- 1961 – Yuri Gagarin went into space ❷for the first time.
- 1969 – The USA ❸sent the first human to the moon. His name was Neil Armstrong.
- 1971 – Russia built the first space station. ❹It flew around the Earth almost 3,000 times.

- 1957년 – 러시아가 우주에 최초의 개를 보냈다. 그것은 몸집이 작았고, 이름은 Laika였다.
- 1961년 – Yuri Gagarin이 최초로 우주에 갔다.
- 1969년 – 미국은 달에 최초의 인간을 보냈다. 그의 이름은 Neil Armstrong이었다.
- 1971년 – 러시아가 최초의 우주 정거장을 건설하였다. 그것은 거의 3천 번 지구 주변을 돌았다.

❶ 앞 문장의 the first dog which was sent into space를 가리킨다.
❷ for the first time: 처음으로
❸ send A to B: A를 B로 보내다
❹ around는 '둘레에, 주위에'라는 뜻의 전치사로 쓰였고, 「숫자+time(s)」은 횟수를 나타내어 '~ 번'이라는 의미이다.

실전 TEST

[01~02] 다음 글을 읽고, 물음에 답하시오.

Did you ___ⓐ___ about (A) the new book, *Dave's Adventures*? This book is about Dave and his adventures in the woods. The main characters are Dave and a big bear. The story is fun. Are you ___ⓑ___ about the book? Then you should read it!

01 윗글의 빈칸 ⓐ와 ⓑ에 들어갈 말이 순서대로 바르게 짝지어진 것은?

① hear – tired
② aware – worried
③ hear – worried
④ aware – curious
⑤ hear – curious

02 윗글의 밑줄 친 (A) the new book에 대한 설명으로 알맞지 <u>않은</u> 것은?

① Its title is *Dave's Adventures*.
② It's about Dave who has adventures in the woods.
③ Dave and a bear are the main characters.
④ The writer thinks it is interesting but scary.
⑤ The writer recommends it to others.

[03~05] 다음 글을 읽고, 물음에 답하시오.

Rada's family lived ⓐin space. (①) One day, they decided to go back to Earth. Rada's family talked about life on Earth. (②) They talked about the blue sky and hills ⓑwho are covered ⓒwith green grass. (③) The next day, Rada's family got on a spaceship. (④) ⓓWhen they arrived on Earth, Rada and Jonny ran up ⓔthe nearest hill and rolled down it. (⑤) That was the best new thing to them.

03 윗글의 ①~⑤ 중 주어진 문장이 들어갈 위치로 알맞은 것은?

It was a long trip to Earth.

①　　　②　　　③　　　④　　　⑤

04 윗글의 밑줄 친 ⓐ~ⓔ 중 어법상 틀린 것은?

① ⓐ　② ⓑ　③ ⓒ　④ ⓓ　⑤ ⓔ

05 윗글의 내용과 일치하도록 빈칸에 알맞은 말을 쓰시오.

_____ _____ _____ _____ to Rada and Jonny was to roll down the hill.

06 다음 글의 제목으로 가장 알맞은 것은?

- 1957 – Russia sent the first dog into space. It was small, and its name was Laika.
- 1961 – Yuri Gagarin went into space for the first time.
- 1969 – The USA sent the first human to the moon. His name was Neil Armstrong.
- 1971 – Russia built the first space station. It flew around the Earth almost 3,000 times.

① The Creation of Space
② The Exploration of the Moon
③ History of Space Exploration
④ The First Man and Animal to Go to the Moon
⑤ Communication Between the Earth and the Moon

Words
고득점 맞기

01 다음 영영풀이에 해당하는 단어가 순서대로 바르게 짝지어 진 것은?

> • an area of high land, like a small mountain
> • to turn over and over and move in a particular direction

① hill – roll   ② grass – roll
③ hill – shake   ④ grass – shake
⑤ space – float

02 Which can replace the underlined part?

> The man waved his hand <u>towards</u> the house.

① along   ② next to
③ forward   ④ backwards
⑤ in the direction of

03 다음 중 짝지어진 단어들의 관계가 서로 같지 <u>않은</u> 것은?

① final : finally = real : really
② exciting : boring = dry : wet
③ begin : start = trip : journey
④ safe : dangerous = far : near
⑤ alone : by oneself = land : take off

04 다음 빈칸에 들어갈 말이 순서대로 바르게 짝지어진 것은?

> • He was so _____ that he opened the box.
> • I tried to catch the leaves that _____ in the wind.

① excited – saved   ② afraid – formed
③ curious – floated   ④ creative – swallowed
⑤ dangerous – laughed

05 다음 빈칸에 공통으로 들어갈 단어를 쓰시오.

> • There is enough _____ for the piano.
> • The movie is about some explorers traveling in _____.

06 다음 우리말과 의미가 같도록 빈칸에 알맞은 말을 쓰시오.

> 벽은 다채로운 색의 꽃들로 뒤덮여 있다.

→ The wall _____ _____ _____ colorful flowers.

07 다음 ⓐ~ⓓ의 빈칸 중 어느 곳에도 들어갈 수 <u>없는</u> 것은?

> ⓐ The child ran _____ the roller coaster.
> ⓑ It'll be so _____ to watch a soccer game.
> ⓒ I'm very satisfied with the _____ of the food.
> ⓓ My family went on a(n) _____ to Europe last summer.

① space   ② trip   ③ taste
④ towards   ⑤ exciting

08 다음 중 단어와 영영풀이가 바르게 연결되지 <u>않은</u> 것은?

① form: to move down onto the ground
② float: to move slowly and gently through the water or the air
③ shake: to move up and down or from side to side quickly
④ curious: wanting to know something or to learn about the world
⑤ space suit: a special piece of clothing that astronauts wear in space

09 주어진 영영풀이에 맞게 다음 빈칸에 알맞은 말을 주어진 철자로 시작하여 쓰시오.

> *v.* to make food or drink go down your throat

> Don't s_____ your gum! It can be dangerous.

10 다음 중 밑줄 친 단어의 쓰임이 어색한 것은?

① Let's look for our concert tickets first.
② I like fishing. It is exciting to catch fish.
③ There were so many people everywhere.
④ My dream is to travel to foreign countries.
⑤ The last part of the book was so sad that I laughed a lot.

11 다음 중 밑줄 친 부분의 우리말 의미가 알맞지 않은 것은?

① Could you pull down the bar? (당겨서 내리다)
② Everyone looked at him in surprise. (놀라서)
③ Dolphins use sound to communicate with each other. (계속)
④ Christian Andersen was born on April 2, 1805, in Denmark. (태어났다)
⑤ You should get on the subway after other people get off. (~에 타다)

고난도 신유형
12 다음 영영풀이의 빈칸 ⓐ~ⓔ에 들어갈 단어로 알맞지 않은 것은?

> · space: the area ___ⓐ___ the Earth
> · trip: a ___ⓑ___ to a place that you travel to
> · form: to make something ___ⓒ___ or develop
> · container: something that you ___ⓓ___ things in
> · laugh: to make a sound with your voice because you think something is ___ⓔ___

① ⓐ: inside   ② ⓑ: visit
③ ⓒ: exist   ④ ⓓ: keep
⑤ ⓔ: funny

13 다음 중 밑줄 친 부분과 바꿔 쓸 수 없는 것은?

① Have you ever got on a Tayo bus?
          (= taken)
② James decided to go back to New Zealand.
          (= return to)
③ What type of camera do you want to buy?
          (= kind)
④ It was almost midnight when we finally arrived home.   (= lately)
⑤ I need to buy a new bag before the semester begins next week. (= starts)

고난도
14 다음 빈칸에 들어갈 단어의 영영풀이로 알맞은 것은?

> Can you promise to keep a(n) _____? You shouldn't tell anybody.

① an area of high land, like a small mountain
② a vehicle that can carry people through space
③ a place or vehicle in space where people can stay
④ a common plant with thin, green leaves that cover the ground
⑤ an idea, plan, or information that you do not tell other people about

고난도
15 다음 중 밑줄 친 단어의 의미가 같은 것끼리 짝지어진 것은?

> ⓐ You can lie on the beach and sunbathe.
> ⓑ Kate is a very honest girl. She never lies.
> ⓒ He always lies to me on April Fool's Day.
> ⓓ Tom likes to lie under the tree after lunch.
> ⓔ We sometimes go to the park and lie down on the grass.

① ⓐ, ⓑ   ② ⓐ, ⓒ   ③ ⓐ, ⓓ, ⓔ
④ ⓑ, ⓓ   ⑤ ⓑ, ⓓ, ⓔ

Listen and Talk

영작하기

• 주어진 우리말 뜻과 일치하도록 교과서 대화문을 완성하시오.

교과서 120쪽

Listen and Talk A-1

B: _____

G: _____

B: _____

G: _____

교과서 120쪽

해석

B: 우주로 간 첫 번째 우주선에 대해 들었니?

G: 아니, 못 들었어. 난 그게 뭔지 궁금해.

B: 이것이 그 우주선의 포스터야.

G: 정말? 그것을 사고 싶다.

Listen and Talk A-2

G: _____

B: _____

G: _____

B: _____

교과서 120쪽

G: 화성에 관한 새로 나온 책에 대해 들었니?

B: 아니, 못 들었어. 난 화성에 대해 정말 궁금해.

G: 봐. 바로 여기 있어. 화성과 그것의 위성들에 관한 책이야.

B: 멋지다. 그 책을 사야겠어.

Listen and Talk A-3

G: _____

B: _____

G: _____

B: _____

교과서 120쪽

G: 우주 마라톤에 대해 들었니?

B: 아니, 못 들었어.

G: 그것은 우주 정거장에서 하는 마라톤이야. 이 비디오를 봐.

B: 그럴게. 정말 궁금하다.

Listen and Talk A-4

G: _____

B: _____

G: _____

B: _____

교과서 120쪽

G: 새로 나온 우주 음식에 대해 들었니?

B: 응, 들었어. 그건 아이스크림의 한 종류야.

G: 맞아. 그리고 여기 있네. 맛있어 보인다.

B: 맛이 어떨지 정말 궁금하다.

Answers: 본문 pp. 14-15 참고

Listen and Talk C

B: _____

G: _____

B: _____

G: _____

B: _____

G: _____

B: _____

G: _____

B: _____

G: _____

B: _____

Talk and Play

A: _____

B: _____

A: _____

Review-1

G: _____

B: _____

G: _____

B: _____

G: _____

Review-2

G: _____

B: _____

G: _____

B: _____

G: _____

해석

교과서 121쪽

B: 수빈아, '달에서의 삶'이라는 새로 나온 영화에 대해 들었니?

G: 아니, 못 들었어.

B: 나는 굉장히 좋다고 들었어.

G: 그 영화가 정말 궁금하네. 무엇에 관한 거니?

B: 달에서 살기 위해 노력하는 한 남자에 관한 것이야.

G: 그거 재미있겠다.

B: 봐. 그 영화가 여기 우주 극장에서 상영 중이야.

G: 영화가 몇 시에 상영되니?

B: 2시 30분에 시작해.

G: 우선 점심부터 먹고 나서 영화를 보자.

B: 그래. 배고프다. 가자!

교과서 122쪽

A: 새로 나온 후식인 Strawberry Bubbles에 대해 들었니?

B: 아니, 못 들었어. 그런데 그게 뭔지 궁금해.

A: 그것은 청량음료야.

교과서 134쪽

G: Tony, 'My Hero'라는 영화에 대해 들었니?

B: 아니, 못 들었어.

G: 음, 나는 정말 좋다고 들었어.

B: 그 영화에 대해 정말 궁금하다. 무엇에 관한 것이니?

G: 아들을 구하는 한 아버지에 관한 영화야.

교과서 134쪽

G: '외국에서 살기'라는 새로 나온 책에 대해 들었니?

B: 아니, 못 들었어.

G: 봐. 바로 여기 있어. 뉴욕에서 사는 것에 관한 책이야.

B: 멋지다. 이 책에 대해 정말 궁금해.

G: 나도 그래.

Listen and Talk
고득점 맞기

01 다음 대화의 빈칸에 들어갈 말로 알맞은 것은?

> A: _____
> B: Yes, I did. It's a type of ice cream.
> A: Yes, and here it is. It looks good.
> B: I'm really curious about the taste.

① How was the new space food?
② Would you like some ice cream?
③ Did you try the new space food?
④ Did you hear about the new space food?
⑤ Have you visited the new ice cream shop?

02 다음 대화의 빈칸에 들어갈 말로 알맞지 <u>않은</u> 것은?

> A: Did you hear about the new restaurant?
> B: No, I didn't. I'm curious about it.
> A: _____

① The staff there are very kind.
② I'd like to cook dinner for you.
③ I heard the food is not that expensive.
④ It serves very fresh and delicious food.
⑤ Their tomato spaghetti tastes pretty good.

03 Which one is NOT a natural dialog?

① A: Did you hear about the new musical?
　 B: Yes. I heard it has great songs.
② A: I'm curious about the book. What's it about?
　 B: It's about living in New York.
③ A: Do you know about the new soccer ball?
　 B: No, I don't. It's very light and colorful.
④ A: Have you heard of the new TV show?
　 B: Yes, I have. Isn't it a show about training pets?
⑤ A: Did you hear about the first animal that went into space?
　 B: No, I didn't, but I'm curious about it.

04 What is the correct order of (A)~(D) to make a natural dialog?

> (A) OK. I'm really curious about it.
> (B) No, I didn't.
> (C) It's a marathon on a space station. Look at this video.
> (D) Did you hear about the space marathon?

① (A) – (C) – (B) – (D)　② (C) – (A) – (B) – (D)
③ (C) – (D) – (B) – (A)　④ (D) – (A) – (B) – (C)
⑤ (D) – (B) – (C) – (A)

[05~06] 다음 대화를 읽고, 물음에 답하시오.

> Girl: Did you hear about the movie, *My Hero*?
> Boy: No, I didn't.
> Girl: Well, I heard it's really good.
> Boy: ⓐI'm really curious about the movie.
> Girl: It's about a father who saves his son.

05 윗글의 밑줄 친 ⓐ와 바꿔 쓸 수 있는 것은?

① I think I'll like the movie.
② I'd like to know about the movie.
③ I know the storyline of the movie.
④ I'm going to buy a ticket for the movie.
⑤ I'm looking forward to seeing the movie.

06 위 대화의 내용과 일치하는 것은?

① The boy knew about the movie, *My Hero*.
② The boy thinks that *My Hero* is very good.
③ The girl has never heard about the movie, *My Hero*.
④ The boy watched the movie, *My Hero*.
⑤ *My Hero* is a movie about a father who saves his son.

[07~09] 다음 대화를 읽고, 물음에 답하시오.

> A: Subin, did you hear about the new movie, *Life on the Moon*?
> B: No, I didn't.
> A: I heard it's really good.
> B: _____ ⓐ _____ What's it about?
> A: It's about a man who is trying to live on the moon.
> B: That sounds interesting.
> A: Look. The movie is playing at the Space Theater here.
> B: What time is the movie?
> A: It begins at 2:30.
> B: Let's eat lunch first and then see the movie.
> A: OK. I'm hungry. Let's go!

07 위 대화의 빈칸 ⓐ에 알맞은 말을 [조건]에 맞게 영어로 쓰시오.

> [조건] 1. 궁금증을 나타낼 것
> 2. really, curious, the movie를 사용할 것

→ _____

08 다음 글에서 위 대화의 내용과 일치하지 <u>않는</u> 부분을 찾아 바르게 고쳐 쓰시오.

> The movie, *Life on the Moon*, is about a man that comes from the moon. The speakers will watch the movie at the Space Theater at 2:30.

_____ → _____

09 What are the speakers going to do right after the conversation?

→ _____

[10~11] 다음 대화를 읽고, 물음에 답하시오.

> Girl: ⓐ화성에 관한 새로 나온 책에 대해 들었니?
> Boy: No, I didn't. I'm really curious about Mars.
> Girl: Look. It's right here. It's about Mars and its moons.
> Boy: Great. I think I'll buy the book.

10 위 대화의 밑줄 친 우리말 ⓐ와 의미가 같도록 문장을 쓰시오. (9단어)

→ _____

11 다음 ⓐ~ⓓ 중 위 대화를 읽고 답할 수 있는 질문을 골라 기호를 쓰고, 완전한 영어 문장으로 답하시오.

> ⓐ What is the title of the new book?
> ⓑ Who wrote the new book?
> ⓒ What is the new book about?
> ⓓ How many moons does Mars have?

( ) → _____

12 주어진 [조건]에 맞게 다음 대화를 완성하시오.

> [조건] 1. 괄호 안의 단어를 사용할 것
> 2. (2), (3)에는 대명사를 사용할 것

> A: (1) _____, *Dave's Adventures*? (hear, book)
> B: No, I didn't. (2) _____? (about)
> A: It's about Dave and his adventures in the woods.
> B: Oh, (3) _____. (curious)

Grammar
고득점 맞기

01 다음 대화의 빈칸에 들어갈 말이 순서대로 바르게 짝지어진 것은?

> A: Have you ever _____ to Vietnam?
> B: Yes, I have. I _____ there last year.

① go – went
② go – have been
③ been – went
④ gone – have been
⑤ been – have gone

02 Which is correct for the blanks in common?

> • _____ is fun to bake cookies.
> • _____ is warm but partly cloudy.
> • _____ has two handles on the top.

① It
② This
③ How
④ What
⑤ There

03 다음 두 문장을 한 문장으로 바꿔 쓸 때, 빈칸에 들어갈 말이 순서대로 바르게 짝지어진 것은?

> Daniel started to work as a pilot five years ago. He is still a pilot.
> → Daniel _____ as a pilot _____ five years.

① worked – in
② worked – since
③ will work – for
④ has worked – for
⑤ has worked – since

04 다음 우리말과 의미가 같도록 괄호 안의 단어들을 배열할 때, 5번째로 오는 단어는?

> 그 영화를 이해하는 것은 어렵다.
> (movie, to, is, understand, the, it, difficult)

① is
② to
③ difficult
④ movie
⑤ understand

05 다음 문장에서 어법상 틀린 부분을 찾아 바르게 고친 것은?

> I've read the book twice. I have bought it last month.

① I've → I'm
② read → been read
③ twice → two
④ have bought → bought
⑤ last month → next month

06 다음 우리말을 영어로 바르게 옮긴 것을 모두 고르시오.

> 일찍 일어나는 것은 좋은 습관이다.

① Get up early is a good habit.
② It is a good habit get up early.
③ To get up early is a good habit.
④ It is a good habit to get up early.
⑤ This is a good habit to get up early.

07 Which underlined part has the same usage as in the example?

> [보기] She has written her novel for two years.

① Have you ever seen a ghost?
② The plane has not arrived yet.
③ Jessica has just finished her lunch.
④ They have never been late for school.
⑤ My brother has worn glasses since he was five years old.

08 다음 두 문장을 한 문장으로 바르게 나타낸 것은?

> Drink a lot of water. It's good for your health.

① You are good to drink a lot of water.
② It is for your health drinking a lot of water.
③ It is drinking a lot of water for your health good.
④ It is good for your health to drink a lot of water.
⑤ It is to drink a lot of water good for your health.

09 다음 중 어법상 틀린 문장을 모두 고르시오.

① It is important to protect nature.
② It is very easy make French toast.
③ How long have they known each other?
④ He hasn't eaten anything for last night.
⑤ Have you ever tried bungee jumping?

한 단계 더!

10 다음 중 두 문장의 의미가 같지 않은 것은?

① It is exciting to go on a vacation.
  = To go on a vacation is exciting.
② Recycling cans and bottles is necessary.
  = It is necessary to recycle cans and bottles.
③ I bought my laptop a year ago, but I didn't use it.
  = I have used my laptop for a year.
④ Miso went to Sydney two days ago, so she isn't here now.
  = Miso has gone to Sydney.
⑤ I forgot the girl's name, and I still don't remember her name.
  = I have forgotten the girl's name.

11 다음 중 밑줄 친 It의 쓰임이 같은 것끼리 짝지어진 것은?

> ⓐ It is wrong to tell a lie.
> ⓑ It is an interesting musical.
> ⓒ It is dangerous to skate here.
> ⓓ It was difficult to answer the questions.
> ⓔ It is getting warmer and warmer these days.

① ⓐ, ⓔ   ② ⓑ, ⓓ
③ ⓒ, ⓔ   ④ ⓐ, ⓒ, ⓓ
⑤ ⓑ, ⓒ, ⓔ

한 단계 더!

12 다음 중 내용이 의미상 어색한 것은?

① I know Mark. I have met him before.
② I have lost my dog. I can't find him anywhere.
③ My sister has been to New York, so I miss her a lot.
④ He has never eaten Spanish food. He wants to try it sometime.
⑤ The shopping mall hasn't opened yet. It'll open next month.

고난도

13 다음 중 각 문장에서 어법상 틀린 부분을 잘못 고친 것은?

> ⓐ Did you ever seen a whale?
> ⓑ There is exciting to ride a horse.
> ⓒ I have know her since she was a child.
> ⓓ They have decided on this topic yesterday.
> ⓔ It is very difficult learn a foreign language.

① ⓐ: Did → Have
② ⓑ: There → It
③ ⓒ: know → known
④ ⓓ: have decided → decided
⑤ ⓔ: learn → learned

14 다음 괄호 안의 동사를 어법에 맞게 사용하여 대화를 완성하시오.

(1) (swim, go)

    A: _____ you ever _____ in the sea?

    B: Yes, _____ _____. Actually, I _____ swimming in the sea last weekend.

(2) (play, teach)

    A: How long _____ Minji _____ the cello?

    B: She _____ _____ the cello _____ ten years. Her mom first _____ her how to play when she was five.

15 다음 [A]와 [B]에서 알맞은 말을 하나씩 골라 자신의 생각을 나타내는 문장을 완성하시오.

A	B
fun	travel alone
impossible	read comic books
dangerous	live without water

(1) It _____.

(2) It _____.

(3) It _____.

16 다음 두 문장을 [조건]에 맞게 한 문장으로 쓰시오.

> [조건] 1. (1), (2)에는 현재완료를 사용할 것
> 2. (3)은 가주어 It으로 시작할 것

(1) I left my homework at home. I don't have it now.

    → _____

(2) Mina was born in Seoul. She still lives there.

    → _____

(3) Do some exercise every day. It is necessary.

    → _____

17 다음 표를 보고, [예시]와 같이 문장을 쓰시오.

경험한 것	세호	수미
[예시] walk along the beach	○	×
(1) eat Mexican food	○	×
(2) sing in front of many people	×	○
(3) open a bank account	×	○
(4) run a marathon	○	×

[예시] Seho has walked along the beach, but Sumi hasn't.

(1) _____

(2) _____

(3) _____

(4) _____

한 단계 더!

18 다음 그림을 보고, 각 사람의 고민을 [예시]와 같이 difficult와 「It ~ to부정사」 구문을 사용하여 쓰시오.

[예시]

Learning Chinese is difficult.

(1)

I'm not good at drawing pictures.

(2) I want to make new friends.

(3)

I can't play the violin well.

[예시] It is difficult for me to learn Chinese.

(1) _____

(2) _____

(3) _____

영작하기

• 주어진 우리말 뜻과 일치하도록 교과서 본문의 문장을 쓰시오.

01 _____

Rada는 먼 우주의 작은 세계에 살았다.

02 _____

그녀는 아빠와 엄마, 그리고 남동생 Jonny와 함께 그곳에 살았다.

03 _____

Rada의 아빠와 다른 사람들은 우주선에서 일했다.

04 _____

Rada와 Jonny만 아이들이었고, 그들은 우주에서 태어났다.

05 _____

어느 날, 아빠가 Rada와 Jonny에게 "우리는 내일 지구로 돌아갈 거야."라고 말했다.

06 _____

Rada와 Jonny는 깜짝 놀라 아빠를 바라보았고 그를 향해 둥둥 떠서 갔다.

07 _____

Rada는 "지구는 어떤 곳인가요?"라고 아빠에게 물었다.

08 _____

"그곳에서는 모든 것이 다르단다.

09 _____

예를 들어, 하늘이 파란색이지."라고 아빠가 대답했다.

10 _____

"전 한 번도 파란 하늘을 본 적이 없어요."라고 Jonny가 말했다. ☆

11 _____

"여기는 하늘이 항상 검은색이잖아요."라고 Rada가 말했다.

12 _____

"그곳에는 어디에나 공기가 있기 때문에 크고 무거운 우주복을 입을 필요가 없단다.

13 _____

또한 지구가 너희를 끌어당기기 때문에 그곳에서는 점프하는 것도 어렵단다."라고 아빠가 말했다. ☆

14 _____

"그 밖에 또 뭐가 있어요?"라고 Rada가 물었다.

15 _____

"언덕들이 있는데 그것들은 부드러운 초록색 잔디로 뒤덮여 있단다.

16 _____

너희들은 언덕을 굴러 내려갈 수도 있어."라고 엄마가 대답했다.

17 _____

"아빠, 언덕을 굴러 내려가 보신 적 있으세요?"라고 Rada가 물었다. ☆

18 _____

"그래, 정말 굉장해!"라고 아빠가 대답했다.

19 _____

Jonny는 목이 말라서 우유 용기를 열어 그것을 흔들었다.

20 _____

우유가 공중으로 떠서 방울을 형성했다.

21 _____

Jonny는 그 방울들을 삼켰다.

22 _____

"Jonny, 지구에서 그런 식으로 우유를 마시면 너는 젖을 거야."라고 엄마가 말했다.

23
_____

그날 밤 늦게, Rada와 Jonny는 지구에 대해 오랫동안 이야기했다.

24
_____

그들이 보고, 하게 될 모든 새로운 것들에 대해 생각하는 것은 흥미진진했다. ☆

25
_____

Rada와 Jonny가 정말로 하고 싶은 한 가지 새로운 것이 있었다.

26
_____

그들은 그것에 대해 밤새 생각했고 엄마와 아빠에게는 그것에 대해 말하지 않았다.

27
_____

그것은 그들의 비밀이었다.

28
_____

다음 날, Rada의 가족은 우주선에 올라탔다.

29
_____

"긴 여행이 될 거야."라고 엄마가 말했다.

30
_____

"괜찮아요. 정말 신나요!"라고 Rada가 말했다.

31
_____

우주선이 마침내 착륙했다.

32
_____

"아빠, 지구에서는 걷는 것이 어려워요."라고 Rada가 말했다. ☆

33
_____

"나도 안단다. 지구가 너를 끌어당기고 있거든."이라고 아빠가 말했다.

34
_____

Rada와 Jonny는 더 이상 떠다닐 수 없었다.

35
_____

그것이 첫 번째 새로운 것이었다.

36
_____

"저건 무슨 소리죠?"라고 Rada가 물었다.

37
_____

"새가 노래하고 있어."라고 엄마가 말했다.

38
_____

"저는 새가 노래하는 것을 들어 본 적이 전혀 없어요."라고 Rada가 말했다. ☆

39
_____

"그리고 저는 바람을 느껴 본 적도 전혀 없어요."라고 Jonny가 말했다. ☆

40
_____

이러한 것들이 모두 새로운 것들이었다.

41
_____

Rada와 Jonny는 가장 가까운 언덕을 뛰어 올라갔다.

42
_____

꼭대기에서, 그들은 서로를 쳐다보고 웃었다.

43
_____

그리고 나서 그들은 부드러운 초록 잔디에 누워서 언덕 아래로 굴러 내려갔다.

44
_____

그것이 그들의 비밀이었다!

45
_____

"이것이 모든 것들 중에서 최고의 새로운 것이에요!"라고 Rada와 Jonny는 외쳤다.

46
_____

그리고 그들은 언덕 꼭대기로 다시 뛰어 올라갔다.

Reading
고득점 맞기

[01~03] 다음 글을 읽고, 물음에 답하시오.

Rada lived on a little world, far out in space. She lived there with her father, mother, and brother Jonny. Rada's father and other people worked ___ⓐ___ spaceships. Only Rada and Jonny were children, and they were born in space.

One day, Dad told Rada and Jonny, "We're going back ___ⓑ___ Earth tomorrow."

Rada and Jonny looked at Dad ___ⓒ___ surprise and floated ___ⓓ___ him.

Rada asked Dad, "What's it like on Earth?"

"Everything is different there. For example, the sky is blue," answered Dad.

"I (A)have never seen a blue sky," said Jonny.

"The sky is always black here," said Rada.

01 윗글의 빈칸 ⓐ~ⓓ의 어느 곳에도 들어갈 수 <u>없는</u> 것은?

① in ② of ③ on
④ to ⑤ towards

02 윗글의 밑줄 친 (A)와 쓰임이 같은 것을 <u>모두</u> 고르시오.

① Mary <u>has been</u> sick since yesterday.
② <u>Has</u> the train for Daejeon already <u>left</u>?
③ I <u>have heard</u> about the musical many times.
④ The kids <u>have played</u> soccer for three hours.
⑤ She <u>has been</u> to the amusement park before.

03 윗글의 내용과 일치하지 <u>않는</u> 것은?

① Rada and Jonny were born on Earth.
② Rada's family will return to Earth tomorrow.
③ Rada asked her father about Earth.
④ Jonny hasn't seen a blue sky before.
⑤ The sky in space is black all the time.

[04~06] 다음 글을 읽고, 물음에 답하시오.

"You don't have to wear your big heavy space suits ⓐ<u>because of</u> there is air everywhere. ⓑ<u>This</u> is also hard to jump there because Earth ⓒ<u>pulls down you</u>," said Dad.

"What else?" asked Rada.

"There are hills, and they are covered with soft green grass. You can roll down the hills," answered Mom.

"Dad, ⓓ<u>did you have</u> ever rolled down a hill?" asked Rada.

"Yes, it's really amazing!" answered Dad.

Jonny was thirsty, so he opened a milk container and ⓔ<u>shakes</u> it. The milk floated in the air and formed balls. Jonny swallowed the balls.

"Jonny, if you drink milk that way on Earth, you'll get wet," said Mom.

04 윗글의 밑줄 친 ⓐ~ⓔ를 어법상 바르게 고쳐 쓴 것 중 틀린 것은?

① ⓐ → because
② ⓑ → It
③ ⓒ → pulls you down
④ ⓓ → do you have
⑤ ⓔ → shook

05 다음 영영풀이에 해당하는 단어 중 윗글에 쓰이지 <u>않은</u> 것은?

① something that you keep things in
② an area of high land, like a small mountain
③ to make food or drink go down your throat
④ to move slowly and gently through the water or the air
⑤ an idea, plan, or information that you do not tell other people about

06 Which CANNOT be answered from the text above?

① Why don't Rada and Jonny have to wear space suits on Earth?

② What are the hills on Earth covered with?

③ Who has rolled down a hill?

④ How did Rada's family get milk in space?

⑤ How did Jonny drink milk in space?

[07~08] 다음 글을 읽고, 물음에 답하시오.

> Later that night, Rada and Jonny talked a long time about Earth. It was exciting (A) to think about all the new things they were going to see and do. There was one new thing Rada and Jonny really wanted to do. They thought about it all night and didn't tell Mom and Dad about it. It was their secret.
>
> The next day, Rada's family got on a spaceship.
>
> "It's going to be a long trip," said Mom.
>
> "That's alright. I'm so excited!" said Rada.

07 윗글의 밑줄 친 (A) to think와 쓰임이 같은 것끼리 짝지어진 것은?

> ⓐ It is relaxing to take a walk.
>
> ⓑ He was happy to win the final match.
>
> ⓒ It is important to wash your hands often.
>
> ⓓ I went to the supermarket to buy milk.

① ⓐ, ⓑ   ② ⓐ, ⓒ   ③ ⓐ, ⓒ, ⓓ

④ ⓑ, ⓒ   ⑤ ⓑ, ⓒ, ⓓ

08 윗글의 내용을 바르게 이해한 사람은?

① 소미: Rada and Jonny talked about space all night.

② 하나: Rada wasn't interested in the new things on Earth.

③ 민수: Rada and Jonny told their parents their secret.

④ 지호: Rada's family took a spaceship to Earth.

⑤ 다은: Rada was unhappy to leave for Earth.

[09~10] 다음 글을 읽고, 물음에 답하시오.

> The spaceship finally landed.
>
> "Dad, it's difficult ⓐto walk on Earth," said Rada.
>
> "I know. Earth ⓑis pulling you down," said Dad.
>
> Rada and Jonny couldn't float anymore. That was the first new thing.
>
> "What's that sound?" asked Rada.
>
> "A bird is singing," said Mom.
>
> "I've never heard a bird ⓒto sing," said Rada.
>
> "And I've never ⓓfeel the wind," said Jonny.
>
> These were all new things.
>
> Rada and Jonny ran up the nearest hill. At the top, they looked at each other and ⓔlaugh. Then they ⓕlay down on the soft green grass and rolled down the hill. That was their secret!
>
> "This is the best new thing of all!" shouted Rada and Jonny.
>
> And they ran up to the top of the hill again.

09 윗글의 밑줄 친 ⓐ~ⓕ 중 어법상 틀린 것끼리 짝지어진 것은?

① ⓐ, ⓔ, ⓕ   ② ⓑ, ⓒ, ⓓ   ③ ⓑ, ⓔ, ⓕ

④ ⓒ, ⓓ, ⓔ   ⑤ ⓓ, ⓔ, ⓕ

10 윗글의 내용과 일치하는 문장의 개수는?

> ⓐ Rada could walk more easily on Earth than in space.
>
> ⓑ It was impossible to float on Earth.
>
> ⓒ It was Jonny's first time feeling the wind.
>
> ⓓ Rolling down the hill was the best new thing to Rada and Jonny.

① 0개   ② 1개   ③ 2개   ④ 3개   ⑤ 4개

서술형

[11~13] 다음 글을 읽고, 물음에 답하시오.

Rada lived on a little world, far out in space. She lived there with her father, mother, and brother Jonny. Rada's father and other people worked on spaceships. Only Rada and Jonny were children, and they ⓐwere born in space.

One day, Dad told Rada and Jonny, "We ⓑare going back to Earth tomorrow."

Rada and Jonny looked at Dad in surprise and ⓒfloated towards him.

Rada asked Dad, "What's it like on Earth?"

"Everything ⓓare different there. For example, the sky is blue," answered Dad.

"(A)나는 파란 하늘을 전혀 본 적이 없어요," said Jonny.

"The sky ⓔis always black here," said Rada.

11 윗글의 밑줄 친 ⓐ~ⓔ 중 어법상 틀린 것을 찾아 기호를 쓰고 바르게 고쳐 쓴 후, 틀린 이유를 쓰시오.

(1) 틀린 부분: (   ) → _____

(2) 틀린 이유: _____

_____

12 윗글의 밑줄 친 우리말 (A)를 [조건]에 맞게 영어로 쓰시오.

[조건] 1. never와 a blue sky를 사용할 것
2. 7단어로 쓸 것
3. 줄임말을 사용하지 말 것

→ _____

고
난도

13 다음 ⓐ~ⓓ 중 윗글을 읽고 답할 수 있는 질문을 골라 기호를 쓰고, 완전한 영어 문장으로 답하시오.

ⓐ How long did Rada's family live in space?
ⓑ How old is Rada?
ⓒ Where were Rada's parents born?
ⓓ What's the color of the sky in space?

(   ) → _____

[14~15] 다음 글을 읽고, 물음에 답하시오.

The spaceship finally landed.

"Dad, it's difficult to walk on Earth," said Rada.

"I know. Earth is pulling you down," said Dad.

Rada and Jonny couldn't float anymore. That was the first new thing.

"What's that sound?" asked Rada.

"A bird is singing," said Mom.

"I've never heard a bird sing," said Rada.

"And I've never felt the wind," said Jonny.

These were all new things.

Rada and Jonny ran up the nearest hill. At the top, they looked at each other and laughed. Then they lay down on the soft green grass and rolled down the hill. That was their secret!

"This is the best new thing of all!" shouted Rada and Jonny.

And they ran up to the top of the hill again.

14 윗글에서 Rada와 Jonny가 지구에서 새롭게 경험한 일을 모두 찾아 우리말로 쓰시오.

(1) _____

(2) _____

(3) _____

(4) _____

고
난도

15 Read the text above and answer the questions in complete English sentences.

(1) What did Rada hear on Earth?
→ _____

(2) Where did Rada and Jonny lie down?
→ _____

(3) What was the best new thing to Rada and Jonny?
→ _____

서술형 100% TEST

01 다음 영영풀이에 해당하는 단어를 [보기]에서 골라 쓰시오.

[보기]	lie	curious	form	towards

(1) _____ : to make something exist or develop

(2) _____ : in the direction of somebody or something

(3) _____ : wanting to know something or to learn about the world

(4) _____ : to be or to get into a position with your body flat on something

02 다음 우리말과 의미가 같도록 빈칸에 알맞은 말을 쓰시오.

(1) 그녀는 뉴욕에서 태어났지만, 지금은 시애틀에 산다.

→ She _____ _____ in New York, but lives in Seattle now.

(2) Amy는 학교에 가려고 버스를 탔다.

→ Amy _____ _____ the bus to go to school.

(3) 그의 신발은 먼지로 뒤덮여 있었다.

→ His shoes _____ _____ _____ dust.

03 괄호 안에 주어진 말을 바르게 배열하여 대화를 완성하시오.

> **A:** (1) _____ the space marathon? (hear, you, about, did)
> **B:** No, I didn't.
> **A:** It's a marathon on a space station. Look at this video.
> **B:** OK. (2)_____
> (really, about, curious, it, I'm)

04 다음 표를 보고, 새로운 책과 영화에 대해 아는지 묻고 답하는 대화를 완성하시오.

		제목	내용
(1)	Book	*Wonderful London*	living in London
(2)	Movie	*My Friend, Max*	a friendship between a boy and his dog

(1) **A:** _____ , *Wonderful London*?

    B: Yes, I did. It's about _____ .

    A: Great. I want to read the book.

(2) **A:** _____ , *My Friend, Max*?

    B: No, I don't, but _____ about it.

    A: It's about _____

    _____ .

    B: That sounds really interesting.

고
산도
05 다음 지나의 글을 읽고, 대화를 완성하시오.

> I saw the new space food with my friend, Tony. He already knew about it. He said it's a kind of ice cream. It looked good. Tony and I wondered how it would taste.

⬇

> **Jina:** Did you hear about the new space food?
> **Tony:** (1) _____ , _____ _____ . It's a type of (2)_____ _____ .
> **Jina:** Yes, and here it is. It looks good.
> **Tony:** I'm (3)_____ _____ the taste.
> **Jina:** Me, too.

[06~07] 다음 대화를 읽고, 물음에 답하시오.

> **Boy:** Subin, did you hear about the new movie, *Life on the Moon*?
> **Girl:** No, I didn't.
> **Boy:** I heard it's really good.
> **Girl:** (A)I'm really curious about the movie. What's it about?
> **Boy:** It's about a man who is trying to live on the moon.
> **Girl:** That sounds interesting.
> **Boy:** Look. The movie is playing at the Space Theater here.
> **Girl:** What time is the movie?
> **Boy:** It begins at 2:30.
> **Girl:** Let's eat lunch first and then see the movie.
> **Boy:** OK. I'm hungry. Let's go!

06 위 대화의 밑줄 친 **(A)**와 의미가 같은 문장을 괄호 안의 단어들을 사용하여 쓰시오.

→ _____

(like, know)

07 다음 ⓐ~ⓔ 중 위 대화를 읽고 답할 수 있는 질문을 2개 골라 기호를 쓰고, 완전한 영어 문장으로 답하시오.

> ⓐ Who told the boy about the movie, *Life on the Moon*?
> ⓑ What is the movie about?
> ⓒ Who played the main role in the movie?
> ⓓ Where is the movie playing?
> ⓔ What time will the boy and the girl have lunch?

(1) ( ) → _____

(2) ( ) → _____

08 다음 두 문장을 현재완료를 사용하여 한 문장으로 쓰시오.

(1) Mina left her bag on the taxi. She doesn't have it now.

→ _____

(2) Seho began to study English when he was in elementary school. He still studies it.

→ _____

(3) We first visited New York three years ago. We visited there again last month.

→ _____

09 다음 그림을 보고, 각 상황에 맞는 문장을 괄호 안의 말과 가주어를 사용하여 영어로 쓰시오.

(1)   (2)

(1) My smartphone is broken. _____
_____ (impossible, fix)

(2) _____
Anyone can do it. (easy, make cookies)

10 다음 [A]와 [B]에서 각각 알맞은 말을 하나씩 골라 [조건]에 맞게 문장을 완성하시오.

A	B
(1) have been to Russia	• twice
(2) have studied Spanish	• yesterday
(3) finished his report	• for three years

[조건] 1. 문장의 주어는 모두 He로 쓸 것
2. 주어진 말은 필요시 형태를 바꿀 것

(1) _____

(2) _____

(3) _____

11 다음 ⓐ~ⓔ 중 어법상 틀린 문장을 2개 골라 기호를 쓰고, 바르게 고쳐 문장을 다시 쓰시오.

> ⓐ Have you finished your homework?
> ⓑ It is important drinks enough water.
> ⓒ Emma has lost her umbrella yesterday.
> ⓓ We have known each other for ten years.
> ⓔ It's not easy to speak in front of many people.

(1) (   ) → _____

(2) (   ) → _____

[12~14] 다음 글을 읽고, 물음에 답하시오.

Rada lived on a little world, far out in space. She lived there with her father, mother, and brother Jonny. Rada's father and other people worked on spaceships. Only Rada and Jonny were children, and they were born in space.

One day, Dad told Rada and Jonny, "We're going back to Earth tomorrow."

Rada and Jonny looked at Dad in surprise and floated towards him.

Rada asked Dad, "What's it like on Earth?"

"Everything is different ⓐthere. For example, the sky is blue," answered Dad.

"I've never seen a blue sky," said Jonny.

"The sky is always black ⓑhere," said Rada.

12 윗글의 밑줄 친 ⓐthere와 ⓑhere가 가리키는 것을 완성하시오.

ⓐ on _____

ⓑ in _____

13 다음 빈칸에 들어갈 알맞은 말을 윗글에서 찾아 쓰시오.

> She opened her mouth _____ _____ when she heard the shocking news.

14 다음 ⓐ~ⓓ 중 윗글의 내용과 일치하지 않는 것을 찾아 기호를 쓰고, 틀린 부분을 바르게 고쳐 쓰시오.

> ⓐ Rada and Jonny were born in space.
> ⓑ Rada's family decided to return to space.
> ⓒ Rada didn't know much about Earth.
> ⓓ Rada and Jonny have never seen a blue sky.

(   ) _____ → _____

[15~16] 다음 글을 읽고, 물음에 답하시오.

"You don't have to wear your big heavy space suits because there is air everywhere. ⓐ지구가 너희를 끌어당기기 때문에 그곳에서는 점프하는 것 또한 어렵단다," said Dad.

"What else?" asked Rada.

"There are hills, and they are covered with soft green grass. You can roll down the hills," answered Mom.

"Dad, have you ever rolled down a hill?" asked Rada.

"Yes, it's really amazing!" answered Dad.

Jonny was thirsty, so he opened a milk container and shook it. The milk floated in the air and formed balls. Jonny swallowed the balls.

"Jonny, if you drink milk that way on Earth, you'll get wet," said Mom.

15 윗글의 밑줄 친 우리말 ⓐ와 의미가 같도록 [조건]에 맞게 영어로 쓰시오.

> [조건]   1. 괄호 안의 단어들을 바르게 배열할 것
>   2. 어법에 맞게 반드시 한 단어를 추가할 것

→ _____

(you, hard, because, jump, pulls, there, it's, Earth, also, down)

16 윗글의 내용과 일치하도록 빈칸에 알맞은 말을 쓰시오.

> If Jonny opens a milk container and _____
> it on _____, he will get wet.

[17~18] 다음 글을 읽고, 물음에 답하시오.

> Later that night, Rada and Jonny talked a long time about Earth. It was _____ⓐ_____ to think about all the new things they were going to see and do. There was one new thing Rada and Jonny really wanted to do. They thought about (A) it all night and didn't tell Mom and Dad about (B) it. It was their secret.
> The next day, Rada's family got on a spaceship.
> "It's going to be a long trip," said Mom.
> "That's alright. I'm so _____ⓑ_____!" said Rada.

17 윗글의 빈칸 ⓐ와 ⓑ에 들어갈 excite의 어법상 올바른 형태를 각각 쓰시오.

ⓐ _____

ⓑ _____

18 윗글의 밑줄 친 (A)와 (B)의 it이 공통으로 가리키는 것을 본문에서 찾아 10단어로 쓰시오.

→ _____

[19~20] 다음 글을 읽고, 물음에 답하시오.

> The spaceship finally landed.
> "Dad, it's difficult to walk on Earth," said Rada.
> "I know. Earth is pulling you down," said Dad.
> Rada and Jonny couldn't float anymore. That was the first new thing.
> "What's that sound?" asked Rada.
> "A bird is singing," said Mom.
> "(A) 저는 새가 노래하는 것을 들은 적이 전혀 없어요," said Rada.
> "And I've never felt the wind," said Jonny.
> These were all new things.
> Rada and Jonny ran up the nearest hill. At the top, they looked at each other and laughed. Then they lay down on the soft green grass and rolled down the hill. That was their secret!
> "This is the best new thing of all!" shouted Rada and Jonny.
> And they ran up to the top of the hill again.

19 윗글의 밑줄 친 우리말 (A)를 괄호 안의 단어들을 사용하여 5형식 문장으로 쓰시오. (단, 필요시 형태를 바꿀 것)

→ _____
(never, hear, sing, a bird)

20 다음 Rada의 일기를 읽고, 밑줄 친 ⓐ~ⓔ 중 윗글의 내용과 일치하지 않는 부분을 찾아 기호를 쓰고 바르게 고쳐 쓰시오.

> Today, we finally arrived on Earth. First, I found that we ⓐcouldn't float. Also, ⓑwalking on Earth was very hard. Jonny and I heard a bird's song, and we ⓒfelt the wind, too. These were all ⓓnew things, but the best thing to us was ⓔrunning down a hill.

(_____) → _____

01 다음 중 짝지어진 단어의 관계가 나머지와 다른 하나는?

3점

① far – near ② heavy – light
③ soft – hard ④ exciting – boring
⑤ trip – journey

서술형 1

02 다음 영영풀이에 해당하는 단어를 주어진 철자로 시작하여 쓰시오.

4점

to move down onto the ground

→ l_____

03 다음 빈칸에 들어갈 말이 순서대로 바르게 짝지어진 것은?

3점

• The beach is covered _____ sand.
• I shouted _____ surprise when I saw a mouse under the chair.

① by – at ② in – at
③ by – in ④ with – of
⑤ with – in

04 다음 중 밑줄 친 부분의 우리말 뜻이 알맞지 않은 것은? 3점

① A sign said, "Keep off the grass." (유리)
② Shake the bottle before you open it. (흔들다)
③ The baby began to walk towards me.
(~을 향하여)
④ My little brother follows me everywhere.
(어디나)
⑤ The bird caught a small fish and swallowed it whole. (삼켰다)

05 다음 대화의 빈칸에 들어갈 말로 알맞은 것은?

3점

A: _____ the space marathon?
B: No, I didn't.
A: It's a marathon on a space station.

① When did you run
② Did you hear about
③ Are you ready to enter
④ How do you know about
⑤ Do you want to hear about

06 다음 대화의 ①~⑤ 중 주어진 문장이 들어갈 위치로 알맞은 것은?

3점

What's it about?

A: Tony, did you hear about the movie, *My Hero*? (①)
B: No, I didn't.
A: Well, I heard it's really good. (②)
B: I'd like to know about the movie. (③)
A: It's about a father who saves his son. (④)
B: Sounds interesting. (⑤)

서술형 2

07 자연스러운 대화가 되도록 (A)~(D)를 바르게 배열하시오.

4점

(A) Really? I want to buy it.
(B) No, I didn't.
(C) This is a poster of the spaceship.
(D) Did you hear about the first spaceship that went into space?

( ) – ( ) – ( ) – ( )

[08~10] 다음 대화를 읽고, 물음에 답하시오.

> **Boy:** Subin, did you hear about ⓐthe new movie, *Life on the Moon*?
> **Girl:** No, I didn't.
> **Boy:** I heard it's really good.
> **Girl:** I'm really ___ⓑ___ about the movie. What's it about?
> **Boy:** It's about a man who is trying to live on the moon.
> **Girl:** That sounds interesting.
> **Boy:** Look. The movie is playing at the Space Theater here.
> **Girl:** What time is the movie?
> **Boy:** It begins at 2:30.
> **Girl:** Let's eat lunch first and then see the movie.
> **Boy:** OK. I'm hungry. Let's go!

08 위 대화의 밑줄 친 ⓐ the new movie에 대해 알 수 없는 것은? 3점

① 제목　　　　　② 주요 내용
③ 상영 장소　　　④ 개봉 일시
⑤ 상영 시각

09 위 대화의 빈칸 ⓑ에 들어갈 말로 알맞은 것은? 3점

① sad　　　② angry　　　③ curious
④ nervous　　⑤ disappointed

서술형3

10 위 대화의 내용과 일치하도록 주어진 질문에 대한 답을 완성하시오. 5점

> Q: What will the boy and the girl do before the movie?
> A: They _____ _____ _____ before the movie.

11 다음 빈칸에 들어갈 말이 순서대로 바르게 짝지어진 것은? 3점

> _____ was great _____ swim in the cool blue sea.

① It – to　　　② It – on　　　③ It – for
④ This – to　　⑤ This – for

서술형4 한 단계 더!

12 다음 두 문장을 한 문장으로 바꿔 쓸 때, 빈칸에 알맞은 말을 쓰시오. 5점

> I first went to Paris two years ago. I went there again last month.
> → I _____ _____ _____ _____ twice.

13 다음 중 밑줄 친 It의 쓰임이 나머지와 다른 하나는? 4점

① It was hard to fix my bike.
② It is my sister's backpack.
③ It was good to study with you.
④ It is exciting to go to his party.
⑤ It is interesting to learn about other cultures.

14 다음 우리말을 영어로 옮긴 것 중 어법상 틀린 것은? 4점

① 너는 상어를 본 적이 있니?
　→ Have you ever seen a shark?
② 내 여동생은 뉴질랜드로 가 버렸다.
　→ My sister has gone to New Zealand.
③ 그 문제를 설명하는 것은 어려웠다.
　→ It was difficult to explain the problem.
④ 부주의하게 운전하는 것은 위험할 수 있다.
　→ It can be dangerous to drive carelessly.
⑤ 기차가 아직 역에 도착하지 않았다.
　→ The train doesn't have arrived at the station yet.

[15~17] 다음 글을 읽고, 물음에 답하시오.

> Rada lived on a little world, far out in space. She lived there with her father, mother, and brother Jonny. Rada's father and other people worked on spaceships. Only Rada and Jonny were children, and they were born ___ⓐ___ space.
>
> One day, Dad told Rada and Jonny, "We're going back ___ⓑ___ Earth tomorrow."
>
> Rada and Jonny looked at Dad ___ⓒ___ surprise and floated ___ⓓ___ him.
>
> Rada asked Dad, "What's it like ___ⓔ___ Earth?"
>
> "Everything is different there. For example, the sky is blue," answered Dad.
>
> "_____(A)_____," said Jonny.
>
> "The sky is always black here," said Rada.

15 윗글의 빈칸 ⓐ~ⓔ에 들어갈 말이 같은 것끼리 짝지어진 것은?　　　　4점

① ⓐ, ⓑ　　　② ⓐ, ⓒ　　　③ ⓑ, ⓒ
④ ⓑ, ⓓ, ⓔ　　⑤ ⓒ, ⓓ, ⓔ

서술형 5

16 윗글의 빈칸 (A)에 들어갈 알맞은 말을 괄호 안의 말을 바르게 배열하여 쓰시오.　　　　5점

→ _____

(seen, have, a blue sky, never, I)

17 윗글을 읽고 Rada에 대해 알 수 없는 것은?　　　　3점

① 사는 곳
② 가족 구성원
③ 아버지의 일터
④ 태어난 곳
⑤ 지구로 돌아가는 이유

[18~19] 다음 글을 읽고, 물음에 답하시오.

> "You don't have to wear your big heavy space suits because there is air everywhere. ⓐTo jump there is also hard because Earth pulls you down," said Dad.
>
> "What else?" asked Rada.
>
> "There are hills, and they are covered with soft green grass. You can roll down the hills," answered Mom.
>
> "Dad, have you ever rolled down a hill?" asked Rada.
>
> "Yes, it's really amazing!" answered Dad.
>
> Jonny was thirsty, so he opened a milk container and shook it. The milk floated in the air and formed balls. Jonny swallowed the balls.
>
> "Jonny, if you drink milk that way on Earth, you'll get wet," said Mom.

서술형 6

18 윗글의 밑줄 친 부분 ⓐ를 It으로 시작하여 다시 쓰시오.　　　　5점

→ _____

고
난도

19 다음 질문과 응답 중 윗글의 내용과 일치하지 않는 것은?　　　　5점

① **Q:** What are Rada and her father talking about?
　A: They are talking about living on Earth.
② **Q:** Why doesn't Rada have to wear a space suit on Earth?
　A: Because there is air everywhere on Earth.
③ **Q:** On Earth, what are the hills covered with?
　A: They are covered with grass.
④ **Q:** Who has rolled down the hill on Earth before?
　A: Rada's father has done it before.
⑤ **Q:** What happened when Jonny opened a milk container and shook it in space?
　A: He got wet because he spilt milk.

[20~23] 다음 글을 읽고, 물음에 답하시오.

Later that night, Rada and Jonny talked a long time about Earth. (①) It was exciting _____ⓐ_____ about all the new things they were going to see and do. (②) They thought about it all night and didn't tell Mom and Dad about it. It was their secret. (③)

The next day, Rada's family got on a spaceship. (④)

"It's going to be a long trip," said Mom. (⑤)

"That's alright. I'm so ____ⓑ____!" said Rada.

20 윗글의 ①~⑤ 중 주어진 문장이 들어갈 위치로 알맞은 것은? **4점**

There was one new thing Rada and Jonny really wanted to do.

①   ②   ③   ④   ⑤

21 윗글의 빈칸 ⓐ에 들어갈 think의 형태로 알맞은 것은? **4점**

① thinks   ② thought   ③ to think
④ for thinking   ⑤ that thinks

서술형**7**

22 윗글에 사용된 단어를 알맞은 형태로 바꿔 빈칸 ⓑ에 들어갈 말을 쓰시오. **5점**

→ _____

서술형**8** 고
난도

23 윗글의 내용과 일치하지 <u>않는</u> 한 단어를 찾아 바르게 고쳐 쓰시오. **5점**

Rada and Jonny talked about what they were going to see and do on Earth the night before their trip to space.

_____ → _____

[24~25] 다음 글을 읽고, 물음에 답하시오.

The spaceship finally landed.

"Dad, it's difficult to walk on Earth," said Rada.

"I know. Earth is (A) pushing / pulling you down," said Dad.

Rada and Jonny couldn't float anymore. That was the first new thing.

"What's that sound?" asked Rada.

"A bird is singing," said Mom.

"I've never heard a bird sing," said Rada.

"And I've never felt the wind," said Jonny.

These were all new things.

Rada and Jonny ran up the nearest hill. At the top, they looked at each (B) other / one and laughed. Then they (C) lied / lay down on the soft green grass and rolled down the hill. That was their secret!

"This is the best new thing of all!" shouted Rada and Jonny.

And they ran up to the top of the hill again.

24 윗글의 (A)~(C)의 각 네모 안에 주어진 말 중 문맥상 알맞은 것끼리 바르게 짝지어진 것은? **5점**

	(A)	(B)	(C)
①	pushing	other	lied
②	pushing	one	lied
③	pulling	one	lay
④	pulling	other	lay
⑤	pulling	other	lied

25 Which one was NOT a new thing to Rada and Jonny? **5점**

① feeling the wind
② rolling down a hill
③ taking a spaceship
④ hearing a bird sing
⑤ not being able to float

01 다음 빈칸에 들어갈 말로 알맞은 것은? 3점

> It's our _____, so don't tell anyone about it.

① top   ② air   ③ suit
④ grass   ⑤ secret

서술형 **1**

02 다음 빈칸에 공통으로 들어갈 단어를 주어진 철자로 시작하여 쓰시오. 4점

> • Finally, I found a parking s_____.
> • Russia sent the first dog into s_____.

03 다음 중 단어와 영영풀이가 바르게 연결되지 <u>않은</u> 것은? 4점

① trip: a visit to a place you travel to
② land: to make something exist or develop
③ towards: in the direction of somebody or something
④ curious: wanting to know something or to learn about the world
⑤ laugh: to make a sound with your voice because you think something is funny

04 다음 중 밑줄 친 부분의 쓰임이 <u>어색한</u> 것은? 4점

① He <u>was born</u> in Jeonju in 1990.
② The old car <u>was covered with</u> dirt.
③ The tower is on the <u>top</u> of the hill.
④ The movie was so <u>exciting</u> that I felt sleepy.
⑤ You have to wear <u>a space suit</u> to breathe in space.

05 다음 대화의 밑줄 친 부분과 바꿔 쓸 수 있는 것은? 4점

> A: <u>Did you hear about the new art teacher?</u>
> B: Yes, I heard she's very nice.

① Do you like the new art teacher?
② Did you hear from the new art teacher?
③ Have you heard about the new art teacher?
④ What do you think about the new art teacher?
⑤ How did you hear about the new art teacher?

서술형 **2**

06 다음 대화에서 흐름상 <u>어색한</u> 문장을 찾아 바르게 고쳐 쓰시오. 4점

> A: Tony, did you hear about the movie, *My Hero*?
> B: No, I didn't. I heard it's really good.
> A: I'm really curious about it. What's it about?
> B: It's about a father who saves his son.

_____ → _____

07 다음 중 짝지어진 대화가 <u>어색한</u> 것은? 4점

① A: Are you curious about his new song?
    B: Sure. I want to listen to it.
② A: Do you know about the new musical?
    B: No, thanks. I don't like musicals.
③ A: Did you hear about the new TV show?
    B: No, but I'd like to know about it.
④ A: This is a poster of the first spaceship that went into space.
    B: Really? I want to buy it.
⑤ A: Did you hear about the new book, *Dave's Adventures*?
    B: No. What's it about?

[08~09] 다음 대화를 읽고, 물음에 답하시오.

> A: Subin, did you hear about the new movie, *Life on the Moon*?
> B: No, I didn't.
> A: I heard it's really good.
> B: _____ ⓐ _____ What's it about?
> A: It's about a man who is trying to live on the moon.
> B: That sounds interesting.
> A: Look. The movie is playing at the Space Theater here.
> B: What time is the movie?
> A: It begins at 2:30.
> B: Let's eat lunch first and then see the movie.
> A: OK. I'm hungry. Let's go!

서술형**3**

08 주어진 말을 바르게 배열하여 위 대화의 빈칸 ⓐ에 알맞은 말을 쓰시오. 4점

> curious, really, the movie, I'm, about

→ _____

09 위 대화를 읽고 답할 수 <u>없는</u> 질문은? 4점

① What's the title of the new movie?
② What's the movie about?
③ Where is the movie playing?
④ When does the movie start?
⑤ What are the speakers going to do after the movie?

10 다음 빈칸에 들어갈 동사 **meet**의 올바른 형태가 순서대로 바르게 짝지어진 것은? 3점

> • I _____ Susan three days ago.
> • We _____ each other somewhere before.

① meet – meet
② meet – met
③ met – have met
④ met – will meet
⑤ have met – have met

11 다음 우리말을 영어로 바르게 옮긴 것은? 4점

> 혼자 여행하는 것은 재미있지 않다.

① Travel alone is not fun.
② It's not fun to travel alone.
③ It's fun not to travel alone.
④ That's not fun travel alone.
⑤ It's not fun to traveling alone.

12 다음 중 어법상 <u>틀린</u> 문장은? 4점

① How long has Tim waited for me?
② I've eaten not Mexican food before.
③ She has already finished her report.
④ I have known Amy since I moved here.
⑤ We have seen the movie several times.

서술형**4**

13 다음 두 문장의 의미가 같도록 빈칸에 알맞은 말을 쓰시오. 4점

> To drive at night can be dangerous.

= It _____.

14 다음 글의 밑줄 친 ①~⑤ 중 어법상 <u>틀린</u> 것은? 4점

> ①Have you ever been to Jeju-do? There ②are many things ③that you can do there. For example, ④what is fun to ride horses. ⑤If you have never visited Jeju-do, you should go there.

[15~16] 다음 글을 읽고, 물음에 답하시오.

Rada lived on a little world, far out in space. She lived there with her father, mother, and brother Jonny. Rada's father and other people worked on spaceships. Only Rada and Jonny were children, and they were born in space.

One day, Dad told Rada and Jonny, "We're going back to Earth tomorrow."

Rada and Jonny looked at Dad in surprise and floated towards him.

Rada asked Dad, "_____ⓐ_____"

"Everything is different there. For example, the sky is blue," answered Dad.

"I've never seen a blue sky," said Jonny.

"The sky is always black here," said Rada.

15 윗글의 흐름상 빈칸 ⓐ에 들어갈 말로 가장 알맞은 것은?

4점

① What's it like on Earth?
② When do we leave for Earth?
③ How do we go back to Earth?
④ Why are we going back to Earth?
⑤ How long does it take to get to Earth?

^고/_{산도}

16 윗글의 내용과 일치하지 <u>않는</u> 것을 <u>모두</u> 고르시오.   5점

① Rada's family lived in space.
② Rada was the only child who was born in space.
③ Rada and Jonny were surprised to hear that they were returning to Earth.
④ Rada's mom explained the difference between space and Earth.
⑤ Rada and Jonny have not seen a blue sky before.

[17~19] 다음 글을 읽고, 물음에 답하시오.

"You don't have to wear your big heavy space suits because ⓐthere are air everywhere. ⓑThat's also hard to jump there because Earth pulls you ___(A)___," said Dad.

"What else?" asked Rada.

"There are hills, and they are covered ___(B)___ soft green grass. You can roll down the hills," answered Mom.

"Dad, ⓒdid you ever rolled down a hill?" asked Rada.

"Yes, it's really ⓓamazed!" answered Dad.

Jonny was thirsty, so he opened a milk container and ⓔshakes it. The milk floated in the air and formed balls. Jonny swallowed the balls.

"Jonny, If you drink milk that way on Earth, you'll get wet," said Mom.

17 윗글의 밑줄 친 ⓐ~ⓔ를 어법상 바르게 고친 것 중 <u>틀린</u> 것은?   4점

① ⓐ → there is
② ⓑ → It's
③ ⓒ → did you have
④ ⓓ → amazing
⑤ ⓔ → shook

18 윗글의 빈칸 (A)와 (B)에 들어갈 말이 순서대로 바르게 짝 지어진 것은?   4점

① up – of
② up – by
③ down – of
④ down – with
⑤ over – from

서술형 **5**

19 윗글의 내용과 일치하도록 주어진 질문에 대한 답을 완성 하시오.   4점

Q: What is Rada's family talking about?
A: They're talking about life _____ _____.

[20~22] 다음 글을 읽고, 물음에 답하시오.

Later that night, Rada and Jonny talked a long time about Earth. ⓐIt was exciting to think about all the new things they were going to see and do. ⓑRada와 Jonny가 정말로 하고 싶은 한 가지 새로운 것이 있었다. They thought about it all night and didn't tell Mom and Dad about it. It was their secret.

The next day, Rada's family got on a spaceship.

"It's going to be a long trip," said Mom.

"That's alright. I'm so excited!" said Rada.

20 윗글의 밑줄 친 ⓐIt과 쓰임이 다른 것은?　　4점

① It'll be fun to play with them.

② It's not easy to make cookies.

③ It's going to be a great match.

④ It's boring to stay home all day.

⑤ It's dangerous to touch a hot pot.

[서술형 6] 고난도

21 윗글의 밑줄 친 우리말 ⓑ를 [조건]에 맞게 영어로 쓰시오.

6점

[조건] 1. there, one new thing, want를 어법에 맞게 사용할 것

2. 관계대명사를 생략할 것

3. 12단어의 완전한 문장으로 쓸 것

→ _____

_____

22 윗글의 내용과 일치하는 것은?　　3점

① 지구로 떠나기 전날 밤에 Rada와 Jonny는 우주에서의 삶에 대해 오랫동안 이야기했다.

② Rada와 Jonny는 우주를 떠나는 것이 슬펐다.

③ Rada는 비밀을 엄마에게만 몰래 말했다.

④ Rada의 가족은 지구로 돌아갈 때 우주선을 탔다.

⑤ Rada는 지구로 가는 길이 너무 멀어 걱정하고 있다.

[23~25] 다음 글을 읽고, 물음에 답하시오.

The spaceship finally landed.

"Dad, it's difficult ⓐwalks on Earth," said Rada.

"I know. Earth is ⓑpulling down you," said Dad.

Rada and Jonny couldn't float anymore. That was the first new thing.

"What's that sound?" asked Rada.

"A bird is singing," said Mom.

"I've never heard a bird ⓒsing," said Rada.

"And ⓓI've never felt the wind," said Jonny.

These were all new things.

Rada and Jonny ran up ⓔthe nearest hill. At the top, they looked at each other and laughed. Then they lay down on the soft green grass and rolled down the hill. That was their secret!

"This is (A)the best new thing of all!" shouted Rada and Jonny.

And they ran up to the top of the hill again.

23 윗글의 밑줄 친 ⓐ~ⓔ 중 어법상 틀린 것을 모두 고르시오.　　4점

① ⓐ　　② ⓑ　　③ ⓒ　　④ ⓓ　　⑤ ⓔ

[서술형 7]

24 다음 영영풀이에 해당하는 단어를 윗글에서 찾아 쓰시오.

3점

a common plant with thin green leaves that cover the ground

_____

[서술형 8]

25 윗글의 밑줄 친 (A)the best new thing에 해당하는 것을 빈칸에 쓰시오.　　5점

→ It was _____ _____ _____ _____.

01 다음 영영풀이에 해당하는 단어가 순서대로 바르게 짝지어진 것은? 3점

> • something that you keep things in
> • to move slowly and gently through the water or the air

① secret – form
② container – form
③ secret – laugh
④ container – float
⑤ grass – swallow

02 다음 중 밑줄 친 부분의 의미가 [보기]와 같은 것은? 4점

> [보기] Our farm land is by the river.

① The plane landed safely.
② My flight is going to land on time.
③ Mark bought the land for a house.
④ A small blue bird landed on my finger.
⑤ Who was the first man to land on the moon?

03 다음 빈칸에 들어갈 수 있는 단어끼리 짝지어진 것은? 4점

> • A ball _____ down the stairs.
> • My sister almost jumped up in _____.
> • The man went into his room and _____ down on the bed.

| ⓐ lay | ⓑ lied | ⓒ taste |
| ⓓ rolled | ⓔ formed | ⓕ surprise |

① ⓐ, ⓒ, ⓓ
② ⓐ, ⓓ, ⓕ
③ ⓑ, ⓒ, ⓔ
④ ⓑ, ⓓ, ⓔ
⑤ ⓒ, ⓔ, ⓕ

서술형 1

04 다음 대화의 빈칸에 알맞은 말을 쓰시오. 4점

> A: Did _____ _____ _____ the new space food?
> B: Yes, I heard about it. It's a type of ice cream.

05 다음 대화의 빈칸에 들어갈 말로 가장 알맞은 것은? 3점

> A: Do you know about the new book, *Living in a Foreign Country*?
> B: No, I don't.
> A: Look. It's right here. It's about living in New York.
> B: Great. _____

① I have already read it.
② I'm so worried about it.
③ I'm really curious about it.
④ I thought it was really interesting.
⑤ I've heard about the book many times.

06 자연스러운 대화가 되도록 (A)~(D)를 바르게 배열한 것은? 3점

> (A) Really? I think I'll buy it.
> (B) This is a book about her.
> (C) No, I didn't. I'm really curious about her.
> (D) Look! Did you hear about the woman who went into space?

① (B) – (A) – (C) – (D)
② (B) – (A) – (D) – (C)
③ (D) – (A) – (B) – (C)
④ (D) – (C) – (A) – (B)
⑤ (D) – (C) – (B) – (A)

[07~08] 다음 대화를 읽고, 물음에 답하시오.

> A: Subin, did you hear about the new movie, *Life on the Moon*?
> B: No, I didn't.
> A: _____ ⓐ _____
> B: I'm really curious about the movie. _____ ⓑ _____
> A: It's about a man who is trying to live on the moon.
> B: _____ ⓒ _____
> A: Look. The movie is playing at the Space Theater here.
> B: _____ ⓓ _____
> A: It begins at 2:30.
> B: _____ ⓔ _____
> A: OK. I'm hungry. Let's go!

07 위 대화의 빈칸 ⓐ~ⓔ에 들어갈 말로 알맞지 <u>않은</u> 것은?

4점

① ⓐ: I didn't, either.
② ⓑ: What's it about?
③ ⓒ: That sounds interesting.
④ ⓓ: What time is the movie?
⑤ ⓔ: Let's eat lunch first and then see the movie.

08 위 대화의 내용과 일치하지 <u>않는</u> 것은?

3점

① 대화의 주제는 새로 나온 영화이다.
② 수빈이는 새로 나온 영화에 대해 잘 안다.
③ 두 사람은 새로 나온 영화를 볼 것이다.
④ 'Life on the Moon'은 달에서 살려고 노력하는 사람에 관한 영화이다.
⑤ 'Life on the Moon'은 우주 극장에서 상영 중이다.

09 다음 빈칸에 들어갈 수 <u>없는</u> 것은?

3점

> Sue has been to Jeju-do _____.

① once
② before
③ recently
④ last month
⑤ many times

서술형 2

10 다음 우리말과 의미가 같도록 괄호 안의 단어들을 바르게 배열하여 문장을 쓰시오.

4점

> 좋은 친구들을 사귀는 것은 쉽지 않다.

→ _____

(friends, is, good, it, make, easy, to, not)

11 다음 중 밑줄 친 부분이 어법상 <u>틀린</u> 것은?

4점

① She <u>has won</u> the race twice.
② We <u>haven't finished</u> our lunch yet.
③ I <u>have lost</u> my wallet two days ago.
④ Jisu and Inho <u>have met</u> each other before.
⑤ The students <u>have already arrived</u> at the airport.

서술형 3

12 다음 그림의 내용에 맞게 괄호 안의 말을 사용하여 문장을 완성하시오.

4점

→ Sumi _____ _____ _____ _____ _____ three hours. (the piano)

13 고난도 신유형 다음 중 어법상 올바른 문장의 개수는?

5점

> ⓐ It's hard to invent new things.
> ⓑ This is good to exercise regularly.
> ⓒ Has he decided to leave the town?
> ⓓ It's exciting to watch action movies.
> ⓔ She has thought never about the matter.

① 1개
② 2개
③ 3개
④ 4개
⑤ 5개

[14~16] 다음 글을 읽고, 물음에 답하시오.

> Rada lived on a little world, far out in space. She lived there with her father, mother, and brother Jonny. (①) Rada's father and other people worked on spaceships. (②) Only Rada and Jonny ⓐwere children, and they ⓑbore in space.
> (③) Rada and Jonny looked at Dad in surprise and ⓒfloated towards him.
> Rada asked Dad, "What's it like on Earth?"
> (④) "Everything ⓓis different there. For example, the sky is blue," answered Dad. (⑤)
> "ⓔI've never seen a blue sky," said Jonny.
> "The sky is always black here," said Rada.

14 윗글의 ①~⑤ 중 주어진 문장이 들어갈 위치로 알맞은 것은? 3점

> One day, Dad told Rada and Jonny, "We're going back to Earth tomorrow."

①   ②   ③   ④   ⑤

15 윗글의 밑줄 친 ⓐ~ⓔ 중 어법상 틀린 것은? 4점

① ⓐ   ② ⓑ   ③ ⓒ   ④ ⓓ   ⑤ ⓔ

16 윗글을 읽고 답할 수 있는 질문끼리 짝지어진 것은? 4점

> ⓐ How long has Rada's parents lived in space?
> ⓑ How many people are there in Rada's family?
> ⓒ Why did Rada's dad decide to go back to Earth?
> ⓓ What is the color of the sky in space?

① ⓐ, ⓑ   ② ⓐ, ⓒ   ③ ⓑ, ⓒ
④ ⓑ, ⓓ   ⑤ ⓒ, ⓓ

[17~19] 다음 글을 읽고, 물음에 답하시오.

> "You don't have to wear your big heavy space suits because there is air everywhere. It's also hard to jump there because Earth pulls you down," said Dad.
> "What else?" asked Rada.
> "There are hills, and they are covered with soft green grass. You can roll down the hills," answered Mom.
> "Dad, _____ⓐ_____?" asked Rada.
> "Yes, it's really amazing!" answered Dad.
> Jonny was thirsty, ____ⓑ____ he opened a milk container and shook it. The milk floated in the air and formed balls. Jonny swallowed the balls.
> "Jonny, ____ⓒ____ you drink milk that way on Earth, you'll get wet," said Mom.

서술형4

17 윗글의 빈칸 ⓐ에 들어갈 알맞은 말을 [조건]에 맞게 영어로 쓰시오. 5점

> [조건] 1. 경험 여부를 묻는 말을 쓸 것
>   2. ever, roll down a hill을 어법에 맞게 사용하여 7단어로 쓸 것

→ _____

18 윗글의 빈칸 ⓑ와 ⓒ에 들어갈 말이 순서대로 바르게 짝지어진 것은? 3점

① so – if   ② so – unless
③ because – if   ④ because – unless
⑤ although – before

고난도

19 윗글을 읽고 추론한 내용 중 알맞지 <u>않은</u> 것은? 5점

① You must wear space suits in space.
② It is easier to jump in space than on Earth.
③ It is possible to swallow floating milk balls on Earth.
④ You don't have to worry about spilling milk in space.
⑤ Opening a milk container and shaking it will make you wet on Earth.

[20~22] 다음 글을 읽고, 물음에 답하시오.

Later that night, Rada and Jonny talked a long time about ⓐEarth. (A)It was excited think about all the new things they were going to see and do. There was one new thing Rada and Jonny really wanted to do. They thought about it ⓑall night and didn't tell Mom and Dad about it. It was their ⓒsecret.

The next day, Rada's family got on a ⓓspaceship.

"It's going to be a long trip," said Mom.

"That's alright. I'm so ⓔdisappointed!" said Rada.

20 윗글의 밑줄 친 ⓐ~ⓔ 중 문맥상 어색한 것은?　　4점

① ⓐ　　② ⓑ　　③ ⓒ　　④ ⓓ　　⑤ ⓔ

서술형5 　고/난도

21 윗글의 밑줄 친 문장 (A)에서 어법상 틀린 부분을 두 군데 찾아 바르게 고쳐 쓰시오.　　각 3점

(1) _____ → _____
(2) _____ → _____

22 윗글의 내용과 일치하지 않는 것은?　　4점

① Rada and Jonny talked about Earth until late at night.
② Rada and Jonny had one new thing they really wanted to do.
③ Rada's parents knew about what Rada and Jonny wanted to do.
④ Rada's family left for Earth on a spaceship.
⑤ Rada's trip to Earth will take a long time.

[23~25] 다음 글을 읽고, 물음에 답하시오.

The spaceship finally landed.

"Dad, ⓐit's difficult to walk on Earth," said Rada.

"I know. (A)지구가 너를 끌어당기고 있단다," said Dad.

Rada and Jonny couldn't float anymore. ⓑThat was the first new thing.

"What's ⓒthat sound?" asked Rada.

"A bird is singing," said Mom.

"I've never heard a bird sing," said Rada.

"And I've never felt the wind," said Jonny.

ⓓThese were all new things.

Rada and Jonny ran up the nearest hill. At the top, they looked at each other and laughed. Then they lay down on the soft green grass and rolled down the hill. ⓔThat was their secret!

"This is the best new thing of all!" shouted Rada and Jonny.

And they ran up to the top of the hill again.

23 윗글의 밑줄 친 ⓐ~ⓔ가 가리키는 내용이 알맞지 않은 것은?　　4점

① ⓐ: 우주선
② ⓑ: 떠다닐 수 없는 것
③ ⓒ: 새가 노래하는 소리
④ ⓓ: 새가 노래하는 소리를 듣고 바람을 느낀 것
⑤ ⓔ: 언덕을 굴러 내려오는 것

서술형6

24 윗글의 밑줄 친 우리말 (A)와 의미가 같도록 주어진 단어들을 바르게 배열하여 쓰시오.　　4점

Earth, pulling, is, down, you

→ _____

서술형7 　고/난도

25 윗글의 내용과 일치하도록 빈칸에 알맞은 말을 쓰시오.　6점

The new things that Rada and Jonny did on Earth were walking on Earth, hearing a bird singing, _____ _____ _____, and _____ _____ _____ _____ _____.

서술형 **1**

01 다음 영영풀이에 해당하는 단어를 주어진 철자로 시작하여 빈칸에 쓰시오. 3점

> *adj.* wanting to know something or to learn about the world

> I didn't ask him about it although I was very c_____.

02 다음 ⓐ~ⓓ의 빈칸 중 어느 곳에도 들어갈 수 없는 것은? 4점

> ⓐ There were colorful flowers _____.
> ⓑ She poured the soup into a _____.
> ⓒ Josh is walking _____ the bus stop.
> ⓓ We can see many houses _____ on the water in this town.

① float   ② laugh   ③ towards
④ container   ⑤ everywhere

03 다음 중 밑줄 친 단어가 같은 의미로 쓰인 것끼리 짝지어진 것은? 5점

① Go and lie down for a while.
  Don't lie to your parents anymore.
② Where is the sound coming from?
  It may sound strange, but it is true.
③ Can you please fill in the form?
  I tied the two sticks together to form a cross.
④ Russia built the first space station.
  The astronauts will stay in space for a week.
⑤ When does the plane land here?
  My uncle bought the land to build a house on it.

04 Which one has a different meaning from the other sentences? 3점

① Are you aware of the new TV show?
② Did you hear about the new TV show?
③ Do you know about the new TV show?
④ Are you interested in the new TV show?
⑤ Have you heard about the new TV show?

05 다음 대화의 빈칸 (A)~(C)에 들어갈 말이 순서대로 바르게 짝지어진 것은? 3점

> A: _____ (A) _____
> B: No, I didn't. _____ (B) _____
> A: Look. It's right here. _____ (C) _____
> B: Great. I think I'll buy the book.

> ⓐ I'm really curious about Mars.
> ⓑ Did you hear about the new book about Mars?
> ⓒ It's about Mars and its moons.

① ⓐ – ⓒ – ⓑ   ② ⓑ – ⓐ – ⓒ   ③ ⓑ – ⓒ – ⓐ
④ ⓒ – ⓐ – ⓑ   ⑤ ⓒ – ⓑ – ⓐ

서술형 **2**

06 다음 ⓐ~ⓒ 중 대화를 읽고 답할 수 있는 질문을 골라 기호를 쓰고, 완전한 영어 문장으로 답하시오. 5점

> Boy: Did you hear about the first spaceship that went into space?
> Girl: No, I didn't. I'm curious about it.
> Boy: This is a poster of the spaceship.
> Girl: Really? I want to buy it.

> ⓐ What is the name of the first spaceship that went into space?
> ⓑ Who was the first astronaut that went into space?
> ⓒ What is the girl going to buy?

(   ) → _____

[07~08] 다음 대화를 읽고, 물음에 답하시오.

> Boy: Subin, ⓐ'달에서의 삶'이라는 새 영화에 대해 들었니?
> Girl: No, I didn't.
> Boy: I heard it's really good.
> Girl: I'm really curious about the movie. What's it about?
> Boy: It's about a man who is trying to live on the moon.
> Girl: That sounds interesting.
> Boy: Look. The movie is playing at the Space Theater here.
> Girl: What time is the movie?
> Boy: It begins at 2:30.
> Girl: Let's eat lunch first and then see the movie.
> Boy: OK. I'm hungry. Let's go!

서술형3
07 위 대화의 밑줄 친 우리말 ⓐ와 의미가 같도록 괄호 안의 단어를 사용하여 문장을 완성하시오. 3점

→ _____,
   Life on the Moon? (hear)

08 According to the dialog above, which is true? Choose ALL. 4점

① The boy and the girl are talking about a new movie.
② The girl has heard about the movie before.
③ The boy knows what the movie is about.
④ The movie will begin at 2:30 at the Moon Theater.
⑤ The boy and the girl are going to have lunch after the movie.

09 다음 문장에서 어법상 틀린 부분을 바르게 고친 것은? 3점

> It is very good for your health eats a lot of vegetables.

① It → That
② good → well
③ for → of
④ eats → to eat
⑤ a lot of → much

서술형4
10 다음 우리말과 의미가 같도록 [조건]에 맞게 문장을 쓰시오. 4점

> [조건] 1. 가주어를 사용할 것
>   2. find와 in the desert를 사용할 것
>   3. 10단어의 완전한 문장으로 쓸 것

> 사막에서 물을 찾는 것은 쉽지 않다.

→ _____

고
난도
11 다음 중 밑줄 친 부분의 쓰임이 같은 것끼리 짝지어진 것은? 5점

> ⓐ Kate <u>has used</u> the bag for five years.
> ⓑ Dad <u>has</u> just <u>finished</u> cleaning his car.
> ⓒ I <u>have had</u> a toothache since yesterday.
> ⓓ <u>Have</u> you ever <u>climbed</u> Hallasan before?
> ⓔ Kelly <u>has</u> never <u>learned</u> to play the piano.

① ⓐ, ⓑ
② ⓐ, ⓒ
③ ⓑ, ⓓ
④ ⓑ, ⓒ, ⓓ
⑤ ⓒ, ⓓ, ⓔ

고
난도   한 단계 │ 더!
12 다음 중 어법상 올바른 것끼리 짝지어진 것은? 5점

> ⓐ It is fun play board games.
> ⓑ I have eaten Chinese food yesterday.
> ⓒ The shopping mall hasn't opened yet.
> ⓓ He has lived in Busan since last year.
> ⓔ It is exciting for me to learn new things.

① ⓐ, ⓒ
② ⓑ, ⓒ, ⓓ
③ ⓑ, ⓓ
④ ⓑ, ⓓ, ⓔ
⑤ ⓒ, ⓓ, ⓔ

서술형5 고
         난도
13 다음 표의 내용과 일치하도록 빈칸에 알맞은 말을 쓰시오. 각 3점

경험한 것	Mike	Simon
go to Kenya	○	○
see wild animals	○	×

Both Mike and Simon (1) _____ last winter. Mike (2) _____ there, but Simon hasn't.

[14~16] 다음 글을 읽고, 물음에 답하시오.

Rada lived on a little world, far out in space. She lived there with her father, mother, and brother Jonny. Rada's father and other people worked ____ⓐ____ spaceships. Only Rada and Jonny were children, and they were born in space.

One day, Dad told Rada and Jonny, "We're going back to Earth tomorrow."

Rada and Jonny looked at Dad ____ⓑ____ surprise and floated towards him.

Rada asked Dad, "What's it ____ⓒ____ on Earth?"

"(A)Everything is different there. For example, the sky is blue," answered Dad.

"I've never seen a blue sky," said Jonny.

"The sky is always black here," said Rada.

14 윗글의 빈칸 ⓐ～ⓒ에 들어갈 말이 순서대로 바르게 짝지어진 것은? 3점

① of – on – for
② of – in – for
③ on – in – like
④ on – from – like
⑤ to – from – over

15 What is Rada's family going to do tomorrow? 3점

① They're going to leave for Mars.
② They're going to return to Earth.
③ They're going to go on a trip to space.
④ They're going to go see the black sky.
⑤ They're going to move to another space station.

서술형6 고난도

16 윗글에서 밑줄 친 (A)의 예시로 언급된 것과 일치하도록 문장을 완성하시오. 5점

→ _____ on Earth, while _____ in space.

[17~19] 다음 글을 읽고, 물음에 답하시오.

"You ①have not to wear your big heavy space suits because there is air everywhere. It's also hard to jump there because Earth pulls you down," said Dad.

"What else?" asked Rada.

"There are hills, and they ②covered with soft green grass. You can roll down the hills," answered Mom.

"Dad, (A)언덕을 굴러 내려가 보신 적 있어요?" asked Rada.

"Yes, it's really ③amazing!" answered Dad.

Jonny was thirsty, so he opened a milk container and shook it. The milk floated in the air and ④forms balls. Jonny swallowed the balls.

"Jonny, if you ⑤will drink milk that way on Earth, you'll get wet," said Mom.

17 윗글의 밑줄 친 ①～⑤ 중 어법상 올바른 것은? 4점

①   ②   ③   ④   ⑤

18 윗글의 밑줄 친 우리말 (A)를 영어로 옮길 때 필요하지 <u>않은</u> 단어는? 3점

① you   ② did   ③ hill
④ have   ⑤ rolled

서술형7

19 다음 ⓐ～ⓓ 중 윗글의 내용과 일치하지 <u>않는</u> 것을 골라 기호를 쓰고, 틀린 부분을 바르게 고쳐 쓰시오. 5점

ⓐ It's not necessary to wear space suits on Earth.
ⓑ Jumping on Earth is more difficult than in space.
ⓒ Dad has rolled down a hill on Earth.
ⓓ Jonny will get wet if he opens a milk container and shakes it in space.

(   ) _____ → _____

[20~22] 다음 글을 읽고, 물음에 답하시오.

Later that night, Rada and Jonny talked ⓐ<u>a long time</u> about Earth. (A)<u>It was exciting to think about all the new things they were going to see and do.</u> There was ⓑ<u>one new thing</u> Rada and Jonny really wanted to do. They thought about it ⓒ<u>all night</u> and didn't tell Mom and Dad about it. It was their ⓓ<u>secret</u>.

The next day, Rada's family ⓔ<u>got off</u> a spaceship.

"It's going to be a long trip," said Mom.

"That's alright. I'm so excited!" said Rada.

20 윗글의 밑줄 친 문장 (A)에 대해 <u>잘못</u> 설명한 사람은? 4점

① 여진: It은 진주어인 to부정사구를 대신하는 가주어야.

② 규현: 시제가 과거이므로 was를 썼어.

③ 준하: 흥미진진한 감정을 불러일으키는 의미라서 형용사로 exciting을 썼어.

④ 다연: they were going to see and do는 관계대명사절이야.

⑤ 성민: 선행사 all the new things 뒤에는 관계대명사 who가 생략되었어.

21 윗글의 밑줄 친 ⓐ~ⓔ 중 문맥상 어색한 것을 골라 기호를 쓰고, 문맥에 맞게 고쳐 쓰시오. 4점

( ) → _____

22 윗글의 내용과 일치하는 것(T)과 일치하지 <u>않는</u> 것(F)이 순서대로 바르게 짝지어진 것은? 4점

· Rada and Jonny wanted to stay in space.
· Rada and Jonny didn't tell Mom and Dad about what they really wanted to do.
· It doesn't take very long to get to Earth.

① T – T – F ② T – F – T ③ F – T – T
④ F – T – F ⑤ F – F – F

[23~25] 다음 글을 읽고, 물음에 답하시오.

The spaceship finally landed.

"Dad, ⓐ<u>it's difficult to walk on Earth</u>," said Rada.

"I know. ⓑ<u>Earth is pulling you down</u>," said Dad.

ⓒ<u>Rada and Jonny couldn't float anymore.</u> That was the first new thing.

"What's that sound?" asked Rada.

"A bird is singing," said Mom.

"ⓓ<u>I've never heard a bird to sing</u>," said Rada.

"And I've never felt the wind," said Jonny.

These were all new things.

Rada and Jonny ran up the nearest hill. At the top, they looked at each other and laughed. ⓔ<u>Then they lay down on the soft green grass and rolled down the hill.</u> That was their secret!

"This is _____(A)_____ of all!" shouted Rada and Jonny.

And they ran up to the top of the hill again.

[서술형9] 고난도

23 윗글의 밑줄 친 ⓐ~ⓔ 중 어법상 틀린 문장의 기호를 쓰고 틀린 부분을 바르게 고쳐 쓴 후, 틀린 이유를 쓰시오. 5점

(1) 틀린 부분: ( ) _____ → _____

(2) 틀린 이유: _____
_____

24 윗글의 빈칸 (A)에 들어갈 말로 가장 알맞은 것은? 3점

① the worst thing ② the oldest thing
③ the smallest thing ④ the best new thing
⑤ the most disappointing thing

25 Which one CANNOT be answered from the text above? 4점

① How did Rada's family come to Earth?

② How could Rada and Jonny float on Earth?

③ Why was it hard for Rada to walk on Earth?

④ What was the first new thing on Earth to Rada and Jonny?

⑤ What was Rada and Jonny's secret?

오답 공략

○ 틀린 문항을 표시해 보세요.

○ 부족한 영역을 점검하고 어떻게 더 학습할지 계획을 적어 보세요.

〈제1회〉 대표 기출로 내신 적중 모의고사　　　총점 _____ / 100

문항	영역	문항	영역	문항	영역
01	p.10(W)	10	p.15(L&T)	19	pp.30~31(R)
02	p.10(W)	11	p.23(G)	20	p.31(R)
03	p.8(W)	12	p.22(G)	21	p.31(R)
04	p.8(W)	13	p.23(G)	22	p.31(R)
05	p.14(L&T)	14	pp.22~23(G)	23	p.31(R)
06	p.15(L&T)	15	p.30(R)	24	p.32(R)
07	p.14(L&T)	16	p.30(R)	25	p.32(R)
08	p.15(L&T)	17	p.30(R)		
09	p.15(L&T)	18	pp.30~31(R)		

제1회 오답 공략
부족한 영역
학습 계획

〈제2회〉 대표 기출로 내신 적중 모의고사　　　총점 _____ / 100

문항	영역	문항	영역	문항	영역
01	p.8(W)	10	p.22(G)	19	pp.30~31(R)
02	p.10(W)	11	p.23(G)	20	p.31(R)
03	p.10(W)	12	p.22(G)	21	p.31(R)
04	p.8(W)	13	p.23(G)	22	p.31(R)
05	p.13(L&T)	14	pp.22~23(G)	23	p.32(R)
06	p.15(L&T)	15	p.30(R)	24	p.32(R)
07	p.13(L&T)	16	p.30(R)	25	p.32(R)
08	p.15(L&T)	17	pp.30~31(R)		
09	p.15(L&T)	18	pp.30~31(R)		

제2회 오답 공략
부족한 영역
학습 계획

〈제3회〉 대표 기출로 내신 적중 모의고사　　　총점 _____ / 100

문항	영역	문항	영역	문항	영역
01	p.10(W)	10	p.23(G)	19	pp.30~31(R)
02	p.10(W)	11	p.22(G)	20	p.31(R)
03	p.8(W)	12	p.22(G)	21	p.31(R)
04	p.13(L&T)	13	pp.22~23(G)	22	p.31(R)
05	p.15(L&T)	14	p.30(R)	23	p.32(R)
06	p.13(L&T)	15	p.30(R)	24	p.32(R)
07	p.15(L&T)	16	p.30(R)	25	p.32(R)
08	p.15(L&T)	17	pp.30~31(R)		
09	p.22(G)	18	pp.30~31(R)		

제3회 오답 공략
부족한 영역
학습 계획

〈제4회〉 고난도로 내신 적중 모의고사　　　총점 _____ / 100

문항	영역	문항	영역	문항	영역
01	p.10(W)	10	p.23(G)	19	pp.30~31(R)
02	p.8(W)	11	p.22(G)	20	p.31(R)
03	p.10(W)	12	pp.22~23(G)	21	p.31(R)
04	p.13(L&T)	13	p.22(G)	22	p.31(R)
05	p.14(L&T)	14	p.30(R)	23	p.32(R)
06	p.14(L&T)	15	p.30(R)	24	p.32(R)
07	p.15(L&T)	16	p.30(R)	25	p.32(R)
08	p.15(L&T)	17	pp.30~31(R)		
09	p.23(G)	18	pp.30~31(R)		

제4회 오답 공략
부족한 영역
학습 계획

Lesson 8

Pride of Korea

의사소통 기능	허가 여부 묻기	A: Is it OK to sit here? (여기에 앉아도 되나요?) B: Sure. Go ahead. (그럼요. 앉으세요.) / I'm afraid not. (죄송하지만 안 돼요.)
	금지하기	Sitting is not allowed here. (이곳은 앉는 것이 허용되지 않습니다.)
언어 형식	의문사가 있는 간접의문문	Please tell me **how you found them**. (그것들을 어떻게 찾으셨는지 말씀해 주세요.)
	because of	Many Koreans became interested in *Uigwe* **because of** your book. (많은 한국인들이 당신의 책 때문에 '의궤'에 관심을 갖게 되었습니다.)

주요
학습 내용

학습 단계
PREVIEW

STEP A	Words	Listen and Talk	Grammar	Reading	기타 지문
STEP B	Words	Listen and Talk	Grammar	Reading	서술형 100% Test
내신 적중 모의고사	제 1 회	제 2 회	제 3 회	제 4 회	

Words

만점 노트

Listen and Talk

□□ allow☆	동 허락하다, 허용하다	□□ traditional☆	형 전통적인
□□ display☆	명 전시, 진열 동 전시하다, 진열하다	□□ wear	동 입다, 신다, 착용하다 (-wore-worn)
□□ fitting room	탈의실	□□ wedding	명 결혼(식)
□□ invite	동 초대하다	□□ go ahead☆	(승낙·허락) 그렇게 하세요
□□ minute	명 (시간 단위의) 분	□□ take a picture	사진을 찍다
□□ musical instrument	악기	□□ try on☆	(옷 등을) 입어 보다, 착용해 보다
□□ rule	명 규칙		

Talk and Play

□□ first	부 맨 먼저	□□ guess	동 추측하다; 알아맞히다

Reading

□□ abroad☆	부 해외에(서), 해외로	□□ publish	동 출판하다, 발행하다
□□ army	명 군대, 부대	□□ research☆	명 연구, 조사
□□ collection	명 수집품; 더미	□□ result	명 결과
□□ college	명 대학	□□ return☆	명 반환, 반납 동 반납하다
□□ continue	동 계속하다	□□ royal	형 왕의, 왕실의
□□ difficulty	명 어려움	□□ spend	동 (시간을) 보내다, (돈을) 쓰다 (-spent-spent)
□□ exhibition☆	명 박람회, 전시회	□□ succeed	동 성공하다
□□ fire	동 해고하다	□□ type	명 활자; 유형, 종류
□□ government	명 정부	□□ value	명 가치
□□ historian☆	명 역사학자	□□ whole	형 전체의, 전부의
□□ history	명 역사	□□ as soon as	~하자마자
□□ metal	명 금속	□□ become interested in	~에 관심을 갖게 되다
□□ million	명 100만	□□ give up	포기하다
□□ movable	형 이동시킬 수 있는, 움직이는	□□ right away	즉시, 곧바로
□□ national treasure☆	국보, 문화재	□□ search for☆	~을 찾다 (= look for)
□□ printing	명 인쇄; 인쇄술	□□ thanks to☆	~ 덕분에
□□ prove☆	동 입증하다, 증명하다		

Language in Use

□□ cancel	동 취소하다	□□ traffic	명 교통
□□ loud	형 시끄러운	□□ so far	지금까지

Think and Write

□□ following	명 다음, 아래	□□ local	형 지역의, 현지의

Review

□□ address	명 주소	□□ lake	명 호수

연습 문제

A 다음 단어의 우리말 뜻을 쓰시오.

01 metal

02 royal

03 history

04 whole

05 printing

06 million

07 spend

08 prove

09 allow

10 value

11 movable

12 exhibition

13 government

14 musical instrument

15 collection

16 wedding

17 rule

18 invite

19 continue

20 army

B 다음 우리말 뜻에 알맞은 영어 단어를 쓰시오.

01 역사학자

02 국보, 문화재

03 출판하다, 발행하다

04 연구, 조사

05 대학

06 결과

07 교통

08 활자; 유형, 종류

09 탈의실

10 어려움

11 전통적인

12 (시간 단위의) 분

13 주소

14 해외에(서), 해외로

15 전시(하다), 진열(하다)

16 해고하다

17 입다, 신다, 착용하다

18 추측하다, 알아맞히다

19 반환(하다), 반납(하다)

20 성공하다

C 다음 영어 표현의 우리말 뜻을 쓰시오.

01 try on

02 so far

03 thanks to

04 give up

05 take a picture

06 search for

07 as soon as

08 right away

09 go ahead

10 become interested in

D 다음 우리말 뜻에 알맞은 영어 표현을 쓰시오.

01 ~ 덕분에

02 사진을 찍다

03 ~을 찾다

04 지금까지

05 (옷 등을) 입어 보다

06 포기하다

07 (승낙·허락) 그렇게 하세요

08 ~에 관심을 갖게 되다

09 ~하자마자

10 즉시, 곧바로

STEP
A

영영풀이

☐☐	abroad	해외에(서), 해외로	in or to a foreign country
☐☐	allow	허락하다, 허용하다	to say that someone can do something
☐☐	army	군대, 부대	the large group of people who fight for their country on land
☐☐	collection	수집품	a group of similar things that you keep together
☐☐	continue	계속하다	to keep or maintain in the same way
☐☐	display	전시하다	to put things in a place where people can see them
☐☐	exhibition	박람회, 전시회	a public show of something, such as art
☐☐	government	정부	the group of people who are responsible for controlling a country or state
☐☐	metal	금속	a hard, usually shiny substance such as iron, gold or steel
☐☐	prove	입증하다, 증명하다	to show that something is true
☐☐	publish	출판하다, 발행하다	to print a book, magazine, or newspaper for people to buy
☐☐	research	연구, 조사	the work of finding out the facts about something
☐☐	result	결과	something that happens because of something else
☐☐	return	반환, 반납	the act of giving, sending, or putting something back
☐☐	royal	왕의, 왕실의	relating to or belonging to a king or queen
☐☐	search	찾아보다, 수색하다	to try to find someone or something by looking very carefully
☐☐	spend	(시간 등을) 쓰다	to use your time, effort, or energy to do something
☐☐	succeed	성공하다	to achieve something that you tried or aimed to do
☐☐	value	가치	the degree to which someone or something is important or useful
☐☐	whole	전체의, 전부의	all of something

단어의 의미 관계

- **유의어**
  continue (계속하다) = keep on
  wear (입다, 신다, 착용하다) = put on

- **반의어**
  continue (계속하다) ↔ stop (멈추다)
  succeed (성공하다) ↔ fail (실패하다)

- **동사 – 명사**
  exhibit (전시하다) – exhibition (전시회)
  invite (초대하다) – invitation (초대)
  prove (증명하다) – proof (증거, 증명)
  succeed (성공하다) – success (성공)

- **명사 – 형용사**
  nation (국가) – national (국가의)
  tradition (전통) – traditional (전통적인)
  value (가치) – valuable (소중한, 귀중한)

다의어

- **fire** 1. 동 해고하다   2. 명 불, 화재
  1. She didn't want to get **fired**.
     (그녀는 해고당하고 싶지 않았다.)
  2. Animals are usually afraid of **fire**.
     (동물들은 보통 불을 무서워한다.)

- **return** 1. 명 반환, 반납   2. 동 돌아오다, 돌아가다
  1. They asked for the **return** of the painting.
     (그들은 그 그림의 반환을 요청했다.)
  2. Alison decided to **return** home.
     (Alison은 집으로 돌아가기로 결심했다.)

- **type** 1. 명 활자   2. 명 종류, 유형
  1. Use bold **type** for important words.
     (중요한 단어들에는 굵은 활자를 사용해라.)
  2. What **type** of cake do you want for your birthday?
     (네 생일에 어떤 종류의 케이크를 원하니?)

Words Plus
연습 문제

A 다음 영영풀이에 해당하는 단어를 [보기]에서 찾아 쓴 후, 우리말 뜻을 쓰시오.

[보기] army   publish   allow   collection   government   prove   royal   display

1 _____ : to show that something is true : _____
2 _____ : to say that someone can do something : _____
3 _____ : relating to or belonging to a king or queen : _____
4 _____ : a group of similar things that you keep together : _____
5 _____ : to put things in a place where people can see them : _____
6 _____ : to print a book, magazine, or newspaper for people to buy : _____
7 _____ : the large group of people who fight for their country on land : _____
8 _____ : the group of people who are responsible for controlling a country or state : _____

B 다음 빈칸에 들어갈 단어를 [보기]에서 찾아 쓰시오.

[보기]   government   abroad   exhibition   historian   research

1 Have you ever traveled _____ before?
2 The Korean _____ announced a new tax policy.
3 It's a good idea to do some _____ before you buy a house.
4 The _____ is known for her knowledge of the Joseon dynasty.
5 The college is having a(n) _____ of the students' work in April.

C 우리말과 의미가 같도록 빈칸에 알맞은 말을 쓰시오.

1 그는 지금까지 일을 굉장히 잘해 오고 있다.   → He has done a great job _____ _____ .
2 내 선글라스를 써 보는 게 어때?   → Why don't you _____ _____ my sunglasses?
3 경찰은 여전히 실종된 아동을 찾고 있다.   → The police are still _____ _____ the missing child.
4 네가 처음에는 성공하지 못할 수도 있지만, 절대 포기하지 마.
   → You may not succeed at first, but never _____ _____ .
5 네 도움 덕분에, 우리는 그 과제를 끝낼 수 있었어.
   → _____ _____ your help, we were able to finish the project.

D 다음 짝지어진 단어의 관계가 같도록 빈칸에 알맞은 단어를 쓰시오.

1 continue : stop = _____ : fail
2 succeed : success = _____ : proof
3 invite : invitation = exhibit : _____
4 continue : keep on = _____ : put on
5 tradition : traditional = nation : _____

실전 TEST

01 다음 영영풀이에 해당하는 단어로 알맞은 것은?

> the work of finding out the facts about something

① metal   ② result   ③ collection
④ display   ⑤ research

02 다음 중 짝지어진 단어의 관계가 [보기]와 같은 것은?

> [보기] prove – proof

① succeed – fail   ② value – valuable
③ continue – stop   ④ exhibit – exhibition
⑤ tradition – traditional

03 다음 문장의 밑줄 친 부분과 바꿔 쓸 수 있는 것은?

> We should wear a mask to protect ourselves.

① take on   ② take off
③ put on   ④ put off
⑤ put down

04 주어진 우리말과 의미가 같도록 빈칸에 알맞은 말을 쓰시오.

> 그의 발명 덕분에 많은 사람들이 요즘 더 나은 삶을 산다.

→ _____ _____ his invention, many people live better lives these days.

05 다음 빈칸에 공통으로 들어갈 단어로 알맞은 것은?

> • The cause of the _____ was unknown.
> • They had to _____ her because she was late all the time.

① fire   ② display   ③ result
④ continue   ⑤ government

06 다음 중 밑줄 친 부분의 우리말 의미가 알맞지 <u>않은</u> 것은?

① Can I try on these black shoes?
   (~을 신어 보다)
② You can take pictures without a flash.
   (사진을 찍다)
③ We went out to search for our missing dog.
   (~을 찾다)
④ The student solved the problem right away.
   (잠시 후에)
⑤ The tower is one of our greatest national treasures. (문화재들)

07 다음 중 단어와 영영풀이가 바르게 연결되지 <u>않은</u> 것은?

① abroad: in or to a foreign country
② display: to keep or maintain in the same way
③ result: something that happens because of something else
④ succeed: to achieve something that you tried or aimed to do
⑤ army: the large group of people who fight for their country on land

L&T Listen and Talk
핵심 노트

1 허가 여부 묻기

A: Is it OK to sit here?	여기에 앉아도 되나요?
B: Sure. Go ahead. / I'm afraid not.	그럼요. 앉으세요. / 죄송하지만 안 돼요.

(1) 허가 여부 묻기

「Is it OK to+동사원형 ~?」은 '~해도 되나요?'라는 의미로 상대방에게 허가 여부를 물을 때 사용하는 표현이다. Can(May) I ~? / Is it OK if I ~? / Do you mind if I ~?와 같이 물어볼 수도 있다.

(2) 허가 여부 답하기

허락할 때는 Sure. Go ahead. / Yes, you can(may). / Of course. 등으로 말하고, 허락하지 않을 때는 I'm afraid not. / I'm sorry, but you can't. / No, you can't(may not). 등으로 말할 수 있다.

- A: Can I ride a bike here? (여기에서 자전거를 타도 되나요?)
  B: Yes, you can. (네, 타도 돼요.)
- A: Is it OK if I take pictures here? (여기에서 사진을 찍어도 되나요?)
  B: I'm sorry, but you can't. (죄송하지만 안 됩니다.)
- A: Do you mind if I open the window? (창문을 열어도 괜찮을까요?)
  B: No, not at all. Go ahead. (괜찮아요. 그렇게 하세요.)

  mind는 '꺼려하다'라는 뜻이므로 Do you mind if I ~?에 대한 응답으로 허락할 때는 No, not at all.과 같이 부정으로 말하고, 금지할 때는 Yes, I do.와 같이 긍정으로 말한다.

시험 포인트 **point**
허가 여부를 묻는 질문에 허락하는 응답을 했는지 허락하지 않는 응답을 했는지를 고르는 문제가 출제되므로, 대화의 전체 흐름과 질문 전후의 상황을 잘 파악하도록 한다.

2 금지하기

Sitting **is not allowed** here.	이곳은 앉는 것이 허용되지 않습니다.

~ is not allowed.는 '~을 하는 것이 허용되지 않는다.'라는 뜻으로, 무언가를 금지할 때 사용하는 표현이다. You are not allowed to ~. 또는 「You must not+동사원형 ~.」으로도 말할 수 있다.

- A: Dogs are not allowed in this store. (이 가게에는 개가 들어오는 것이 허용되지 않습니다.)
  B: OK, I understand. (알겠어요, 이해합니다.)
- A: Swimming in the lake is not allowed. (호수에서 수영하는 것은 허용되지 않습니다.)
  B: I see. (그렇군요.)
- A: You are not allowed to use your smartphone in class.
  (수업 중에 스마트폰을 사용하면 안 돼요.)
  B: I got it. (알겠어요.)

시험 포인트 **point**
금지하는 내용이 무엇인지 묻는 문제가 주로 출제되므로, 금지하는 표현과 내용이 무엇인지 잘 파악하도록 한다.

L&T Listen and Talk
만점 노트

■ 주요 표현　■ 구문 해설

Listen and Talk A-1

교과서 138쪽

B: Excuse me. What's this? ❶I've never seen any food like this.

W: Oh, it's Tteok, a Korean dessert.

B: ❷Is it OK to try some?

W: Sure. ❸Go ahead. It's really delicious.

❶ 어떤 것을 경험한 적이 전혀 없다고 말할 때 「I've never +과거분사 ~.」로 표현한다.

❷ 「Is it OK to+동사원형 ~?」은 무언가를 해도 되는지 허가 여부를 묻는 표현이다.

❸ '그렇게 하세요.'라는 뜻으로 허가 여부를 묻는 말에 허락의 의미로 답하는 말이다.

Q1 The boy wants to (try / make) some Tteok.

Listen and Talk A-2

교과서 138쪽

G: Excuse me. Is it OK to sit over there?

M: ❶You mean, on the grass?

G: Yes. ❷Is it all right?

M: I'm sorry, but ❸sitting on the grass is not allowed.

G: OK, I understand.

❶ 상대방이 한 말을 확인할 때 (Do) You mean ~?으로 말할 수 있다.

❷ 앞에서 언급한 것(잔디 위에 앉는 것)이 괜찮은지 허가 여부를 묻는 말이다. 대화의 흐름상 Is it all right if I sit over there(on the grass)?를 의미한다.

❸ ~ is not allowed.는 '~을 하는 것이 허용되지 않는다.'라는 의미로, 무언가를 금지할 때 사용하는 표현이다.

Q2 The man doesn't allow the girl to sit on the grass. (T / F)

Listen and Talk A-3

교과서 138쪽

B: Excuse me. What's this? It ❶looks interesting.

W: Oh, that's a haegeum, a traditional Korean ❷musical instrument.

B: Is it OK to play it?

W: I'm sorry, but ❸it's only for display. ❹Playing it is not allowed.

B: I see.

❶ look+형용사: ~해 보이다

❷ musical instrument: 악기

❸ it은 앞에 나온 '해금'을 가리킨다.
for display: 전시를 위한, 전시용으로

❹ Playing it이 주어인 문장으로, it은 '해금'을 가리킨다.
be not allowed는 무언가를 금지할 때 사용하는 표현이다. (= You are not allowed to play it.)

Q3 The boy is allowed to play the haegeum. (T / F)

Listen and Talk A-4

교과서 138쪽

G: Excuse me. Is it OK to ❶take pictures here?

M: Yes, it's all right.

G: ❷How about using a flash? ❸Can I use it, too?

M: ❹I'm afraid not. Using a flash is not allowed here.

G: Oh, I see. Thank you.

❶ take a picture: 사진을 찍다

❷ How about ~?은 '~은 어때요?'라는 뜻으로, 여기서는 Is it OK to use a flash?와 같은 의미로 쓰였다.

❸ Can I ~?는 '제가 ~해도 되나요?'라는 뜻으로, 상대방에게 허락을 구하는 표현이다.

❹ 허가 여부를 묻는 질문에 허용되지 않음을 나타내는 응답이다. (= I'm afraid you can't. / I'm sorry, but you can't.)

Q4 What is the girl NOT allowed to do? ( )　　ⓐ to use a flash　ⓑ to take pictures

Listen and Talk C

교과서 139쪽

G: Excuse me, but is it OK to ❶try on this hanbok?

M: Sure. The ❷fitting room is over there.

G: Thanks. ❸Wait a minute. That's also very pretty.

M: ❹Oh, the little hat over there?

G: Yes. What is it?

M: It's a jokduri, a traditional Korean hat for women. ❺It's usually worn on a wedding day.

G: Really? Is it OK to ❻try it on, too?

M: I'm sorry, but it's only for display. ❼Trying it on is not allowed.

G: Oh. Then, I'll just try on this hanbok.

❶ '(옷 등을) 입어 보다, 착용해 보다'라는 뜻으로, 목적어가 명사일 때 「try+명사+on」 또는 「try on+명사」로 쓸 수 있다.

❷ fitting room: 탈의실

❸ '잠깐만요.'라는 뜻이다. (= Wait a second. / Just a minute.)

❹ 상대방이 말한 That이 무엇인지 확인하는 말로, You mean the little hat over there?라고 말할 수도 있다.

❺ '족두리'를 가리키는 It이 주어이므로 「be동사+과거분사(worn)」 형태의 수동태가 쓰였다.

❻ try on의 목적어가 대명사일 때는 목적어가 try와 on 사이에 온다.

❼ be not allowed는 무언가를 금지할 때 사용하는 표현이다.

Q5 After the conversation, the girl is going to try on a hanbok and a jokduri. (T / F)

Talk and Play

교과서 140쪽

G: Which place do you want to go to first in the museum?

B: ❶Why don't you guess?

G: OK. ❷Is it OK to eat food there?

B: Yes. Eating food is allowed.

G: Is it OK to take pictures?

B: No. Taking pictures is not allowed.

G: ❸I got it. You're thinking of going to the Video Room.

B: ❹You're right.

❶ Why don't you ~?는 '~하는 게 어때?'라는 의미로 상대방에게 제안할 때 사용하는 표현이다.

❷ 「Is it OK to+동사원형 ~?」은 허가 여부를 묻는 표현이다.

❸ '알겠어.'라는 뜻으로, 여기서는 답이 무엇인지 알겠다는 의미로 쓰였다.

❹ '맞아.'라는 의미로, right이 '맞는, 정확한'의 뜻으로 쓰였다.

Q6 소년이 박물관에서 먼저 가고 싶어 하는 곳은 어디인가요? (　　　) ⓐ 식당 ⓑ 영상실

Review -1

교과서 152쪽

G: Excuse me. What's this? It looks interesting.

B: Oh, that's a janggu, a traditional Korean musical instrument.

G: ❶Is it OK to play it?

B: ❷I'm sorry, but it's only for display. Playing it is not allowed.

G: I see.

❶ 장구를 쳐도 되는지 허락을 구하려고 사용한 표현이다. (= Can(May) I play it? / Is it OK if I play it?)

❷ 허용되지 않는다고 응답할 때는 보통 I'm sorry, but ~.과 같은 완곡한 표현을 함께 사용한다.

Q7 The boy tells the girl that playing the janggu is ＿＿＿＿＿ ＿＿＿＿＿.

Review -2

교과서 152쪽

G: Excuse me, but is it OK to take pictures here?

M: Yes. Go ahead.

G: ❶Can I use a flash, too?

M: Yes. ❷That's also OK.

G: I'm sorry, but I have one more question. Can I eat food here?

M: I'm sorry, but ❸that's not allowed.

❶ Can I ~?는 상대방에게 무엇을 해도 되는지 허락을 구하는 표현이다. (= Is it OK to use a flash, too?)

❷ That은 '플래시를 사용하는 것(using a flash)'을 가리킨다.

❸ that은 '여기에서 음식을 먹는 것(eating food here)'을 가리킨다.

Q8 The girl can ＿＿＿＿＿ ＿＿＿＿＿, but she can't ＿＿＿＿＿ ＿＿＿＿＿ there.

Listen and Talk

빈칸 채우기

• 주어진 우리말과 일치하도록 교과서 대화문을 완성하시오.

Listen and Talk A-1

B: Excuse me. What's this? _____ _____ _____ any food like this.

W: Oh, it's Tteok, a Korean dessert.

B: _____ _____ _____ to try some?

W: Sure. _____ _____. It's really delicious.

 해석 교과서 138쪽

B: 실례합니다. 이것이 무엇인가요? 저는 이런 음식을 한 번도 본 적이 없어요.

W: 아, 그것은 한국의 후식인 떡이에요.

B: 좀 먹어 봐도 되나요?

W: 물론이죠. 그렇게 하세요. 정말 맛있답니다.

Listen and Talk A-2

G: Excuse me. Is it OK to sit over there?

M: _____ _____, on the grass?

G: Yes. Is it _____ _____?

M: I'm _____, _____ sitting on the grass is _____ _____.

G: OK, I understand.

교과서 138쪽

G: 실례합니다. 저기에 앉아도 되나요?

M: 잔디 위를 말하는 건가요?

G: 네. 괜찮은가요?

M: 죄송하지만, 잔디에 앉는 것은 허용되지 않습니다.

G: 알겠어요, 이해합니다.

Listen and Talk A-3

B: Excuse me. What's this? It _____ _____.

W: Oh, that's a haegeum, a _____ Korean _____ _____.

B: Is it OK _____ _____ it?

W: _____ _____, but it's only _____ _____. Playing it is not allowed.

B: I see.

교과서 138쪽

B: 실례합니다. 이것은 무엇인가요? 흥미롭게 생겼네요.

W: 아, 그것은 한국의 전통 악기인 해금이에요.

B: 그것을 연주해 봐도 되나요?

W: 죄송하지만, 그것은 전시용이에요. 그것을 연주하는 것은 허용되지 않습니다.

B: 그렇군요.

Listen and Talk A-4

G: Excuse me. Is it OK _____ _____ _____ here?

M: Yes, it's all right.

G: _____ _____ using a flash? _____ _____ _____ it, too?

M: _____ _____. Using a flash _____ _____ _____ here.

G: Oh, I see. Thank you.

교과서 138쪽

G: 실례합니다. 여기에서 사진을 찍어도 되나요?

M: 네, 괜찮습니다.

G: 플래시를 사용하는 것은 어떤가요? 그것도 사용해도 되나요?

M: 죄송하지만 안 돼요. 플래시를 사용하는 것은 여기에서 허용되지 않습니다.

G: 아, 그렇군요. 고맙습니다.

Listen and Talk C

G: Excuse me, but is it OK to _____ _____ this hanbok?

M: Sure. The _____ _____ is over there.

G: Thanks. _____ _____ _____. That's also very pretty.

M: Oh, the little hat over there?

G: Yes. What is it?

M: It's a jokduri, a traditional Korean hat _____ _____. It's usually _____ on a wedding day.

G: Really? Is it OK to try it on, too?

M: I'm sorry, but it's only for display. _____ it _____ is not allowed.

G: Oh. Then, I'll just try on this hanbok.

Talk and Play

A: Which place do you want to go to first in the museum?

B: _____ _____ _____ guess?

A: OK. Is it OK to eat food there?

B: Yes. Eating food _____ _____.

A: Is it _____ _____ _____ pictures?

B: No. _____ _____ is _____ _____.

A: I got it. You're thinking of going to the Video Room.

B: You're right.

Review-1

G: Excuse me. What's this? It looks interesting.

B: Oh, that's a janggu, a _____ Korean musical instrument.

G: _____ _____ _____ to play it?

B: I'm sorry, but it's only _____ _____. Playing it is not allowed.

G: I see.

Review-2

G: Excuse me, but _____ _____ _____ _____ take pictures here?

M: Yes. _____ _____.

G: Can I _____ _____ _____, too?

M: Yes. That's also OK.

G: I'm sorry, but I have one more question. _____ _____ _____ food here?

M: I'm sorry, but that's _____ _____.

교과서 139쪽

G: 실례합니다만, 이 한복을 입어 봐도 되나요?

M: 물론이죠. 탈의실은 저쪽에 있습니다.

G: 고맙습니다. 잠깐만요. 저것도 무척 예쁘네요.

M: 아, 저기 있는 작은 모자요?

G: 네. 그것은 뭔가요?

M: 여성용 한국 전통 모자인 족두리예요. 주로 결혼식 날 쓰죠.

G: 정말요? 그것도 써 봐도 될까요?

M: 죄송하지만, 그것은 전시용이에요. 그것을 써 보는 것은 허용되지 않습니다.

G: 아. 그러면 그냥 이 한복만 입어 볼게요.

교과서 140쪽

A: 박물관에서 어느 장소를 먼저 가고 싶니?

B: 알아맞혀 볼래?

A: 그래. 거기에서 음식을 먹어도 되니?

B: 응. 음식을 먹는 것은 허용돼.

A: 사진을 찍어도 되니?

B: 아니. 사진을 찍는 것은 허용되지 않아.

A: 알겠다. 너는 영상실에 갈 생각이구나.

B: 맞아.

교과서 152쪽

G: 실례합니다. 이것은 무엇인가요? 흥미로워 보이네요.

B: 아, 그것은 한국의 전통 악기인 장구예요.

G: 그것을 연주해 봐도 되나요?

B: 죄송하지만, 그것은 전시용이에요. 그것을 연주하는 것은 허용되지 않습니다.

G: 그렇군요.

교과서 152쪽

G: 실례합니다만, 여기에서 사진을 찍어도 되나요?

M: 네. 그렇게 하세요.

G: 플래시도 사용해도 되나요?

M: 네. 그것도 괜찮습니다.

G: 죄송하지만, 질문이 하나 더 있어요. 이곳에서 음식을 먹어도 되나요?

M: 죄송하지만, 그것은 허용되지 않습니다.

Listen and Talk

대화 순서 배열하기

1 Listen and Talk A-1

교과서 138쪽

ⓐ Oh, it's Tteok, a Korean dessert.
ⓑ Sure. Go ahead. It's really delicious.
ⓒ Is it OK to try some?
ⓓ Excuse me. What's this? I've never seen any food like this.

ⓓ – (　　) – (　　) – (　　)

2 Listen and Talk A-2

교과서 138쪽

ⓐ I'm sorry, but sitting on the grass is not allowed.
ⓑ You mean, on the grass?
ⓒ OK, I understand.
ⓓ Excuse me. Is it OK to sit over there?
ⓔ Yes. Is it all right?

(　　) – ⓑ – (　　) – (　　) – (　　)

3 Listen and Talk A-3

교과서 138쪽

ⓐ Is it OK to play it?
ⓑ I see.
ⓒ Excuse me. What's this? It looks interesting.
ⓓ I'm sorry, but it's only for display. Playing it is not allowed.
ⓔ Oh, that's a haegeum, a traditional Korean musical instrument.

(　　) – (　　) – (　　) – (　　) – ⓑ

4 Listen and Talk A-4

교과서 138쪽

ⓐ Yes, it's all right.
ⓑ I'm afraid not. Using a flash is not allowed here.
ⓒ How about using a flash? Can I use it, too?
ⓓ Oh, I see. Thank you.
ⓔ Excuse me. Is it OK to take pictures here?

(　　) – (　　) – ⓒ – (　　) – (　　)

5 Listen and Talk C

교과서 139쪽

A: Excuse me, but is it OK to try on this hanbok?

ⓐ It's a jokduri, a traditional Korean hat for women. It's usually worn on a wedding day.

ⓑ Thanks. Wait a minute. That's also very pretty.

ⓒ Really? Is it OK to try it on, too?

ⓓ Yes. What is it?

ⓔ Sure. The fitting room is over there.

ⓕ I'm sorry, but it's only for display. Trying it on is not allowed.

ⓖ Oh, the little hat over there?

ⓗ Oh. Then, I'll just try on this hanbok.

A – (   ) – ⓑ – (   ) – (   ) – (   ) – (   ) – ⓕ – (   )

6 Talk and Play

교과서 140쪽

ⓐ Which place do you want to go to first in the museum?

ⓑ No. Taking pictures is not allowed.

ⓒ OK. Is it OK to eat food there?

ⓓ Why don't you guess?

ⓔ You're right.

ⓕ Yes. Eating food is allowed.

ⓖ Is it OK to take pictures?

ⓗ I got it. You're thinking of going to the Video Room.

ⓐ – (   ) – ⓒ – (   ) – (   ) – ⓑ – (   ) – (   )

7 Review-1

교과서 152쪽

ⓐ Oh, that's a janggu, a traditional Korean musical instrument.

ⓑ I see.

ⓒ I'm sorry, but it's only for display. Playing it is not allowed.

ⓓ Excuse me. What's this? It looks interesting.

ⓔ Is it OK to play it?

(   ) – (   ) – (   ) – (   ) – ⓑ

8 Review-2

교과서 152쪽

ⓐ Excuse me, but is it OK to take pictures here?

ⓑ Yes. That's also OK.

ⓒ I'm sorry, but I have one more question. Can I eat food here?

ⓓ Yes. Go ahead.

ⓔ Can I use a flash, too?

ⓕ I'm sorry, but that's not allowed.

(   ) – (   ) – ⓔ – (   ) – (   ) – ⓕ

01 다음 대화의 빈칸에 들어갈 말로 알맞은 것은?

> A: Is it OK to try on these shoes?
> B: ＿＿＿＿＿＿＿ They're only for display.
> A: Oh, I see.

① Of course.　　② It's all right.
③ I'm afraid not.　　④ Yes, you may.
⑤ Sure. Go ahead.

02 다음 대화의 밑줄 친 문장과 의미가 같은 것은?

> A: Is it OK to play soccer here?
> B: No. Playing soccer is not allowed here.

① May I play soccer here?
② Do you like playing soccer?
③ Are you going to play soccer here?
④ Do you want me to play soccer here?
⑤ Would you like to play soccer with me?

03 다음 중 짝지어진 대화가 어색한 것은?

① A: Is it OK to sit on the grass?
　B: Sure. Go ahead.
② A: Is it OK if I use a flash?
　B: I'm afraid not. That's not allowed.
③ A: Can I open the window?
　B: I'm sorry, but you can't.
④ A: Using a smartphone is not allowed here.
　B: I'm sorry. I didn't know that.
⑤ A: Excuse me, but may I eat food here?
　B: Of course. Eating food is not allowed here.

04 자연스러운 대화가 되도록 (A)~(D)를 바르게 배열한 것은?

> (A) Oh, it's Tteok, a Korean dessert.
> (B) Is it OK to try some?
> (C) Excuse me. What's this? I've never seen any food like this.
> (D) Sure. Go ahead. It's really delicious.

① (A) – (C) – (B) – (D)　　② (B) – (A) – (C) – (D)
③ (B) – (C) – (D) – (A)　　④ (C) – (A) – (B) – (D)
⑤ (C) – (B) – (D) – (A)

05 다음 대화의 빈칸에 들어갈 말로 알맞지 않은 것은?

> A: Excuse me. ＿＿＿＿＿＿＿＿＿
> B: Sure. Go ahead.

① Can I ride a bike here?
② Is it OK to ride a bike here?
③ Is it OK if I ride a bike here?
④ Is riding a bike allowed here?
⑤ Do you enjoy riding a bike here?

06 다음 대화의 ①~⑤ 중 주어진 문장이 들어갈 위치로 알맞은 것은?

> Playing it is not allowed.

> A: Excuse me. (①) What's this? It looks interesting. (②)
> B: Oh, that's a haegeum, a traditional Korean musical instrument. (③)
> A: Is it OK to play it? (④)
> B: I'm sorry, but it's only for display. (⑤)
> A: I see.

[07~09] 다음 대화를 읽고, 물음에 답하시오.

> **Girl:** Excuse me, but (A)is it OK to try on this hanbok?
>
> **Man:** ⓐSure. The fitting room is over there.
>
> **Girl:** Thanks. Wait a minute. That's also very pretty.
>
> **Man:** Oh, the little hat over there?
>
> **Girl:** Yes. ⓑWhat is it?
>
> **Man:** It's a jokduri, a traditional Korean hat for women. ⓒIt's usually worn on a wedding day.
>
> **Girl:** Really? ⓓIs it OK to try it on, too?
>
> **Man:** I'm sorry, but It's only for display. ⓔTrying it on is allowed.
>
> **Girl:** Oh. Then, I'll just try on this hanbok.

07 위 대화의 밑줄 친 **(A)**의 의도로 알맞은 것은?

① 권유하기 　　　　② 제안하기
③ 길 묻기 　　　　　④ 허가 여부 묻기
⑤ 계획 묻기

08 위 대화의 밑줄 친 ⓐ~ⓔ 중 흐름상 어색한 것은?

① ⓐ 　② ⓑ 　③ ⓒ 　④ ⓓ 　⑤ ⓔ

09 위 대화의 내용과 일치하지 <u>않는</u> 것은?

① The girl wants to try on a hanbok.
② The man allows the girl to wear a hanbok.
③ The girl thinks that the jokduri is pretty.
④ A jokduri is a traditional Korean hat.
⑤ The girl is going to try on only a jokduri.

---

10 다음 대화의 밑줄 친 우리말과 의미가 같도록 괄호 안의 말을 바르게 배열하여 문장을 쓰시오.

> **A:** Is it OK if I swim in the lake?
> **B:** I'm afraid not. <u>호수에서 수영하는 것은 허용되지 않습니다.</u>

→ _____

(allowed, in, is, swimming, not, the lake)

11 다음 대화의 밑줄 친 문장을 [조건]에 맞게 바꿔 쓰시오.

> **A:** Excuse me. <u>Can I sit over there?</u>
> **B:** You mean, on the grass?
> **A:** Yes. Is it all right?
> **B:** I'm sorry, but you can't.

> [조건] 1. OK를 사용하여 같은 의미의 문장으로 쓸 것
> 　　　 2. 7단어의 의문문으로 쓸 것

→ _____

12 다음 어떤 장소의 안내판을 보고, 주어진 대화를 완성하시오.

> **A:** Excuse me. (1) _____ to take pictures?
> **B:** Sure. Go (2) _____.
> **A:** How about using a flash? Can I use it, too?
> **B:** I'm afraid not. Using a flash (3) _____ _____.
> **A:** Oh, I see. Thank you.

G Grammar
핵심 노트

1 의문사가 있는 간접의문문

읽기 본문 Please tell me **how you found them**.
「의문사+주어+동사」 어순

대표 예문 Don't ask me **what he bought in the store**.

She didn't know **where the books were**.

Tell me **when the guests will arrive**.

I don't know **who stole my camera**.

당신이 그것들을 어떻게 발견하셨는지 제게 말씀해 주세요.

그가 가게에서 무엇을 샀는지 내게 묻지 마.

그녀는 그 책들이 어디에 있는지 몰랐다.

손님들이 언제 도착할지 내게 말해 줘.

나는 누가 내 카메라를 훔쳐 갔는지 모른다.

• 의문사가 있는 의문문이 동사의 목적어처럼 문장의 일부가 되는 것을 간접의문문이라고 하며, 「의문사+주어+동사」의 어순으로 쓴다.

직접의문문: Where does he live? (그는 어디에 사니?)

간접의문문: I know **where he lives**. (나는 그가 어디에 사는지 안다.)
　　　　　　　　동사 know의 목적어 역할

I'm not sure **what he wants**. (나는 그가 무엇을 원하는지 잘 모르겠다.)

Can you tell me **when she left**? (그녀가 언제 떠났는지 내게 말해 주겠니?)

• what time, how often, how much 등과 같이 의문사가 구로 쓰이는 경우에는 하나의 의문사로 취급하여 간접의문문의 어순에 따른다.

Let's ask her **how much the cap is**. (그녀에게 그 모자가 얼마인지 물어보자.)

• 의문사가 주어일 경우에는 「의문사+동사」의 어순으로 쓴다.

I don't know **who came first**. (나는 누가 먼저 왔는지 모른다.)

> **시험 포인트** **point**
>
> (1) 의문사가 있는 간접의문문의 어순을 「의문사+(주어)+동사」로 쓰는 것에 유의한다.
>
> (2) 직접의문문에서 쓰인 조동사(do/does/did)는 간접의문문에서 없어지고 동사의 수와 시제에 반영되는 것에 유의한다.
>
> When <u>did</u> he <u>eat</u> dinner?
> → I know **when he ate dinner**.
> (나는 그가 언제 저녁을 먹었는지 안다.)

한 단계 더!

간접의문문이 think, believe, guess 등 생각이나 추측을 나타내는 동사의 목적어로 쓰일 경우에는 의문사를 문장 맨 앞에 쓴다.

What do you <u>think</u> **I can do for you**? (내가 너를 위해 무엇을 할 수 있다고 생각하니?)

QUICK CHECK

1 괄호 안의 단어들을 바르게 배열하여 문장을 완성하시오.

(1) Tell me _____. (were, why, late, you)

(2) She knows _____. (from, where, is, he)

(3) I want to know _____. (she, long, stay, how, will)

2 다음 문장을 간접의문문으로 바꿔 쓰시오.

(1) Where were you last night?　→ I wonder _____.

(2) When does the class begin?　→ I know _____.

(3) Who did you meet yesterday?　→ Can you tell me _____?

2 because of

읽기 본문 Many Koreans became interested in *Uigwe* **because of** your book.
because of+명사구

많은 한국인들이 당신의 책 때문에 '의궤'에 관심을 갖게 되었어요.

대표 예문 **Because of** the loud noise, I couldn't sleep last night.

The game was cancelled **because of** the storm.

Peter couldn't play soccer **because of** the rain.

cf. Peter couldn't play soccer **because** it rained.
because+절 (주어+동사)

시끄러운 소음 때문에 나는 어젯밤에 잘 수 없었다.

폭풍 때문에 경기는 취소되었다.

비 때문에 Peter는 축구를 할 수 없었다.

비가 와서 Peter는 축구를 할 수 없었다.

- because of는 '~ 때문에'라는 의미이며 뒤에 이어지는 명사(구) 또는 동명사(구)가 원인이나 이유를 나타낸다.

  The accident happened **because of** the slippery road.

  (그 사고는 미끄러운 도로 때문에 일어났다.)

- because도 because of와 같이 원인이나 이유를 나타내지만, 접속사인 because 뒤에는 「주어+동사」로 이루어진 절이 이어진다.

  The accident happened **because** the road was slippery.

  (도로가 미끄러워서 그 사고가 일어났다.)

시험 포인트 **point**

전치사구인 because of 뒤에는 명사(구)나 동명사(구)가 오고, 접속사인 because 뒤에는 「주어+동사」로 이루어진 절이 오는 것을 알고 있는지를 묻는 문제가 자주 출제된다.

___한 단계 | 더!

이유를 나타내는 전치사구에는 due to(~로 인해, ~ 때문에), thanks to(~ 덕분에, ~ 때문에) 등이, 접속사에는 since, as 등이 있다.

The game was delayed **due to** bad weather. (그 경기는 악천후 때문에 지연되었다.)

Thanks to his chicken soup, I got much better. (그의 닭고기 수프 덕분에, 나는 몸이 훨씬 나아졌다.)

I felt sorry for Sujin **since** I forgot her birthday. (나는 수진이의 생일을 잊어서 그녀에게 미안했다.)

As Tom was very tired, he went to bed early. (Tom은 매우 피곤해서 일찍 잠자리에 들었다.)

QUICK CHECK

1 다음 괄호 안에서 알맞은 것을 고르시오.

(1) We got into trouble (because / because of) my mistake.

(2) I like Andrew because of (his honesty / he's honest).

(3) She was late for school (because / because of) she missed the bus.

2 다음 빈칸에 because 또는 because of를 쓰시오.

(1) I went to the dentist _____ a toothache.

(2) We couldn't get there on time _____ the heavy traffic.

(3) My parents were angry at me _____ I didn't keep my promise.

연습 문제

1 의문사가 있는 간접의문문

A 주어진 문장을 간접의문문으로 바꿔 쓰시오.

1 What do you want to be?

→ Tell me _____ .

2 Who took my camera?

→ Do you know _____ ?

3 Why did you decide to join the club?

→ I wonder _____ .

B 다음 문장에서 어법상 <u>틀린</u> 부분을 찾아 바르게 고쳐 쓰시오.

1 I don't know where did they go.　　　　_____ → _____

2 Do you know what is she doing now?　　_____ → _____

3 Can you tell me how the coat is much?　_____ → _____

4 Do you think who will win the final match?　_____ → _____

C 주어진 우리말과 의미가 같도록 괄호 안의 말을 사용하여 문장을 완성하시오. (단, 필요시 형태를 바꿀 것)

1 나는 내 남동생이 왜 화가 나 있는지 잘 모른다. (angry)

→ I'm not sure _____ _____ _____ _____ .

2 우리는 그가 Julia를 위해 무엇을 샀는지 모른다. (buy for)

→ We don't know _____ _____ _____ _____ .

3 손님들이 언제 도착할지 제게 말해 주세요. (the guests, arrive)

→ Please tell me _____ _____ _____ _____ .

D 주어진 우리말과 의미가 같도록 괄호 안의 말을 바르게 배열하여 문장을 쓰시오.

1 우체국이 어디에 있는지 제게 말해 주세요. (me, the post office, where, tell, is)

→ _____

2 나는 그 영화가 언제 시작하는지 알고 싶다. (know, starts, the movie, I'd like to, when)

→ _____

3 너는 그녀가 몇 살이라고 추측하니? (she, guess, how old, you, is, do)

→ _____

2 because of

A 다음 문장의 빈칸에 because 또는 because of를 쓰시오.

1   Peter couldn't play soccer outside _____ the rain.

2   She moved to Singapore _____ her dad's new job.

3   I have to study hard _____ I have an exam tomorrow.

4   We didn't go to the beach _____ it was too cold outside.

B 다음을 because 또는 because of를 사용하여 한 문장으로 연결하시오.

1   [We couldn't go camping]   [bad weather]

  → _____

2   [Dad missed an important meeting]   [the traffic was heavy]

  → _____

3   [He can't speak in front of many people]   [his shyness]

  → _____

C 자연스러운 문장이 되도록 [보기]에서 알맞은 말을 골라 문장을 완성하시오.

[보기]	her broken leg	dry weather
	I practiced hard	he has a high fever

1   Tim can't go to school because _____ .

2   There were forest fires because of _____ .

3   I won the singing contest because _____ .

4   Ms. Brown couldn't walk because of _____ .

D 주어진 우리말과 의미가 같도록 괄호 안의 말을 바르게 배열하여 문장을 완성하시오.

1   시끄러운 소음 때문에 나는 어젯밤에 잘 수 없었다.

  → I _____ .
    (the loud noise, because of, sleep last night, couldn't)

2   민호는 미끄러운 바닥 때문에 넘어져서 다쳤다.

  → Minho _____ .
    (the slippery floor, fell down, because of, got hurt, and)

3   그들은 어제 하루 종일 일해서 매우 피곤했다.

  → They _____ .
    (because, worked, they, were, all day yesterday, very tired)

01 다음 우리말과 의미가 같도록 할 때, 빈칸에 들어갈 말로 알맞은 것은?

네가 어디에 사는지 내게 말해 주렴.
→ Please tell me _____.

① why you live
② when you live
③ how live you
④ where you live
⑤ what do you live

[02~03] 다음 빈칸에 들어갈 말로 알맞지 <u>않은</u> 것을 고르시오.

02
She had to stay home because of _____.

① the flu
② a headache
③ fine dust
④ she was tired
⑤ bad weather

03
Do you know _____?

① what his name is
② how long it will take
③ what color does she like
④ which team won the game
⑤ why Ben was late for school

04 다음 빈칸에 들어갈 말이 순서대로 바르게 짝지어진 것은?

• He asked me _____ broke the window.
• I'm not sure _____ she wants for her birthday.

① who – what
② why – when
③ how – why
④ where – who
⑤ where – how

05 다음 문장에서 어법상 <u>틀린</u> 부분을 찾아 바르게 고친 것은?

We couldn't go hiking because of it rained heavily.

① couldn't → can't
② go → went
③ because of → because
④ rained → rain
⑤ heavily → heavy

06 다음 두 문장을 한 문장으로 연결할 때, 빈칸에 들어갈 말로 알맞은 것은?

I wonder. + How often does he play soccer?
→ I wonder _____.

① how often plays he soccer
② how often he plays soccer
③ how often does he play soccer
④ how he does play soccer often
⑤ how does he often play soccer

[07~08] 다음 중 밑줄 친 부분이 어법상 <u>틀린</u> 문장을 고르시오.

07 ① I was excited <u>because of</u> my new computer.
② He went to the doctor <u>because</u> a high fever.
③ Sophia is very upset <u>because</u> I broke her bike.
④ We missed our flight <u>because of</u> the heavy traffic.
⑤ The shopping mall was crowded with many people <u>because of</u> the sale.

08 ① I wonder <u>who your favorite actor is</u>.
② Tell me <u>where you found the books</u>.
③ I don't know <u>who was in the classroom</u>.
④ Can you tell me <u>when does the parade start</u>?
⑤ Let me know <u>when Ms. Williams will come back</u>.

09 다음 중 빈칸에 because를 쓸 수 없는 것은?

① I'm tired now _____ I didn't sleep well last night.
② The trip was cancelled _____ the weather was bad.
③ I missed the beginning of the movie _____ I was late.
④ He didn't buy the jacket _____ it was too big for him.
⑤ She can't go shopping with me _____ a test tomorrow.

[10~11] 다음 우리말을 영어로 바르게 옮긴 것을 고르시오.

10 폭설 때문에 그 도로는 폐쇄되었다.

① It snowed heavily because of the road.
② It snowed heavily because the closed road.
③ It snowed heavily because the road was closed.
④ The road was closed because the heavy snow.
⑤ The road was closed because of the heavy snow.

곡선도 한 단계 더!

11 너는 그 건물이 얼마나 오래되었다고 생각하니?

① How old do you think is the building?
② How old you do think the building is?
③ How old do you think the building is?
④ Do you think how old the building is?
⑤ Do you think how old is the building?

한 단계 더!

12 다음 (A)~(C)의 각 네모 안에 주어진 말 중 어법상 올바른 것끼리 짝지어진 것은?

- The train stopped (A) because / due to the storm.
- Mom was angry at me (B) since / because of I told a lie.
- I couldn't take a nap (C) because of / as the loud music.

	(A)		(B)		(C)
①	because	…	since	…	because of
②	because	…	because of	…	as
③	due to	…	since	…	because of
④	due to	…	because of	…	as
⑤	due to	…	because of	…	because of

신유형

13 다음 우리말과 의미가 같도록 괄호 안의 단어들을 배열할 때, 5번째로 오는 단어는? (단, Jenny로 문장을 시작할 것)

Jenny는 늦게 일어나서 통학 버스를 놓쳤다.
(the, she, missed, got, bus, because, up, late, Jenny, school)

① up   ② bus   ③ missed
④ got   ⑤ because

14 Kevin에 관한 문장 중 표의 내용과 일치하지 않는 것은?

Birthday	2005. 7. 6
Address	?
Hobby	playing the guitar
Future dream	movie director
Favorite song	?

① We know when Kevin was born.
② We don't know where Kevin lives.
③ We know what Kevin's hobby is.
④ We know what Kevin wants to be in the future.
⑤ We know what Kevin's favorite song is.

15 다음 대화를 주어진 표현을 사용하여 바꿔 쓸 때, 빈칸 ⓐ 와 ⓑ에 알맞은 말이 순서대로 바르게 짝지어진 것은?

> A: Why were you late for the movie?
> B: I was late because the traffic was heavy.
>
> ↓
>
> A: I wonder _____ⓐ_____ for the movie.
> B: I was late because of _____ⓑ_____.

① why you were late – the heavy traffic
② why you were late – there was a traffic jam
③ why were you late – the traffic was heavy
④ why were you late – there was much traffic
⑤ were you why late – the traffic jam

16 다음 중 어법상 올바른 문장의 개수는?

> ⓐ I wonder when he finished his report.
> ⓑ Let me know how long will you stay here.
> ⓒ Can you tell me when the restaurant opens?
> ⓓ The road is closed because of a car accident.
> ⓔ Oliver got wet because of he forgot to bring his umbrella.

① 1개 ② 2개 ③ 3개 ④ 4개 ⑤ 5개

17 다음 중 어법상 틀린 부분을 바르게 고치지 않은 것은?

> ⓐ Tell me what are you interested in.
> ⓑ Do you know who did Jane meet last night?
> ⓒ I was upset because of I got a bad grade.
> ⓓ Don't ask me when will Tom come back.
> ⓔ Emma had to do the work again because her mistake.

① ⓐ: are you → you are
② ⓑ: did Jane meet → Jane meet
③ ⓒ: because of → because
④ ⓓ: will Tom come → Tom will come
⑤ ⓔ: because → because of

서술형

18 다음 두 문장의 의미가 같도록 빈칸에 알맞은 말을 쓰시오.

> The children couldn't play outside because the weather was cold.
> = The children couldn't play outside because of _____ _____.

19 괄호 안에 주어진 단어들을 바르게 배열하여 문장을 완성하시오.

(1) I wonder _____.
  (she, sport, what, likes)
(2) Do you know _____?
  (he, when, born, was)
(3) Tell me _____.
  (how, shoes, are, these, much)

20 다음 문장의 밑줄 친 ⓐ~ⓓ 중 어법상 틀린 것을 찾아 기호를 쓰고, 바르게 고쳐 쓰시오.

> Our class ⓐwon first prize ⓑin the singing contest ⓒbecause of we practiced ⓓhard.

(_____) → _____

21 다음 우리말과 의미가 같도록 괄호 안의 말을 사용하여 문장을 완성하시오. (단, 필요시 형태를 바꿀 것)

내 실수 때문에 우리는 경기에서 졌다.

→ We _____.
  (lose, the game, of, mistake)

22 주어진 두 문장을 [예시]와 같이 한 문장으로 연결하시오.

> [예시] Please tell me. + Where does the boy come from?
> → Please tell me where the boy comes from.

(1) I wonder. + How long were you waiting for the bus?

→ I wonder _____

_____ .

(2) I'd like to know. + What kind of books does Lucy like?

→ I'd like to know _____

_____ .

(3) Do you remember? + When did you see him last?

→ Do you remember _____

_____ ?

23 다음 문장에서 어법상 틀린 부분을 찾아 바르게 고쳐 문장을 다시 쓰시오.

(1) Do you know when will the next train come?

→ _____

(2) Can you tell me why did you become a singer?

→ _____

(3) I couldn't hear you because of the music was loud.

→ _____

(4) He took some medicine because a terrible headache.

→ _____

24 주어진 대화를 다음 [예시]와 같이 완성하시오.

> [예시] A: What time is it now?
> B: I don't know what time it is now.

(1) A: When did you buy the watch?

B: Well, I don't remember _____

_____ .

(2) A: Which team won the World Cup in 2006?

B: I don't know _____

_____ .

(3) A: Where did you leave your umbrella?

B: I actually forgot _____

_____ .

(4) A: Why was she absent from school today?

B: I don't know _____

_____ .

25 다음 [A]와 [B]에서 의미상 어울리는 표현을 하나씩 골라 because 또는 because of를 사용하여 [예시]와 같이 한 문장으로 연결하여 쓰시오.

> A • ~~The game was cancelled~~
> • She was upset
> • His feet hurt
> • I couldn't buy the bag

> B • ~~the heavy rain~~
> • his new shoes
> • she lost her dog
> • it was too expensive

[예시] The game was cancelled because of the heavy rain.

(1) She was upset because _____ .

(2) _____

(3) _____

Reading
만점 노트

박병선 박사와의 인터뷰

An Interview with Dr. Park Byeong-seon

01 2011년 5월 27일에, 프랑스군이 1866년에 가져갔던 왕실 서적인 '의궤' 297권이 한국으로 돌아왔다.

01 On May 27, 2011, 297 books of *Uigwe*, a collection of royal books [the French army took in 1866], came back to Korea.

02 이 반환 뒤에 있던 인물이 해외에 있는 한국의 문화재를 찾는 데 평생을 바친 역사학자 박병선 박사이다.

02 The person behind this return is Dr. Park Byeong-seon, a historian [who spent her whole life searching for Korean national treasures abroad].

03 '의궤'에 어떻게 관심을 갖게 되셨는지 말씀해 주시겠어요?

03 Can you tell me how you became interested in *Uigwe*?

04 Dr. Park: 저는 대학에서 역사를 공부했어요.

04 Dr. Park: I studied history in college.

05 저는 1955년에 학업을 계속하기 위해 프랑스에 갔습니다.

05 I went to France to continue my studies in 1955.

06 아시다시피, 프랑스군은 1866년에 우리 문화재를 많이 가져갔어요.

06 As you know, the French army took many of our national treasures in 1866.

07 저는 그곳에서 공부하는 동안 그것들을 찾고 싶었어요.

07 I wanted to find them while I was studying there.

08 '의궤'는 그것들 중 하나였지요.

08 *Uigwe* was one of them.

09 당신은 파리에 있는 프랑스 국립도서관에서 297권의 '의궤'를 발견하셨어요.

09 You found 297 books of *Uigwe* in the National Library of France, in Paris.

10 그것들을 어떻게 발견하셨는지 말씀해 주세요.

10 Please tell me how you found them.

11 Dr. Park: 1967년에 국립도서관의 연구원이 되자마자, 저는 '의궤'를 찾기 시작했어요.

11 Dr. Park: As soon as I became a researcher at the National Library in 1967, I began to look for *Uigwe*.

12 10년 후인 1977년에 마침내 그 책들을 발견했죠.

12 After 10 years, in 1977, I finally found the books.

13 제 생각에 3천만 권 이상의 책을 본 것 같아요.

13 I think I looked at more than 30 million books.

14 그 책들을 발견했을 때 분명히 무척 흥분하셨겠어요.

14 I'm sure you were very excited when you found the books.

15 Dr. Park: 네, 그랬죠, 하지만 더 많은 어려움이 저를 기다리고 있었어요.

15 Dr. Park: Yes, I was, but more difficulties were waiting for me.

16 I thought that the books should be returned to Korea, but my bosses at
the library didn't like that idea.

17 They even thought that I was a Korean spy and fired me.

18 After that, I had to go to the library as a visitor, so it was
not easy to do research on *Uigwe*.

19 However, I didn't give up.

20 For more than ten years, I went to the library every day to finish my
research.

21 I wanted to show people the value of *Uigwe*.

22 The results of your research were published as a book in Korea in 1990.

23 Many Koreans became interested in *Uigwe* because of your book.

24 Dr. Park: Yes. In 1992, the Korean government asked the French government
for its return and, finally, the 297 books are here now.

25 Before I finish this interview, I'd like to ask you about *Jikji*, a book that
changed the history of printing.

26 Dr. Park: I found it in my first year at the library.

27 I knew right away that it was very special.

28 I worked hard to prove its value and finally succeeded.

29 At a book exhibition in Paris in 1972, *Jikji* was displayed as the oldest
book in the world [that was printed with movable metal type].

30 Dr. Park, thanks to your hard work, *Jikji* and *Uigwe* were found, and
all Koreans thank you for that.

31 Dr. Park: I hope people will become more interested in our national
treasures abroad and work for their return.

---

16 저는 그 책들이 한국에 반환되어야 한다고 생각했지만, 도서관의 제 상사들은 그 생각을 좋아하지 않았어요.

17 그들은 심지어 제가 한국의 스파이라고 생각해서 저를 해고했죠.

18 그 후에, 저는 방문객으로 도서관에 가야만 했고, 그래서 '의궤'를 연구하는 것이 쉽지 않았어요.

19 하지만 저는 포기하지 않았죠.

20 10년 넘게, 연구를 끝마치기 위해 매일 도서관에 갔어요.

21 저는 사람들에게 '의궤'의 가치를 보여 주고 싶었어요.

22 당신의 연구 결과가 1990년 한국에서 책으로 출판되었죠.

23 많은 한국인들이 당신의 책 때문에 '의궤'에 관심을 갖게 되었어요.

24 Dr. Park: 네. 1992년에 한국 정부는 프랑스 정부에 그것의 반환을 요청했고, 마침내 297권의 책이 지금 여기 있게 된 거죠.

25 이 인터뷰를 마치기 전에, 인쇄의 역사를 바꾼 책인 '직지'에 대해 여쭙고 싶어요.

26 Dr. Park: 저는 도서관에서 근무한 첫해에 그것을 발견했어요.

27 저는 그것이 아주 특별하다는 것을 바로 알았어요.

28 저는 그것의 가치를 증명하기 위해 열심히 연구했고, 마침내 성공했죠.

29 1972년에 파리의 한 도서 박람회에서 '직지'는 금속활자로 인쇄된 세계에서 가장 오래된 책으로 전시되었죠.

30 박 박사님, 당신의 노고 덕분에 '직지'와 '의궤'가 발견되었고, 모든 한국인이 그 점을 당신에게 감사하고 있어요.

31 Dr. Park: 저는 사람들이 해외에 있는 우리의 문화재에 더 많은 관심을 갖고 그것의 반환을 위해 애써 주시기를 바랍니다.

Reading

빈칸 채우기

• 주어진 우리말과 일치하도록 교과서 본문의 문장을 완성하시오.

01 _____ May 27, 2011, 297 books of *Uigwe*, a collection of royal books the French army took _____ 1866, came back to Korea.

02 The person _____ this return is Dr. Park Byeong-seon, a historian who _____ her whole life _____ _____ Korean national treasures abroad.

03 Can you tell me how you _____ _____ _____ *Uigwe*?

04 I studied history _____ college.

05 I went to France _____ _____ my studies in 1955.

06 _____ _____ _____, the French army took many of our national treasures in 1866.

07 I wanted to find them _____ I was studying there.

08 *Uigwe* was _____ _____ _____.

09 You _____ 297 books of *Uigwe* in the National Library of France, in Paris.

10 Please tell me _____ _____ _____ them.

11 _____ _____ _____ I became a researcher at the National Library in 1967, I began to look _____ *Uigwe*.

12 _____ 10 years, _____ 1977, I finally found the books.

13 I think I looked at _____ _____ 30 million books.

14 I'm sure you were very _____ when you found the books.

15 Yes, I was, but more difficulties were _____ _____ me.

01 2011년 5월 27일에, 프랑스군이 1866년에 가져갔던 왕실 서적인 '의궤' 297권이 한국으로 돌아왔다.

02 이 반환 뒤에 있던 인물이 해외에 있는 한국의 문화재를 찾는 데 평생을 바친 역사학자 박병선 박사이다.

03 '의궤'에 어떻게 관심을 갖게 되셨는지 말씀해 주시겠어요?

04 저는 대학에서 역사를 공부했어요.

05 저는 1955년에 학업을 계속하기 위해 프랑스에 갔습니다.

06 아시다시피, 프랑스군은 1866년에 우리 문화재를 많이 가져갔어요.

07 저는 그곳에서 공부하는 동안 그것들을 찾고 싶었어요.

08 '의궤'는 그것들 중 하나였지요.

09 당신은 파리에 있는 프랑스 국립도서관에서 297권의 '의궤'를 발견하셨어요.

10 그것들을 어떻게 발견하셨는지 말씀해 주세요.

11 1967년에 국립도서관의 연구원이 되자마자, 저는 '의궤'를 찾기 시작했어요.

12 10년 후인 1977년에 마침내 그 책들을 발견했죠.

13 제 생각에 3천만 권 이상의 책을 본 것 같아요.

14 그 책들을 발견했을 때 분명히 무척 흥분하셨겠어요.

15 네, 그랬죠, 하지만 더 많은 어려움이 저를 기다리고 있었어요.

16 I thought that the books _____ _____ _____ to Korea, but my bosses at the library didn't like that idea.

17 They _____ _____ that I was a Korean spy and _____ me.

18 After that, I _____ _____ _____ to the library _____ a visitor, so it was not easy to do research on *Uigwe*.

19 However, I didn't _____ _____.

20 _____ _____ _____ ten years, I went to the library every day _____ _____ my research.

21 I wanted to show _____ _____ _____ _____ *Uigwe*.

22 The results of your research _____ _____ as a book in Korea in 1990.

23 Many Koreans became interested in *Uigwe* _____ _____ your book.

24 Yes. In 1992, the Korean government _____ the French government _____ its return and, finally, the 297 books are here now.

25 Before I finish this interview, _____ _____ _____ _____ you about *Jikji*, a book that changed the history of printing.

26 I found it in my _____ _____ at the library.

27 I knew _____ _____ that it was very special.

28 I worked hard _____ _____ its value and finally succeeded.

29 At a book exhibition in Paris in 1972, *Jikji* _____ _____ as the oldest book in the world _____ was printed with movable metal type.

30 Dr. Park, _____ _____ your hard work, *Jikji* and *Uigwe* were found, and all Koreans _____ you _____ that.

31 I hope people will become more interested in our national treasures abroad and work _____ _____ _____.

16 저는 그 책들이 한국에 반환되어야 한다고 생각했지만, 도서관의 제 상사들은 그 생각을 좋아하지 않았어요.

17 그들은 심지어 제가 한국의 스파이라고 생각해서 저를 해고했죠.

18 그 후에, 저는 방문객으로 도서관에 가야만 했고, 그래서 '의궤'를 연구하는 것이 쉽지 않았어요.

19 하지만 저는 포기하지 않았죠.

20 10년 넘게, 연구를 끝마치기 위해 매일 도서관에 갔어요.

21 저는 사람들에게 '의궤'의 가치를 보여 주고 싶었어요.

22 당신의 연구 결과가 1990년 한국에서 책으로 출판되었죠.

23 많은 한국인들이 당신의 책 때문에 '의궤'에 관심을 갖게 되었어요.

24 네. 1992년에 한국 정부는 프랑스 정부에 그것의 반환을 요청했고, 마침내 297권의 책이 지금 여기 있게 된 거죠.

25 이 인터뷰를 마치기 전에, 인쇄의 역사를 바꾼 책인 '직지'에 대해 여쭙고 싶어요.

26 저는 도서관에서 근무한 첫해에 그것을 발견했어요.

27 저는 그것이 아주 특별하다는 것을 바로 알았어요.

28 저는 그것의 가치를 증명하기 위해 열심히 연구했고, 마침내 성공했죠.

29 1972년에 파리의 한 도서 박람회에서 '직지'는 금속활자로 인쇄된 세계에서 가장 오래된 책으로 전시되었죠.

30 박 박사님, 당신의 노고 덕분에 '직지'와 '의궤'가 발견되었고, 모든 한국인들이 그 점을 당신에게 감사하고 있어요.

31 저는 사람들이 해외에 있는 우리의 문화재에 더 많은 관심을 갖고 그것의 반환을 위해 애써 주시기를 바랍니다.

바른 어휘 · 어법 고르기

STEP A

01 On May 27, 2011, 297 books of *Uigwe*, a collection of royal books the French army took in 1866, (come / came) back to Korea.

02 The person behind this return is Dr. Park Byeong-seon, a historian (which / who) spent her whole life searching for Korean national treasures abroad.

03 Can you tell me how you became interested (on / in) *Uigwe*?

04 I studied history (in / to) college.

05 I went to France (to continue / continued) my studies in 1955.

06 (If / As) you know, the French army took many of our national treasures in 1866.

07 I wanted to find them (while / during) I was studying there.

08 *Uigwe* was one of (their / them).

09 You found 297 books of *Uigwe* (in / on) the National Library of France, in Paris.

10 Please tell me how (you found / did you find) them.

11 As soon as I became a researcher at the National Library in 1967, I began (look / to look) for *Uigwe*.

12 After 10 years, (on / in) 1977, I finally found the books.

13 I think I looked at (more / better) than 30 million books.

14 I'm sure you were very (exciting / excited) when you found the books.

15 Yes, I was, but more difficulties (was / were) waiting for me.

16 I thought (that / which) the books should be returned to Korea, but my bosses at the library didn't like that idea.

17 They even thought that I was a Korean spy and (fire / fired) me.

18 After that, I (had to / didn't have to) go to the library as a visitor, so it was not easy to do research on *Uigwe*.

19 However, I didn't give (off / up).

20 For more than ten years, I went to the library every day (finished / to finish) my research.

21 I wanted to show (the value of *Uigwe* people / people the value of *Uigwe*).

22 The results of your research (published / were published) as a book in Korea in 1990.

23 Many Koreans became interested in *Uigwe* (because / because of) your book.

24 Yes. In 1992, the Korean government asked the French government for its (return / returned) and, finally, the 297 books are here now.

25 Before I finish this interview, I'd like to ask you about *Jikji*, a book that (changing / changed) the history of printing.

26 I found it (in / at) my first year at the library.

27 I knew right away (what / that) it was very special.

28 I worked (hard / hardly) to prove its value and finally succeeded.

29 At a book exhibition in Paris in 1972, *Jikji* (displayed / was displayed) as the oldest book in the world that was printed with movable metal type.

30 Dr. Park, thanks (to / in) your hard work, *Jikji* and *Uigwe* were found, and all Koreans thank you for that.

31 I hope people will become more (interesting / interested) in our national treasures abroad and work for their return.

Reading

틀린 문장 고치기

• 밑줄 친 부분이 내용이나 어법상 바르면 ○, 틀리면 ×에 동그라미하고 틀린 부분을 바르게 고쳐 쓰시오.

01 On May 27, 2011, 297 books of *Uigwe*, a collection of royal books the French army took <u>on</u> 1866, came back to Korea. | ○ | × |

02 The person behind this return is Dr. Park Byeong-seon, a historian who spent her whole life <u>searched for</u> Korean national treasures abroad. | ○ | × |

03 Can you tell me how <u>became you</u> interested in *Uigwe*? | ○ | × |

04 I studied history <u>in college</u>. | ○ | × |

05 I went to France <u>to continue</u> my studies in 1955. | ○ | × |

06 <u>As you know</u>, the French army took many of our national treasures in 1866. | ○ | × |

07 I wanted <u>finding</u> them while I was studying there. | ○ | × |

08 *Uigwe* was <u>one of them</u>. | ○ | × |

09 You found 297 books of *Uigwe* in the National Library of France, <u>in Paris</u>. | ○ | × |

10 Please <u>tell to me</u> how you found them. | ○ | × |

11 As soon as I became a researcher at the National Library in 1967, I began <u>to looking for</u> *Uigwe*. | ○ | × |

12 After 10 years, in 1977, I <u>finally found</u> the books. | ○ | × |

13 I think I looked at <u>more than</u> 30 million books. | ○ | × |

14 I'm sure you were very excited when you <u>were found</u> the books. | ○ | × |

15 Yes, I was, but <u>more difficulties</u> were waiting for me. | ○ | × |

16   I thought that the books should <u>return</u> to Korea, but my bosses at the library didn't like that idea.   ○   ✕

17   They even <u>think</u> that I was a Korean spy and fired me.   ○   ✕

18   After that, I had to go to the library as a visitor, so it was not easy <u>do</u> research on *Uigwe*.   ○   ✕

19   <u>However</u>, I didn't give up.   ○   ✕

20   For more than ten years, I went to the library every day <u>finish</u> my research.   ○   ✕

21   I wanted to <u>show</u> people the value of *Uigwe*.   ○   ✕

22   The results of your research <u>was published</u> as a book in Korea in 1990.   ○   ✕

23   Many Koreans became interested in *Uigwe* <u>because of</u> your book.   ○   ✕

24   Yes. In 1992, the Korean government asked the French government <u>to</u> its return and, finally, the 297 books are here now.   ○   ✕

25   Before I finish this interview, I'd like to ask you about *Jikji*, a book <u>who</u> changed the history of printing.   ○   ✕

26   I found it in my first year <u>at the library</u>.   ○   ✕

27   I knew right away <u>that</u> it was very special.   ○   ✕

28   I worked hard to prove its value and finally <u>succeed</u>.   ○   ✕

29   At a book exhibition in Paris in 1972, *Jikji* was displayed as the oldest book in the world that <u>printed</u> with movable metal type.   ○   ✕

30   Dr. Park, thanks to your hard work, *Jikji* and *Uigwe* were found, and all Koreans <u>thank you for that</u>.   ○   ✕

31   I hope people will become more interested in our national treasures abroad and work for <u>its</u> return.   ○   ✕

배열로 문장 완성하기

STEP A

1 2011년 5월 27일에, 프랑스군이 1866년에 가져갔던 왕실 서적인 '의궤' 297권이 한국으로 돌아왔다. (in 1866 / a collection of royal books / came back / 297 books of *Uigwe* / to Korea / on May 27, 2011 / took / the French army)
>

2 이 반환 뒤에 있던 인물이 해외에 있는 한국의 문화재를 찾는 데 평생을 바친 역사학자 박병선 박사이다.
(is / who / Korean national treasures abroad / behind / Dr. Park Byeong-seon, a historian / this return / spent / her whole life / the person / searching for)
>

3 '의궤'에 어떻게 관심을 갖게 되셨는지 제게 말씀해 주시겠어요? (you / how / tell / interested in / you / can / *Uigwe* / me / became)
>

4 저는 대학에서 역사를 공부했어요. (history / I / in college / studied)
>

5 저는 1955년에 학업을 계속하기 위해 프랑스에 갔습니다. (my studies / to continue / in 1955 / went / I / to France)
>

6 아시다시피, 프랑스군은 1866년에 우리 문화재를 많이 가져갔어요.
(many of / in 1866 / as you know / took / our national treasures / the French army)
>

7 저는 그곳에서 공부하는 동안 그것들을 찾고 싶었어요. (to find / them / I / while / there / wanted / was studying / I)
>

8 '의궤'는 그것들 중 하나였지요. (of them / was / *Uigwe* / one)
>

9 당신은 파리에 있는 프랑스 국립도서관에서 297권의 '의궤'를 발견하셨어요.
(in the National Library of France / found / in Paris / you / 297 books of *Uigwe*)
>

10 그것들을 어떻게 발견하셨는지 제게 말씀해 주세요. (how / tell / you / please / me / them / found)
>

11 1967년에 국립도서관의 연구원이 되자마자, 저는 '의궤'를 찾기 시작했어요.
(at the National Library / I / began / became / in 1967 / as soon as / I / a researcher / *Uigwe* / to look for)
>

12 10년 후인 1977년에 저는 마침내 그 책들을 발견했죠. (I / finally / found / after 10 years / the books / in 1977)
>

13 제 생각에 3천만 권 이상의 책을 본 것 같아요. (more than / looked at / I think / 30 million books / I)
>

14 그 책들을 발견했을 때 당신은 분명히 무척 흥분하셨겠어요. (found / I'm sure / were / when / you / the books / you / very excited)
>

15 네, 그랬죠, 하지만 더 많은 어려움이 저를 기다리고 있었어요. (more difficulties / for me / yes / but / were / I was / waiting)
>

16 저는 그 책들이 한국에 반환되어야 한다고 생각했지만, 도서관의 제 상사들은 그 생각을 좋아하지 않았어요. (that idea / thought / should / didn't like / at the library / my bosses / I / that / to Korea / be returned / but / the books)

>

17 그들은 심지어 제가 한국의 스파이라고 생각해서 저를 해고했죠.
(I / fired / they / and / me / even thought / a Korean spy / that / was)

>

18 그 후에, 저는 방문객으로 도서관에 가야만 했고, 그래서 '의궤'를 연구하는 것이 쉽지 않았어요.
(to do research / was not / after that / on *Uigwe* / go to the library / had to / as a visitor / so / easy / I / it)

>

19 하지만 저는 포기하지 않았죠. (give up / didn't / however / I)

>

20 10년 넘게, 연구를 끝마치기 위해 저는 매일 도서관에 갔어요.
(I / my research / went / every day / to the library / to finish / for more than ten years)

>

21 저는 사람들에게 '의궤'의 가치를 보여 주고 싶었어요. (the value of / to show / *Uigwe* / wanted / people / I)

>

22 당신의 연구 결과가 1990년 한국에서 책으로 출판되었죠.
(were / in 1990 / your research / the results of / in Korea / as a book / published)

>

23 많은 한국인들이 당신의 책 때문에 '의궤'에 관심을 갖게 되었어요.
(interested in / because of / many Koreans / your book / *Uigwe* / became)

>

24 네. 1992년에 한국 정부는 프랑스 정부에 그것의 반환을 요청했고, 마침내 297권의 책이 지금 여기 있게 된 거죠. (its return / the 297 books / and, finally / asked / here now / the Korean government / for / are / yes / the French government / in 1992)

>

25 이 인터뷰를 마치기 전에, 인쇄의 역사를 바꾼 책인 '직지'에 대해 여쭙고 싶어요. (finish / ask / that / I'd like to / before / the history of printing / changed / a book / I / about *Jikji* / this interview / you)

>

26 저는 도서관에서 근무한 첫해에 그것을 발견했어요. (my first year / I / at / in / found / the library / it)

>

27 저는 그것이 아주 특별하다는 것을 바로 알았어요. (that / I / was / very special / knew right away / it)

>

28 저는 그것의 가치를 증명하기 위해 열심히 연구했고, 마침내 성공했죠.
(its value / finally succeeded / and / I / to prove / worked hard)

>

29 1972년에 파리의 한 도서 박람회에서 '직지'는 금속활자로 인쇄된 세계에서 가장 오래된 책으로 전시되었죠.
(was displayed / with movable metal type / as the oldest book / at a book exhibition / that / *Jikji* / was printed / in the world / in Paris in 1972)

>

30 박 박사님, 당신의 노고 덕분에 '직지'와 '의궤'가 발견되었고, 모든 한국인들이 그 점을 당신에게 감사하고 있어요.
(thank you for that / were found / thanks to / all Koreans / and / your hard work / Dr. Park / *Jikji* and *Uigwe*)

>

31 저는 사람들이 해외에 있는 우리의 문화재에 더 많은 관심을 갖고 그것의 반환을 위해 애써 주시기를 바랍니다. (become more interested in / their return / people / hope / work for / our national treasures / will / I / abroad / and)

>

[01~02] 다음 글을 읽고, 물음에 답하시오.

_____ⓐ_____ May 27, 2011, 297 books of *Uigwe*, a collection of royal books the French army took in 1866, came back to Korea. The person behind this return is Dr. Park Byeong-seon, a historian who spent her whole life searching ____ⓑ____ Korean national treasures abroad.

01 윗글의 빈칸 ⓐ와 ⓑ에 들어갈 말이 순서대로 바르게 짝지어진 것은?

① In – at ② In – for ③ On – for
④ On – with ⑤ At – from

02 다음 영영풀이에 해당하는 단어를 윗글에서 찾아 쓰시오.

in or to a foreign country

→ _____

[03~06] 다음 글을 읽고, 물음에 답하시오.

Q: Can you tell me ①how you became interested in *Uigwe*?

Dr. Park: I studied history in college. I went to France ②continue my studies in 1955. (A) If / As you know, the French army took many of our national treasures in 1866. I wanted ③to find them (B) after / while I was studying there. *Uigwe* was one of them.

Q: You found 297 books of *Uigwe* in the National Library of France, in Paris. Please tell me how you found ⓐthem.

Dr. Park: (C) Although / As soon as I became a researcher at the National Library in 1967, I began ④to look for *Uigwe*. After 10 years, in 1977, I finally found the books. I think I looked at ⑤more than 30 million books.

03 윗글의 밑줄 친 ①~⑤ 중 어법상 틀린 것은?

① ② ③ ④ ⑤

04 윗글의 (A)~(C)의 각 네모 안에 주어진 말 중 문맥상 알맞은 것끼리 짝지어진 것은?

	(A)		(B)		(C)
①	If	⋯	after	⋯	Although
②	If	⋯	while	⋯	As soon as
③	As	⋯	after	⋯	Although
④	As	⋯	while	⋯	Although
⑤	As	⋯	while	⋯	As soon as

05 윗글의 밑줄 친 ⓐthem이 가리키는 것으로 알맞은 것은?

① 297 books of *Uigwe*
② national libraries in France
③ national treasures in Korea
④ historians who studied *Uigwe*
⑤ history books that Dr. Park read

06 윗글을 읽고 답할 수 없는 질문은?

① What did Dr. Park study in college?
② Why did Dr. Park go to France?
③ When did the French army take *Uigwe*?
④ How old was Dr. Park when she found *Uigwe*?
⑤ When and where did Dr. Park find *Uigwe*?

[07~10] 다음 글을 읽고, 물음에 답하시오.

> **Q:** I'm sure you were very ⓐexciting when you found the books.
>
> **Dr. Park:** Yes, I was, but more difficulties were waiting for me. (①) I thought ⓑwhich the books should be returned to Korea, but my bosses at the library didn't like that idea. (②) After that, I ⓒhave to go to the library as a visitor, so it was not easy ⓓdone research on *Uigwe*. ____(A)____, I didn't give up. (③) For more than ten years, I went to the library every day ⓔfinish my research. (④) I wanted to show people the value of *Uigwe*. (⑤)

07 윗글의 ①~⑤ 중 주어진 문장이 들어갈 위치로 알맞은 것은?

> They even thought that I was a Korean spy and fired me.

①   ②   ③   ④   ⑤

08 윗글의 밑줄 친 ⓐ~ⓔ를 바르게 고쳐 쓴 것 중 어법상 틀린 것은?

① ⓐ → excited   ② ⓑ → that
③ ⓒ → had to   ④ ⓓ → do
⑤ ⓔ → to finish

09 윗글의 흐름상 빈칸 (A)에 들어갈 말로 알맞은 것은?

① Also   ② At last
③ However   ④ In other words
⑤ For example

10 윗글의 박병선 박사에 대한 내용으로 알맞지 않은 것은?

① '의궤'를 발견한 후에 어려움을 많이 겪었다.
② '의궤'가 한국에 반환되어야 한다고 생각했다.
③ 그녀의 상사들은 그녀의 생각을 마음에 들어 하지 않았다.
④ 도서관에 들어갈 수 없어서 '의궤'에 대한 연구를 포기해야 했다.
⑤ 사람들에게 '의궤'의 가치를 알리고 싶어 했다.

[11~12] 다음 글을 읽고, 물음에 답하시오.

> **Q:** The results of your research ⓐpublish as a book in Korea in 1990. Many Koreans became interested in *Uigwe* ____ⓑ____ your book.
>
> **Dr. Park:** Yes. In 1992, the Korean government asked the French government for its return and, finally, the 297 books are here now.

11 윗글의 밑줄 친 동사 ⓐpublish의 형태로 알맞은 것은?

① published   ② was published
③ were published   ④ has published
⑤ were publishing

12 윗글의 빈칸 ⓑ에 들어갈 말로 알맞은 것은?

① since   ② because
③ instead of   ④ because of
⑤ in spite of

[13~15] 다음 글을 읽고, 물음에 답하시오.

> Q: Before I finish this interview, I'd like to ask you about ①*Jikji*, a book that changed the history of printing.
>
> Dr. Park: I found ②it in my first year at the library. I knew ⓐright away that ③it was very special. I ⓑworked hard to prove its value and finally succeeded. At a book exhibition in Paris in 1972, *Jikji* ⓒwas displayed as ④the oldest book in the world that was printed with movable metal type.
>
> Q: Dr. Park, ⓓthanks to your hard work, *Jikji* and *Uigwe* were found, and all Koreans thank you for ⑤that.
>
> Dr. Park: I hope people will ⓔbecome more interested in our national treasures abroad and work for their return.

13 윗글의 밑줄 친 ①~⑤ 중 가리키는 것이 나머지와 다른 하나는?

①   ②   ③   ④   ⑤

14 윗글의 밑줄 친 ⓐ~ⓔ의 우리말 의미가 잘못된 것은?

① ⓐ: 즉시, 곧바로
② ⓑ: 열심히 노력했다
③ ⓒ: 전시되었다
④ ⓓ: ~에 대해 감사하다
⑤ ⓔ: ~에 더 관심을 갖게 되다

15 윗글의 내용을 잘못 이해한 사람은?

① 미나: *Jikji* changed the history of printing.
② 준호: Dr. Park knew that *Jikji* was special long after she found it.
③ 소윤: Dr. Park succeeded in proving the value of *Jikji*.
④ 다해: *Jikji* is the oldest book that was printed with movable metal type.
⑤ 연우: Dr. Park hopes that our national treasures abroad will be returned.

 서술형

[16~18] 다음 글을 읽고, 물음에 답하시오.

> On May 27, 2011, 297 books of *Uigwe*, a collection of royal books the French army took in 1866, came back to Korea. The person behind this return is Dr. Park Byeong-seon, a historian who spent her whole life searching for Korean national treasures abroad.
>
> Q: ⓐ당신이 '의궤'에 어떻게 관심을 갖게 되셨는지 말씀해 주시겠어요?
>
> Dr. Park: I studied history in college. I went to France to continue my studies in 1955. As you know, the French army took many of our national treasures in 1866. I wanted to find them while I was studying there. *Uigwe* was one of ⓑthem.

16 윗글의 밑줄 친 우리말 ⓐ와 의미가 같도록 괄호 안의 단어들을 바르게 배열하여 문장을 완성하시오.

→ Can you tell me _____

_____?

(you, how, became, in, interested, *Uigwe*)

17 윗글의 밑줄 친 ⓑthem이 가리키는 것을 우리말로 쓰시오.

→ _____

18 윗글의 내용과 일치하도록 다음 문장에서 틀린 내용을 찾아 바르게 고쳐 쓰시오.

(1) Dr. Park spent her whole life looking for Korean national treasures in Korea.

_____ → _____

(2) Dr. Park went to France to study French.

_____ → _____

[19~20] 다음 글을 읽고, 물음에 답하시오.

> Q: I'm sure you were very excited when you found the books.
>
> Dr. Park: Yes, I was, but more difficulties were waiting for me. (A) I thought that the books should return to Korea, but my bosses at the library didn't like that idea. They even thought that I was a Korean spy and fired me. After that, I had to go to the library as a visitor, so it was not easy to do research on *Uigwe*. However, I didn't give up. For more than ten years, I went to the library every day to finish my research. I wanted to show people the value of *Uigwe*.
>
> Q: The results of your research were published as a book in Korea in 1990. Many Koreans became interested in *Uigwe* because of your book.
>
> Dr. Park: Yes. In 1992, the Korean government asked the French government for its return and, finally, the 297 books are here now.

19 윗글의 밑줄 친 문장 (A)에서 어법상 **틀린** 부분을 찾아 바르게 고쳐 쓰시오.

_____ → _____

20 다음 ⓐ~ⓓ 중 윗글의 내용과 일치하지 **않는** 것을 찾아 기호를 쓰고, 해당 부분을 바르게 고쳐 쓰시오.

> ⓐ Dr. Park was excited when she found *Uigwe*.
> ⓑ Dr. Park continued her research although she got fired from the library.
> ⓒ Dr. Park published a book on her research in Korea in 1990.
> ⓓ The Korean government asked the French government to pay for *Uigwe* in 1992.

(   ) _____ → _____

[21~23] 다음 글을 읽고, 물음에 답하시오.

> Q: Before I finish this interview, I'd like to ask you about *Jikji*, ⓐ인쇄의 역사를 바꾼 책.
>
> Dr. Park: I found it in my first year at the library. I knew right away that it was very special. I worked hard to prove its value and finally succeeded. At a book exhibition in Paris in 1972, *Jikji* was displayed as the oldest book in the world that was printed with movable metal type.
>
> Q: Dr. Park, thanks to your hard work, *Jikji* and *Uigwe* were found, and all Koreans thank you for that.
>
> Dr. Park: I hope people will become more interested in our national treasures abroad and work for ⓑ their return.

21 윗글의 밑줄 친 우리말 ⓐ를 [조건]에 맞게 영어로 쓰시오.

> [조건]   1. 관계대명사를 사용할 것
>   2. a book, change, the history, printing을 사용하고 필요시 형태를 바꿀 것

→ _____

22 윗글의 밑줄 친 ⓑthe return이 가리키는 것을 완성해 쓰시오.

→ the return of _____ _____ _____
_____

23 윗글의 내용과 일치하도록 주어진 질문에 완전한 영어 문장으로 답하시오.

(1) Which book did Dr. Park find in her first year at the library?

→ _____

(2) When and where was *Jikji* displayed as the oldest book in the world that was printed with movable metal type?

→ _____

만점 노트

교과서 139쪽

Listen and Talk D

These are my house rules. ❶First, eating in bed is not allowed. Second, ❷watching TV after 10 p.m. is not allowed. Last, inviting friends is allowed.

이것은 우리 집의 규칙입니다. 첫 번째로, 침대에서 먹는 것은 허용되지 않습니다. 두 번째로, 밤 10시 이후에 TV를 보는 것은 허용되지 않습니다. 마지막으로, 친구들을 초대하는 것은 허용됩니다.

❶ 나열하여 설명할 때, first(첫 번째로, 우선), second(두 번째로), last(마지막으로) 등의 연결어를 사용하여 말할 수 있다.

❷ watching TV after 10 p.m.은 동명사구로 주어 역할을 하며, 동명사구 주어는 단수 취급한다.
'~하는 것이 허용되지 않는다.'라는 의미는 ~ is not allowed.로 나타낸다.

교과서 147쪽

Around the World

- **Gimjang:** This is the activity ❶of making Gimchi ❷in the late fall.
- **Palmandaejanggyeong:** These are 81,258 ❸wooden blocks at Haeinsa.
- **Pansori:** This is a Korean way of telling a story ❹with song and music.

- 김장: 이것은 늦가을에 김치를 담그는 활동이다.
- 팔만대장경: 이것은 해인사에 있는 81,258개의 목판이다.
- 판소리: 이것은 노래 및 음악으로 이야기를 하는 한국의 방식이다.

❶ 전치사 뒤에 동사가 쓰일 때는 동명사 형태(동사원형+-ing)가 온다.

❷ in the late fall: 늦가을에

❸ wooden block: 목판

❹ with는 전치사로 '~로, ~을 이용하여'의 의미로 쓰였다.

교과서 150쪽

Think and Write

An Interview with Kim Yubin

The following is the interview ❶I had with Kim Yubin, a local police officer.

Q: Can you tell me ❷when and where you were born?

A: I was born in Seoul ❸on March 11, 1980.

Q: ❹I'd like to know what your goal in life is.

A: My goal in life is ❺to make a better world.

Q: Can you tell me what you like about your job?

A: I like helping people.

I think that Kim Yubin is a great police officer.

김유빈 씨와의 인터뷰

다음은 지역 경찰관이신 김유빈 씨와 한 인터뷰입니다.

Q: 언제, 어디에서 태어나셨는지 말씀해 주시겠어요?

A: 저는 1980년 3월 11일, 서울에서 태어났어요.

Q: 인생에서 당신의 목표가 무엇인지 알고 싶어요.

A: 인생에서 제 목표는 더 나은 세상을 만드는 것이에요.

Q: 당신의 직업에 관해 당신이 좋아하는 점이 무엇인지 말씀해 주시겠어요?

A: 저는 사람들을 돕는 것을 좋아해요.

저는 김유빈 씨가 훌륭한 경찰관이라고 생각합니다.

❶ 선행사 the interview를 수식하는 관계대명사절로, I had ~ 앞에 목적격 관계대명사 which 또는 that이 생략되어 있다.
Kim Yubin과 a local police officer는 동격이며, local police officer는 '지역 경찰관'이라는 뜻이다.

❷ 의문사가 있는 의문문이 동사 tell의 직접목적어로 쓰인 간접의문문으로 「의문사+주어+동사」의 어순으로 쓴다.
be born: 태어나다

❸ 날짜를 표기할 때는 「on+월+일, 연도」 순서로 쓴다.

❹ I'd는 I would의 줄임말이며, 「would like to+동사원형」은 '~하고 싶다'를 의미한다.
간접의문문(what your goal in life is)이 동사 know의 목적어 역할을 한다.

❺ to make는 be동사 is의 보어 역할을 하는 명사적 용법의 to부정사이다.

기타 지문
실전 TEST

[01~02] 다음 글을 읽고, 물음에 답하시오.

These are my house rules. First, eating in bed is not allowed. ___ⓐ___, watching TV after 10 p.m. is not allowed. Last, inviting friends is allowed.

01 윗글의 빈칸 ⓐ에 들어갈 말로 알맞은 것은?

① So
② Second
③ Third
④ Above all
⑤ In the end

02 윗글의 내용과 일치하도록 할 때, 다음 빈칸에 들어갈 말로 알맞은 것은?

A: Is it OK to eat in bed at your house?
B: _____

① Sure. Go ahead.
② Eating in bed is allowed.
③ Yes, you can. It's all right.
④ I'm sorry, but that's not allowed.
⑤ You may eat in bed at my house.

03 다음 글의 밑줄 친 동사 ⓐmake와 ⓑtell을 어법상 올바른 형태로 쓰시오.

- **Gimjang:** This is the activity of ⓐmake Gimchi in the late fall.
- **Palmandaejanggyeong:** These are 81,258 wooden blocks at Haeinsa.
- **Pansori:** This is a Korean way of ⓑtell a story with song and music.

ⓐ _____ ⓑ _____

[04~06] 다음 글을 읽고, 물음에 답하시오.

An Interview with Kim Yubin

The following is the interview I had with Kim Yubin, a local police officer.

Q: Can you tell me when and where you ⓐwere born?
A: I was born in Seoul on March 11, 1980.
Q: I'd like to know ⓑwhat your goal in life is.
A: My goal in life is ⓒto make a better world.
Q: (A) 당신의 직업에 관해 당신이 좋아하는 점이 무엇인지 말씀해 주시겠어요?
A: I like ⓓhelping people.

I think ⓔwhen Kim Yubin is a great police officer.

04 윗글의 밑줄 친 ⓐ~ⓔ 중 어법상 틀린 것은?

① ⓐ ② ⓑ ③ ⓒ ④ ⓓ ⑤ ⓔ

05 윗글의 밑줄 친 우리말 (A)와 의미가 같도록 주어진 말을 바르게 배열하여 문장을 쓰시오.

like, your job, you, me, can, what, tell, about, you

→ _____

06 윗글의 인터뷰 대상자에 대해 알 수 없는 것은?

① 직업
② 출생지
③ 생일
④ 인생에서의 목표
⑤ 직장 내 담당 업무

Words

고득점 맞기

01 Which word has the following definition?

> the large group of people who fight for their country on land

① metal   ② army   ③ value
④ return   ⑤ collection

02 다음 중 짝지어진 단어들의 관계가 서로 같지 <u>않은</u> 것은?

① continue : stop = succeed : fail
② prove : proof = succeed : success
③ value : valuable = history : historian
④ exhibit : exhibition = invite : invitation
⑤ nation : national = tradition : traditional

03 다음 빈칸에 들어갈 말이 순서대로 바르게 짝지어진 것은?

> • The company _____ books for children.
> • The _____ may be heavy now. How about taking the subway?

① wears – result   ② invites – college
③ allows – address   ④ publishes – traffic
⑤ continues – difficulty

04 다음 우리말과 의미가 같도록 빈칸에 알맞은 말을 쓰시오.

> 한국의 국보 1호는 남대문이다.

→ The number one _____ _____ of Korea is Namdaemun.

05 다음 대화의 흐름상 빈칸에 알맞은 말을 주어진 철자로 시작하여 쓰시오.

> **A:** I want to try these jeans on. Where is the f_____ r_____?
> **B:** It's over there, next to the counter.

06 다음 중 밑줄 친 부분의 우리말 의미가 알맞지 <u>않은</u> 것은?

① I don't want to <u>give up</u> my dream. (미루다)
② You'd better go to the dentist <u>right away</u>. (곧바로)
③ I <u>became interested in</u> how to stay healthy. (~에 관심을 갖게 되었다)
④ <u>Thanks to</u> her love and care, the dog survived. (~ 덕분에)
⑤ Why don't you <u>try on</u> the hat before you buy it? (~을 착용해 보다)

07 다음 중 단어와 영영풀이가 바르게 연결되지 <u>않은</u> 것은?

① allow: to say that someone can do something
② royal: relating to or belonging to a king or queen
③ return: the act of giving, sending, or putting something back
④ search: to try to find someone or something by looking very carefully
⑤ historian: the group of people who are responsible for controlling a country or state

08 Which underlined word has the same meaning as in the example?

> [보기] Why did you decide to <u>fire</u> James?

① Many people helped to stop the <u>fire</u>.
② When did people start to cook with <u>fire</u>?
③ They are planning to <u>fire</u> a few workers.
④ My father is making a <u>fire</u> in a fireplace.
⑤ Do you know what the cause of the <u>fire</u> was?

09 다음 영영풀이에 해당하는 단어를 빈칸에 쓰시오.

> *v.* to show that something is true

> Is there anything that can _____ the existence of life on Mars?

10 다음 중 밑줄 친 단어의 쓰임이 문맥상 어색한 것은?

① I'd like to visit royal palaces in England.
② His family pictures were displayed on the wall.
③ If you keep on being lazy, you're going to succeed.
④ Do you know when our club's photo exhibition starts?
⑤ They did research on how to protect the Earth for their new project.

11 다음 ⓐ~ⓓ의 빈칸 중 어느 곳에도 들어갈 수 없는 것은?

> ⓐ Airplanes are made of _____.
> ⓑ She has lived _____ for three years.
> ⓒ Tom found the house without _____.
> ⓓ I want to _____ my free time with my best friend.

① metal ② spend ③ abroad
④ difficulty ⑤ collection

12 다음 빈칸에 들어갈 단어의 영영풀이로 알맞은 것은?

> The _____ of his test was bad because he didn't study enough.

① a public show of something, such as art
② a group of similar things that you keep together
③ something that happens because of something else
④ the work of finding out the facts about something
⑤ the degree to which someone or something is important or useful

13 다음 중 밑줄 친 부분과 의미가 같지 <u>않은</u> 것은?

① An earthquake shook the whole city.
(= entire)
② Daniel has donated blood 10 times so far.
(= until now)
③ He usually wears jeans and white sneakers.
(= takes off)
④ The dog is searching for bones in the garden.
(= looking for)
⑤ The scientists continued doing the experiment.
(= kept on)

14 다음 중 밑줄 친 단어의 의미가 같은 것끼리 짝지어진 것은?

> ⓐ What type of room would you like?
> ⓑ Can you read the words in bold type?
> ⓒ He is the type of person who works better alone.
> ⓓ The company designed a new type of smartphone.
> ⓔ The book is known as the oldest book that was printed with movable metal type.

① ⓐ, ⓑ ② ⓐ, ⓒ, ⓔ ③ ⓑ, ⓓ
④ ⓑ, ⓔ ⑤ ⓒ, ⓓ, ⓔ

15 다음 영영풀이의 빈칸 ⓐ~ⓔ에 들어갈 말로 알맞지 <u>않은</u> 것은?

> • whole: ____ⓐ____ of something
> • abroad: in or to a ____ⓑ____ country
> • succeed: to achieve something that you tried or ____ⓒ____ to do
> • display: to put things in a place where people can ____ⓓ____ them
> • publish: to ____ⓔ____ a book, magazine, or newspaper for people to buy

① ⓐ: parts ② ⓑ: foreign ③ ⓒ: aimed
④ ⓓ: see ⑤ ⓔ: print

Listen and Talk

영작하기

• 주어진 우리말 뜻과 일치하도록 교과서 대화문을 완성하시오.

Listen and Talk A-1

B: _____

W: _____

B: _____

W: _____

교과서 138쪽

해석

B: 실례합니다. 이것이 무엇인가요? 저는 이런 음식을 한 번도 본 적이 없어요.

W: 아, 그것은 한국의 후식인 떡이에요.

B: 좀 먹어 봐도 되나요?

W: 물론이죠. 그렇게 하세요. 정말 맛있답니다.

Listen and Talk A-2

G: _____

M: _____

G: _____

M: _____

G: _____

교과서 138쪽

G: 실례합니다. 저기에 앉아도 되나요?

M: 잔디 위를 말하는 건가요?

G: 네. 괜찮은가요?

M: 죄송하지만, 잔디에 앉는 것은 허용되지 않습니다.

G: 알겠어요, 이해합니다.

Listen and Talk A-3

B: _____

W: _____

B: _____

W: _____

B: _____

교과서 138쪽

B: 실례합니다. 이것은 무엇인가요? 흥미롭게 생겼네요.

W: 아, 그것은 한국의 전통 악기인 해금이에요.

B: 그것을 연주해 봐도 되나요?

W: 죄송하지만, 그것은 전시용이에요. 그것을 연주하는 것은 허용되지 않습니다.

B: 그렇군요.

Listen and Talk A-4

G: _____

M: _____

G: _____

M: _____

G: _____

교과서 138쪽

G: 실례합니다. 여기에서 사진을 찍어도 되나요?

M: 네, 괜찮습니다.

G: 플래시를 사용하는 것은 어떤가요? 그것도 사용해도 되나요?

M: 죄송하지만 안 돼요. 플래시를 사용하는 것은 여기에서 허용되지 않습니다.

G: 아, 그렇군요. 고맙습니다.

Listen and Talk C

G: _____

M: _____

G: _____

M: _____

G: _____

M: _____

_____

G: _____

M: _____

G: _____

해석 교과서 139쪽

G: 실례합니다만, 이 한복을 입어 봐도 되나요?

M: 물론이죠. 탈의실은 저쪽에 있습니다.

G: 고맙습니다. 잠깐만요. 저것도 무척 예쁘네요.

M: 아, 저기 있는 작은 모자요?

G: 네. 그것은 뭔가요?

M: 여성용 한국 전통 모자인 족두리예요. 주로 결혼식 날 쓰죠.

G: 정말요? 그것도 써 봐도 될까요?

M: 죄송하지만, 그것은 전시용이에요. 그것을 써 보는 것은 허용되지 않습니다.

G: 아. 그러면 그냥 이 한복만 입어 볼게요.

Talk and Play

A: _____

B: _____

A: _____

B: _____

A: _____

B: _____

A: _____

B: _____

교과서 140쪽

A: 박물관에서 어느 장소를 먼저 가고 싶니?

B: 알아맞혀 볼래?

A: 그래. 거기에서 음식을 먹어도 되니?

B: 응. 음식을 먹는 것은 허용돼.

A: 사진을 찍어도 되니?

B: 아니. 사진을 찍는 것은 허용되지 않아.

A: 알겠다. 너는 영상실에 갈 생각이구나.

B: 맞아.

Review-1

G: _____

B: _____

G: _____

B: _____

G: _____

교과서 152쪽

G: 실례합니다. 이것은 무엇인가요? 흥미로워 보이네요.

B: 아, 그것은 한국의 전통 악기인 장구예요.

G: 그것을 연주해 봐도 되나요?

B: 죄송하지만, 그것은 전시용이에요. 그것을 연주하는 것은 허용되지 않습니다.

G: 그렇군요.

Review-2

G: _____

M: _____

G: _____

M: _____

G: _____

M: _____

교과서 152쪽

G: 실례합니다만, 여기에서 사진을 찍어도 되나요?

M: 네. 그렇게 하세요.

G: 플래시도 사용해도 되나요?

M: 네. 그것도 괜찮습니다.

G: 죄송하지만, 질문이 하나 더 있어요. 이곳에서 음식을 먹어도 되나요?

M: 죄송하지만, 그것은 허용되지 않습니다.

Listen and Talk
고득점 맞기

01 다음 대화의 빈칸에 들어갈 말로 알맞지 <u>않은</u> 것은?

> A: Is it OK to swim in the lake?
> B: I'm afraid not. _____

① You can swim here.
② You must not swim here.
③ You shouldn't swim here.
④ Swimming is not allowed here.
⑤ You're not allowed to swim here.

02 다음 대화의 밑줄 친 ⓐ~ⓓ 중 흐름상 어색한 것은?

> A: Excuse me. ⓐIs it OK to take pictures here?
> B: Yes, it's all right.
> A: ⓑHow about using a flash? Can I use it, too?
> B: ⓒSure. Using a flash is not allowed here.
> A: Oh, I see. ⓓThank you.

① 없음 ② ⓐ ③ ⓑ ④ ⓒ ⑤ ⓓ

03 다음 대화의 흐름상 빈칸 (A)~(C)에 알맞은 말을 [보기]에서 골라 순서대로 바르게 짝지은 것은?

> A: Excuse me. _____(A)_____
> B: Yes. Go ahead.
> A: _____(B)_____
> B: Yes. That's also OK.
> A: I'm sorry, but I have one more question. Can I eat food here?
> B: No, you can't. _____(C)_____

> [보기] ⓐ Eating food is not allowed.
> ⓑ Can I take pictures, too?
> ⓒ Is it OK to use smartphones here?

① ⓐ - ⓑ - ⓒ ② ⓐ - ⓒ - ⓑ ③ ⓑ - ⓐ - ⓒ
④ ⓒ - ⓐ - ⓑ ⑤ ⓒ - ⓑ - ⓐ

04 Which one is NOT a natural dialog?

① A: Is it OK to cook here?
　 B: Yes, it's all right. Cooking is allowed.
② A: Is it OK to try on this sweater?
　 B: Go ahead. That's not allowed.
③ A: Is it OK if I ride a skateboard?
　 B: No. You're not allowed to do that here.
④ A: Excuse me. Is it OK to park here?
　 B: Sorry, but parking isn't allowed here.
⑤ A: You're not allowed to walk your dog here.
　 B: OK. I understand.

[05~06] 다음 대화를 읽고, 물음에 답하시오.

> Boy: Excuse me. What's this? It looks interesting.
> Woman: Oh, that's a haegeum, a traditional Korean musical instrument.
> Boy: ⓐIs it OK to play it?
> Woman: I'm sorry, but it's only for display. Playing it is not allowed.
> Boy: I see.

05 Which one CANNOT replace the underlined sentence ⓐ above?

① May I play it?
② Is it OK if I play it?
③ Am I allowed to play it?
④ Can you please play it?
⑤ Do you mind if I play it?

^{고
난도}
06 위 대화의 내용과 일치하는 것을 <u>모두</u> 고르시오.

① The boy already knew what a haegeum is.
② A haegeum is a kind of musical instrument.
③ The boy is allowed to play the haegeum.
④ The woman is a haegeum player.
⑤ The haegeum is not for playing but for display.

[07~09] 다음 대화를 읽고, 물음에 답하시오.

Girl: Excuse me, but is it OK to try on this hanbok?
Man: Sure. The fitting room is over there.
Girl: Thanks. Wait a minute. That's also very pretty.
Man: Oh, the little hat over there?
Girl: Yes. What is it?
Man: It's a jokduri, a traditional Korean hat for women. It's usually worn on a wedding day.
Girl: Really? Is it OK to try it on, too?
Man: I'm sorry, but it's only for display. ⓐ그것을 써 보는 것은 허용되지 않습니다.
Girl: Oh. Then, I'll just try on this hanbok.

07 위 대화의 밑줄 친 우리말 ⓐ와 의미가 같도록 [조건]에 맞게 문장을 쓰시오.

> [조건] 1. allow를 사용하고 필요시 형태를 바꿀 것
> 2. 동명사를 사용할 것
> 3. 축약하지 않고 6단어의 완전한 문장으로 쓸 것

→ _____

08 위 대화의 내용과 일치하지 <u>않는</u> 부분을 찾아 바르게 고쳐 쓰시오.

> A jokduri is a traditional Korean hat. Men usually wear it on a wedding day.

_____ → _____

09 Read the dialog above and answer the questions in complete English sentences.

(1) Why doesn't the man allow the girl to wear a jokduri?
→ _____

(2) What is the girl going to do right after the conversation?
→ _____

10 다음 그림을 보고, 괄호 안의 지시대로 대화를 완성하시오.

A: (1) _____ here?
　　　(허가 여부 묻기, 7단어)
B: I'm afraid not. (2) _____
_____ here. (금지하기, 6단어)
A: Oh, I see.

[11~12] 다음 대화를 읽고, 물음에 답하시오.

Boy: Which place do you want to go to first in the museum?
Girl: Why don't you guess?
Boy: OK. ⓐMay I eat food there?
Girl: Yes. Eating food is allowed.
Boy: Is it OK to take pictures?
Girl: No. Taking pictures is not allowed.
Boy: I got it. You're thinking of going to the Video Room.
Girl: You're right.

11 위 대화의 밑줄 친 문장 ⓐ를 [조건]에 맞게 바꿔 쓰시오.

> [조건] 1. OK, if를 사용하여 같은 의미의 문장으로 쓸 것
> 2. 8단어의 의문문으로 쓸 것

→ _____

12 위 대화의 내용과 일치하도록 빈칸에 알맞은 말을 쓰시오.

> The girl wants to go to the (1) _____ _____ first in the museum. She can (2) _____ _____, but she can't (3) _____ _____ there.

01 Which one is NOT correct for the blank?

> I wonder _____.

① who used my computer
② what are you looking for
③ when the ski camp starts
④ what kind of music you like
⑤ how long it takes to get there

02 다음 문장에서 어법상 틀린 부분을 찾아 바르게 고친 것은?

> They planned to go to an outdoor concert, but it was cancelled because fine dust.

① planned → plans
② to go → going
③ but → so
④ was cancelled → cancelled
⑤ because → because of

신유형

03 다음 우리말과 의미가 같도록 괄호 안의 단어들을 배열할 때, 6번째로 오는 단어는?

> 너는 Jenny가 어디 출신인지 아니?
> (where, is, know, Jenny, from, you, do)

① is ② from ③ know
④ Jenny ⑤ where

한 단계 더!

04 다음 빈칸에 들어갈 말로 알맞지 않은 것을 모두 고르시오.

> She couldn't eat anything _____ she had a terrible toothache.

① as ② since ③ due to
④ because ⑤ because of

05 다음 중 밑줄 친 부분이 어법상 틀린 것은?

① I wonder <u>who you are waiting for</u>.
② I asked them <u>why they were in a hurry</u>.
③ She wants to know <u>what will he buy for her</u>.
④ Simon didn't know <u>who sent the book to him</u>.
⑤ Can you tell me <u>what time I should arrive at the airport</u>?

06 다음 빈칸에 들어갈 말이 순서대로 바르게 짝지어진 것은?

> Schools were closed because of _____.
> = Schools were closed _____ it snowed heavily.

① little snow – because
② the heavy snow – because
③ a lot of snow – because of
④ it snowed a lot – because of
⑤ there was much snow – because

한 단계 더!

07 다음 두 문장을 한 문장으로 바르게 연결한 것은?

> Do you think? + Why did she leave the town?

① Do you think why left the town she?
② Do you think why she left the town?
③ Why do you think she left the town?
④ Do you think why did she leave the town?
⑤ Why do you think did she leave the town?

08 다음 중 빈칸에 **because of**를 쓸 수 <u>없는</u> 것은?

① He quit his job _____ his illness.

② The flight was delayed _____ the fog.

③ I couldn't sleep _____ the loud music.

④ Traffic is very heavy _____ a car accident.

⑤ I didn't go swimming _____ I was too tired.

09 다음 두 문장을 한 문장으로 연결한 것 중 어법상 <u>틀린</u> 것은?

① Do you know? + Who sang the song?
　→ Do you know who sang the song?

② I wonder. + When will the guests arrive?
　→ I wonder when will the guests arrive.

③ Tell me. + How did you solve the problem?
　→ Tell me how you solved the problem.

④ I don't know. + How old is her grandmother?
　→ I don't know how old her grandmother is.

⑤ Can you tell me? + What was the boy wearing?
　→ Can you tell me what the boy was wearing?

한 단계 | 더!
10 다음 밑줄 친 부분과 바꿔 쓸 수 있는 것을 <u>모두</u> 고르시오.

> Ben was upset <u>because of a bad grade</u>.

① despite a bad grade

② since he got a bad grade

③ in addition to a bad grade

④ although he got a bad grade

⑤ because he received a bad grade

11 다음 중 어법상 <u>틀린</u> 문장은?

① Do you know who my cake ate?

② I wonder which club you want to join.

③ Could you tell me when the museum opens?

④ I couldn't go to school because of a high fever.

⑤ Kate was excited because she won first prize in the contest.

고
난도 한 단계 | 더!
12 다음 중 밑줄 친 부분을 어법상 바르게 고치지 <u>않은</u> 것은?

① <u>Do you think which</u> is a better way?
　→ Which do you think

② Tom is busy these days <u>because</u> the exam.
　　　　　　　　　　　　　　→ as

③ Tell me how <u>became you</u> interested in acting.
　　　　　　　　　　→ you became

④ The teacher was angry <u>because of</u> she told a lie.　　　　　　　　→ because

⑤ I couldn't call him <u>because of</u> my phone was broken.　　　→ since

고
난도
13 다음 중 어법상 올바른 문장끼리 짝지어진 것은?

> ⓐ I wonder which team won the game.
> ⓑ Tell me where did you find the earrings.
> ⓒ I want to know how often she goes to the movies.
> ⓓ We couldn't walk fast because of the slippery road.
> ⓔ Tony had to stay up late because his homework.

① ⓐ, ⓑ　　　② ⓐ, ⓒ, ⓓ　　　③ ⓑ, ⓒ

④ ⓑ, ⓓ, ⓔ　　　⑤ ⓒ, ⓓ, ⓔ

14 다음 문장을 [예시]와 같이 간접의문문으로 바꿔 쓰시오.

> [예시] Where is the bookstore?
> → Do you know <u>where the bookstore is</u>?

(1) What is the weather like?
    → I wonder _____.

(2) When did you hear the news?
    → Can you tell me _____?

15 괄호 안의 말과 because 또는 because of를 사용하여 [예시]와 같이 질문에 알맞은 답을 쓰시오.

> [예시] Q: Why are you upset?
> A: <u>I am upset because I lost the game.</u>
> (I lost the game)

(1) Q: Why can't you go hiking with me?
    A: _____
       (my volunteer work)

(2) Q: Why did you skip breakfast?
    A: _____
       (I wasn't hungry)

16 다음 ⓐ~ⓓ 중 어법상 틀린 것을 2개 찾아 기호를 쓰고, 바르게 고쳐 문장을 다시 쓰시오.

> ⓐ I wonder who told the news to you.
> ⓑ Many sea turtles are dying because water pollution.
> ⓒ Can you tell me what kind of movies does she like?
> ⓓ The dress was not that popular because of its high price.

(1) ( ) → _____

(2) ( ) → _____

17 다음 그림을 보고, [보기]에서 알맞은 표현을 골라 because 또는 because of를 사용하여 문장을 완성하시오.

(1)  (2)

(3)  (4)

> [보기] • the icy road
> • the noise outside
> • he had a high fever
> • the room was too hot

(1) Minsu fell down _____.

(2) Jina opened the window _____
    _____.

(3) Elly couldn't focus on the book _____
    _____.

(4) Ted took some medicine _____
    _____.

18 다음 전학 온 친구의 인터뷰 답변을 보고, [예시]와 같이 질문을 완성하시오.

> [예시] Q: I wonder <u>what your favorite subject is</u>.
> A: My favorite subject is math.

(1) Q: Can you tell me _____?
    A: I'm from Busan.

(2) Q: Please tell me _____.
    A: I go swimming in my free time.

(3) Q: I'd like to know _____.
    A: I usually wake up at 7 o'clock.

영작하기

• 주어진 우리말 뜻과 일치하도록 교과서 본문의 문장을 쓰시오.

01
_____

2011년 5월 27일에, 프랑스군이 1866년에 가져갔던 왕실 서적인 '의궤' 297권이 한국으로 돌아왔다.

02
_____

이 반환 뒤에 있던 인물이 해외에 있는 한국의 문화재를 찾는 데 평생을 바친 역사학자 박병선 박사이다.

03
_____

'의궤'에 어떻게 관심을 갖게 되셨는지 제게 말씀해 주시겠어요? ☆

04
_____

저는 대학에서 역사를 공부했어요.

05
_____

저는 1955년에 학업을 계속하기 위해 프랑스에 갔습니다.

06
_____

아시다시피, 프랑스군은 1866년에 우리 문화재를 많이 가져갔어요.

07
_____

저는 그곳에서 공부하는 동안 그것들을 찾고 싶었어요.

08
_____

'의궤'는 그것들 중 하나였지요.

09
_____

당신은 파리에 있는 프랑스 국립도서관에서 297권의 '의궤'를 발견하셨어요.

10
_____

그것들을 어떻게 발견하셨는지 제게 말씀해 주세요. ☆

11
_____

1967년에 국립도서관의 연구원이 되자마자, 저는 '의궤'를 찾기 시작했어요.

12
_____

10년 후인 1977년에 마침내 저는 그 책들을 발견했죠.

13
_____

제 생각에 3천만 권 이상의 책을 본 것 같아요.

14
_____

그 책들을 발견했을 때 당신은 분명히 무척 흥분하셨겠어요.

15
_____

네, 그랬죠. 하지만 더 많은 어려움이 저를 기다리고 있었어요.

16
_____

저는 그 책들이 한국에 반환되어야 한다고 생각했지만, 도서관의 제 상사들은 그 생각을 좋아하지 않았어요.

17
_____

그들은 심지어 제가 한국의 스파이라고 생각해서 저를 해고했죠.

18
_____

그 후에, 저는 방문객으로 도서관에 가야만 했고, 그래서 '의궤'를 연구하는 것이 쉽지 않았어요.

19
_____

하지만 저는 포기하지 않았죠.

20
_____

10년 넘게, 연구를 끝마치기 위해 저는 매일 도서관에 갔어요.

21
_____

저는 사람들에게 '의궤'의 가치를 보여 주고 싶었어요.

22
_____

당신의 연구 결과가 1990년 한국에서 책으로 출판되었죠.

23
_____

많은 한국인들이 당신의 책 때문에 '의궤'에 관심을 갖게 되었어요. ☆

24
_____

네. 1992년에 한국 정부는 프랑스 정부에 그것의 반환을 요청했고, 마침내 297권의 책이 지금 여기 있게 된 거죠.

25
_____

이 인터뷰를 마치기 전에, 인쇄의 역사를 바꾼 책인 '직지'에 대해 여쭙고 싶어요.

26
_____

저는 도서관에서 근무한 첫해에 그것을 발견했어요.

27
_____

저는 그것이 아주 특별하다는 것을 바로 알았어요.

28
_____

저는 그것의 가치를 증명하기 위해 열심히 연구했고, 마침내 성공했죠.

29
_____

1972년에 파리의 한 도서 박람회에서 '직지'는 금속활자로 인쇄된 세계에서 가장 오래된 책으로 전시되었죠.

30
_____

박 박사님, 당신의 노고 덕분에 '직지'와 '의궤'가 발견되었고, 모든 한국인들이 그 점을 당신에게 감사하고 있어요.

31
_____

저는 사람들이 해외에 있는 우리의 문화재에 더 많은 관심을 갖고 그것의 반환을 위해 애써 주시기를 바랍니다.

고득점 맞기

01 다음 글의 흐름상 빈칸에 들어갈 말로 가장 알맞은 것은?

> On May 27, 2011, 297 books of *Uigwe*, a collection of royal books the French army took in 1866, _____. The person behind this return is Dr. Park Byeong-seon, a historian who spent her whole life searching for Korean national treasures abroad.

① were lost
② burned up
③ came back to Korea
④ were donated to France
⑤ were returned to France

[02~04] 다음 글을 읽고, 물음에 답하시오.

> Q: Can you tell me how you became interested ___ⓐ___ *Uigwe*?
>
> Dr. Park: I studied history in college. I went to France to continue my studies in 1955. As you know, the French army took many of our national treasures in 1866. I wanted to find them (A) while I was studying there. *Uigwe* was one ___ⓑ___ them.
>
> Q: You found 297 books of *Uigwe* in the National Library of France, in Paris. Please tell me how you found them.
>
> Dr. Park: As soon as I became a researcher at the National Library in 1967, I began to look ___ⓒ___ *Uigwe*. After 10 years, in 1977, I finally found the books. I think I looked at more ___ⓓ___ 30 million books.

02 윗글의 빈칸 ⓐ~ⓓ의 어느 곳에도 들어갈 수 없는 것은?

① in   ② for   ③ of
④ to   ⑤ than

03 윗글의 밑줄 친 (A) while과 의미가 다른 것은?

① I hurt my leg while I was playing soccer.
② While Anne likes science, her brother likes history.
③ While I was cleaning my room, I listened to music.
④ She ate chocolate while she was waiting for the bus.
⑤ Don't use your smartphone while you're crossing the street.

04 윗글의 내용을 바르게 이해한 사람끼리 짝지어진 것은?

> • 다연: Dr. Park majored in history in college.
> • 민지: Dr. Park went to France to introduce some Korean national treasures.
> • 호준: Dr. Park wanted to find *Uigwe* which was taken by the French army.
> • 수아: Dr. Park found *Uigwe* in her first year at the National Library of France.

① 다연, 민지   ② 다연, 호준   ③ 민지, 호준
④ 민지, 수아   ⑤ 호준, 수아

[05~07] 다음 글을 읽고, 물음에 답하시오.

> Q: I'm sure you were very ⓐexcited when you found the books.
>
> Dr. Park: Yes, I was, but more difficulties were waiting for me. I thought that the books should ⓑbe returned to Korea, but my bosses at the library didn't like that idea. They even thought that I was a Korean spy and fired me. After that, I had to go to the library as a visitor, so it was not easy ⓒto do research on *Uigwe*. However, I didn't give up. For more than ten years, I went to the library every day ⓓto finish my research. I wanted to show ⓔto people the value of *Uigwe*.

05 윗글의 밑줄 친 ⓐ~ⓔ 중 어법상 **틀린** 것은?

① ⓐ   ② ⓑ   ③ ⓒ   ④ ⓓ   ⑤ ⓔ

06 다음 영영풀이에 해당하는 단어 중 윗글에 쓰이지 **않은** 것은?

① the work of finding out the facts about something

② to achieve something that you tried or aimed to do

③ the degree to which someone or something is important or useful

④ to make someone leave their job, sometimes as a punishment

⑤ to put, send, or take something back to the place where it came from

07 What is true about the text above? Choose ALL.

① Right after Dr. Park found the books of *Uigwe*, they were returned to Korea.

② Dr. Park's bosses were excited when she found *Uigwe*.

③ Dr. Park spent more than ten years doing research on *Uigwe*.

④ Dr. Park quit her research for a while after she got fired from the library.

⑤ Dr. Park wanted to let people know the value of *Uigwe*.

08 다음 글의 밑줄 친 ⓐ~ⓔ 중 어법상 **틀린** 부분을 바르게 고친 것은?

> Q: The results of your research ⓐwere published as a book in Korea in 1990. Many Koreans became ⓑinterested in *Uigwe* ⓒbecause your book.
>
> Dr. Park: Yes. In 1992, the Korean government ⓓasked the French government for its ⓔreturn and, finally, the 297 books are here now.

① ⓐ → published   ② ⓑ → interesting

③ ⓒ → because of   ④ ⓓ → has asked

⑤ ⓔ → returned

[09~10] 다음 글을 읽고, 물음에 답하시오.

> Q: Before I finish this interview, I'd like to ask you about *Jikji*, a book ⓐthat changed the history of printing.
>
> Dr. Park: I found it in my first year at the library. I knew right away ⓑthat it was very special. I worked hard to prove its value and finally succeeded. At a book exhibition in Paris in 1972, *Jikji* was displayed as the oldest book in the world ⓒthat was printed with movable metal type.
>
> Q: Dr. Park, thanks to your hard work, *Jikji* and *Uigwe* were found, and all Koreans thank you for ⓓthat.
>
> Dr. Park: I hope ⓔthat people will become more interested in our national treasures abroad and work for their return.

09 윗글의 밑줄 친 ⓐ~ⓔ 중 쓰임이 같은 것끼리 짝지어진 것은?

① ⓐ, ⓑ   ② ⓐ, ⓒ   ③ ⓐ, ⓒ, ⓓ

④ ⓑ, ⓒ, ⓔ   ⑤ ⓑ, ⓓ

10 윗글을 읽고 답할 수 **없는** 질문을 **모두** 고르시오.

① What did Dr. Park find in her first year at the library?

② When and where was *Jikji* displayed as the oldest book in the world that was printed with movable metal type?

③ What is the value of *Uigwe*?

④ What other books did Dr. Park find in addition to *Jikji* and *Uigwe*?

⑤ What does Dr. Park want people to work for?

[11~12] 다음 글을 읽고, 물음에 답하시오.

> Q: (A)**How did you become interested in *Uigwe*?**
> Dr. Park: I studied history in college. I went to France to continue my studies in 1955. As you know, the French army took many of our national treasures in 1866. I wanted to find them while I was studying there. *Uigwe* was one of them.
>
> Q: **You found 297 books of *Uigwe* in the National Library of France, in Paris. Please tell me how you found them.**
> Dr. Park: As soon as I became a researcher at the National Library in 1967, I began to look for *Uigwe*. After 10 years, in 1977, I finally found the books. I think I looked at more than 30 million books.

11 윗글의 밑줄 친 문장 (A)를 다음과 같이 바꿔 쓸 때, 빈칸에 알맞은 말을 쓰시오.

→ Can you tell me _____
_____ ?

12 다음 ⓐ~ⓓ 중 윗글을 읽고 답할 수 있는 질문을 2개 골라, 완전한 영어 문장으로 답하시오.

> ⓐ How long has Dr. Park studied history?
> ⓑ When did the French army take many of Korean national treasures?
> ⓒ How many Korean national treasures did the French army take?
> ⓓ When did Dr. Park start to work as a researcher at the National Library of France?

(1) (   ) → _____

(2) (   ) → _____

[13~14] 다음 글을 읽고, 물음에 답하시오.

> Q: **I'm sure you were very excited when you found the books.**
> Dr. Park: Yes, I was, but more difficulties were waiting for me. I thought that the books should be returned to Korea, but my bosses at the library didn't like ⓐthat idea. They even thought that I was a Korean spy and fired me. After ⓑthat, I had to go to the library as a visitor, so it was not easy to do research on *Uigwe*. However, I didn't give up. For more than ten years, I went to the library every day to finish my research. I wanted to show people the value of *Uigwe*.
>
> Q: **The results of your research were published as a book in Korea in 1990. Many Koreans became interested in *Uigwe* because of your book.**
> Dr. Park: Yes. In 1992, the Korean government asked the French government for its return and, finally, the 297 books are here now.

13 윗글의 밑줄 친 ⓐthat idea와 ⓑthat이 각각 가리키는 것을 우리말로 쓰시오. (각각 15자 내외)

ⓐ _____

ⓑ _____

14 윗글의 내용과 일치하도록 다음 빈칸에 알맞은 말을 쓰시오.

> **What did Dr. Park do after she found *Uigwe*?**
> Dr. Park thought that *Uigwe* should come back to _____. However, her _____ at the library didn't agree with her, and then she was _____ from the library. In spite of that, she continued her _____ and wanted to show the _____ of *Uigwe* to people. She _____ a book on her research in 1990.

서술형 100% TEST

01 다음 영영풀이에 해당하는 단어를 [보기]에서 골라 쓰시오.

> [보기] army   publish   result   continue

(1) _____ : to keep or maintain in the same way

(2) _____ : something that happens because of something else

(3) _____ : to print a book, magazine, or newspaper for people to buy

(4) _____ : the large group of people who fight for their country on land

02 다음 빈칸에 공통으로 들어갈 단어를 쓰시오.

> • Scientists invented a new _____ of communication tool.
> • They found the world's oldest movable _____ to print books.

03 다음 우리말과 의미가 같도록 빈칸에 알맞은 말을 쓰시오.

(1) 저는 이 운동화를 신어 보고 싶어요.

   → I'd like to _____ _____ these sneakers.

(2) 사라진 반지를 함께 찾아보자.

   → Let's _____ _____ the missing ring together.

(3) 그 애플리케이션 덕분에, 우리는 콘서트 표를 쉽게 구매할 수 있었다.

   → _____ _____ the application, we could buy the concert tickets easily.

[04~05] 다음 안내판을 보고, 대화를 완성하시오.

04    **05**

04

A: Can I (1) _____ _____ here?

B: Sure. Go ahead. Eating food (2) _____ _____ here.

05

A: Is (1) _____ _____ _____ walk on the grass?

B: I'm sorry, but walking on the grass (2) _____ _____ _____ here.

A: OK, I understand.

06 다음 대화의 밑줄 친 우리말과 의미가 같도록 괄호 안의 지시대로 문장을 쓰시오.

> A: Excuse me. What's this? It looks interesting.
> B: Oh, that's a haegeum, a traditional Korean musical instrument.
> A: (1)그것을 연주해 봐도 되나요?
> B: I'm sorry, but it's only for display. (2)그것을 연주하는 것은 허용되지 않습니다.
> A: I see.

(1) (OK를 사용하고 6단어로 쓸 것)

   → _____

(2) (allowed를 사용하고 5단어로 쓸 것)

   → _____

[07~08] 다음 대화를 읽고, 물음에 답하시오.

> **Girl:** Excuse me, but is it OK to try on this hanbok?
> **Man:** Sure. The fitting room is over there.
> **Girl:** Thanks. Wait a minute. That's also very pretty.
> **Man:** Oh, the little hat over there?
> **Girl:** Yes. What is it?
> **Man:** It's a jokduri, a traditional Korean hat for women. It's usually worn on a wedding day.
> **Girl:** Really? Is it OK to try it on, too?
> **Man:** I'm sorry, but it's only for display.
> _____ⓐ_____
> **Girl:** Oh. Then, I'll just try on this hanbok.

07 위 대화의 빈칸 ⓐ에 들어갈 말을 괄호 안의 단어들을 바르게 배열하여 쓰시오.

→ _____

(allowed, not, on, it, is, trying)

08 위 대화의 내용과 일치하도록 소녀의 일기를 완성하시오.

> Today I got a chance to (1)_____ _____ a hanbok. I also saw a jokduri, a(n) (2)_____ _____ _____ for women. It's a small hat, and it is usually worn on a(n) (3)_____ _____. It was so pretty, but I (4)_____ _____ _____ _____ try it on because it was only for display.

09 다음 두 문장을 간접의문문을 사용하여 한 문장으로 연결하시오.

(1) Can you tell me? + How long will the journey take?

→ _____

(2) I wonder. + What did you buy for my birthday?

→ _____

10 다음 [A]와 [B]에서 각각 알맞은 말을 골라 [예시]와 같이 문장을 완성하시오.

[A]	[B]
• Tom moved to London	• he got a job there
• Diana was excited	• the heavy rain
• my school's sports day was delayed	• she met her favorite actor

[예시] Tom moved to London because he got a job there.

(1) _____ because
_____.

(2) Because of _____,
_____.

11 다음 우리말과 의미가 같도록 괄호 안의 말을 배열하여 문장을 쓰시오.

(1) 너는 그 고양이가 몇 살인지 아니?
(the cat, know, you, is, old, how, do)
→ _____

(2) 나는 그가 어젯밤에 어디에 갔는지 궁금하다.
(where, I, last night, went, he, wonder)
→ _____

(3) 어느 선수가 1등을 했는지 내게 말해 주겠니?
(won, you, player, tell, first place, me, can, which)
→ _____

(4) 우리는 그가 어떻게 그 문제를 풀었는지 모른다.
(how, he, don't, the problem, solved, know, we)
→ _____

(5) 너는 누가 다음 학생회장이 될 것이라고 생각하니?
(will, the, do, you, school president, next, who, think, be)
→ _____

12 다음 ⓐ~ⓔ 중 어법상 틀린 문장을 2개 골라 기호를 쓰고, 바르게 고쳐 문장을 다시 쓰시오.

> ⓐ Do you know who the box made?
> ⓑ Please tell me when the movie starts.
> ⓒ Mr. Scott stayed up late because of work.
> ⓓ I don't know what time we should meet tomorrow.
> ⓔ The flight was cancelled because the storm.

(1) (   ) → _____

(2) (   ) → _____

STEP B

[13~14] 다음 글을 읽고, 물음에 답하시오.

On May 27, 2011, 297 books of *Uigwe*, a collection of royal books the French army took in 1866, came back to Korea. The person behind this return is Dr. Park Byeong-seon, a historian who spent her whole life ⓐsearch for Korean national treasures abroad.

Q: Can you tell me how you became interested in *Uigwe*?

Dr. Park: I studied history in college. I went to France ⓑcontinue my studies in 1955. As you know, the French army took many of our national treasures in 1866. I wanted to find them while I was studying there. *Uigwe* was one of them.

13 윗글의 밑줄 친 동사 ⓐsearch와 ⓑcontinue를 어법상 올바른 형태로 고쳐 쓰시오.

ⓐ _____

ⓑ _____

14 윗글의 내용과 일치하도록 '의궤'에 대한 다음 메모를 완성하시오.

> **297 Books of *Uigwe***
> • a collection of (1)_____ _____
> • one of our (2)_____ _____ taken by (3)_____ _____ _____ in 1866
> • came back to (4)_____ on May 27, 2011

[15~18] 다음 글을 읽고, 물음에 답하시오.

Q: You found 297 books of *Uigwe* in the National Library of France, in Paris. Please tell me ①how did you find them.

Dr. Park: ___ⓐ___ I became a researcher at the National Library in 1967, I began ②to look for *Uigwe*. After 10 years, in 1977, I finally found the books. I think I looked at more than 30 million books.

Q: I'm sure you were very excited when you found the books.

Dr. Park: Yes, I was, but more difficulties ③were waiting for me. I thought that the books should be returned to Korea, but my bosses at the library didn't like (A)that idea. They even thought that I was a Korean spy and fired me. After that, I had to go to the library as a visitor, so ④it was not easy to do research on *Uigwe*. ___ⓑ___, I didn't give up. For more than ten years, I went to the library every day to finish my research. I wanted to ⑤show people the value of *Uigwe*.

Q: The results of your research were published as a book in Korea in 1990. Many Koreans became interested in *Uigwe* because of your book.

Dr. Park: Yes. In 1992, the Korean government asked the French government for its return and, finally, the 297 books are here now.

15 윗글의 밑줄 친 ①～⑤ 중 어법상 **틀린** 것을 찾아 번호를 쓰고 바르게 고쳐 쓴 후, 틀린 이유를 우리말로 쓰시오.

(1) 틀린 부분: (　　　) → _____

(2) 틀린 이유: _____

_____

16 윗글의 빈칸 ⓐ와 ⓑ에 들어갈 말을 [보기]에서 골라 쓰시오.

[보기]	However	Unless
	Therefore	As soon as

ⓐ _____

ⓑ _____

17 윗글의 밑줄 친 (A) that idea가 무엇인지 다음과 같이 쓸 때, 빈칸에 알맞은 말을 본문에서 찾아 문장을 완성하시오.

→ The idea was that _____

_____.

18 윗글의 내용과 일치하도록 다음 연대표를 완성하시오.

1967	Dr. Park became a(n) (1) _____ at the National Library of France and started to (2) _____ _____ Uigwe.
1977	Dr. Park finally found 297 books of Uigwe.
1990	A book on Dr. Park's research (3) _____ _____ in Korea, and many Koreans became interested in Uigwe because of it.
1992	The Korean government asked the French government to (4) _____ Uigwe.

[19~20] 다음 글을 읽고, 물음에 답하시오.

> Q: Before I finish this interview, I'd like to ask you about *Jikji*, a book that changed the history of printing.
>
> Dr. Park: I found it in my first year at the library. I knew right away that it was very special. I worked hard to prove its value and finally succeeded. At a book exhibition in Paris in 1972, *Jikji* was displayed as (A) 금속활자로 인쇄된 세계에서 가장 오래된 책.
>
> Q: Dr. Park, thanks to your hard work, *Jikji* and *Uigwe* were found, and all Koreans thank you for that.
>
> Dr. Park: I hope people will become more interested in our national treasures abroad and work for their return.

19 윗글의 밑줄 친 우리말 (A)를 [조건]에 맞게 영어로 쓰시오.

[조건]	1. 괄호 안의 말을 바르게 배열할 것
	2. 어법에 맞게 반드시 한 단어를 추가할 것

→ _____

_____

(movable metal type, was, the oldest book, with, printed, in the world)

20 다음 ⓐ～ⓔ 중 윗글의 내용과 일치하지 **않는** 것을 찾아 기호를 쓰고, 바르게 고쳐 문장을 다시 쓰시오.

> ⓐ *Jikji* changed the history of printing.
> ⓑ Dr. Park didn't know *Jikji* was very special when she found it.
> ⓒ Dr. Park succeeded in proving the value of *Jikji*.
> ⓓ *Jikji* was displayed at a book exhibition in Paris.
> ⓔ Koreans thank Dr. Park for finding *Jikji* and *Uigwe*.

(　　　) → _____

모의고사

01 다음 중 짝지어진 단어의 관계가 나머지와 <u>다른</u> 하나는? 3점

① prove – proof   ② value – valuable
③ succeed – success   ④ collect – collection
⑤ exhibit – exhibition

02 다음 영영풀이에 해당하는 단어로 알맞은 것은? 3점

> to keep or maintain in the same way

① allow   ② return   ③ continue
④ print   ⑤ publish

03 다음 빈칸에 공통으로 들어갈 말로 알맞은 것은? 3점

> • There was a _____ in the building last weekend.
> • If he keeps making such mistakes, the company is going to _____ him.

① visit   ② fire   ③ display
④ result   ⑤ treasure

04 다음 중 밑줄 친 부분의 우리말 의미가 알맞지 <u>않은</u> 것은? 3점

① She doesn't <u>give up</u> easily. (포기하다)
② Let's start the meeting <u>right away</u>. (바로)
③ Would you like to <u>try on</u> this skirt? (~을 입어 보다)
④ <u>Thanks to</u> his help, I could finish the project. (~을 고마워하다)
⑤ You can <u>search for</u> more information on the Internet. (~을 찾다)

05 다음 대화의 빈칸에 들어갈 말로 가장 알맞은 것은? 3점

> A: Excuse me. _____
> B: Sure. Go ahead. It's all right.

① Do you have some water?
② Is it OK to eat these cookies?
③ What did you have for lunch?
④ Don't you think this is delicious?
⑤ Have you eaten this food before?

06 다음 대화의 밑줄 친 ⓐ~ⓓ 중 흐름상 <u>어색한</u> 것은? 4점

> A: Excuse me, but ⓐ<u>is it OK to take pictures here?</u>
> B: Yes. ⓑ<u>Go ahead.</u>
> A: Can I use a flash, too?
> B: ⓒ<u>I'm afraid not.</u> That's also OK.
> A: I'm sorry, but I have one more question. Can I eat food here?
> B: I'm sorry, but ⓓ<u>that's not allowed.</u>

① 없음   ② ⓐ   ③ ⓑ   ④ ⓒ   ⑤ ⓓ

서술형 1

07 괄호 안의 말을 바르게 배열하여 대화를 완성하시오. 5점

> A: Excuse me. Can I ride a bike here?
> B: I'm sorry, but _____ here.
> A: Oh, I see.

→ _____

(allowed, is, riding, not, a bike)

[08~10] 다음 대화를 읽고, 물음에 답하시오.

> Girl: Excuse me, but is it OK to try on this hanbok? (①)
>
> Man: Sure. The fitting room is over there.
>
> Girl: Thanks. Wait a minute. That's also very pretty.
>
> Man: Oh, the little hat over there?
>
> Girl: Yes. What is it? (②)
>
> Man: It's a jokduri, a traditional Korean hat for women. (③) It's usually worn on a wedding day.
>
> Girl: Really? ⓐ그것도 써 봐도 될까요?
>
> Man: I'm sorry, but it's only for display. (④)
>
> Girl: Oh. Then, I'll just try on this hanbok. (⑤)

08 위 대화의 ①~⑤ 중 주어진 문장이 들어갈 위치로 알맞은 것은? **4점**

> Trying it on is not allowed.

①   ②   ③   ④   ⑤

서술형2 고난도

09 위 대화의 밑줄 친 우리말 ⓐ와 의미가 같도록 [조건]에 맞게 문장을 쓰시오. **5점**

> [조건]   1. OK, try, too를 사용할 것
> 2. 8단어의 의문문으로 쓸 것

→ _____

10 위 대화를 읽고 답할 수 없는 질문은? **4점**

① How much is the hanbok?

② What is a jokduri?

③ When is a jokduri usually worn?

④ Why can't the girl try on the jokduri?

⑤ What is the girl going to try on after the conversation?

11 다음 대화의 빈칸에 들어갈 말로 알맞은 것은? **3점**

> A: Why didn't you come to the party?
> B: I couldn't go there _____ a bad cold.

① unless   ② because   ③ though

④ because of   ⑤ in spite of

12 다음 우리말과 의미가 같도록 할 때, 빈칸에 들어갈 말로 알맞은 것은? **3점**

> 나는 이 운동화를 어디에서 샀는지 기억나지 않는다.
> → I don't remember _____.

① where these sneakers I bought

② where bought I these sneakers

③ where I bought these sneakers

④ where did I buy these sneakers

⑤ where did I bought these sneakers

서술형3

13 다음 두 문장의 의미가 같도록 빈칸에 알맞은 말을 쓰시오. **5점**

> The school picnic was cancelled because the weather was bad.
> = The school picnic was cancelled because of _____ _____.

14 다음 중 어법상 틀린 문장은? **5점**

① Don't ask me who passed the test.

② Can you tell me what your sister is wearing?

③ The game was delayed because of the storm.

④ She fell down because of the water on the floor.

⑤ Did you ask her how often should you take the medicine?

[15~16] 다음 글을 읽고, 물음에 답하시오.

On May 27, 2011, 297 books of *Uigwe*, a collection of ⓐroyal books the French ⓑarmy took in 1866, came back to Korea. The person behind this ⓒreturn is Dr. Park Byeong-seon, a ⓓhistorian who spent her whole life searching for Korean national treasures ⓔabroad.

15 윗글의 밑줄 친 ⓐ~ⓔ 중 우리말 의미가 알맞지 <u>않은</u> 것은?   3점

① ⓐ: 왕실의   ② ⓑ: 무기

③ ⓒ: 반환   ④ ⓓ: 역사학자

⑤ ⓔ: 해외에 있는

16 윗글의 '의궤'에 관한 내용으로 알맞지 <u>않은</u> 것은?   4점

① It is a collection of royal books.

② It was taken by the French army in 1866.

③ It came back to Korea in 2011.

④ It could be returned to Korea thanks to Dr. Park Byeong-seon.

⑤ It is one of France's national treasures.

[17~18] 다음 글을 읽고, 물음에 답하시오.

Q: Can you tell me how you became interested in *Uigwe*?

Dr. Park: I studied history in college. I went to France to continue my studies in 1955. As you know, the French army took many of our national treasures in 1866. I wanted to find them while I was studying there. *Uigwe* was one of them.

Q: You found 297 books of *Uigwe* in the National Library of France, in Paris. Please tell me _____(A)_____.

Dr. Park: As soon as I became a researcher at the National Library in 1967, I began to look for *Uigwe*. After 10 years, in 1977, I finally found the books. I think I looked at more than 30 million books.

서술형4

17 다음 문장을 윗글의 빈칸 (A)에 들어가도록 어법에 맞게 바꿔 쓰시오.   5점

How did you find them?

→ _____

서술형5   고난도   신유형

18 다음 ⓐ~ⓔ 중 윗글의 내용과 일치하지 <u>않는</u> 것을 찾아 기호를 쓰고, 해당 부분을 바르게 고쳐 쓰시오.   6점

• In 1866, ⓐthe French army took many Korean national treasures including *Uigwe*.

• In 1955, ⓑDr. Park went to France to study printing.

• In 1967, ⓒDr. Park became a researcher at the National Library of France, and ⓓshe started to search for *Uigwe* right away.

• In 1977, ⓔDr. Park found *Uigwe*.

(   ) _____ → _____

[19~20] 다음 글을 읽고, 물음에 답하시오.

Q: I'm sure you were very excited when you found the books.

Dr. Park: Yes, I was, but more difficulties were waiting for me. I thought ____ⓐ____ the books should be returned to Korea, but my bosses at the library didn't like ____ⓑ____ idea. They even thought ____ⓒ____ I was a Korean spy and fired me. After ____ⓓ____, I had to go to the library as a visitor, so ____ⓔ____ was not easy to do research on *Uigwe*. However, I didn't give up. For more than ten years, I went to the library every day to finish my research. I wanted to show people the value of *Uigwe*.

19 윗글의 빈칸 ⓐ~ⓔ 중 that이 들어갈 수 <u>없는</u> 것은?   4점

① ⓐ   ② ⓑ   ③ ⓒ   ④ ⓓ   ⑤ ⓔ

고난도

20 Which CANNOT be answered "Yes" from the text above?　　　　4점

① Was Dr. Park excited when she found *Uigwe*?
② Did Dr. Park think *Uigwe* should come back to Korea?
③ Did Dr. Park's bosses like her idea about *Uigwe*?
④ Did Dr. Park continue her research on *Uigwe* after she was fired from the library?
⑤ Did Dr. Park want to show people the value of *Uigwe*?

[21~22] 다음 글을 읽고, 물음에 답하시오.

> Q: The results of your research (A) was / were published as a book in Korea in 1990. Many Koreans became interested in *Uigwe* (B) because / because of your book.
>
> Dr. Park: Yes. In 1992, the Korean government asked the French government (C) to / for its return and, finally, the 297 books are here now.

21 윗글의 (A)~(C)의 각 네모 안에 주어진 말 중 어법상 올바른 것끼리 짝지어진 것은?　　　　4점

	(A)		(B)		(C)
①	was	⋯	because	⋯	to
②	was	⋯	because of	⋯	for
③	were	⋯	because	⋯	to
④	were	⋯	because of	⋯	for
⑤	were	⋯	because of	⋯	to

서술형 **6**

22 윗글의 내용과 일치하도록 다음 질문에 대한 답을 완전한 영어 문장으로 쓰시오.　　　　5점

> Q: What made many Koreans become interested in *Uigwe*?
>
> A: _____
> _____

[23~25] 다음 글을 읽고, 물음에 답하시오.

> Q: Before I finish this interview, I'd like to ask you about *Jikji*, a book that changed the history of ___ⓐ___.
>
> Dr. Park: I found it in my first year at the library. I knew right away that it was very ___ⓑ___. I worked hard to prove its value and finally ___ⓒ___. At a book exhibition in Paris in 1972, *Jikji* was displayed as the oldest book in the world that was printed with movable metal type.
>
> Q: Dr. Park, thanks to your hard work, *Jikji* and *Uigwe* were found, and all Koreans thank you for (A) that.
>
> Dr. Park: I hope people will become more ___ⓓ___ in our national treasures abroad and work for their ___ⓔ___.

23 윗글의 빈칸 ⓐ~ⓔ에 들어갈 말로 알맞지 <u>않은</u> 것은? 4점

① ⓐ: printing
② ⓑ: special
③ ⓒ: failed
④ ⓓ: interested
⑤ ⓔ: return

24 윗글을 읽고 '직지'에 관해 알 수 <u>없는</u> 것은?　　　3점

① 역사적 가치
② 출간된 시기
③ 인쇄 방식
④ 발견된 장소
⑤ 세계에 알리게 된 박람회의 장소와 연도

서술형 **7**

25 윗글의 밑줄 친 (A) that이 의미하는 것을 우리말로 쓰시오. (20자 내외)　　　　5점

→ _____

01 다음 짝지어진 두 단어의 관계가 같도록 할 때, 빈칸에 들어갈 말로 알맞은 것은? 　3점

> stop : continue = _____ : fail

① search 　　② print 　　③ return
④ publish 　　⑤ succeed

02 다음 중 단어와 영영풀이가 바르게 연결되지 <u>않은</u> 것은? 4점

① allow: to say that someone can do something
② research: the work of finding out the facts about something
③ display: to use your time, effort, or energy to do something
④ royal: relating to or belonging to a king or queen
⑤ army: the large group of people who fight for their country on land

03 다음 빈칸에 들어갈 말이 순서대로 바르게 짝지어진 것은? 　3점

> • _____ to his help, I could find my wallet.
> • Why don't you _____ on my sunglasses?

① Thanks – try 　　② According – go
③ Thanks – go 　　④ According – get
⑤ Because – keep

04 다음 중 밑줄 친 부분의 쓰임이 문맥상 어색한 것은? 4점

① The <u>whole</u> family watched the game together.
② What kind of <u>musical instrument</u> can you play?
③ Namdaemun is one of Korea's <u>national treasures</u>.
④ She <u>gave up</u> teaching last year, so she's a teacher now.
⑤ The scientist was satisfied with the <u>result</u> of the experiment.

05 다음 대화의 밑줄 친 문장과 바꿔 쓸 수 있는 것은? 　3점

> A: <u>May I eat food here?</u>
> B: I'm afraid not. That's not allowed.

① Are you hungry now?
② Is it OK to eat food here?
③ Do you want to eat food here?
④ Why don't you eat something?
⑤ Which food would you like to eat?

서술형**1**

06 자연스러운 대화가 되도록 (A)~(C)를 바르게 배열하시오. 　4점

> A: Excuse me. What's this? I've never seen any food like this.
> (A) Sure. Go ahead. It's really delicious.
> (B) Is it OK to try some?
> (C) Oh, it's Tteok, a Korean dessert.

(　　) – (　　) – (　　)

07 다음 대화의 ①~⑤ 중 주어진 문장이 들어갈 위치로 알맞은 것은? 　3점

> I'm sorry, but it's only for display.

> A: Excuse me. (①) What's this? It looks interesting.
> B: (②) Oh, that's a janggu, a traditional Korean musical instrument.
> A: (③) Is it OK to play it?
> B: (④) Playing it is not allowed.
> A: I see. (⑤)

[08~09] 다음 대화를 읽고, 물음에 답하시오.

> Girl: Excuse me, but ⓐis it OK to try on this hanbok?
>
> Man: Sure. ⓑThe fitting room is over there.
>
> Girl: Thanks. Wait a minute. That's also very pretty.
>
> Man: Oh, the little hat over there?
>
> Girl: Yes. ⓒWhat is it?
>
> Man: It's a jokduri, a traditional Korean hat for women. It's usually worn on a wedding day.
>
> Girl: Really? Is it OK to try it on, too?
>
> Man: I'm sorry, but it's only for display. ⓓTrying it on is allowed.
>
> Girl: Oh. ⓔThen, I'll just try on this hanbok.

서술형**2**

08 위 대화의 밑줄 친 ⓐ~ⓔ 중 흐름상 어색한 것을 찾아 기호를 쓰고, 바르게 고쳐 문장을 다시 쓰시오.　　5점

(　　　) → _____

09 위 대화의 내용과 일치하지 <u>않는</u> 것은?　　3점

① 소녀가 한복을 입어 보는 것은 가능하다.
② 족두리는 여성용 모자이다.
③ 족두리는 주로 결혼식 날에 쓴다.
④ 소녀는 한복과 족두리를 모두 사고 싶어 한다.
⑤ 족두리는 전시용이다.

10 다음 빈칸에 들어갈 말로 알맞지 <u>않은</u> 것은?　　3점

> Mike couldn't attend the meeting because of _____.

① he was sick
② his family trip
③ a bad headache
④ the heavy snow
⑤ his busy schedule

서술형**3**

11 다음 우리말과 의미가 같도록 괄호 안의 말을 바르게 배열하여 문장을 완성하시오.　　5점

> 네가 얼마나 오랫동안 버스를 기다렸는지 물어봐도 될까?
> (long, waited, the bus, how, for, you)

→ Can I ask _____ ?

12 다음 중 빈칸에 **because**를 쓸 수 <u>없는</u> 것을 <u>모두</u> 고르시오.　　3점

① I couldn't sleep well _____ a barking dog.
② She went to bed early _____ she was very tired.
③ I couldn't find my shoes _____ it was too dark.
④ I have to study all day today _____ the test tomorrow.
⑤ Mom didn't allow me to go out _____ it was too late.

서술형**4**

13 다음 대화에서 어법상 <u>틀린</u> 부분을 찾아 바르게 고쳐 쓰시오.　　4점

> A: Can you tell me why didn't you drive a car today?
> B: It's because it snowed too much.

_____ → _____

고난도 한 단계 더!

14 다음 중 어법상 올바른 문장의 개수는?　　5점

> ⓐ She was late because of a traffic jam.
> ⓑ I stayed home because of I had a fever.
> ⓒ I want to know why you became a cook.
> ⓓ I wonder where they went for their holidays.
> ⓔ Do you think who is the best singer in our class?

① 1개　　② 2개　　③ 3개　　④ 4개　　⑤ 5개

[15~17] 다음 글을 읽고, 물음에 답하시오.

> On May 27, 2011, 297 books of *Uigwe*, a collection of royal books the French army took in 1866, ⓐcame back to Korea. The person behind this return is Dr. Park Byeong-seon, a historian ⓑwho spent her whole life ⓒto search for Korean national treasures abroad.
>
> **Q:** Can you tell me how you became ⓓinterested in *Uigwe*?
>
> **Dr. Park:** I studied history in college. I went to France ⓔto continue my studies in 1955. As you know, the French army took many of our national treasures in 1866. I wanted to find (A) them while I was studying there. *Uigwe* was one of (B) them.

15 윗글의 밑줄 친 ⓐ~ⓔ 중 어법상 틀린 것은? 3점

① ⓐ　② ⓑ　③ ⓒ　④ ⓓ　⑤ ⓔ

서술형 5

16 윗글의 밑줄 친 (A)와 (B)의 them이 공통으로 가리키는 것을 완성하시오. 4점

→ Korean national treasures that the _____ _____ _____ in 1866

17 윗글을 읽고 답할 수 있는 질문은? 4점

① Who wrote *Uigwe*?
② How old is Dr. Park Byeong-seon?
③ Why did the French army take *Uigwe*?
④ What did Dr. Park Byeong-seon study in France?
⑤ How many Korean national treasures did the French army take?

[18~19] 다음 글을 읽고, 물음에 답하시오.

> **Q:** ⓐYou found 297 books of *Uigwe* in the National Library of France, in Paris. Please tell me how found you them.
>
> **Dr. Park:** As soon as I became a researcher at the National Library in 1967, I began to look for *Uigwe*. After 10 years, in 1977, I finally found the books. I think I looked at more than 30 million books.

18 윗글의 밑줄 친 ⓐ에서 어법상 틀린 부분을 바르게 고친 것은? 4점

① You found → You were found
② in Paris → at Paris
③ tell me → tell to me
④ found you → you found
⑤ them → theirs

서술형 6 고난도

19 윗글의 내용과 일치하도록 빈칸에 알맞은 말을 쓰시오. 각 2점

> Dr. Park found (1) _____ in the National Library of France (2) _____ years after she started to work as a(n) (3) _____ there.

[20~21] 다음 글을 읽고, 물음에 답하시오.

> **Q:** I'm sure you were very excited when you found the books.
>
> **Dr. Park:** Yes, I was, but more difficulties were waiting for me. (①) I thought that the books should ⓐreturn to Korea, but my bosses at the library didn't like that idea. (②) They even thought that I was a Korean spy and fired me. (③) However, I didn't give up. For more than ten years, I went to the library every day ⓑfinish my research. (④) I wanted to show people the value of *Uigwe*. (⑤)

20 윗글의 ①~⑤ 중 주어진 문장이 들어갈 위치로 알맞은 것은? 3점

> After that, I had to go to the library as a visitor, so it was not easy to do research on *Uigwe*.

①　　②　　③　　④　　⑤

서술형7
21 윗글의 밑줄 친 ⓐreturn과 ⓑfinish를 어법상 알맞은 형태로 고쳐 쓰시오. 각 3점

ⓐ _____

ⓑ _____

[22~23] 다음 글을 읽고, 물음에 답하시오.

> Q: The results of your research were published as a book in Korea in 1990. Many Koreans became interested in *Uigwe* ⓐbecause of your book.
> Dr. Park: Yes. In 1992, the Korean government asked the French government for its return and, finally, the 297 books are here now.

22 윗글의 밑줄 친 ⓐ와 바꿔 쓸 수 있는 것은? 3점

① out of　　② thanks to
③ instead of　　④ in spite of
⑤ in addition to

서술형8 고난도
23 윗글의 내용과 일치하지 <u>않는</u> 부분을 <u>두 군데</u> 찾아 바르게 고쳐 쓰시오. 각 3점

> Dr. Park published the results of her research in France in 1990. Two years later, the Korean government asked the French government to sell *Uigwe*.

(1) _____ → _____

(2) _____ → _____

[24~25] 다음 글을 읽고, 물음에 답하시오.

> Q: Before I finish this interview, I'd like to ask you about *Jikji*, a book (A) who / which changed the history of printing.
> Dr. Park: I found it in my first year at the library. I knew right away that it was very special. I worked hard to prove its value and finally succeeded. At a book exhibition in Paris in 1972, *Jikji* was (B) displayed / displaying as the oldest book in the world that was printed with movable metal type.
> Q: Dr. Park, thanks to your hard work, *Jikji* and *Uigwe* were found, and all Koreans thank you for that.
> Dr. Park: I hope that people will become more interested in our national treasures abroad and (C) work / working for their return.

24 윗글의 (A)~(C)의 각 네모 안에 주어진 말 중 어법상 올바른 것끼리 짝지어진 것은? 4점

	(A)	(B)	(C)
①	who	displayed	work
②	who	displaying	working
③	which	displayed	work
④	which	displayed	working
⑤	which	displaying	work

고난도
25 다음 중 윗글의 '직지'에 관한 내용으로 알맞은 것끼리 짝지어진 것은? 5점

> ⓐ Dr. Park knew it was special as soon as she found it.
> ⓑ Dr. Park eventually failed to prove its value.
> ⓒ It was exhibited in Korea in 1972.
> ⓓ It is the world's oldest book that was printed with movable metal type.

① ⓐ, ⓑ　　② ⓐ, ⓓ　　③ ⓑ, ⓒ
④ ⓑ, ⓓ　　⑤ ⓒ, ⓓ

서술형 1

01 다음 영영풀이에 해당하는 단어를 주어진 철자로 시작하여 빈칸에 쓰시오.   3점

> *n.* the degree to which someone or something is important or useful

> Dr. Kim tried hard to prove the v_____ of the folk painting.

신유형

02 다음 ⓐ~ⓓ의 빈칸 중 어느 곳에도 들어갈 수 없는 것은?   4점

> ⓐ More than 3 _____ people watched the show.
> ⓑ To _____ in business, you need to work harder.
> ⓒ When are you planning to _____ your first book?
> ⓓ I'm doing some _____ on King Sejong for my homework.

① million   ② result   ③ publish
④ succeed   ⑤ research

03 다음 중 밑줄 친 단어의 쓰임이 [보기]와 같은 것은?   4점

> [보기] The librarian asked me for the return of the books.

① When did you return from Italy?
② Jake returned home after midnight.
③ Are you going to return to your country?
④ Mr. Wilson returned to London last month.
⑤ The money will be refunded upon the return of the bike.

04 다음 대화의 빈칸 ⓐ와 ⓑ에 알맞은 말이 순서대로 바르게 짝지어진 것은?   3점

> A: Excuse me. Is it OK to take pictures here?
> B: _____ ⓐ _____
> A: How about using a flash? Can I use it, too?
> B: _____ ⓑ _____ Using a flash is not allowed here.
> A: Oh, I see. Thank you.

① No, thanks. – I'm afraid not.
② I'm afraid not. – I'm afraid not.
③ I'm afraid not. – Yes, it's all right.
④ Yes, it's all right. – I'm afraid not.
⑤ Yes, it's all right. – Yes, it's all right.

신유형

05 다음 대화를 순서대로 배열할 때, 3번째에 해당하는 문장으로 알맞은 것은?   4점

> (A) You mean, on the grass?
> (B) OK, I understand.
> (C) I'm sorry, but sitting on the grass is not allowed.
> (D) Excuse me. Is it OK to sit over there?
> (E) Yes. Is it all right?

① (A)   ② (B)   ③ (C)   ④ (D)   ⑤ (E)

서술형 2

06 다음 대화의 밑줄 친 ⓐ~ⓓ 중 흐름상 어색한 문장을 찾아 기호를 쓰고, 바르게 고쳐 문장을 다시 쓰시오.   5점

> A: ⓐExcuse me. What's this? It looks interesting.
> B: ⓑOh, that's a haegeum, a traditional Korean musical instrument.
> A: Is it OK to play it?
> B: ⓒSure. Go ahead. It's only for display. Playing it is not allowed.
> A: ⓓI see.

(   ) → _____

[07~09] 다음 대화를 읽고, 물음에 답하시오.

> A: Excuse me, but _____ⓐ_____ try on this hanbok?
> B: Sure. The fitting room is over there.
> A: Thanks. Wait a minute. That's also very pretty.
> B: Oh, the little hat over there?
> A: Yes. What is it?
> B: It's a ⓑjokduri, a traditional Korean hat for women. It's usually worn on a wedding day.
> A: Really? _____ⓒ_____ try it on, too?
> B: I'm sorry, but it's only for display. Trying it on is not allowed.
> A: Oh. Then, I'll just try on this hanbok.

07 위 대화의 빈칸 ⓐ와 ⓒ에 공통으로 들어갈 말로 알맞지 <u>않은</u> 것은? 3점

① can(Can) I
② may(May) I
③ is(Is) it OK to
④ am(Am) I allowed to
⑤ would(Would) you like to

08 위 대화의 밑줄 친 ⓑjokduri에 대한 설명으로 알맞은 것을 <u>모두</u> 고르시오. 4점

① It is a dress for women.
② It can be worn by women.
③ It is very big and pretty.
④ It is usually worn on a wedding day.
⑤ It can be seen only on traditional Korean holidays.

서술형3
09 위 대화의 내용과 일치하도록 빈칸에 공통으로 알맞은 말을 대화에서 찾아 쓰시오. 3점

> Trying on a hanbok is _____, but trying on a jokduri is not _____.

10 다음 두 문장을 한 문장으로 바르게 연결한 것은? 3점

> Tell me. + Why were you late for the class?

① Tell me why were you late for the class.
② Tell me why you were late for the class.
③ Tell me you were late why for the class.
④ Tell me you why were late for the class.
⑤ Tell me were you why late for the class.

11 다음 글의 밑줄 친 ①~⑤ 중 어법상 틀린 부분을 바르게 고친 것은? 4점

> There ①<u>was</u> a car accident ②<u>because</u> the driver's careless driving. However, the driver lied ③<u>that</u> it ④<u>happened</u> because of ⑤<u>the thick fog.</u>

① → were
② → because of
③ → which
④ → happens
⑤ → the fog was thick

12 다음 우리말과 의미가 같도록 괄호 안의 단어들을 배열할 때, 6번째로 오는 단어는? 4점

> 너는 그녀가 그 책들을 어디에 두었는지 아니?
> (you, she, do, where, the, put, know, books)

① you
② where
③ she
④ put
⑤ books

고
/ 난도
13 다음 중 어법상 올바른 문장끼리 짝지어진 것은? 5점

> ⓐ Can you tell me what time it is?
> ⓑ I don't know who my camera used.
> ⓒ I missed the bus because of I got up late.
> ⓓ Because of a high fever, I stayed in bed all day.
> ⓔ Please tell me how many movies you have made so far.

① ⓐ, ⓑ
② ⓐ, ⓒ
③ ⓐ, ⓓ, ⓔ
④ ⓑ, ⓒ, ⓓ
⑤ ⓒ, ⓓ, ⓔ

서술형4 고 /난도

14 다음 대화의 빈칸에 들어갈 말을 [조건]에 맞게 영어로 쓰시오. 각 4점

> A: Can you tell me _____(1)_____ a teacher?
> B: I became a teacher in 2012.
> A: I'd like to know _____(2)_____ when you were young.
> B: I wanted to become a writer.

> [조건] 1. 간접의문문으로 쓸 것
> 2. (1)은 3단어, (2)는 5단어로 쓸 것

(1) _____

(2) _____

[15~16] 다음 글을 읽고, 물음에 답하시오.

> On May 27, 2011, 297 books of *Uigwe*, a collection of royal books the French army took in 1866, came back to Korea. The person behind this _____ⓐ_____ is Dr. Park Byeong-seon, a historian who spent her whole life searching for Korean national treasures abroad.

서술형5

15 윗글의 빈칸 ⓐ에 들어갈 말로 다음 영영풀이에 해당하는 단어를 쓰시오. 4점

> the act of giving, sending, or putting something back

→ _____ .

16 윗글을 읽고 '의궤'에 대해 알 수 있는 것을 <u>모두</u> 고르시오. 3점

① 저자
② 한국 반환일
③ 출간된 시기
④ 문화재 지정번호
⑤ 반환에 기여한 사람

[17~19] 다음 글을 읽고, 물음에 답하시오.

> Q: Can you tell me how you became interested in *Uigwe*?
> Dr. Park: I studied history in college. I went to France to continue my studies in 1955. ___(A)___ you know, the French army took many of our national treasures in 1866. I wanted to find ⓐthem while I was studying there. *Uigwe* was one of ⓑthem.
> Q: You found ⓒ297 books of *Uigwe* in the National Library of France, in Paris. Please tell me how you found ⓓthem.
> Dr. Park: ___(B)___ soon as I became a researcher at the National Library in 1967, I began to look for *Uigwe*. After 10 years, in 1977, I finally found ⓔthe books. I think I looked at more than 30 million books.

17 윗글의 밑줄 친 ⓐ~ⓔ 중 가리키는 대상이 같은 것끼리 짝지어진 것은? 3점

① ⓐ, ⓓ
② ⓑ, ⓒ
③ ⓑ, ⓓ, ⓔ
④ ⓑ, ⓔ
⑤ ⓒ, ⓓ, ⓔ

서술형6

18 윗글의 빈칸 (A)와 (B)에 공통으로 들어갈 단어를 쓰시오. 3점

→ _____

고 /난도

19 윗글의 내용과 일치하는 것은? 5점

① Dr. Park decided to major in history in 1955.
② *Uigwe* was taken by the French army.
③ Dr. Park began to search for *Uigwe* in 1977.
④ Dr. Park found *Uigwe* right after she became a researcher at the National Library of France.
⑤ Dr. Park wrote more than 30 million books about our national treasures abroad.

[20~22] 다음 글을 읽고, 물음에 답하시오.

> Q: I'm sure you were very ⓐexcited when you found the books.
>
> Dr. Park: Yes, I was, but more difficulties were ⓑwaiting for me. I thought that the books should be ⓒreturned to Korea, but my bosses at the library didn't like that idea. They even thought that I was a Korean spy and fired me. After (A)that, I had to go to the library as a visitor, so it was not easy to do research on *Uigwe*. ___(B)___, I didn't give up. For more than ten years, I went to the library every day to finish my research. I wanted to show people the value of *Uigwe*.
>
> Q: The results of your research ⓓpublished as a book in Korea in 1990. Many Koreans became ⓔinterested in *Uigwe* ___(C)___ your book.
>
> Dr. Park: Yes. In 1992, the Korean government asked the French government for its return and, finally, the 297 books are here now.

서술형7

20 윗글의 밑줄 친 ⓐ~ⓔ 중 어법상 틀린 것을 찾아 기호를 쓰고, 바르게 고쳐 쓰시오. 4점

(　　　) → _____

21 윗글의 밑줄 친 (A)that이 가리키는 내용으로 알맞은 것은? 4점

① being fired from the library
② going to the library every day
③ publishing a book about *Uigwe*
④ showing people the value of *Uigwe*
⑤ doing research on *Uigwe* as a library visitor

22 윗글의 빈칸 (B)와 (C)에 들어갈 말이 순서대로 바르게 짝지어진 것은? 3점

① Finally – since
② Instead – because
③ However – despite
④ Instead – without
⑤ However – because of

[23~25] 다음 글을 읽고, 물음에 답하시오.

> Q: Before I finish this interview, I'd like to ask you about *Jikji*, a book that changed the history of printing.
>
> Dr. Park: I found it in my first year at the library. I knew right ___ⓐ___ that it was very special. I worked hard (A)to prove its value and finally succeeded. At a book exhibition in Paris in 1972, *Jikji* was displayed ___ⓑ___ the oldest book in the world that was printed with movable metal type.
>
> Q: Dr. Park, thanks ___ⓒ___ your hard work, *Jikji* and *Uigwe* were found, and all Koreans thank you ___ⓓ___ that.
>
> Dr. Park: I hope people will become more interested ___ⓔ___ our national treasures abroad and work for their return.

23 윗글의 빈칸 ⓐ~ⓔ에 들어갈 말로 알맞지 않은 것은? 3점

① ⓐ: away　　② ⓑ: as　　③ ⓒ: of
④ ⓓ: for　　⑤ ⓔ: in

24 윗글의 밑줄 친 (A)to prove와 쓰임이 같은 것은? 3점

① It is hard to wash a big dog.
② Tom studied hard to get good grades.
③ My dream is to become an animal doctor.
④ Jessy likes to take pictures in her free time.
⑤ To exercise every day is good for your health.

서술형8 고난도

25 윗글의 내용과 일치하도록 빈칸에 알맞은 말을 쓰시오. 각 2점

> Dr. Park finally (1)_____ the value of (2)_____. It was recognized as the world's (3)_____ _____ printed with movable metal type. Through her hard work, our (4)_____ _____ abroad, such as *Jikji* and *Uigwe*, were found.

01 다음 영영풀이에 해당하는 단어가 <u>아닌</u> 것은? 3점

> ⓐ to keep or maintain in the same way
> ⓑ a public show of something, such as art
> ⓒ to achieve something that you tried or aimed to do
> ⓓ to print a book, magazine, or newspaper for people to buy

① succeed   ② publish   ③ continue
④ exhibition   ⑤ government

02 다음 중 빈칸 ⓐ~ⓔ에 들어갈 말로 알맞지 <u>않은</u> 것은? 4점

> • Yunho is planning to study ___ⓐ___.
> • The scientist finally ___ⓑ___ his theory.
> • Jonny was satisfied with the test ___ⓒ___.
> • We all went out to ___ⓓ___ for our missing dog.
> • Mom ___ⓔ___ me to go camping this weekend.

① ⓐ: abroad   ② ⓑ: proved   ③ ⓒ: result
④ ⓓ: continue   ⑤ ⓔ: allowed

03 다음 중 밑줄 친 단어의 의미가 같은 것끼리 짝지어진 것은? 4점

① Mr. Brown was <u>fired</u> from his job.
  Mom was reading a book in front of the <u>fire</u>.
② What <u>type</u> of dog do you want to have?
  Highlight the important words in bold <u>type</u>.
③ How do you <u>spend</u> your free time?
  Ms. Lee is planning to <u>spend</u> her holidays in Jeju-do.
④ Please <u>show</u> me your family pictures.
  The children are excited to go see a magic <u>show</u>.
⑤ My cousin decided to <u>return</u> to New York.
  We will give a reward for the <u>return</u> of the stolen ring.

04 다음 중 안내판의 의미를 <u>잘못</u> 표현한 것은? 3점

① Don't use a smartphone.
② You can't use a smartphone.
③ Using a smartphone is allowed.
④ You must not use a smartphone.
⑤ You're not allowed to use a smartphone.

서술형1
05 다음과 같은 상황에서 Andy가 할 수 있는 말을 괄호 안의 단어를 사용하여 완성하시오. (7단어) 4점

> Andy is studying in the library. He feels a little bit hot, so he wants to open the window. He's going to ask the girl next to him if he can open the window.

→ Excuse me, but _____
_____? (OK)

서술형2
06 다음 대화의 내용과 일치하도록 빈칸에 알맞은 말을 쓰시오. 5점

> **Girl:** Excuse me, but is it OK if I take pictures here?
> **Man:** Yes. Go ahead.
> **Girl:** Can I use a flash, too?
> **Man:** Yes. That's also OK.
> **Girl:** I'm sorry, but I have one more question. Can I eat food here?
> **Man:** I'm sorry, but that's not allowed.

↓

> The girl is (1)_____ _____ take pictures and (2)_____ _____ _____, but she is (3)_____ _____ _____ eat food there.

[07~08] 다음 대화를 읽고, 물음에 답하시오.

> Girl: Excuse me, but is ①it OK to try on this hanbok?
>
> Man: Sure. The fitting room is over there.
>
> Girl: Thanks. Wait a second. That's also very pretty.
>
> Man: Oh, the little hat over there?
>
> Girl: Yes. What is ②it?
>
> Man: It's a jokduri, a traditional Korean hat for women. ③It's usually worn on a wedding day.
>
> Girl: Really? Is it OK if I try ④it on, too?
>
> Man: I'm sorry, but ⑤it's only for display. Trying it on is not allowed.
>
> Girl: Oh. Then, I'll just try on this hanbok.

07 위 대화의 밑줄 친 ①~⑤ 중 쓰임이 나머지와 다른 하나는? 3점

①   ②   ③   ④   ⑤

서술형3

08 다음 @~@ 중 위 대화를 읽고 답할 수 있는 질문을 2개 골라 기호를 쓰고, 완전한 영어 문장으로 답하시오. 각 3점

> @ What is the girl allowed to try on?
> ⓑ What is a hanbok?
> ⓒ How does the man know about a jokduri?
> ⓓ Why isn't the girl allowed to try on a jokduri?

(1) (   ) → _____

(2) (   ) → _____

09 Which is NOT grammatically correct for the blank? 3점

> Can you tell me _____?

① what time the library opens
② where you bought your glasses
③ how long you will stay in Busan
④ what you are going to say to John
⑤ how many books do you read a month

서술형4 고난도

10 다음 문장과 의미가 같도록 [조건]에 맞게 바꿔 쓰시오. 5점

> The traffic was heavy, so I was late for the concert.

> [조건] 1. because of로 시작할 것
>   2. 11단어의 완전한 문장으로 쓸 것

→ _____

신유형 한 단계 더!

11 다음 괄호 안의 단어들을 배열하여 문장을 완성할 때, 4번째로 올 단어끼리 순서대로 바르게 짝지어진 것은? 4점

> • (me, she, tell, is, who)
> → _____.
> • (mistake, who, a, made, you, think, do)
> → _____?

① is – think   ② is – made   ③ who – who
④ she – think   ⑤ she – who

12 다음 빈칸에 because가 들어갈 수 있는 것끼리 짝지어진 것은? 3점

> @ We couldn't go out _____ the snow.
> ⓑ I don't like him _____ he isn't honest.
> ⓒ He ate up all the pizza _____ he was hungry.
> ⓓ They gave up the plan _____ lack of money.

① @, ⓑ   ② @, ⓒ   ③ ⓑ, ⓒ
④ ⓑ, ⓓ   ⑤ ⓒ, ⓓ

서술형5

13 다음 대화에서 어법상 틀린 부분을 두 군데 찾아 바르게 고쳐 쓰시오. 각 3점

> A: Do you know where is Jina?
> B: She'll be back in a minute. Why?
> A: I'd like to buy her lunch because of she helped me with my English essay.
> B: That's nice of you.

(1) _____ → _____

(2) _____ → _____

14 다음 문장에서 어법상 틀린 부분을 바르게 고친 사람은?

5점

> Can you tell me how many you have written novels so far?

① 진우: 3형식 문장이니까 me 앞에 전치사 to를 써야 해.

② 가은: 직접의문문이니까 how many have you written으로 고쳐야 해.

③ 재현: have written을 과거 시제 wrote로 고쳐야 해.

④ 서준: 셀 수 없는 명사가 있으니까 how many를 how much로 써야 해.

⑤ 다미: 「의문사+형용사+명사」를 하나의 의문사로 취급해서 how many novels you have written으로 고쳐야 해.

[15~18] 다음 글을 읽고, 물음에 답하시오.

> On May 27, 2011, 297 books of *Uigwe*, a collection of royal books the French army took in 1866, came back to Korea. (①) The person behind this return is Dr. Park Byeong-seon, a historian who spent her whole life searching for Korean national treasures abroad. (②)
>
> **Q:** (A)'의궤'에 어떻게 관심을 갖게 되셨는지 말씀해 주시겠어요?
>
> **Dr. Park:** I studied history in college. (③) I went to France to continue my studies in 1955. (④) I wanted to find them (B)while I was studying there. *Uigwe* was one of them. (⑤)
>
> **Q:** You found 297 books of *Uigwe* in the National Library of France, in Paris. Please tell me how you found them.
>
> **Dr. Park:** As soon as I became a researcher at the National Library in 1967, I began to look for *Uigwe*. After 10 years, in 1977, I finally found the books. I think I looked at more than 30 million books.

15 윗글의 밑줄 친 우리말 (A)를 영어로 옮길 때 필요한 단어가 아닌 것은?

4점

① became   ② tell   ③ how
④ did   ⑤ interested

16 윗글의 ①~⑤ 중 주어진 문장이 들어갈 위치로 알맞은 것은?

3점

> As you know, the French army took many of our national treasures in 1866.

①   ②   ③   ④   ⑤

17 다음 중 윗글의 밑줄 친 (B)while과 같은 의미로 쓰인 문장의 개수는?

4점

> ⓐ Strike while the iron is hot.
> ⓑ Stop texting while you're driving.
> ⓒ My sister and I took a rest for a while.
> ⓓ Susan likes soccer while her husband likes baseball.

① 없음   ② 1개   ③ 2개   ④ 3개   ⑤ 4개

서술형6

18 Read the text above and answer the question in a complete English sentence.

4점

> Where and when did Dr. Park find *Uigwe*?

→ _____

[19~20] 다음 글을 읽고, 물음에 답하시오.

> **Q:** I'm sure you were very excited when you found the books.
>
> **Dr. Park:** Yes, I was, but more difficulties were waiting for me. I thought that the books should (A)return / be returned to Korea, but my bosses at the library didn't like that idea. They even thought that I was a Korean spy and (B)fire / fired me. After that, I had to go to the library as a visitor, so (C)it / this was not easy to do research on *Uigwe*. However, I didn't give up. For more than ten years, I went to the library every day to finish my research. I wanted to show people the value of *Uigwe*.

19 윗글의 (A)~(C)의 각 네모 안에 주어진 말 중 어법상 올바른 것끼리 짝지어진 것은?　　4점

	(A)	(B)	(C)
①	return	… fire	… it
②	return	… fired	… this
③	be returned	… fire	… this
④	be returned	… fired	… it
⑤	be returned	… fired	… this

서술형 **7**

20 다음 빈칸에 들어갈 알맞은 말을 윗글에서 찾아 쓰시오. 3점

> You may not succeed at first, but don't
> ＿＿＿＿＿ ＿＿＿＿＿ easily. Try harder.

[21~25] 다음 글을 읽고, 물음에 답하시오.

> Q: The results of your research were published
> ＿＿ⓐ＿＿ a book in Korea in 1990. Many
> Koreans became interested ＿＿ⓑ＿＿ *Uigwe*
> ①because your book.
>
> Dr. Park: Yes. In 1992, the Korean government
> asked the French government ＿＿ⓒ＿＿ its
> return and, finally, the 297 books are here
> now.
>
> Q: Before I finish this interview, I'd like to ask
> you about *Jikji*, a book ②who changed the
> history of printing.
>
> Dr. Park: I found it in my first year at the library.
> I knew right away ③which it was very special.
> I worked hard to prove its value and finally
> ④to succeed. At a book exhibition in Paris in
> 1972, *Jikji* was displayed as the oldest book in
> the world that was printed with movable
> metal type.
>
> Q: Dr. Park, thanks ＿＿ⓓ＿＿ your hard work,
> *Jikji* and *Uigwe* ⑤were found, and all
> Koreans thank you for that.
>
> Dr. Park: (A) 저는 국민들이 해외에 있는 우리의 문화재에
> 더욱 더 많은 관심을 갖고 그것의 반환을 위해 애써 주실
> 것을 바랍니다.

21 윗글의 빈칸 ⓐ~ⓓ 중 어느 곳에도 들어갈 수 없는 것은?　　3점

① to　　② in　　③ as
④ from　　⑤ for

22 윗글의 밑줄 친 ①~⑤ 중 어법상 올바른 것은?　　4점

①　　②　　③　　④　　⑤

서술형 **8** 고난도

23 윗글의 내용과 일치하도록 다음 대화의 빈칸에 알맞은 말을 쓰시오.　　5점

> A: Dr. Park found *Jikji* in addition to *Uigwe*.
> B: What is the value of *Jikji*?
> A: *Jikji* changed the history of printing. It is
> ＿＿＿＿＿＿＿＿＿＿＿＿＿＿＿＿＿＿
> ＿＿＿＿＿＿＿＿＿＿＿＿＿＿＿＿＿.

서술형 **9** 고난도

24 윗글의 밑줄 친 우리말 (A)와 의미가 같도록 주어진 단어들을 바르게 배열하여 문장을 완성하시오.　　4점

> abroad, national, I, interested, will, our, people,
> in, treasures, hope, become, more, that

→ ＿＿＿＿＿＿＿＿＿＿＿＿＿＿＿＿＿＿
＿＿＿＿＿＿＿＿＿＿ and work for their return.

고난도

25 Which can be answered from the text above? 4점

① When did Dr. Park finish her research on
Uigwe?
② When was Dr. Park's book, based on her
research on *Uigwe*, published in Korea?
③ Why didn't the French government want to
return *Uigwe* to Korea?
④ How many hours a day did Dr. Park spend
doing research on *Jikji*?
⑤ What other books were displayed at the book
exhibition in Paris in 1972?

○ 틀린 문항을 표시해 보세요.

○ 부족한 영역을 점검하고 어떻게 더 학습할지 계획을 적어 보세요.

〈제1회〉 대표 기출로 내신 적중 모의고사　　　총점 _____ / 100

문항	영역	문항	영역	문항	영역
01	p.86(W)	10	p.91(L&T)	19	pp.106~107(R)
02	p.86(W)	11	p.99(G)	20	pp.106~107(R)
03	p.86(W)	12	p.98(G)	21	p.107(R)
04	p.84(W)	13	p.99(G)	22	p.107(R)
05	p.89(L&T)	14	pp.98~99(G)	23	p.107(R)
06	p.91(L&T)	15	p.106(R)	24	p.107(R)
07	p.89(L&T)	16	p.106(R)	25	p.107(R)
08	p.91(L&T)	17	p.106(R)		
09	p.91(L&T)	18	p.106(R)		

제1회 오답 공략
부족한 영역
학습 계획

〈제2회〉 대표 기출로 내신 적중 모의고사　　　총점 _____ / 100

문항	영역	문항	영역	문항	영역
01	p.86(W)	10	p.99(G)	19	p.106(R)
02	p.86(W)	11	p.98(G)	20	pp.106~107(R)
03	p.84(W)	12	p.99(G)	21	pp.106~107(R)
04	p.84(W)	13	pp.98~99(G)	22	p.107(R)
05	p.89(L&T)	14	pp.98~99(G)	23	p.107(R)
06	p.90(L&T)	15	p.106(R)	24	p.107(R)
07	p.91(L&T)	16	p.106(R)	25	p.107(R)
08	p.91(L&T)	17	p.106(R)		
09	p.91(L&T)	18	p.106(R)		

제2회 오답 공략
부족한 영역
학습 계획

〈제3회〉 대표 기출로 내신 적중 모의고사　　　총점 _____ / 100

문항	영역	문항	영역	문항	영역
01	p.86(W)	10	p.98(G)	19	p.106(R)
02	p.84(W)	11	p.99(G)	20	pp.106~107(R)
03	p.86(W)	12	p.98(G)	21	pp.106~107(R)
04	p.90(L&T)	13	pp.98~99(G)	22	pp.106~107(R)
05	p.90(L&T)	14	p.98(G)	23	p.107(R)
06	p.90(L&T)	15	p.106(R)	24	p.107(R)
07	p.91(L&T)	16	p.106(R)	25	p.107(R)
08	p.91(L&T)	17	p.106(R)		
09	p.91(L&T)	18	p.106(R)		

제3회 오답 공략
부족한 영역
학습 계획

〈제4회〉 고난도로 내신 적중 모의고사　　　총점 _____ / 100

문항	영역	문항	영역	문항	영역
01	p.86(W)	10	p.99(G)	19	pp.106~107(R)
02	p.84(W)	11	p.98(G)	20	pp.106~107(R)
03	p.86(W)	12	p.99(G)	21	p.107(R)
04	p.89(L&T)	13	pp.98~99(G)	22	p.107(R)
05	p.89(L&T)	14	p.98(G)	23	p.107(R)
06	p.91(L&T)	15	p.106(R)	24	p.107(R)
07	p.91(L&T)	16	p.106(R)	25	p.107(R)
08	p.91(L&T)	17	p.106(R)		
09	p.98(G)	18	p.106(R)		

제4회 오답 공략
부족한 영역
학습 계획

Creative Ideas in Stories

<table>
<tr><td rowspan="2">주요
학습 내용</td><td>물질명사의 수량 표현</td><td>Homer took **a piece of** paper and made a sign.
(Homer는 종이 한 장을 가져와 안내판을 만들었다.)</td></tr>
<tr><td>감정의 원인 · 이유를
나타내는 **that**절</td><td>He was **happy that** his idea worked so well!
(그는 자신의 아이디어가 아주 잘 통해서 행복했다!)</td></tr>
</table>

Words
만점 노트

Reading

* 완벽히 외운 단어는 □ 안에 √표 해 봅시다.

□□ batter☆	⑲ 반죽	□□ reward☆	⑲ 보상, 사례금
□□ counter	⑲ 계산대, 판매대	□□ ring☆	⑲ 반지; 고리 (모양의 것)
□□ diamond	⑲ 다이아몬드, 금강석	□□ sell	⑧ 팔다 (-sold-sold)
□□ enough	⑱ 충분한	□□ sign	⑲ 표지판, 안내판 ⑧ 서명하다
□□ excitement	⑲ 흥분	□□ try	⑧ 먹어 보다; ~해 보다
□□ happen	⑧ (일이) 일어나다 (= take place)	□□ watch	⑧ 보다, (잠깐 동안) 봐 주다
□□ leave	⑧ ~에 두다, 놓다 (-left-left)	□□ work☆	⑧ 효과가 있다, 잘 작동하다
□□ lose☆	⑧ 잃어버리다 (-lost-lost)	□□ all of a sudden	갑자기 (= suddenly)
□□ machine	⑲ 기계	□□ be full of	~로 가득 차다 (= be filled with)
□□ mix	⑧ 섞다, 혼합하다	□□ break up	쪼개다, 나누다
□□ person	⑲ 사람	□□ drop into	~ 속으로 떨어지다
□□ piece	⑲ 한 부분, 조각	□□ for a while	잠시 동안
□□ pile☆	⑧ 쌓다	□□ give a reward	사례금을 지급하다, 포상을 주다
□□ prize	⑲ 상, 상금, 상품	□□ in the end	결국, 결과적으로 (= finally)
□□ push	⑧ 누르다	□□ step out	내리다, 나가다
□□ recipe	⑲ 요리법, 레시피	□□ take off	(옷·장신구 등을) 벗다, 빼다

영영풀이

□□ batter	반죽	a mixture of flour, eggs, milk, etc. often baked into bread or cake
□□ leave	~에 두다, 놓다	to put something somewhere and go away without it
□□ lose	잃어버리다	to no longer have; to be unable to find
□□ machine	기계	a piece of equipment that you use to do a job
□□ mix	섞다, 혼합하다	to put different things together so that the parts become one
□□ pile	쌓다	to place a number of things on top of each other
□□ prize	상, 상금, 상품	a reward given to the winner of a contest or game
□□ push	누르다	to press a button on a machine
□□ recipe	요리법, 레시피	a list of ingredients and instructions for cooking something
□□ reward	보상, 사례금	something that you are given for doing something good
□□ sign	표지판, 안내판	a symbol or message that gives information or instructions
□□ work	효과가 있다, 잘 작동하다	to run or act properly

단어의 의미 관계

● 반의어
lose (잃어버리다) ↔ find (찾다)
put on (~을 입다) ↔ take off (~을 벗다)

● 동사 – 명사
excite (흥분시키다) – excitement (흥분)
mix (섞다) – mixture (혼합물)

다의어

● leave 1. ⑧ 두다, 놓다 2. ⑧ 떠나다
1. I **left** my bag on the bus. (나는 버스에 가방을 두고 내렸다.)
2. When did he **leave** home? (그가 언제 집을 떠났니?)

● work 1. ⑧ 효과가 있다 2. ⑧ 일하다
1. This medicine **works** very fast. (이 약은 효과가 매우 빠르다.)
2. He **works** at a local bank. (그는 지방 은행에서 일한다.)

Words

연습 문제

A 다음 단어의 우리말 뜻을 쓰시오.

01 recipe _____

02 pile _____

03 batter _____

04 person _____

05 try _____

06 push _____

07 happen _____

08 piece _____

09 ring _____

10 reward _____

B 다음 우리말 뜻에 알맞은 영어 단어를 쓰시오.

01 계산대, 판매대 _____

02 잃어버리다 _____

03 효과가 있다, 잘 작동하다 _____

04 섞다, 혼합하다 _____

05 기계 _____

06 충분한 _____

07 흥분 _____

08 상, 상금, 상품 _____

09 표지판, 안내판 _____

10 팔다 _____

C 다음 영어 표현의 우리말 뜻을 쓰시오.

01 take off _____

02 in the end _____

03 give a reward _____

04 for a while _____

05 drop into _____

D 다음 우리말 뜻에 알맞은 영어 표현을 쓰시오.

01 갑자기 _____

02 잠시 동안 _____

03 내리다, 나가다 _____

04 쪼개다, 나누다 _____

05 ~로 가득 차다 _____

E 다음 영영풀이에 해당하는 단어를 [보기]에서 찾아 쓴 후, 우리말 뜻을 쓰시오.

[보기]	reward	sign	pile	lose	leave

01 _____ : to no longer have; to be unable to find : _____

02 _____ : to place a number of things on top of each other : _____

03 _____ : to put something somewhere and go away without it : _____

04 _____ : something that you are given for doing something good : _____

05 _____ : a symbol or message that gives information or instructions : _____

F 우리말과 의미가 같도록 빈칸에 알맞은 말을 쓰시오.

01 그 상자는 낡은 옷들로 가득 차 있었다. → The box _____ _____ of old clothes.

02 동전이 컵 안으로 떨어지는 것을 봤니? → Did you see the coin _____ _____ the cup?

03 내가 초콜릿을 작은 조각으로 쪼갤게. → I'll _____ _____ the chocolate into small pieces.

04 갑자기 불이 나갔다. → _____ _____ _____ _____, the lights went out.

05 방에 들어갈 때는 신발을 벗어야 합니다. → You should _____ _____ your shoes when you enter the room.

Words

실전 TEST

01 다음 영영풀이에 해당하는 단어로 알맞은 것은?

> a list of ingredients and instructions for cooking something

① piece　　② batter　　③ recipe
④ person　　⑤ machine

02 다음 빈칸에 들어갈 말로 가장 알맞은 것은?

> I hope the medicine will _____ for you this time.

① buy　　② work　　③ lose
④ push　　⑤ happen

03 다음 짝지어진 단어의 관계가 같도록 빈칸에 알맞은 표현을 쓰시오.

> lose : find = put on : _____

04 다음 빈칸에 공통으로 들어갈 말로 알맞은 것은?

> • Where did you _____ your cap?
> • I usually _____ home for school at 8 in the morning.

① mix　　② try　　③ pile
④ leave　　⑤ sell

05 다음 중 밑줄 친 표현의 우리말 의미가 알맞지 않은 것은?

① In the end, they found the right answer.
　(결국)
② The batter started to drop into the hot oil.
　(~ 속으로 떨어지다)
③ The shopping mall was full of many people.
　(~로 가득 차 있었다)
④ I'll give a reward to the person who finds my key. (보상을 주다)
⑤ A school bus stopped, and some children stepped out. (올라탔다)

06 다음 중 단어와 영영풀이가 바르게 연결되지 않은 것은?

① happen: to no longer have; to be unable to find
② pile: to place a number of things on top of each other
③ batter: a mixture of flour, eggs, and milk, etc. often baked into bread or cake
④ sign: a symbol or message that gives information or instructions
⑤ reward: something that you are given for doing something good

07 다음 우리말과 의미가 같도록 빈칸에 알맞은 말을 쓰시오.

> 나는 잠시 동안 할머니 댁에 머물렀다.

→ I stayed at my grandmother's house _____ _____ _____.

Reading

핵심 구문 노트

1 물질명사의 수량 표현

Homer took **a piece of** paper and made a sign.
~ 한 장

Homer는 종이 한 장을 가져와 안내판을 만들었다.

물질명사는 일정한 형태가 없는 물질을 나타내는 셀 수 없는 명사로, 용기나 모양 등을 나타내는 단위를 사용하여 수량을 표현한다.

- **a glass of** water (물 한 잔)
- **a sheet of** paper (종이 한 장)
- **a slice of** cheese (치즈 한 조각)
- **a cup of** coffee (커피 한 잔)
- **a bottle of** oil (기름 한 병)
- **a bowl of** rice (밥 한 공기)

물질명사의 복수 표현은 단위를 복수형으로 사용하여 나타낸다.

- **two pieces of** cake (케이크 두 조각)
- **three loaves of** bread (빵 세 덩이)

> **시험 포인트** **point**
> 물질명사에 따라 사용하는 단위를 구별하는 문제와 수량을 바르게 표현하는 것을 묻는 문제가 주로 출제되므로, 물질명사와 수량을 표현하는 단위를 연결하여 익혀 두도록 한다.

2 감정의 원인·이유를 나타내는 that절

He was **happy that** his idea worked so well!
감정의 원인을 나타내는 사실

그는 자신의 아이디어가 아주 잘 통해서 행복했다!

감정을 나타내는 형용사 glad, happy, sad, surprised 등에 이어지는 that절은 그 감정의 원인 또는 이유를 나타낸다.

be **glad** (that)	~해서 기쁘다	be **sorry** (that)	~해서 미안하다
be **satisfied** (that)	~해서 만족스럽다	be **afraid** (that)	~해서 염려되다
be **surprised** (that)	~해서 놀라다	be **worried** (that)	~해서 걱정스럽다

I'm **glad** (**that**) you're feeling better. (네가 몸이 나아지고 있다니 기쁘다.)
I was **surprised** (**that**) Joan won the contest. (나는 Joan이 대회에서 우승해서 놀랐다.)

> **시험 포인트** **point**
> that의 다양한 쓰임에 대해 익혀 두도록 한다. 대명사 이외에도, 주어·목적어·보어의 역할을 하는 명사절을 이끄는 접속사, 주격과 목적격 관계대명사로도 쓰인다.
> - **That**'s not my bag. 〈대명사〉
> - I think **that** I left it on the counter. 〈명사절을 이끄는 접속사〉
> - Another problem **that** you can have is neck pain. 〈목적격 관계대명사〉

QUICK CHECK

1 다음 빈칸에 알맞은 말을 [보기]에서 골라 쓰시오. (단, 필요시 형태를 바꿀 것)

[보기]	glass	loaf	piece

(1) There is a _____ of cake on the table.
(2) I'd like two _____ of lemonade, please.
(3) Sophia ate a _____ of bread this morning.

2 다음 우리말과 의미가 같도록 괄호 안의 말을 바르게 배열하여 문장을 쓰시오.
(1) 나는 그들이 이곳을 떠나야 해서 슬펐다. (that, had to, sad, here, was, I, leave, they)
→ _____
(2) 그는 같은 실수를 또 할까 봐 걱정하고 있다. (worried, is, make, he, the same mistake, will, again, he, that)
→ _____

R Reading
만점 노트

도넛

The Doughnuts

01 Homer의 삼촌인 Bob은 도넛 가게를 운영했다.

01 Homer's uncle, Bob, had a doughnut shop.

02 Bob 삼촌은 기계를 좋아해서, 가게는 요리 기계들로 가득 차 있었다.

02 Uncle Bob liked machines, so the shop was full of cooking machines.
　　　접 그래서　　be full of: ~으로 가득 차다 (= be filled with)

03 어느 날, Homer가 Bob 삼촌의 가게를 방문했다.

03 One day, Homer visited Uncle Bob's shop.

04 Homer: 안녕하세요, Bob 삼촌!

04 Homer: Hello, Uncle Bob!

05 Bob: 안녕, Homer. 널 보니 반갑구나.

05 Bob: Hi, Homer. Nice to see you.

06 이 새 도넛 기계 좀 봐. 멋지지 않니?

06 Look at this new doughnut machine. [Isn't it great?]
　　　　　　　　　　　　　　　　　부정의문문
　　　　　　　　　　　　　　　　　=

07 Homer, 내가 잠시 집에 다시 가 봐야 해.

07 Homer, I need to go back home for a while.
　　　　　= have to(~해야 한다)　　잠시 동안

08 나 대신 가게를 봐 주고 도넛을 좀 만들어 주겠니?

08 Can you watch the shop for me and make some doughnuts?
　　└ Can you ~? (요청, 부탁)　└ 등위접속사 and로 연결된 병렬 구조 ┘

09 Homer: 네, 해 볼게요, 그런데 ….

09 Homer: OK, I'll try, but ....
　　　　　　　　동 ~해 보다

10 Bob: 하기 쉽단다. 먼저, 도넛 반죽을 만들고 그것을 기계에 넣으렴.

10 Bob: It's easy to do. First, make the doughnut batter and put it in the
　　　　　　　　　　　　　　　　　　　　　　　　　　= the doughnut batter
machine.

11 그런 다음에 기계를 작동하기만 하면 돼. 여기 요리법이 있어.

11 Then just start the machine. Here's the recipe.
　　　　　　　　　　　　　　　　　명 요리법, 레시피

12 Homer: 그건 할 수 있어요. 걱정하지 마세요.

12 Homer: I can do that. Don't worry.
　　　　　　　　　Bob 삼촌이 설명한 도넛 만드는 방법

13 Bob 삼촌이 떠난 후, 큰 차 한 대가 가게 앞에 섰고, 한 귀부인이 내렸다.

13 After Uncle Bob left, a big car stopped in front of the shop, and a lady
　　접 ~ 후에　　leave(떠나다)의 과거형
stepped out.
step out: 내리다, 나가다

14 Lady: 도넛과 커피 한 잔 주시겠어요?

14 Lady: Can I have some doughnuts and a coffee?
　　　　= I'd like some doughnuts and a coffee.

15 Homer: 죄송하지만, 도넛이 준비가 안 됐어요.

15 Homer: I'm sorry, but the doughnuts aren't ready.
　　　　요청을 거절하는 표현　　　　　be ready: 준비되다

16 Lady: 지금 도넛 반죽을 만들고 있는 거니?

16 Lady: Are you making the doughnut batter now?

17 Homer: 네, 하지만 처음 만들어 보는 거예요.

17 Homer: Yes, but this is my first time.

18 귀부인은 외투를 벗고 커다란 다이아몬드 반지를 뺐다.

18 The lady took off her coat and her big diamond ring.
　　　　take off: 벗다, 빼다　　took off 생략
　　　　(↔ put on)

19 그녀는 반죽을 섞기 시작했다.

19 She started to mix the batter.
　　「start+to부정사/-ing」~하기 시작하다

20 **Lady:** I can help you. I can make delicious doughnuts.

21 **Homer:** Uh, OK. This is a lot of batter.
「a lot of/much+셀 수 없는 명사」 많은 ~

22 **Lady:** Just wait and see. The doughnuts will taste great.
「감각동사 taste+형용사」
~한 맛이 나다, 맛이 ~하다

23 Homer turned on the doughnut machine.
turn on: 켜다 (↔ turn off)

24 Rings of batter started dropping into the hot oil.
ring 명 고리 모양의 것   = started to drop

25 **Lady:** You try the first doughnut. Here.
동 먹어 보다

26 **Homer:** Wow! It's really delicious!

27 **Lady:** I have to go now. This was so much fun! Good-bye!
「have to+동사원형」 ~해야 한다
┌ 전치사 for의 목적어 (동명사)

28 **Homer:** Thank you for helping me. Good-bye!
thank A for B: A에게 B에 대해 감사하다

29 Homer had enough doughnuts, so he pushed the stop button, but
형 충분한   접 그래서
nothing happened.

30 The doughnuts kept coming out of the machine.
keep -ing: 계속해서 ~하다   ┌ 조 ~해야 한다

31 **Homer:** Hmm... What's wrong? I think I should call Uncle Bob.
(접속사 that 생략)

32 The shop was now full of doughnuts.

33 Homer piled the doughnuts on the counter.
pile 동 쌓다

34 **Homer:** Uncle Bob! Please come back right away.

35 Something's wrong with the doughnut machine.

36 **Bob:** Oh, no! How can we sell all these doughnuts?
동 팔다 (-sold-sold)

37 Just then the lady came back to the shop.

38 **Lady:** I lost my diamond ring. I think I left it on the counter.
lose(잃어버리다)의 과거형   (접속사 that) ┐ = my diamond ring
(-lost-lost)   ┌ leave(두다)의 과거형

39 **Homer:** Oh, I remember. You took it off before you started to mix the
「동사+부사」의 목적어가   = started mixing
대명사일 때 목적어가   ┌ 접 ~ 전에
동사와 부사 사이에 위치함
batter.

40 Everyone looked for the diamond ring, but they couldn't find it.
look for: ~을 찾다   = the diamond ring

41 **Homer:** I can't find it.

42 **Lady**: 그 반지를 찾아 주는 사람에게 100달러의 보상금을 드릴게요!

42 **Lady**: I'll give a reward of one hundred dollars to the person [who finds that ring]!

give A to B: B에게 A를 주다
= 선행사 주격 관계대명사
관계대명사절

43 **Homer**: 알겠어요! 그 반지는 반죽 속으로 떨어졌어요.

43 **Homer**: I know! The ring fell into the batter.

fall into: ~ 안으로 떨어지다

44 반지는 이 도넛들 중 하나 안에 있는 게 확실해요!

44 I'm sure it's inside one of these doughnuts!

(접속사 that) 「전」 ~ 안에 「one of+복수 명사」 ~ 중의 하나

45 **Lady**: 네 말이 맞아!

45 **Lady**: You're right!

46 **Bob**: 아, 안 돼! 이제 우리는 반지를 찾기 위해 이 도넛들을 모두 쪼개야 해요.

46 **Bob**: Oh, no! Now we have to break up all of these doughnuts to find the ring.

「have to+동사원형」 부사적 용법의 to부정사 (목적)
~해야 한다 (= in order to find)

47 **Homer**: 걱정하지 마세요, 삼촌. 제게 아이디어가 있어요.

47 **Homer**: Don't worry, Uncle. I have an idea.

48 Homer는 종이 한 장을 가져와 안내판을 만들었다.

48 Homer took a piece of paper and made a sign.

물질명사인 paper(종이)를 세는 단위 「명」안내판, 표지판

49 그리고 나서 그는 그것을 가게 창문에 붙였다.

49 He then put it in the shop's window.

= the sign

50 신선한 도넛 / 2개에 5센트

50 **Fresh Doughnuts** / 2 for 5 cents

51 도넛 안에 있는 반지를 찾으면 100달러의 상금을 드려요.

51 $100 prize for finding a ring inside a doughnut

「명」상금 「전치사+동명사」

52 추신. 반지를 돌려주셔야 합니다.

52 P.S. You have to give the ring back.

= postscript (추신) give ~ back: ~을 돌려주다

53 그러자 많은 사람들이 도넛을 사기 시작했다.

53 Then many people began to buy the doughnuts.

= began buying

54 갑자기, 한 남자가 흥분해서 소리쳤다.

54 All of a sudden, a man shouted with excitement.

= Suddenly (갑자기) 「with+추상명사」 → 부사의 의미

55 **Man**: 찾았어요! 내가 반지를 찾았어요!

55 **Man**: I found it! I found the ring!

=

56 **Homer**: 보세요, 제 아이디어가 통했어요!

56 **Homer**: See, my idea worked!

work 「동」효과가 있다

57 **Lady**: 여기, 100달러예요!

57 **Lady**: Here's one hundred dollars!

58 결국에는 모두가 행복했다.

58 In the end, everybody was happy.

단수 취급
= Finally 수 일치

59 남자는 100달러를 가지고 집에 갔다.

59 The man went home with one hundred dollars.

「전」~을 지니고 (소지·휴대)

60 귀부인은 다이아몬드 반지를 되찾았고, Bob 삼촌은 도넛을 많이 팔았다.

60 The lady got her diamond ring back, and Uncle Bob sold lots of doughnuts.

「lots of/a lot of/many+셀 수 있는 명사의 복수형」
많은 ~

61 그리고, Homer는 어떻게 됐을까?

61 And, what about Homer?

62 그는 자신의 아이디어가 아주 잘 통해서 행복했다!

62 He was happy (that) his idea worked so well!

감정(happy)의 원인을 나타냄

Reading

빈칸 채우기

• 주어진 우리말과 일치하도록 교과서 본문의 문장을 완성하시오.

01 Homer's uncle, Bob, had a _____ _____.

02 Uncle Bob liked machines, so the shop _____ _____ _____ cooking machines.

03 _____ _____, Homer visited Uncle Bob's shop.

04 Homer: Hello, _____ Bob!

05 Bob: Hi, Homer. Nice _____ _____ you.

06 Look at this new doughnut machine. _____ _____ great?

07 Homer, I need to go back home _____ _____ _____.

08 Can you _____ _____ _____ for me and make some doughnuts?

09 Homer: OK, I'll _____, but ....

10 Bob: It's _____ _____ _____. First, make the _____ _____ and put it in the machine.

11 Then just start the machine. Here's the _____.

12 Homer: I can do that. _____ _____.

13 _____ Uncle Bob left, a big car stopped in front of the shop, and a lady _____ _____.

14 Lady: _____ _____ have some doughnuts and a coffee?

15 Homer: I'm sorry, but the doughnuts _____ _____.

16 Lady: _____ _____ _____ the doughnut batter now?

17 Homer: Yes, but this is my _____ _____.

18 The lady _____ _____ her coat and her big diamond ring.

19 She _____ _____ _____ the batter.

01 Homer의 삼촌인 Bob은 도넛 가게를 운영했다.

02 Bob 삼촌은 기계를 좋아해서, 가게는 요리 기계들로 가득 차 있었다.

03 어느 날, Homer가 Bob 삼촌의 가게를 방문했다.

04 Homer: 안녕하세요, Bob 삼촌!

05 Bob: 안녕. Homer. 널 보니 반갑구나.

06 이 새 도넛 기계 좀 봐. 멋지지 않니?

07 Homer, 내가 잠시 집에 다시 가 봐야 해.

08 나 대신 가게를 봐 주고 도넛을 좀 만들어 주겠니?

09 Homer: 네, 해 볼게요, 그런데 ….

10 Bob: 하기 쉽단다. 먼저, 도넛 반죽을 만들고 그것을 기계에 넣으렴.

11 그런 다음에 기계를 작동하기만 하면 돼. 여기 요리법이 있어.

12 Homer: 그건 할 수 있어요. 걱정하지 마세요.

13 Bob 삼촌이 떠난 후, 큰 차 한 대가 가게 앞에 섰고, 한 귀부인이 내렸다.

14 Lady: 도넛과 커피 한 잔 주시겠어요?

15 Homer: 죄송하지만, 도넛이 준비가 안 됐어요.

16 Lady: 지금 도넛 반죽을 만들고 있는 거니?

17 Homer: 네, 하지만 처음 만들어 보는 거예요.

18 귀부인은 외투를 벗고 커다란 다이아몬드 반지를 뺐다.

19 그녀는 반죽을 섞기 시작했다.

20 **Lady:** I can help you. I can make _____ _____.

21 **Homer:** Uh, OK. This is _____ _____ _____ _____.

22 **Lady:** Just _____ _____ _____. The doughnuts will _____ great.

23 Homer _____ _____ the doughnut machine.

24 Rings of batter started _____ _____ the hot oil.

25 **Lady:** You _____ the first doughnut. Here.

26 **Homer:** Wow! It's _____ delicious!

27 **Lady:** I _____ _____ go now. This was so _____ fun! Good-bye!

28 **Homer:** Thank you _____ _____ me. Good-bye!

29 Homer had _____ doughnuts, so he pushed the stop button, but _____ _____.

30 The doughnuts kept _____ _____ _____ the machine.

31 **Homer:** Hmm... _____ _____? I think I should call Uncle Bob.

32 The shop was now _____ _____ doughnuts.

33 Homer _____ the doughnuts _____ the counter.

34 **Homer:** Uncle Bob! Please come back _____ _____.

35 Something's _____ _____ the doughnut machine.

36 **Bob:** Oh, no! How can we sell _____ _____ doughnuts?

37 Just then the lady _____ _____ to the shop.

38 **Lady:** I lost my _____ _____. I think I left it on the counter.

39 **Homer:** Oh, I remember. You _____ it _____ before you started to mix the batter.

40 Everyone _____ _____ the diamond ring, but they couldn't find it.

41 **Homer:** I can't _____ it.

---

20 **Lady:** 내가 도와줄게. 나는 맛있는 도넛을 만들 수 있단다.

21 **Homer:** 어, 좋아요. 정말 반죽이 많군요.

22 **Lady:** 그냥 기다려 보렴. 도넛이 아주 맛있을 거야.

23 Homer는 도넛 기계를 켰다.

24 고리 모양의 반죽들이 뜨거운 기름 속으로 떨어지기 시작했다.

25 **Lady:** 첫 번째 도넛을 맛보렴. 여기 있어.

26 **Homer:** 와! 정말 맛있네요!

27 **Lady:** 난 이제 가 봐야 해. 정말 재미있었어! 잘 있으렴!

28 **Homer:** 도와주셔서 감사해요. 안녕히 가세요!

29 Homer는 도넛이 충분하게 있어서 정지 버튼을 눌렀지만, 아무 일도 일어나지 않았다.

30 도넛이 계속해서 기계에서 나왔다.

31 **Homer:** 흠음 … 뭐가 잘못된 거지? Bob 삼촌에게 전화를 해야겠어.

32 가게는 이제 도넛으로 가득 찼다.

33 Homer는 도넛들을 계산대 위에 쌓아 올렸다.

34 **Homer:** Bob 삼촌! 지금 당장 돌아와 주세요.

35 도넛 기계에 뭔가 이상이 있어요.

36 **Bob:** 아, 이런! 우리가 이 도넛들을 모두 어떻게 팔지?

37 바로 그때 귀부인이 가게로 돌아왔다.

38 **Lady:** 내 다이아몬드 반지를 잃어버렸어. 내 생각엔 계산대 위에 그것을 놓아둔 것 같은데.

39 **Homer:** 아, 기억나요. 반죽 섞기를 시작하기 전에 그것을 빼셨어요.

40 모두가 다이아몬드 반지를 찾았지만, 찾을 수 없었다.

41 **Homer:** 저는 못 찾겠어요.

42 **Lady:** I'll _____ _____ _____ of one hundred dollars to the person who finds that ring!

43 **Homer:** I know! The ring _____ _____ the batter.

44 _____ _____ it's _____ one of these doughnuts!

45 **Lady:** You're _____!

46 **Bob:** Oh, no! Now we have to _____ _____ all of these doughnuts _____ _____ the ring.

47 **Homer:** Don't worry, Uncle. I _____ _____ _____.

48 Homer took _____ _____ _____ paper and made a _____.

49 He then _____ it in the shop's window.

50 _____ Doughnuts / 2 _____ 5 cents

51 $100 _____ for finding a ring inside a doughnut

52 P.S. You have to _____ the ring _____.

53 Then many people began _____ _____ the doughnuts.

54 _____ _____ _____ _____, a man shouted _____ _____.

55 **Man:** I found it! I found _____ _____!

56 **Homer:** See, my idea _____!

57 **Lady:** Here's _____ _____ dollars!

58 _____ _____ _____, everybody was happy.

59 The man went home _____ one hundred dollars.

60 The lady got her diamond ring _____, and Uncle Bob sold _____ _____ doughnuts.

61 And, what _____ Homer?

62 He was happy _____ _____ _____ _____ so well!

42 **Lady:** 그 반지를 찾아 주는 사람에게 100달러의 보상금을 드릴게요!

43 **Homer:** 알겠어요! 그 반지는 반죽 속으로 떨어졌어요.

44 반지는 이 도넛들 중 하나 안에 있는 게 확실해요!

45 **Lady:** 네 말이 맞아!

46 **Bob:** 아, 안 돼! 이제 우리는 반지를 찾기 위해 이 도넛들을 모두 쪼개야 해요.

47 **Homer:** 걱정하지 마세요, 삼촌. 제게 아이디어가 있어요.

48 Homer는 종이 한 장을 가져와 안내판을 만들었다.

49 그리고 나서 그는 그것을 가게 창문에 붙였다.

50 신선한 도넛 / 2개에 5센트

51 도넛 안에 있는 반지를 찾으면 100달러의 상금을 드려요.

52 추신. 반지를 돌려주셔야 합니다.

53 그러자 많은 사람들이 도넛을 사기 시작했다.

54 갑자기, 한 남자가 흥분해서 소리쳤다.

55 **Man:** 찾았어요! 내가 반지를 찾았어요!

56 **Homer:** 보세요, 제 아이디어가 통했어요!

57 **Lady:** 여기, 100달러예요!

58 결국에는 모두가 행복했다.

59 남자는 100달러를 가지고 집에 갔다.

60 귀부인은 다이아몬드 반지를 되찾았고, Bob 삼촌은 도넛을 많이 팔았다.

61 그리고, Homer는 어떻게 됐을까?

62 그는 자신의 아이디어가 아주 잘 통해서 행복했다!

01 Homer's uncle, Bob, (have / had) a doughnut shop.

02 Uncle Bob liked machines, so the shop was full (of / by) cooking machines.

03 One day, Homer (visited / was visited) Uncle Bob's shop.

04 **Homer:** Hello, (Uncle Bob / Uncle's Bob)!

05 **Bob:** Hi, Homer. Nice (see / to see) you.

06 Look at this new doughnut machine. Isn't (they / it) great?

07 Homer, I need to go back home (to / for) a while.

08 Can you watch the shop for me and (make / making) some doughnuts?

09 **Homer:** OK, I'll (try / tried), but ....

10 **Bob:** It's easy (to do / do). First, make the doughnut batter and put it in the machine.

11 Then just start the machine. (Here're / Here's) the recipe.

12 **Homer:** I (can / can't) do that. Don't worry.

13 After Uncle Bob left, a big car stopped (in / with) front of the shop, and a lady stepped out.

14 **Lady:** Can I have (a / some) doughnuts and a coffee?

15 **Homer:** I'm sorry, but the doughnuts (are / aren't) ready.

16 **Lady:** Are you (making / made) the doughnut batter now?

17 **Homer:** Yes, but this is my (one / first) time.

18 The lady took (off / of) her coat and her big diamond ring.

19 She started (mix / to mix) the batter.

20   **Lady:** I can help you. I can make delicious (doughnut / doughnuts).

21   **Homer:** Uh, OK. This is (many / a lot of) batter.

22   **Lady:** Just wait and see. The doughnuts will taste (greatly / great).

23   Homer turned (on / in) the doughnut machine.

24   Rings of batter started (drop / dropping) into the hot oil.

25   **Lady:** You (try / tries) the first doughnut. Here.

26   **Homer:** Wow! It's really (deliciously / delicious)!

27   **Lady:** I (have to / don't have to) go now. This was so much fun! Good-bye!

28   **Homer:** Thank you for (helping / help) me. Good-bye!

29   Homer had enough doughnuts, so he pushed the (stop / start) button, but nothing happened.

30   The doughnuts kept (to come / coming) out of the machine.

31   **Homer:** Hmm... What's (good / wrong)? I think I should call Uncle Bob.

32   The shop was now (full / filled) of doughnuts.

33   Homer piled the doughnuts (on / off) the counter.

34   **Homer:** Uncle Bob! Please come back right (away / out).

35   Something's wrong (at / with) the doughnut machine.

36   **Bob:** Oh, no! How can we (sell / buy) all these doughnuts?

37   Just then the lady came back (on / to) the shop.

38   **Lady:** I lost my diamond ring. I think I (leave / left) it on the counter.

39   **Homer:** Oh, I remember. You took (off it / it off) before you started to mix the batter.

40   Everyone looked (into / for) the diamond ring, but they couldn't find it.

41   **Homer:** I can't find (its / it).

Answers p. 42

42   **Lady:** I'll give a reward of one hundred dollars to the person (who / which) finds that ring!

43   **Homer:** I know! The ring fell (into / out) the batter.

44   I'm sure it's inside one of (this / these) doughnuts!

45   **Lady:** You're (rights / right)!

46   **Bob:** Oh, no! Now we have to break up all of these doughnuts (find / to find) the ring.

47   **Homer:** Don't worry, Uncle. I have an (idea / ideas).

48   Homer took a (piece / glass) of paper and made a sign.

49   He then put it (in / off) the shop's window.

50   Fresh Doughnuts / 2 (for / in) 5 cents

51   $100 prize for (find / finding) a ring inside a doughnut

52   P.S. You have to give the ring (away / back).

53   Then many people (began / finished) to buy the doughnuts.

54   All of a sudden, a man shouted with (exciting / excitement).

55   **Man:** I found it! I found the (ring / money)!

56   **Homer:** See, my idea (work / worked)!

57   **Lady:** Here's one hundred (dollar / dollars)!

58   In the end, everybody (was / were) happy.

59   The man went home (for / with) one hundred dollars.

60   The lady got (her / hers) diamond ring back, and Uncle Bob sold lots of doughnuts.

61   And, (what / why) about Homer?

62   He was happy (which / that) his idea worked so well!

틀린 문장 고치기

• 밑줄 친 부분이 내용이나 어법상 바르면 ○, **틀리면** ×에 동그라미하고 **틀린** 부분을 바르게 고쳐 쓰시오.

01 Homer's uncle, Bob, <u>had</u> a doughnut shop. ○ ×

02 Uncle Bob liked machines, so the shop was full <u>to cooking machines</u>. ○ ×

03 <u>One day</u>, Homer visited Uncle Bob's shop. ○ ×

04 Homer: Hello, <u>Uncle Bob</u>! ○ ×

05 Bob: Hi, Homer. <u>Nice to see you</u>. ○ ×

06 Look at this new doughnut machine. <u>Aren't they great</u>? ○ ×

07 Homer, I need <u>going</u> back home for a while. ○ ×

08 Can you watch the shop for me and <u>made</u> some doughnuts? ○ ×

09 Homer: OK, I'll <u>try</u>, but .... ○ ×

10 Bob: It's easy <u>to do</u>. First, make the doughnut batter and put it in the machine. ○ ×

11 Then just <u>start</u> the machine. Here's the recipe. ○ ×

12 Homer: I can do that. <u>Don't worried</u>. ○ ×

13 After Uncle Bob left, a big car stopped in front of the shop, and a lady <u>steps out</u>. ○ ×

14 Lady: <u>Can I</u> have some doughnuts and a coffee? ○ ×

15 Homer: I'm sorry, but the doughnuts <u>aren't ready</u>. ○ ×

16 Lady: <u>Did you make</u> the doughnut batter now? ○ ×

17 Homer: Yes, but this is <u>my first time</u>. ○ ×

18 The lady <u>took on</u> her coat and her big diamond ring. ○ ×

19 She <u>started mix</u> the batter. ○ ×

STEP
A

20   **Lady:** I can help you. I can make delicious doughnuts.   ○ ×

21   **Homer:** Uh, OK. These are a lot of batter.   ○ ×

22   **Lady:** Just wait and see. The doughnuts will taste greatly.   ○ ×

23   Homer turned on the doughnut machine.   ○ ×

24   Rings of batters started dropping into the hot oil.   ○ ×

25   **Lady:** You try the first doughnut. Here.   ○ ×

26   **Homer:** Wow! It's real delicious!   ○ ×

27   **Lady:** I have to go now. This was so much fun! Good-bye!   ○ ×

28   **Homer:** Thank you to helping me. Good-bye!   ○ ×

29   Homer had enough doughnuts, so he pushed the stop button, but happened nothing.   ○ ×

30   The doughnuts kept come out of the machine.   ○ ×

31   **Homer:** Hmm... What's wrong? I think I should call Uncle Bob.   ○ ×

32   The shop was now filled of doughnuts.   ○ ×

33   Homer piled the doughnuts on the counter.   ○ ×

34   **Homer:** Uncle Bob! Please come back right away.   ○ ×

35   Something's wrong of the doughnut machine.   ○ ×

36   **Bob:** Oh, no! How can we sell all this doughnuts?   ○ ×

37   Just then the lady came back to the shop.   ○ ×

38   **Lady:** I lost my diamond ring. I think I leave it on the counter.   ○ ×

39   **Homer:** Oh, I remember. You took it off before you started to mix the batter.   ○ ×

40   Everyone looked at the diamond ring, but they couldn't find it.   ○ ×

41   **Homer:** I can't find it.   ○ ×

42   **Lady:** I'll give a reward of one hundred dollars to the person who find that ring!   ☐ ○ × ☐

43   **Homer:** I know! The ring fell into the batter.   ☐ ○ × ☐

44   I'm sure it's inside one of these doughnuts!   ☐ ○ × ☐

45   **Lady:** You're right!   ☐ ○ × ☐

46   **Bob:** Oh, no! Now we have to break up all of these doughnuts to find the ring.   ☐ ○ × ☐

47   **Homer:** Don't be worry, Uncle. I have an idea.   ☐ ○ × ☐

48   Homer took a piece of papers and made a sign.   ☐ ○ × ☐

49   He then put it in the shop's window.   ☐ ○ × ☐

50   Fresh Doughnuts / 2 for 5 cents   ☐ ○ × ☐

51   $100 prize for find a ring inside a doughnut   ☐ ○ × ☐

52   P.S. You have to give the ring back.   ☐ ○ × ☐

53   Then many people began buy the doughnuts.   ☐ ○ × ☐

54   All of a sudden, a man shouted with excitement.   ☐ ○ × ☐

55   **Man:** I found it! I found the ring!   ☐ ○ × ☐

56   **Homer:** See, my idea working!   ☐ ○ × ☐

57   **Lady:** Here's one hundred dollars!   ☐ ○ × ☐

58   In the end, everybody was happy.   ☐ ○ × ☐

59   The man went home with one hundred dollars.   ☐ ○ × ☐

60   The lady got her diamond ring back, and Uncle Bob sold lots of doughnut.   ☐ ○ × ☐

61   And, what about Homer?   ☐ ○ × ☐

62   He was happy who his idea worked so well!   ☐ ○ × ☐

배열로 문장 완성하기

1 Homer의 삼촌인 Bob은 도넛 가게를 운영했다. (Bob / a doughnut shop / had / Homer's uncle)

>

2 Bob 삼촌은 기계를 좋아해서, 가게는 요리 기계들로 가득 차 있었다.
(the shop / liked / machines / cooking machines / Uncle Bob / was full of / so)

>

3 어느 날, Homer가 Bob 삼촌의 가게를 방문했다. (one day / shop / visited / Uncle Bob's / Homer)

>

4 **Homer:** 안녕하세요, Bob 삼촌! (Uncle / hello / Bob)

> Homer:

5 **Bob:** 안녕, Homer. 널 보니 반갑구나. (Homer / hi) (to see / nice / you)

> Bob:

6 이 새 도넛 기계 좀 봐. 멋지지 않니? (new / at / this / look / doughnut machine) (great / it / isn't)

>

7 Homer, 내가 잠시 집에 다시 가 봐야 해. (need / home / Homer / for a while / I / to go back)

>

8 나 대신 가게를 봐 주고 도넛을 좀 만들어 주겠니?
(for me / watch / and / the shop / some doughnuts / you / make / can)

>

9 **Homer:** 네, 해 볼게요. 그런데 …. (OK / but / try / I'll)

> Homer:

10 **Bob:** 하기 쉽단다. 먼저, 도넛 반죽을 만들고 그것을 기계에 넣으렴.
(easy / it's / to do) (put / in the machine / first / and / make / it / the doughnut batter)

> Bob:

11 그런 다음에 기계를 작동하기만 하면 돼. 여기 요리법이 있어. (start / the machine / then / just) (the recipe / here's)

>

12 **Homer:** 그건 할 수 있어요. 걱정하지 마세요. (that / can / do / I) (worry / don't)

> Homer:

13 Bob 삼촌이 떠난 후, 큰 차 한 대가 가게 앞에 섰고, 한 귀부인이 내렸다.
(left / stepped out / after / a big car / and / in front of / stopped / Uncle Bob / a lady / the shop)

>

14 **Lady:** 도넛과 커피 한 잔 주시겠어요? (some doughnuts / a coffee / have / can / and / I)

> Lady:

15 **Homer:** 죄송하지만, 도넛이 준비가 안 됐어요. (but / ready / I'm / aren't / sorry / the doughnuts)

> Homer:

16 **Lady:** 지금 도넛 반죽을 만들고 있는 거니? (now / you / are / making / the doughnut batter)

> Lady:

17 **Homer:** 네, 하지만 처음 만들어 보는 거예요. (is / first time / this / yes / my / but)

> Homer:

18 귀부인은 외투를 벗고 커다란 다이아몬드 반지를 뺐다. (her coat / diamond ring / the lady / and / her / took off / big)

>

19 그녀는 반죽을 섞기 시작했다. (started / the batter / she / to mix)

>

20 **Lady:** 내가 도와줄게. 나는 맛있는 도넛을 만들 수 있단다. (I / you / can / help) (delicious / I / make / can / doughnuts)
> Lady:

21 **Homer:** 어, 좋아요. 정말 반죽이 많군요. (OK / uh) (a lot of / is / batter / this)
> Homer:

22 **Lady:** 그냥 기다려 보렴. 도넛이 아주 맛있을 거야. (wait / just / see / and) (the doughnuts / great / taste / will)
> Lady:

23 Homer는 도넛 기계를 켰다. (the doughnut machine / turned on / Homer)
>

24 고리 모양의 반죽들이 뜨거운 기름 속으로 떨어지기 시작했다. (rings of / into / started / batter / dropping / the hot oil)
>

25 **Lady:** 첫 번째 도넛을 맛보렴. 여기 있어. (doughnut / the / try / first / you) Here.
> Lady:

26 **Homer:** 와! 정말 맛있네요! Wow! (really / delicious / it's)
> Homer:

27 **Lady:** 난 이제 가 봐야 해. 정말 재미있었어! 잘 있으렴! (go / now / I / have to) (so / was / this / fun / much) Good-bye!
> Lady:

28 **Homer:** 도와주셔서 감사해요. 안녕히 가세요! (for / you / thank / me / helping) Good-bye!
> Homer:

29 Homer는 도넛이 충분하게 있어서 정지 버튼을 눌렀지만, 아무 일도 일어나지 않았다.
(he / but / enough / Homer / so / doughnuts / pushed / had / nothing happened / the stop button)
>

30 도넛이 계속해서 기계에서 나왔다. (coming out of / kept / the doughnuts / the machine)
>

31 **Homer:** 흐음 … 뭐가 잘못된 거지? Bob 삼촌에게 전화를 해야겠어.
Hmm... (wrong / what's) (I / Uncle Bob / call / should / I think)
> Homer:

32 가게는 이제 도넛으로 가득 찼다. (was now / the shop / doughnuts / full of)
>

33 Homer는 도넛들을 계산대 위에 쌓아 올렸다. (on the counter / piled / Homer / the doughnuts)
>

34 **Homer:** Bob 삼촌! 지금 당장 돌아와 주세요. (Bob / uncle) (right / away / please come back)
> Homer:

35 도넛 기계에 뭔가 이상이 있어요. (with / something's / the doughnut machine / wrong)
>

36 **Bob:** 아, 이런! 우리가 이 도넛들을 모두 어떻게 팔지? (no / oh) (sell / how / we / can / all these doughnuts)
> Bob:

37 바로 그때 귀부인이 가게로 돌아왔다. (just / the lady / then / the shop / to / came back)
>

38 **Lady:** 내 다이아몬드 반지를 잃어버렸어. 내 생각엔 계산대 위에 그것을 놓아둔 것 같은데.
(diamond / lost / my / I / ring) (I left / think / I / on the counter / it)
> Lady:

39 **Homer:** 아, 기억나요. 반죽 섞기를 시작하기 전에 그것을 빼셨어요.
(remember / oh / I) (to mix / before / off / took / you / you started / the batter / it)
> Homer:

40 모두가 다이아몬드 반지를 찾았지만, 찾을 수 없었다. (looked for / but / the diamond ring / everyone / find it / couldn't / they)
>

41 **Homer:** 저는 못 찾겠어요. (I / it / find / can't)
> Homer:

42 Lady: 그 반지를 찾아 주는 사람에게 100달러의 보상금을 드릴게요!
(the person / give a reward of / finds / one hundred dollars / to / that ring / I'll / who)
> Lady:

43 Homer: 알겠어요! 그 반지는 반죽 속으로 떨어졌어요. (know / I) (into / fell / the batter / the ring)
> Homer:

44 반지는 이 도넛들 중 하나 안에 있는 게 확실해요! (it's / of / I'm / inside / these doughnuts / sure / one)
>

45 Lady: 네 말이 맞아! (right / you're)
> Lady:

46 Bob: 아, 안 돼! 이제 우리는 반지를 찾기 위해 이 도넛들을 모두 쪼개야 해요.
(no / oh) (break up / now we / to find / all of these doughnuts / have to / the ring)
> Bob:

47 Homer: 걱정하지 마세요, 삼촌. 제게 아이디어가 있어요. (worry / don't / uncle) (idea / have / I / an)
> Homer:

48 Homer는 종이 한 장을 가져와 안내판을 만들었다. (paper / took / a sign / Homer / and / made / a piece of)
>

49 그러고 나서 그는 그것을 가게 창문에 붙였다. (in / put / he then / it / window / the shop's)
>

50 신선한 도넛 / 2개에 5센트 (doughnuts / fresh) / (for / 2 / 5 cents)
>

51 도넛 안에 있는 반지를 찾으면 100달러의 상금을 드려요. ($100 prize / a ring / inside / for / a doughnut / finding)
>

52 추신. 반지를 돌려주셔야 합니다. (P.S. / the ring / you / back / have to / give)
>

53 그러자 많은 사람들이 도넛을 사기 시작했다. (to buy / many / then / the doughnuts / people / began)
>

54 갑자기, 한 남자가 흥분해서 소리쳤다. (shouted / with / all / a man / a sudden / of / excitement)
>

55 Man: 찾았어요! 내가 반지를 찾았어요! (I / it / found) (found / I / the ring)
> Man:

56 Homer: 보세요, 제 아이디어가 통했어요! (worked / my idea / see)
> Homer:

57 Lady: 여기, 100달러예요! (hundred / dollars / here's / one)
> Lady:

58 결국에는 모두가 행복했다. (everybody / in the end / happy / was)
>

59 남자는 100달러를 가지고 집에 갔다. (with / the man / one hundred / went / dollars / home)
>

60 귀부인은 다이아몬드 반지를 되찾았고, Bob 삼촌은 도넛을 많이 팔았다.
(and / the lady / her diamond ring / Uncle Bob / got / lots of doughnuts / sold / back)
>

61 그리고, Homer는 어떻게 됐을까? (Homer / what about / and)
>

62 그는 자신의 아이디어가 아주 잘 통해서 행복했다! (so well / was / worked / he / his idea / happy / that)
>

실전 TEST

[01~05] 다음 글을 읽고, 물음에 답하시오.

Homer's uncle, Bob, had a doughnut shop. Uncle Bob liked machines, so the shop was full ___(A)___ cooking machines. One day, Homer visited ⓐUncle Bob's shop.

Homer: Hello, Uncle Bob!

Bob: Hi, Homer. Nice to see you. (①) Look at this new doughnut machine. Isn't ⓑit great? Homer, I need to go back home ___(B)___ a while. (②)

Homer: OK, I'll try, but .... (③)

Bob: It's easy to do. First, make the doughnut batter and put ⓒit in the machine. (④) Then just start ⓓthe machine. Here's the recipe.

Homer: I can do that. Don't worry.

After Uncle Bob left, ⓔa big car stopped in front of the shop, and a lady stepped out.

Lady: Can I have some doughnuts and a coffee? (⑤)

Homer: I'm sorry, but the doughnuts aren't ready.

01 윗글의 ①~⑤ 중 주어진 문장이 들어갈 위치로 알맞은 것은?

Can you watch the shop for me and make some doughnuts?

①   ②   ③   ④   ⑤

02 윗글의 빈칸 (A)와 (B)에 들어갈 말이 순서대로 바르게 짝 지어진 것은?

① of – on   ② in – at   ③ in – for

④ of – for   ⑤ with – from

03 윗글의 밑줄 친 ⓐ~ⓔ 중 가리키는 대상이 같은 것끼리 짝지어진 것은?

① ⓐ, ⓑ   ② ⓐ, ⓒ   ③ ⓐ, ⓓ

④ ⓑ, ⓓ   ⑤ ⓓ, ⓔ

04 다음 영영풀이에 해당하는 단어를 윗글에서 찾아 쓰시오.

a mixture of flour, eggs, milk, etc. often baked into bread or cake

→ _____

05 윗글의 내용과 일치하지 <u>않는</u> 것은?

① Bob 삼촌은 도넛 가게를 운영한다.

② Bob 삼촌은 잠시 집에 다녀와야 한다.

③ Bob 삼촌은 Homer에게 도넛 만드는 법을 설명해 주었다.

④ Bob 삼촌이 떠난 후 한 귀부인이 도넛 가게에 왔다.

⑤ 귀부인이 가게에 왔을 때 판매할 도넛 몇 개가 준비되어 있었다.

[06~07] 다음 글을 읽고, 물음에 답하시오.

The lady ⓐtook off her coat and her big diamond ring. She started to mix the batter.

Lady: I can help you. I can make delicious doughnuts.

Homer: Uh, OK. This is a lot of (A) batter / batters .

Lady: Just ⓑwait and see. The doughnuts will taste (B) great / greatly .

Homer ⓒturned on the doughnut machine. Rings of batter started dropping into the hot oil.

Lady: You ⓓtry the first doughnut. Here.

Homer: Wow! It's really delicious!

Lady: I ⓔhave to go now. This was so much fun! Good-bye!

Homer: Thank you for (C) help / helping me. Good-bye!

06 윗글의 밑줄 친 @~@의 우리말 의미가 알맞지 <u>않은</u> 것은?

① @: ~을 벗었다   ② ⓑ: 기다려 보다

③ ⓒ: ~을 켰다   ④ ⓓ: 노력하다

⑤ @: 가야 한다

07 윗글의 (A)~(C)의 각 네모 안에 주어진 말 중 어법상 올바른 것끼리 짝지어진 것은?

	(A)	(B)	(C)
①	batter	… great	… help
②	batter	… great	… helping
③	batter	… greatly	… help
④	batters	… great	… help
⑤	batters	… greatly	… helping

[08~10] 다음 글을 읽고, 물음에 답하시오.

Homer had enough doughnuts, so he pushed the stop button, but nothing @<u>happened</u>. The doughnuts kept ⓑ<u>to come</u> out of the machine.

Homer: Hmm... What's wrong? I think I should ⓒ<u>call</u> Uncle Bob.

The shop ⓓ<u>was now full of</u> doughnuts. Homer piled the doughnuts on the counter.

Homer: Uncle Bob! Please come back right away.
_____(A)

Bob: Oh, no! How can we @<u>sell</u> all these doughnuts?

08 윗글에 나타난 Homer의 심경으로 가장 알맞은 것은?

① bored   ② excited   ③ proud

④ worried   ⑤ satisfied

09 윗글의 밑줄 친 @~@ 중 어법상 틀린 것은?

① @   ② ⓑ   ③ ⓒ   ④ ⓓ   ⑤ @

10 윗글의 흐름상 빈칸 (A)에 들어갈 말로 가장 알맞은 것은?

① I'm running out of doughnuts.

② I haven't made any doughnuts yet.

③ We have to make more doughnuts.

④ The doughnut machine is working well.

⑤ Something's wrong with the doughnut machine.

[11~14] 다음 글을 읽고, 물음에 답하시오.

Just then the lady came back to the shop.

Lady: I lost my diamond ring. I think I left it on the counter.

Homer: Oh, I remember. You took it off before you started to mix the batter.

Everyone looked for the diamond ring, but they couldn't find @<u>it</u>.

Homer: I can't find it.

Lady: I'll give a reward of one hundred dollars to the person who finds that ring!

Homer: I know! The ring fell into the batter. I'm sure it's inside one of these doughnuts!

Lady: You're right!

Bob: Oh, no! Now we have to break up all of these doughnuts (A)<u>to find</u> the ring.

Homer: Don't worry, Uncle. I have an idea.

Homer took a piece of paper and made a sign. He then put ⓑ<u>it</u> in the shop's window.

11 윗글의 밑줄 친 ⓐ와 ⓑ가 각각 가리키는 것이 순서대로 바르게 짝지어진 것은?

① a reward – a sign
② a reward – the shop
③ the batter – a doughnut
④ the diamond ring – a sign
⑤ the diamond ring – a doughnut

12 윗글의 밑줄 친 (A) to find와 쓰임이 같은 것은?

① My hobby is to ride a bike.
② To eat breakfast is important.
③ It is not easy to exercise regularly.
④ We are planning to make a cake for Mom.
⑤ I went to the store to buy a pair of sneakers.

13 윗글의 내용과 일치하도록 할 때, 빈칸에 들어갈 말로 알맞은 것은?

> Q: Why did the lady come back to the shop?
> A: She came back because _____.

① she lost her diamond ring
② she didn't take the doughnuts
③ she wanted to meet Uncle Bob
④ she found a ring inside a doughnut
⑤ she wanted to buy more doughnuts

14 윗글의 내용과 일치하는 것은?

① The lady thought Homer took her ring.
② Homer didn't remember seeing the lady take off her ring.
③ Homer, Uncle Bob, and the lady couldn't find the ring.
④ The lady asked Uncle Bob to break up all the doughnuts.
⑤ Homer had no idea about how to find the lady's ring.

[15~17] 다음 글을 읽고, 물음에 답하시오.

Homer: Don't worry, Uncle. I have an idea.

Homer took ⓐa piece of paper and made a sign. He then put it in the shop's window.

> **Fresh Doughnuts**
> 2 for 5 cents
> **$100 prize for finding a ring inside a doughnut**
> P.S. You have to give the ring back.

Then many people began ⓑto buy the doughnuts. All of a sudden, a man shouted ⓒwith excitement.

Man: I found it! I found the ring!
Homer: See, (A)my idea worked!
Lady: Here's one hundred dollars!

In the end, everybody ⓓwere happy. The man went home with one hundred dollars. The lady got her diamond ring back, and Uncle Bob ⓔsold lots of doughnuts. And, what about Homer? (B)그는 자신의 아이디어가 아주 잘 통해서 행복했다!

15 윗글의 밑줄 친 ⓐ~ⓔ 중 어법상 틀린 것을 찾아 기호를 쓰고, 바르게 고쳐 쓰시오.

(   ) → _____

16 윗글의 밑줄 친 (A) my idea가 의미하는 바를 우리말로 쓰시오. (35자 내외)

→ _____
_____

17 윗글의 밑줄 친 우리말 (B)와 의미가 같도록 주어진 말을 바르게 배열하여 문장을 쓰시오.

> worked, he, that, happy, so well, was, his idea

→ _____

W Words
고득점 맞기

01 다음 빈칸에 들어갈 말로 알맞은 것은?

> The boy jumped up and down with _____ when he saw the drone flying.

① sign   ② prize
③ batter   ④ reward
⑤ excitement

02 다음 빈칸에 들어갈 말이 순서대로 바르게 짝지어진 것은?

> • The climbers took a break _____ a while.
> • Can you take _____ your hat inside, please?
> • Break _____ the bread into small pieces and put them in a large mixing bowl.

① of – on – out   ② for – off – up
③ for – on – out   ④ from – off – up
⑤ from – out – with

03 다음 중 밑줄 친 부분의 쓰임이 문맥상 어색한 것은?

① We didn't see the sign on the door.
② Are you ready for your school field trip?
③ Mix the batter and leave it for thirty minutes.
④ A dishwasher is a useful machine in the kitchen.
⑤ I couldn't buy the bag because I had enough money.

04 다음 빈칸에 공통으로 들어갈 단어를 주어진 철자로 시작하여 쓰시오.

> • Do you think her idea will w_____ well?
> • Mr. Wilson started to w_____ as a pilot last year.
> • This old computer doesn't w_____ anymore.

05 다음 중 밑줄 친 부분과 의미가 같지 않은 것은?

① All of a sudden, it started to rain.
  (= Suddenly)
② The bucket was full of sand and stones.
  (= was filled with)
③ The accident happened around 3 o'clock.
  (= took place)
④ She stepped out of the office to have lunch.
  (= went into)
⑤ In the end, they were happy with the result.
  (= Finally)

06 다음 ⓐ~ⓓ의 빈칸 중 어느 곳에도 들어갈 수 없는 것은?

> ⓐ James _____ many books on his desk.
> ⓑ Amy _____ eggs and flour to make pancakes.
> ⓒ I closed the oven and _____ the start button.
> ⓓ He _____ his new smartphone, so he's upset now.

① lost   ② happened   ③ mixed
④ piled   ⑤ pushed

07 다음 ⓐ~ⓓ의 영영풀이에 해당하는 단어가 아닌 것은?

> ⓐ to run or act properly
> ⓑ to put something somewhere and go away without it
> ⓒ a list of ingredients and instructions for cooking something
> ⓓ something that you are given for doing something good

① leave   ② work   ③ piece
④ reward   ⑤ recipe

영작하기

• 주어진 우리말 뜻과 일치하도록 교과서 본문의 문장을 쓰시오.

01 _____

Homer의 삼촌인 Bob은 도넛 가게를 운영했다.

02 _____

Bob 삼촌은 기계를 좋아해서, 가게는 요리 기계들로 가득 차 있었다.

03 _____

어느 날, Homer가 Bob 삼촌의 가게를 방문했다.

04 _____

Homer: 안녕하세요, Bob 삼촌!

05 _____

Bob: 안녕, Homer. 널 보니 반갑구나.

06 _____

이 새 도넛 기계 좀 봐. 멋지지 않니?

07 _____

Homer, 내가 잠시 집에 다시 가 봐야 해.

08 _____

나 대신 가게를 봐 주고 도넛을 좀 만들어 주겠니?

09 _____

Homer: 네, 해 볼게요, 그런데 ….

10 _____

Bob: 하기 쉽단다. 먼저, 도넛 반죽을 만들고 그것을 기계에 넣으렴.

11 _____

그런 다음에 기계를 작동하기만 하면 돼. 여기 요리법이 있어.

12 _____

Homer: 그건 할 수 있어요. 걱정하지 마세요.

13 _____

Bob 삼촌이 떠난 후, 큰 차 한 대가 가게 앞에 섰고, 한 귀부인이 내렸다.

14 _____

Lady: 도넛과 커피 한 잔 주시겠어요?

15 _____

Homer: 죄송하지만, 도넛이 준비가 안 됐어요.

16 _____

Lady: 지금 도넛 반죽을 만들고 있는 거니?

17 _____

Homer: 네, 하지만 처음 만들어 보는 거예요.

18 _____

귀부인은 외투를 벗고 커다란 다이아몬드 반지를 뺐다.

19 _____

그녀는 반죽을 섞기 시작했다.

20 _____

Lady: 내가 도와줄게. 나는 맛있는 도넛을 만들 수 있단다.

21 _____

Homer: 어, 좋아요. 정말 반죽이 많군요.

22 _____

Lady: 그냥 기다려 보렴. 도넛이 아주 맛있을 거야.

23 _____

Homer는 도넛 기계를 켰다.

24 _____

고리 모양의 반죽들이 뜨거운 기름 속으로 떨어지기 시작했다.

25 _____

Lady: 첫 번째 도넛을 맛보렴. 여기 있어.

26 _____

Homer: 와! 정말 맛있네요!

27 _____

Lady: 난 이제 가 봐야 해. 정말 재미있었어! 잘 있으렴!

28 _____

Homer: 도와주셔서 감사해요. 안녕히 가세요!

29 _____

Homer는 도넛이 충분하게 있어서 정지 버튼을 눌렀지만, 아무 일도 일어나지 않았다.

30 _____

도넛이 계속해서 기계에서 나왔다.

31 _____

Homer: 흐음 … 뭐가 잘못된 거지? Bob 삼촌에게 전화를 해야겠어.

32 _____

가게는 이제 도넛으로 가득 찼다.

33 _____

Homer는 도넛들을 계산대 위에 쌓아 올렸다.

34 _____

Homer: Bob 삼촌! 지금 당장 돌아와 주세요.

35 _____

도넛 기계에 뭔가 이상이 있어요.

36 _____

Bob: 아, 이런! 우리가 이 도넛들을 모두 어떻게 팔지?

37 _____

바로 그때 귀부인이 가게로 돌아왔다.

38 _____

Lady: 내 다이아몬드 반지를 잃어버렸어. 내 생각엔 계산대 위에 그것을 놓아둔 것 같은데.

39 _____

Homer: 아, 기억나요. 반죽 섞기를 시작하기 전에 그것을 빼셨어요.

40 _____

모두가 다이아몬드 반지를 찾았지만, 찾을 수 없었다.

41 _____

Homer: 저는 못 찾겠어요.

42 _____

Lady: 그 반지를 찾아 주는 사람에게 100달러의 보상금을 드릴게요!

43 _____

Homer: 알겠어요! 그 반지는 반죽 속으로 떨어졌어요.

44 _____

반지는 이 도넛들 중 하나 안에 있는 게 확실해요!

45 _____

Lady: 네 말이 맞아!

46 _____

Bob: 아, 안 돼! 이제 우리는 반지를 찾기 위해 이 도넛들을 모두 쪼개야 해요.

47 _____

Homer: 걱정하지 마세요, 삼촌. 제게 아이디어가 있어요.

48 _____

Homer는 종이 한 장을 가져와 안내판을 만들었다. ☆

49 _____

그러고 나서 그는 그것을 가게 창문에 붙였다.

50 _____

신선한 도넛 / 2개에 5센트

51 _____

도넛 안에 있는 반지를 찾으면 100달러의 상금을 드려요.

52 _____

추신. 반지를 돌려주셔야 합니다.

53 _____

그러자 많은 사람들이 도넛을 사기 시작했다.

54 _____

갑자기, 한 남자가 흥분해서 소리쳤다.

55 _____

Man: 찾았어요! 내가 반지를 찾았어요!

56 _____

Homer: 보세요, 제 아이디어가 통했어요!

57 _____

Lady: 여기, 100달러예요!

58 _____

결국에는 모두가 행복했다.

59 _____

남자는 100달러를 가지고 집에 갔다.

60 _____

귀부인은 다이아몬드 반지를 되찾았고, Bob 삼촌은 도넛을 많이 팔았다.

61 _____

그리고, Homer는 어떻게 됐을까?

62 _____

그는 자신의 아이디어가 아주 잘 통해서 행복했다! ☆

고득점 맞기

[01~03] 다음 글을 읽고, 물음에 답하시오.

Homer's uncle, Bob, had a doughnut shop. Uncle Bob liked machines, so the shop was full of cooking machines. One day, Homer visited Uncle Bob's shop.

Homer: Hello, Uncle Bob!

Bob: Hi, Homer. Nice to see you. Look at this new doughnut machine. Isn't it great? Homer, I need to go back home for a while. Can you watch the shop for me and make some doughnuts?

Homer: OK, I'll try, but ….

Bob: It's easy to do. First, make the doughnut batter and put it in the machine. Then just start the machine. Here's the recipe.

Homer: ⓐI can do that. Don't worry.

After Uncle Bob left, a big car stopped in front of the shop, and a lady stepped out.

Lady: Can I have some doughnuts and a coffee?

Homer: I'm sorry, but the doughnuts aren't ready.

01 다음 영영풀이에 해당하는 단어 중 윗글에 쓰이지 <u>않은</u> 것을 <u>모두</u> 고르시오.

① to run or act properly

② to no longer have; to be unable to find

③ a piece of equipment that you use to do a job

④ a list of ingredients and instructions for cooking something

⑤ a mixture of flour, eggs, milk, etc. often baked into bread or cake

02 윗글의 밑줄 친 ⓐ가 의미하는 바로 알맞은 것은?

① I can buy doughnuts.

② I can make doughnuts.

③ I can leave the doughnut shop.

④ I can fix the doughnut machine.

⑤ I can go back home to bring some doughnuts.

03 Which CANNOT be answered from the text above?

① What was Uncle Bob's shop filled with?

② What did Uncle Bob ask Homer to do?

③ Why did Uncle Bob have to go back home?

④ What happened after Uncle Bob left?

⑤ What did the lady order?

[04~07] 다음 글을 읽고, 물음에 답하시오.

The lady took ___(A)___ her coat and her big diamond ring. (①) She started ⓐ<u>mix</u> the batter. (②)

Lady: I can help you. I can make delicious doughnuts.

Homer: Uh, OK. This is a lot of ⓑ<u>batters</u>.

Lady: Just wait and see. The doughnuts will taste ⓒ<u>greatly</u>.

(③) Homer turned on the doughnut machine. Rings of batter started dropping ___(B)___ the hot oil.

Lady: You try the first doughnut. Here.

Homer: Wow! It's really delicious!

Lady: I have to go now. This was so much fun! Good-bye!

Homer: Thank you for ⓓ<u>help</u> me. Good-bye!

(④) The doughnuts kept ⓔ<u>come</u> out of the machine.

Homer: Hmm… What's wrong? I think I should call Uncle Bob.

The shop was now full ___(C)___ doughnuts. (⑤) Homer piled the doughnuts on the counter.

Homer: Uncle Bob! Please come back right away. Something's wrong ___(D)___ the doughnut machine.

Bob: Oh, no! How can we sell all these doughnuts?

04 윗글의 빈칸 (A)~(D) 중 어느 곳에도 들어갈 수 없는 것은?

① off　　　　② for　　　　③ of
④ with　　　⑤ into

05 윗글의 ①~⑤ 중 주어진 문장이 들어갈 위치로 알맞은 것은?

> Homer had enough doughnuts, so he pushed the stop button, but nothing happened.

①　　　②　　　③　　　④　　　⑤

06 윗글의 밑줄 친 ⓐ~ⓔ를 어법상 바르게 고쳐 쓴 것 중 틀린 것은?

① ⓐ → to mix　　　② ⓑ → batter
③ ⓒ → great　　　④ ⓓ → to help
⑤ ⓔ → coming

07 윗글의 내용과 일치하는 문장의 개수는?

> ⓐ The lady helped Homer make delicious doughnuts.
> ⓑ The lady waited until Homer finished making all the doughnuts.
> ⓒ Homer ate the first doughnut when the doughnuts were made.
> ⓓ The doughnut machine was broken, but Homer fixed it.
> ⓔ Uncle Bob was sure that he could sell all the doughnuts.

① 1개　② 2개　③ 3개　④ 4개　⑤ 5개

[08~10] 다음 글을 읽고, 물음에 답하시오.

> Just then the lady came back to the shop.
>
> **Lady:** I lost my diamond ring. I think ___ⓐ___ I (A)left it on the counter.
> **Homer:** Oh, I remember. You took it off before you started to mix the batter.
>
> Everyone looked for the diamond ring, but they couldn't find it.
>
> **Homer:** I can't find it.
> **Lady:** I'll give a reward of one hundred dollars to the person ___ⓑ___ finds that ring!
> **Homer:** I know! The ring fell into the batter. I'm sure it's inside one of these doughnuts!
> **Lady:** You're right!
> **Bob:** Oh, no! (B)Now we have to break up all of these doughnuts to find the ring.

08 윗글의 빈칸 ⓐ와 ⓑ에 공통으로 들어갈 말로 알맞은 것은?

① that　　　② who　　　③ what
④ which　　⑤ where

09 윗글의 밑줄 친 (A) left와 의미가 다른 것은?

① She left her key in the room.
② Go straight two blocks and turn left.
③ Tom left his smartphone on the desk.
④ I don't remember where I left my glasses.
⑤ The man is sure that he left his bag on the train.

10 윗글의 Bob 삼촌이 밑줄 친 문장 (B)와 같이 말한 이유로 알맞은 것은?

① 귀부인의 반지를 찾았기 때문이다.
② Homer가 도넛을 태웠기 때문이다.
③ 귀부인이 산 도넛 안에 반지가 들어 있었기 때문이다.
④ Homer가 실수로 반죽에 반지를 넣었기 때문이다.
⑤ 귀부인의 반지가 도넛 중 하나 안에 들어 있을 것이기 때문이다.

[11~12] 다음 글을 읽고, 물음에 답하시오.

Homer: Don't worry, Uncle. I have an idea.

Homer took a piece of paper and ⓐmade a sign. He then put it in the shop's window.

> **Fresh Doughnuts**
> 2 for 5 cents
> **$100 prize for finding a ring inside a doughnut**
> P.S. You have to give the ring back.

Then many people began ⓑto buy the doughnuts. All of a sudden, a man shouted with excitement.

Man: I found it! I found the ring!
Homer: See, my idea worked!
Lady: Here's one hundred dollars!

In the end, everybody ⓒwere happy. The man went home with one hundred dollars. The lady got her diamond ring back, and Uncle Bob sold lots of ⓓdoughnuts. And, what about Homer? He was happy ⓔwhich his idea worked so well!

11 윗글의 밑줄 친 ⓐ~ⓔ 중 어법상 올바른 것끼리 짝지어진 것은?

① ⓐ, ⓑ, ⓓ   ② ⓐ, ⓒ   ③ ⓐ, ⓔ
④ ⓒ, ⓓ, ⓔ   ⑤ ⓓ, ⓔ

12 윗글의 내용을 잘못 이해한 사람끼리 짝지어진 것은?

> • 미나: Uncle Bob had an idea to find the lady's ring.
> • 다연: People started to buy the doughnuts only because they were delicious.
> • 민호: The lady's ring was found by a customer in the doughnut shop.
> • 소윤: The lady gave one hundred dollars to the man who found the ring.
> • 도준: Thanks to Homer, Uncle Bob could sell many doughnuts.

① 미나, 다연   ② 미나, 민호   ③ 다연, 소윤
④ 민호, 소윤   ⑤ 소윤, 도준

서술형

[13~14] 다음 글을 읽고, 물음에 답하시오.

Just then the lady came back to the shop.

Lady: I lost my diamond ring. I think I left it on the counter.
Homer: Oh, I remember. ⓐ당신은 반죽 섞기를 시작하기 전에 그것을 빼셨어요.

Everyone looked for the diamond ring, but they couldn't find it.

Homer: I can't find it.
Lady: I'll give a reward of one hundred dollars to the person who finds that ring!
Homer: I know! The ring fell into the batter. I'm sure it's inside one of these doughnuts!
Lady: You're right!
Bob: Oh, no! Now we have to break up all of these doughnuts to find the ring.
Homer: Don't worry, Uncle. I have an idea.

Homer took a piece of paper and made a sign. He then put it in the shop's window.

13 윗글의 밑줄 친 우리말 ⓐ와 의미가 같도록 [조건]에 맞게 문장을 쓰시오.

> [조건] 1. 괄호 안의 말을 사용하고, 필요시 형태를 바꿀 것
> 2. You로 시작하는 11단어의 완전한 문장으로 쓸 것

→ _____

(take, off, before, start, mix, it, the batter)

14 윗글의 내용과 일치하도록 다음 질문에 완전한 영어 문장으로 답하시오.

(1) How much is the lady going to give the person that finds her ring?
→ _____
_____

(2) Where did Homer think the lady's ring was?
→ _____
_____

01 다음 영영풀이에 해당하는 단어로 알맞은 것은? 4점

> something that you are given for doing something good

① sign   ② recipe   ③ batter
④ ring   ⑤ reward

02 다음 빈칸에 들어갈 말로 알맞은 것은? 4점

> I can't find my wallet. I think I _____ it at home.

① left   ② mixed   ③ pushed
④ worked   ⑤ happened

03 다음 빈칸에 공통으로 들어갈 말로 알맞은 것은? 4점

> • Please _____ your name on the form.
> • There is a _____ on the road that says "Slow down."

① sign   ② drop   ③ prize
④ watch   ⑤ diamond

서술형1
04 다음 두 문장의 뜻이 같도록 빈칸에 알맞은 말을 쓰시오. 5점

> Suddenly, Jenny began to cry loudly.
> = _____ of a _____, Jenny began to cry loudly.

05 다음 중 밑줄 친 부분의 우리말 의미가 알맞지 않은 것은? 4점

① Add some peanuts to the batter. (반죽)
② Who left this bag on the counter? (계산대)
③ Can I try some of your spaghetti? (노력하다)
④ There is enough food for all of them. (충분한)
⑤ She won first prize in the English speaking contest. (상)

[06~08] 다음 글을 읽고, 물음에 답하시오.

> Homer's uncle, Bob, had a doughnut shop. Uncle Bob liked machines, so the shop was full of cooking machines. ⓐOne day, Homer visited Uncle Bob's shop.
>
> **Homer:** Hello, Uncle Bob!
> **Bob:** Hi, Homer. Nice to see you. Look at this new doughnut machine. Isn't it great? Homer, I need to go back home for a while. Can you watch the shop for me and ⓑmake some doughnuts?
> **Homer:** OK, I'll try, but ....
> **Bob:** It's easy to do. First, make the doughnut batter and put it in the machine. Then just ⓒstart the machine. Here's the recipe.
> **Homer:** I can do that. Don't worry.
>
> After Uncle Bob left, a big car stopped in front of the shop, and a lady ⓓstepped out.
>
> **Lady:** Can I have some doughnuts and a coffee?
> **Homer:** I'm sorry, but the doughnuts ⓔare ready.

서술형2
06 윗글의 밑줄 친 ⓐ~ⓔ 중 문맥상 어색한 것의 기호를 쓰고, 바르게 고쳐 쓰시오. 6점

(   ) → _____

서술형3
07 다음 영영풀이에 해당하는 단어를 윗글에서 찾아 쓰시오. 5점

> a list of ingredients and instructions for cooking something

→ _____

08 윗글의 Bob에 대한 내용으로 알맞지 않은 것은? 5점

① 도넛 가게를 운영한다.
② Homer의 삼촌이다.
③ 새로운 도넛 기계를 장만했다.
④ Homer에게 가게를 봐 달라고 부탁했다.
⑤ 귀부인이 가게에 왔을 때 도넛을 만들고 있었다.

[09~11] 다음 글을 읽고, 물음에 답하시오.

The lady took ____ⓐ____ her coat and her big diamond ring. She started to mix the batter.

Lady: I can help you. I can make delicious doughnuts.

Homer: Uh, OK. This is a lot ____ⓑ____ batter.

Lady: Just wait and see. (A)The doughnuts will taste greatly.

Homer turned ____ⓒ____ the doughnut machine. Rings of batter started dropping ____ⓓ____ the hot oil.

Lady: You try the first doughnut. Here.

Homer: Wow! It's really delicious!

Lady: I have to go now. This was so much fun! Good-bye!

Homer: Thank you ____ⓔ____ helping me. Good-bye!

09 윗글의 빈칸 ⓐ~ⓔ에 들어갈 말로 알맞지 <u>않은</u> 것은? **5점**

① ⓐ: off   ② ⓑ: of   ③ ⓒ: on

④ ⓓ: into   ⑤ ⓔ: to

서술형 **4**

10 윗글의 밑줄 친 문장 (A)에서 어법상 <u>틀린</u> 부분을 찾아 바르게 고쳐 쓰시오. **6점**

_____ → _____

고
난도

11 윗글의 내용과 일치하는 것은? **6점**

① Homer helped Uncle Bob make doughnuts.

② The lady was wearing her diamond ring when she mixed the doughnut batter.

③ Homer used a doughnut machine to make doughnuts.

④ The lady ate the first doughnut.

⑤ Homer and the lady decided to sell the doughnuts together.

[12~14] 다음 글을 읽고, 물음에 답하시오.

Homer had enough doughnuts, so he pushed the stop button, but nothing happened. The doughnuts kept ____ⓐ____ out of the machine.

Homer: Hmm… What's wrong? I think I should call Uncle Bob.

_____ⓑ_____ Homer piled the doughnuts on the counter.

Homer: Uncle Bob! Please ____ⓒ____ back right away. ⓓSomething's wrong with the doughnut machine.

Bob: Oh, no! How can we sell all these doughnuts?

12 윗글의 빈칸 ⓐ와 ⓒ에 들어갈 come의 올바른 형태가 순서대로 짝지어진 것은? **4점**

① come – come

② coming – come

③ coming – coming

④ to come – come

⑤ to come – to come

---

13 윗글의 빈칸 ⓑ에 들어갈 말로 가장 알맞은 것은? **5점**

① Homer sold all the doughnuts.

② Homer put the batter into the machine.

③ Homer fixed the doughnut machine.

④ The shop was now full of doughnuts.

⑤ Homer still had to make a lot of doughnut batter.

서술형 **5**

14 윗글의 밑줄 친 ⓓ에 해당하는 내용을 본문에서 찾아 우리말로 쓰시오. (25자 내외) **6점**

→ _____

_____

[15~17] 다음 글을 읽고, 물음에 답하시오.

> Just then the lady came back to the shop.
>
> **Lady:** I lost my diamond ring. I think I left it on the counter. (①)
>
> **Homer:** Oh, I remember. You @took off it before you started ⓑmixed the batter.
>
> Everyone looked for the diamond ring, but they couldn't find it. (②)
>
> **Homer:** I can't find it. (③)
>
> **Lady:** I'll give a reward of one hundred dollars to the person ©which finds that ring!
>
> **Homer:** I know! (④) I'm sure it's inside one of these doughnuts!
>
> **Lady:** You're right!
>
> **Bob:** Oh, no! Now we have to ⓓbreaking up all of these doughnuts ⓔfind the ring.
>
> **Homer:** Don't worry, Uncle. I have an idea. (⑤)

15 윗글의 ①~⑤ 중 주어진 문장이 들어갈 위치로 알맞은 것은? 　　4점

> The ring fell into the batter.

①　　②　　③　　④　　⑤

16 윗글의 밑줄 친 @~ⓔ를 어법상 바르게 고쳐 쓴 것 중 틀린 것은? 　　5점

① @ → took it off　　② ⓑ → to mixing
③ © → who　　④ ⓓ → break up
⑤ ⓔ → to find

서술형**6**

17 윗글의 내용과 일치하도록 다음 질문에 완전한 영어 문장으로 답하시오. 　　6점

> Why did the lady go back to the doughnut shop?

→ _____

[18~20] 다음 글을 읽고, 물음에 답하시오.

> Homer took a piece of paper and made a sign. He then put it in the shop's window.
>
> > **Fresh Doughnuts**
> > 2 for 5 cents
> > **$100 prize for finding a ring inside a doughnut**
> > P.S. You have to give the ring back.
>
> Then many people began to buy the doughnuts. All of a sudden, a man shouted with excitement.
>
> **Man:** I found it! I found the ring!
>
> **Homer:** See, my idea ＿＿＿@＿＿＿!
>
> **Lady:** Here's one hundred dollars!
>
> ＿＿＿ⓑ＿＿＿, everybody was happy. The man went home with one hundred dollars. The lady got her diamond ring back, and Uncle Bob sold lots of doughnuts. And, what about Homer? He was happy that his idea worked so well!

서술형**7**

18 빈칸 @에 알맞은 말을 윗글에서 찾아 한 단어로 쓰시오. 　　6점

→ _____

19 윗글의 빈칸 ⓑ에 들어갈 말로 알맞은 것은? 　　4점

① However　　② Similarly
③ For example　　④ In the end
⑤ On the contrary

20 Which CANNOT be answered "Yes" from the text above? 　　6점

① Did Homer make a sign to find the lady's ring?
② Did Homer's idea work well?
③ Did Homer get the prize for finding the lady's ring?
④ Did Uncle Bob sell many doughnuts?
⑤ Was Homer happy at the end of the story?

01 다음 중 짝지어진 단어의 관계가 나머지와 다른 하나는?

4점

① find – lose　　　② sell – buy
③ start – begin　　④ inside – outside
⑤ put on – take off

서술형1
02 다음 빈칸에 공통으로 들어갈 단어를 주어진 철자로 시작하여 쓰시오.

5점

- I didn't l_____ my umbrella on the bus.
- Please turn off all the lights when you l_____.

03 다음 빈칸에 들어갈 말이 순서대로 바르게 짝지어진 것은?

4점

- The boy disappeared all _____ a sudden.
- We won _____ the end, but it was a close game.

① of – in　　　② of – on　　　③ for – at
④ for – with　　⑤ from – with

서술형2
04 다음 영영풀이에 해당하는 단어를 주어진 철자로 시작하여 쓰시오.

4점

to place a number of things on top of each other

→ p_____

신유형
05 다음 ⓐ~ⓓ의 빈칸 어느 곳에도 들어갈 수 없는 것은? 6점

ⓐ Can you wait for me for a _____?
ⓑ The garden was _____ of red roses.
ⓒ I didn't _____ out of my room all day.
ⓓ He tried to _____ up the apple pie, but he couldn't.

① full　　　② happen　　　③ break
④ step　　　⑤ while

[06~08] 다음 글을 읽고, 물음에 답하시오.

　　Homer's uncle, Bob, had a doughnut shop. Uncle Bob liked machines, so the shop was full of cooking machines. One day, Homer visited Uncle Bob's shop.

Homer: Hello, Uncle Bob! (①)
Bob: Hi, Homer. Nice to see you. Look at this new doughnut machine. Isn't it great? (②) Homer, I need to go back home for a while. Can you watch the shop for me and make some doughnuts?
Homer: OK, I'll try, but .... (③)
Bob: It's easy to do. (④) Then just start the machine. Here's the recipe.
Homer: I can do that. (⑤) Don't worry.

06 윗글의 ①~⑤ 중 주어진 문장이 들어갈 위치로 알맞은 것은?

4점

First, make the doughnut batter and put it in the machine.

①　　　②　　　③　　　④　　　⑤

서술형3
07 Bob 삼촌이 Homer에게 부탁한 두 가지 일을 우리말로 쓰시오.

각 3점

(1) _____
(2) _____

08 윗글의 내용과 일치하지 않는 것은?

5점

① Uncle Bob ran a doughnut shop.
② Homer saw a new cooking machine in his uncle's shop.
③ Uncle Bob had to leave the shop for a moment.
④ Uncle Bob explained to Homer how to make doughnuts.
⑤ Homer disagreed to make doughnuts by himself.

모의고사

[09~11] 다음 글을 읽고, 물음에 답하시오.

Lady: Can I have some doughnuts and a coffee?

Homer: I'm sorry, but the doughnuts aren't ready.

Lady: Are you making the doughnut batter now?

Homer: Yes, this is my first time.

　The lady ①took off her coat and her big diamond ring. She started ②to mix the batter.

Lady: I can help you. I can make delicious doughnuts.

Homer: Uh, OK. This is a lot of ③batters.

Lady: Just wait and see. The doughnuts will taste great.

　Homer turned on the doughnut machine. Rings of batter started dropping into the hot oil.

Lady: You try the first doughnut. Here.

Homer: Wow! ⓐIt's really delicious!

Lady: I have to go now. This was so ④much fun! Good-bye!

Homer: Thank you for ⑤helping me. Good-bye!

서술형**4**

09 윗글의 밑줄 친 ⓐIt이 가리키는 것을 본문에서 찾아 3단어로 쓰시오.
　　　　　　　　　　　　　　　　　　4점

→ _____

10 윗글의 밑줄 친 ①~⑤ 중 어법상 틀린 것은?　5점

① ② ③ ④ ⑤

서술형**5**

11 윗글의 내용과 일치하도록 (A)~(E)를 일어난 순서대로 배열하시오.　5점

(A) Homer tasted the first doughnut.

(B) The lady left the doughnut shop.

(C) The lady began to mix the batter.

(D) The lady took off her coat and her ring.

(E) Homer started the doughnut machine.

(　　) – (　　) – (　　) – (　　) – (　　)

[12~14] 다음 글을 읽고, 물음에 답하시오.

　Homer had enough doughnuts, so he pushed the stop button, but nothing happened. The doughnuts kept coming out of the machine.

Homer: Hmm… What's ___ⓐ___? I think I should call Uncle Bob.

　(A) The shop was now full of doughnuts. Homer piled the doughnuts on the counter.

Homer: Uncle Bob! Please come back right away. Something's ___ⓑ___ with the doughnut machine.

Bob: Oh, no! (B) How can we sell all these doughnuts?

---

12 윗글의 빈칸 ⓐ와 ⓑ에 공통으로 들어갈 말로 알맞은 것은?　4점

① fun　　　　② right　　　　③ wrong

④ ready　　　⑤ delicious

고
난도

13 윗글의 밑줄 친 (A)의 이유로 알맞은 것은?　6점

① The doughnut shop was too small.

② Homer fixed the doughnut machine.

③ Uncle Bob asked Homer to make more doughnuts.

④ The doughnut machine didn't stop making doughnuts.

⑤ Homer forgot to push the stop button on the doughnut machine.

14 윗글의 밑줄 친 문장 (B)를 통해 유추할 수 있는 Bob의 심경으로 가장 알맞은 것은?　4점

① sorry　　　② worried　　　③ joyful

④ happy　　　⑤ excited

[15~17] 다음 글을 읽고, 물음에 답하시오.

Just then the lady came back to the shop.

Lady: I lost ⓐmy diamond ring. I think I left it on the counter.

Homer: Oh, I remember. You took ⓑit off before you started to mix the batter.

Everyone looked for the diamond ring, but they couldn't find it.

Homer: I can't find ⓒit.

Lady: I'll give a reward of one hundred dollars (A)그 반지를 찾는 사람에게!

Homer: I know! The ring fell into the batter. I'm sure ⓓit's inside one of these doughnuts!

Lady: You're right!

Bob: Oh, no! Now we have to break up all of these doughnuts to find the ring.

Homer: Don't worry, Uncle. I have an idea.

Homer took a piece of paper and made a sign. He then put ⓔit in the shop's window.

15 윗글의 밑줄 친 ⓐ~ⓔ 중 가리키는 것이 나머지와 <u>다른</u> 하나는? **4점**

① ⓐ ② ⓑ ③ ⓒ ④ ⓓ ⑤ ⓔ

서술형6 고난도

16 윗글의 밑줄 친 우리말 (A)를 [조건]에 맞게 영어로 쓰시오. **6점**

> [조건] 1. 관계대명사를 사용할 것
>
> 2. the person, find, that ring을 사용하여 7단어로 쓰고, 필요시 형태를 바꿀 것

→ _____

서술형7

17 윗글의 내용과 일치하도록 빈칸에 알맞은 말을 쓰시오. **6점**

> Homer thought that the lady's ring was inside one of the _____, and he _____ _____ _____ to find the ring.

[18~20] 다음 글을 읽고, 물음에 답하시오.

> ⓐ**Fresh Doughnuts**
> 2 for 5 cents
> $100 ⓑprize for finding a ring inside a doughnut
> P.S. You have to give the ring back.

Then many people began to ⓒbuy the doughnuts. All of a sudden, a man shouted with ⓓexcitement.

Man: I found it! I found the ring!

Homer: See, my idea ⓔfailed!

Lady: Here's one hundred dollars!

In the end, everybody was happy. The man went home with one hundred dollars. The lady got her diamond ring back, and Uncle Bob sold lots of doughnuts. And, what about Homer? He was happy that his idea (A)worked so well!

18 윗글의 밑줄 친 ⓐ~ⓔ 중 문맥상 <u>어색한</u> 것은? **5점**

① ⓐ ② ⓑ ③ ⓒ ④ ⓓ ⑤ ⓔ

19 윗글의 밑줄 친 (A) work와 같은 의미로 쓰인 것은? **5점**

① She worked on her school project.
② My mother works at a middle school.
③ He took some medicine, but it didn't work.
④ How long have you worked for this company?
⑤ Sarah worked as an assistant cook for a few years.

서술형8

20 윗글의 인물들이 마지막에 각자 어떻게 행복하게 되었는지 우리말로 쓰시오. **각 2점**

(1) Man: _____

(2) Lady: _____

(3) Bob: _____

(4) Homer: _____

내신 적중 모의고사
오답 공략

〈제1회〉대표 기출로 내신 **적중** 모의고사

● 틀린 문항을 표시해 보세요.

총점 _____ / 100

문항	영역	문항	영역	문항	영역	문항	영역
01	p.158(W)	06	p.162(R)	11	pp.162~163(R)	16	pp.163~164(R)
02	p.158(W)	07	p.162(R)	12	p.163(R)	17	pp.163~164(R)
03	p.158(W)	08	p.162(R)	13	p.163(R)	18	p.164(R)
04	p.158(W)	09	pp.162~163(R)	14	p.163(R)	19	p.164(R)
05	p.158(W)	10	pp.162~163(R)	15	pp.163~164(R)	20	p.164(R)

● 부족한 영역을 점검하고 어떻게 더 학습할지 계획을 적어 보세요.

오답 공략
부족한 영역
학습 계획

〈제2회〉대표 기출로 내신 **적중** 모의고사

● 틀린 문항을 표시해 보세요.

총점 _____ / 100

문항	영역	문항	영역	문항	영역	문항	영역
01	p.158(W)	06	p.162(R)	11	pp.162~163(R)	16	pp.163~164(R)
02	p.158(W)	07	p.162(R)	12	p.163(R)	17	pp.163~164(R)
03	p.158(W)	08	p.162(R)	13	p.163(R)	18	p.164(R)
04	p.158(W)	09	pp.162~163(R)	14	p.163(R)	19	p.164(R)
05	p.158(W)	10	pp.162~163(R)	15	pp.163~164(R)	20	p.164(R)

● 부족한 영역을 점검하고 어떻게 더 학습할지 계획을 적어 보세요.

오답 공략
부족한 영역
학습 계획

192 Special Lesson Creative Ideas in Stories

동아출판 영어 교재 가이드

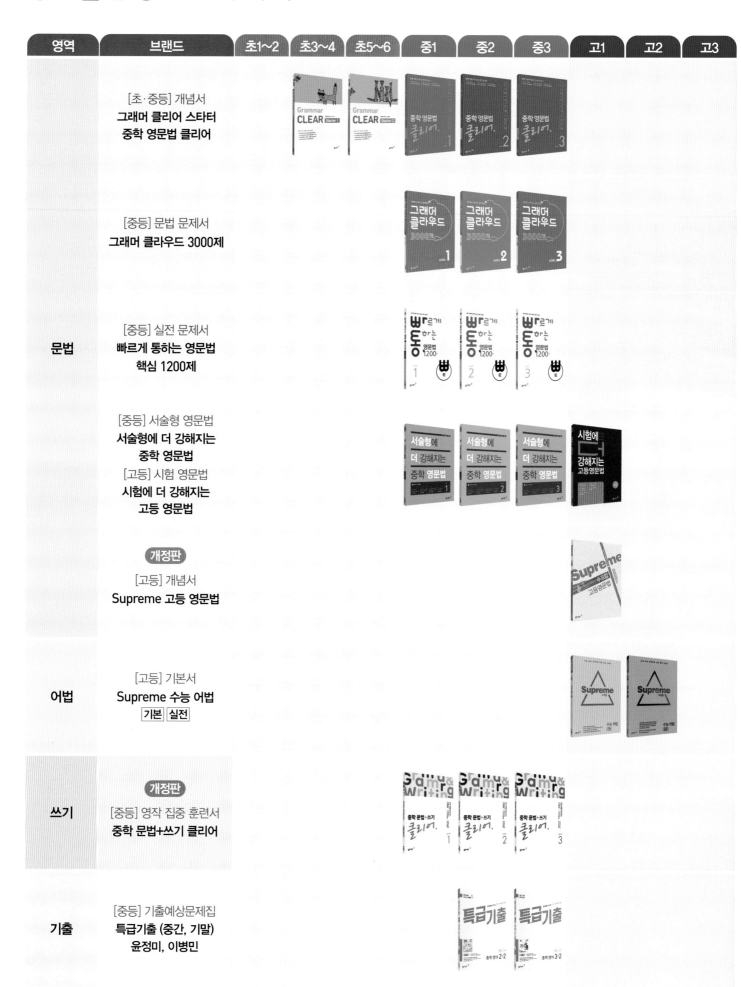

영역	브랜드	초1~2	초3~4	초5~6	중1	중2	중3	고1	고2	고3
문법	[초·중등] 개념서 **그래머 클리어 스타터 중학 영문법 클리어**		Grammar CLEAR Starter 1	Grammar CLEAR Starter 2	중학 영문법 클리어 1	중학 영문법 클리어 2	중학 영문법 클리어 3			
	[중등] 문법 문제서 **그래머 클라우드 3000제**				그래머 클라우드 3000제 1	그래머 클라우드 3000제 2	그래머 클라우드 3000제 3			
	[중등] 실전 문제서 **빠르게 통하는 영문법 핵심 1200제**				빠르게 통하는 영문법 1200 1	빠르게 통하는 영문법 1200 2	빠르게 통하는 영문법 1200 3			
	[중등] 서술형 영문법 **서술형에 더 강해지는 중학 영문법** [고등] 시험 영문법 **시험에 더 강해지는 고등 영문법**				서술형에 더 강해지는 중학 영문법 1	서술형에 더 강해지는 중학 영문법 2	서술형에 더 강해지는 중학 영문법 3	시험에 더 강해지는 고등영문법		
	개정판 [고등] 개념서 **Supreme 고등 영문법**							Supreme 고등영문법		
어법	[고등] 기본서 **Supreme 수능 어법** **기본** **실전**							Supreme 수능 어법 기본 / Supreme 수능 어법 실전		
쓰기	**개정판** [중등] 영작 집중 훈련서 **중학 문법+쓰기 클리어**				Gramr & Writing 중학 문법+쓰기 클리어 1	Gramr & Writing 중학 문법+쓰기 클리어 2	Gramr & Writing 중학 문법+쓰기 클리어 3			
기출	[중등] 기출예상문제집 **특급기출 (중간, 기말)** 윤정미, 이병민					특급기출 중학 영어 2-2	특급기출 중학 영어 3-2			

동아출판이 만든 진짜 기출예상문제집

특급기출

기말고사

중학 영어 2-2

윤정미

정답 및 해설

동아출판

Lesson 7
Life in Space

STEP **A**

W Words 연습 문제   p. 9

A 01 괜찮은, 받아들일 만한
02 흥미진진한, 스릴 만점의
03 나중에, 후에
04 우주; 공간
05 이전에; 지금까지
06 그릇, 용기
07 화성
08 맛; 맛이 ～하다
09 고치다, 수리하다
10 언덕
11 궁금한, 호기심이 많은
12 삼키다
13 (어떤 방향을) 향하여
14 어디에나, 어디든지
15 웃다
16 형성하다, 만들다
17 우주선
18 흔들다
19 후식
20 (물 위나 공중에서) 뜨다, 떠가다

B 01 land
02 far
03 grass
04 begin
05 type
06 marathon
07 moon
08 hero
09 space station
10 dangerous
11 alone
12 lie
13 save
14 secret
15 wet
16 foreign
17 exciting
18 Earth
19 finally
20 space suit

C 01 서로
02 놀라서
03 태어나다
04 ～을 끌어내리다, 당겨서 내리다
05 ～에서 일하다
06 ～으로 뒤덮여 있다
07 ～에 타다
08 더 이상 ～이 아닌
09 굴러 내려가다
10 A에게 B에 대해 말하다

D 01 run up to
02 be born
03 get on
04 lie down
05 not ~ anymore
06 in surprise
07 be covered with
08 pull down
09 each other
10 go back to

W Words Plus 연습 문제   p. 11

A 1 space, 우주   2 container, 그릇, 용기   3 form, 형성하다, 만들다   4 shake, 흔들다   5 float, 뜨다, 떠가다   6 curious, 궁금한   7 roll, 구르다, 굴러가다   8 secret, 비밀
B 1 everywhere   2 laugh   3 towards   4 lie   5 swallow
C 1 in surprise   2 was born   3 Get on   4 each other   5 was covered with
D 1 finally   2 land   3 far   4 alone

A |해석|
1 지구 바깥의 지역
2 물건을 안에 넣어 보관하는 것
3 어떤 것을 존재하게 하거나 성장하게 하다
4 위아래 또는 좌우로 빠르게 움직이다
5 물이나 공기 중에 느리고 부드럽게 움직이다
6 어떤 것을 알고 싶거나 세상에 대해 배우고 싶은
7 특정 방향으로 반복해서 돌아서 이동하다
8 다른 사람들에게 말하지 않는 아이디어, 계획 또는 정보

B |해석|
1 그녀의 개는 그녀와 함께 <u>어디든지</u> 간다.
2 나는 그가 갑자기 크게 <u>웃는</u> 것을 들었다.
3 그는 일어나서 친구들을 <u>향해</u> 걸었다.
4 네가 몸이 좋지 않으면 <u>누워도</u> 된다.
5 나는 목이 아파서 무엇인가를 <u>삼킬</u> 때 아프다.

D |해석|
1 진짜의 : 정말로 = 마지막의 : <u>마침내</u>
2 시작하다, 시작되다 : 끝나다, 끝내다 = <u>착륙하다</u> : 이륙하다
3 안전한 : 위험한 = 멀리 : 가까이
4 마침내 : 마침내 = <u>혼자</u> : 혼자

W Words 실전 TEST   p. 12

01 ②   02 ②   03 ①   04 ⑤   05 ③   06 ⑤
07 space station

01 |해석| ① 착륙하다   ② 형성하다, 만들다   ③ 뜨다, 떠가다   ④ 구르다, 굴러가다   ⑤ 흔들다
|해설| '어떤 것을 존재하게 하거나 성장하게 하다'는 form의 영영풀이다.

02 |해석| ① 멀리 – 가까이
② 여행 – 여행
③ 착륙하다 – 이륙하다
④ 신나는 – 지루한
⑤ 안전한 – 위험한
|해설| ②는 유의어 관계이고, 나머지는 모두 반의어 관계이다.

03 |해석| • 그는 놀라서 눈을 크게 떴다.
• 우리는 오늘 아침에 지하철을 잘못 탔다.

|해설| in surprise: 놀라서 / get on: ~을 타다

04 |해석| • 내게 진실을 말해 줘. 내게 <u>거짓말하지</u> 마.
• 너는 침대에 <u>누워서</u> 휴식을 좀 취해야 한다.
|해설| 첫 번째 빈칸에는 '거짓말하다'의 의미로, 두 번째 빈칸에는 '눕다'의 의미로 쓰인 lie가 들어가는 것이 알맞다.

05 |해석| ① 그들은 언덕에 있는 나무로 <u>뛰어 올라갔다</u>.
② 산은 눈으로 <u>뒤덮여</u> 있다.
③ 기계 위의 손잡이를 <u>당겨서 내려라</u>.
④ 아이들은 <u>서로</u> 바라보면서 웃었다.
⑤ 그는 독일에서 <u>태어났지만</u>, 그의 부모는 프랑스 출신이다.
|해설| ③ pull down은 '~을 끌어내리다, 당겨서 내리다'라는 뜻이다.

06 |해석| ① 우주: 지구 바깥의 지역
② 착륙하다: 땅 위로 하강하다
③ 여행: 여행하는 장소로 방문
④ 그릇, 용기: 물건을 안에 넣어 보관하는 것
⑤ 흔들다: 음식이나 음료를 목구멍 아래로 내려가게 하다(→ 위아래 <u>또는 좌우로 빠르게 움직이다</u>)
|해설| ⑤ shake(흔들다)의 영영풀이는 to move up and down or from side to side quickly가 알맞다. 주어진 영영풀이에 해당하는 단어는 swallow(삼키다)이다.

07 |해설| '우주 정거장'은 space station이다.

L&T Listen and Talk 만점 노트 pp. 14-15

Q1 poster Q2 Mars Q3 ⓑ Q4 video, space marathon
Q5 T Q6 F Q7 ⓑ Q8 T Q9 아들을 구하는 아버지에 관한 내용 Q10 T

L&T Listen and Talk 빈칸 채우기 pp. 16-17

Listen and Talk A-1 Did you hear about, curious about, spaceship
Listen and Talk A-2 Did you, No, I didn't, curious, right here, about
Listen and Talk A-3 hear about, I didn't, space station, really curious
Listen and Talk A-4 Did you hear about, space food, a type of, curious about, taste
Listen and Talk C hear, *Life*, heard, What's it about, It's about, sounds interesting, is playing, begins, eat lunch first
Talk and Play Did you hear, curious about it
Review-1 about the movie, I heard it's really good, I'm really curious, about a father
Review-2 Did you hear about, It's about living, I'm really curious about

---

L&T Listen and Talk 대화 순서 배열하기 pp. 18-19

1 ⓒ - ⓐ - ⓓ - ⓑ 2 ⓓ - ⓑ, ⓒ 3 ⓒ - ⓑ - ⓓ - ⓐ
4 ⓑ - ⓒ, ⓓ 5 ⓓ - ⓘ, ⓙ - ⓒ, ⓑ - ⓐ - ⓔ 6 ⓑ - ⓐ - ⓒ
7 ⓓ - ⓔ, ⓐ - ⓒ 8 ⓔ - ⓒ, ⓑ - ⓓ

L&T Listen and Talk 실전 TEST pp. 20-21

01 ② 02 ① 03 ⑤ 04 ④ 05 ② 06 ② 07 ②
08 ④ 09 ⑤
[서술형]
10 Did you hear about the new dessert **11** (1) |모범 답| Did you hear about the new book (2) |모범 답| I'm (really) curious about it(the book). **12** They are talking about the space marathon.

01 |해석| A: 새 TV 프로그램에 대해 들었니?
B: 응, 들었어. 애완동물 훈련에 관한 프로그램이야.
|해설| 빈칸 뒤에 TV 프로그램에 대한 정보를 덧붙여 말하는 것으로 보아 TV 프로그램에 대해 들어서 알고 있는지 묻는 말에 긍정의 응답을 하는 것이 알맞다. Did ~로 물었으므로 did를 써서 답하는 것이 알맞다.

02 |해석| A: 'My Hero'라는 새로 나온 영화에 대해 들었니?
B: 아니, 못 들었어. 하지만, <u>나는 그 영화에 대해 궁금해</u>.
A: 아들을 구하는 한 아버지에 관한 영화야.
② 나는 그 영화를 많이 좋아해
③ 나는 어제 그것을 봤어
④ 나는 그 영화가 그렇게 좋지는 않았어
⑤ 나는 그 영화가 좀 지루하다고 생각해
|해설| 새로 나온 영화에 대해 들었는지 묻는 말에 부정의 응답을 했고, 빈칸 다음에 상대방이 그 영화의 내용을 설명해 주는 것으로 보아, 빈칸에는 영화에 대한 궁금증을 표현하는 말이 들어가는 것이 알맞다.

03 |해석| A: _____
B: 아니, 하지만 그것에 대해 알고 싶어.
A: 야구 게임이야. 네가 좋아하는 선수를 골라 게임할 수 있어.
① 새 게임을 알고 있니?
② 새 게임에 대해 들었니?
③ 새 게임에 대해 아니?
④ 새 게임에 대해 들어 본 적 있니?
⑤ 새 게임에 대해 더 알고 싶니?
|해설| 새로운 정보에 대해 알고 있는지 묻는 표현이 들어가는 것이 알맞다. ⑤ 새 게임에 대해 더 알고 싶은지 묻는 말에 부정의 응답을 한 뒤 게임에 대해 알고 싶다고 말하는 것은 어색하다.

04 |해석| (B) 우주로 간 첫 번째 우주선에 대해 들었니?
(D) 아니, 못 들었어. 난 그게 뭔지 궁금해.
(C) 이것이 그 우주선의 포스터야.
(A) 정말? 그것을 사고 싶다.

05 |해석| A: 새로 나온 우주 음식에 대해 들었니?
B: 아니, 못 들었어.(→ 응, 들었어.) 그건 아이스크림의 한 종류야.

A: 맞아, 그리고 여기 있네. 맛있어 보인다.

B: 맛이 어떨지 정말 궁금하다.

A: 나도 그래. 좀 먹어 보고 싶어.

|해설| ⓐ에 이어서 새로 나온 우주 음식에 대해 설명하는 말을 덧붙이는 것으로 보아, 새 우주 음식에 대해 들었는지 묻는 말에 긍정으로 답해야 한다.

06 |해설| 소녀: 화성에 관한 새로 나온 책에 대해 들었니?

소년: 아니, 못 들었어. 난 화성에 대해 정말 궁금해.

소녀: 봐. 바로 여기 있어. 화성과 그것의 위성들에 관한 책이야.

소년: 멋지다. 그 책을 사야겠어.

① 소년은 새로 나온 책에 대해 알고 있었는가?

② 새로 나온 책의 제목은 무엇인가?

③ 소년이 궁금해 하는 것은 무엇인가?

④ 새로 나온 책은 무엇에 관한 것인가?

⑤ 소년은 무엇을 살 것인가?

|해설| ② 두 사람이 이야기하고 있는 책의 제목은 대화에 언급되어 있지 않다.

[07~09] |해석|

A: 수빈아, '달에서의 삶'이라는 새로 나온 영화에 대해 들었니?

B: 아니, 못 들었어.

A: 나는 굉장히 좋다고 들었어.

B: 그 영화가 정말 궁금하네. 무엇에 관한 거니?

A: 달에서 살기 위해 노력하는 한 남자에 관한 것이야.

B: 그거 재미있겠다.

A: 봐. 그 영화가 여기 우주 극장에서 상영 중이야.

B: 영화가 몇 시에 상영되니?

A: 2시 30분에 시작해.

B: 우선 점심부터 먹고 나서 영화를 보자.

A: 그래. 배고프다. 가자!

07 |해설| 주어진 문장은 무엇에 관한 영화인지 묻는 말이므로 영화의 내용을 설명하는 말 앞인 ②에 위치하는 것이 알맞다.

08 |해석| ① 나는 영화배우가 되고 싶어.

② 나는 그 영화에 관심 없어.

③ 나는 그 영화를 보고 싶지 않아.

④ 나는 그 영화에 대해 더 알고 싶어.

⑤ 나는 이전에 그 영화에 대해 들어 본 적이 전혀 없어.

|해설| ⓐ는 '그 영화가 정말로 궁금하다.'라는 의미이므로 그 영화에 대해 더 알고 싶다는 의미의 ④와 바꿔 쓸 수 있다.

09 |해설| ⑤ 두 사람은 점심을 먼저 먹고 영화를 보기로 했다.

10 |해석| A: 새로 나온 후식 Strawberry Bubbles에 대해 들었니?

B: 응, 들었어.

|해설| '~에 대해 들었니?'라는 의미로 새로운 정보에 대해 알고 있는지 물을 때 Did you hear about ~?이라고 한다.

11 |해석| A: '외국에서 살기'라는 새로 나온 책에 대해 들었니?

B: 아니, 못 들었어.

A: 봐. 바로 여기 있어. 뉴욕에서 사는 것에 관한 책이야.

B: 멋지다. 이 책에 대해 (정말) 궁금해.

A: 나도 그래.

|해설| (1) 새로운 정보에 대해 알고 있는지 물을 때 Did you hear

about ~? 등으로 말한다.

(2) 어떤 대상이 궁금할 때 I'm (really) curious about ~. 등으로 말한다.

12 |해석| A: 우주 마라톤에 대해 들었니?

B: 아니, 못 들었어.

A: 그것은 우주 정거장에서 하는 마라톤이야. 이 비디오를 봐.

B: 그렇게. 정말 궁금하다.

Q: 화자들은 무엇에 대해 이야기하고 있는가?

A: 그들은 우주 마라톤에 대해 이야기하고 있다.

G Grammar 핵심 노트 1 QUICK CHECK   p. 22

1 (1) eaten (2) never felt (3) Have
2 (1) Have, been (2) have lost (3) has gone

1 |해석| (1) 나는 아직 점심을 먹지 못했다.

(2) 나는 바람을 느껴 본 적이 전혀 없다.

(3) 너는 언덕을 굴러 내려가 본 적이 있니?

2 |해석| (1) 너는 유럽에 가 본 적이 있니?

(2) 나는 연필을 잃어버려서 그것을 찾고 있다.

(3) Harry는 여기에 없다. 그는 뉴멕시코로 가 버렸다.

G Grammar 핵심 노트 2 QUICK CHECK   p. 23

1 (1) to play (2) to (3) It   **2** (1) solve → to solve
(2) breathes → to breathe (3) made → to make

1 |해석| (1) 불을 가지고 장난하는 것은 위험하다.

(2) 좋은 책들을 읽는 것은 중요하다.

(3) 아이들을 돌보는 것은 쉽지 않다.

2 |해석| (1) 그 문제를 푸는 것은 쉬웠다.

(2) 수중에서 숨 쉬는 것은 어렵다.

(3) 새로운 친구들을 사귀는 것은 매우 신난다.

G Grammar 연습 문제 1   p. 24

A 1 has   **2** has rained   **3** finished
   4 have you studied

B 1 has lost   **2** have had   **3** has lived   **4** have been

C 1 visited   **2** passed   **3** hasn't(has not)   **4** Have you

D 1 She hasn't finished her dinner yet.
   2 I've known him since I was a child.
   3 How many times has he been to Alaska?

A |해석| 1 Jane은 런던에 가 본 적이 있다.
   2 어젯밤부터 비가 오고 있다.
   3 나는 방금 숙제를 끝냈다.
   4 너는 영어를 공부한 지 얼마나 되었니?

|해설| 1~3 현재완료는 「have/has+과거분사」의 형태로 쓰는데, 주어가 3인칭 단수일 때는 has로 쓴다.

4 현재완료 의문문은 「의문사+have/has+주어+과거분사 ~?」의 형태로 쓴다.

B |해석| 1 Ben은 우산을 잃어버렸다. 그는 지금 그것을 가지고 있지 않다.
→ Ben은 우산을 잃어버렸다.

2 나는 일주일 전에 치통이 있었다. 나는 여전히 그것을 앓고 있다.
→ 나는 일주일 동안 치통을 앓고 있다.

3 Sam은 태어났을 때 서울에 살기 시작했다. 그는 여전히 그곳에 산다.
→ Sam은 태어난 이후로 서울에 살고 있다.

4 우리는 3년 전에 처음 제주도에 갔다. 우리는 작년에 그곳에 또 갔다.
→ 우리는 제주도에 두 번 가 본 적이 있다.

|해설| 모두 과거의 일이 현재까지 영향을 미치거나 관련이 있는 내용이므로, 현재완료(have/has+과거분사)를 사용하여 1은 결과, 2와 3은 계속, 4는 경험의 의미를 나타낸다.

C |해석| 1 Tom은 태국을 네 번 방문했다.
2 나는 지난 달에 시험에 합격했다.
3 그녀는 우리에게 아직 어떤 것도 말하지 않았다.
4 전에 유성을 본 적 있니?

|해설| 1 경험의 의미를 나타내는 현재완료(have/has+과거분사)를 쓴다.

2 과거의 특정 시점을 나타내는 부사구(last month)가 있으므로, 과거 시제로 써야 한다.

3 현재완료의 부정문은 「have/has not+과거분사」 형태로 쓴다.

4 현재완료의 의문문은 「Have/Has+주어+과거분사 ~?」의 형태로 쓴다.

D |해설| 1 「have/has not+과거분사」 형태의 현재완료 부정문으로 쓴다.

2 계속의 의미를 나타내는 「have/has+과거분사」의 형태의 현재완료 문장으로 쓴다.

3 「의문사+have/has+주어+과거분사 ~?」 형태의 현재완료 의문문으로 쓴다.

G Grammar 연습 문제 2   p. 25

A 1 It is hard to fix a bike.   2 It is important to exercise regularly.   3 It is good to eat a lot of vegetables.
4 It is impossible to move this rock alone.

B 1 travel → to travel   2 to taking → to take
3 There → It   4 this → it

C 1 It, to play   2 It, to live   3 It, to drive
4 for him to solve

D 1 It is not easy to keep a pet.
2 It was difficult to buy a ticket for the concert.
3 It is not safe to ride a motorcycle without a helmet.

A |해석| 1 자전거를 고치는 것은 어렵다.
2 규칙적으로 운동하는 것은 중요하다.
3 채소를 많이 먹는 것은 좋다.
4 이 바위를 혼자 옮기는 것은 불가능하다.

|해설| 주어로 쓰인 to부정사구를 뒤로 보내고, 주어 자리에 가주어 It을 쓴다.

B |해석| 1 친구들과 여행하는 것은 신난다.
2 공원에서 산책하는 것은 좋다.
3 새로운 친구들을 사귀는 것은 어려웠다.
4 모든 이름을 기억하는 것이 가능하니?

|해설| 1~2 진주어를 to부정사(to+동사원형) 형태로 쓴다.
3~4 진주어인 to부정사구를 대신하는 가주어로 It(it)을 쓴다.

C |해설| 1~3 가주어 It과 진주어 to부정사구가 쓰인 문장을 완성한다.
4 to부정사의 의미상의 주어는 대부분 「for+목적격」의 형태로 쓴다.

D |해설| 진주어인 to부정사구를 뒤로 보내고 가주어 It을 주어 자리에 쓴다.

G Grammar 실전 TEST   pp. 26-29

01 ⑤	02 ③	03 ④	04 ②	05 ⑤	06 ②	07 ②
08 ②	09 ③	10 ⑤	11 ①	12 ③	13 ②	14 ④
15 ④	16 ④	17 ②				

[서술형]

18 It, to ride a mountain bike   19 has had the wallet
20 (1) seen (2) saw   21 ⓒ → to eat   22 (1) I've(I have) never seen the sunrise before. (2) How long have you practiced playing the guitar? (3) She has worked for this company for 10(ten) years.   23 (1) to watch a baseball game (2) to do yoga (3) to ride a roller coaster
24 (1) Jason has been sick for two days(since two days ago). (2) Ms. Davis has gone to New York.
(3) We have spent all of our money.
(4) Mina and I have been friends since we were children.
25 (1) It is good to get enough sleep.
(2) It is exciting to explore new places.
(3) It is difficult to stand on my hands.
(4) It is exciting to watch a soccer game.

01 |해석| 나는 Tom이 어렸을 때부터 그를 알고 지냈다.
|해설| '~부터'를 뜻하는 접속사 since가 있으므로 계속의 의미를 나타내는 현재완료(have+과거분사)가 쓰이는 것이 알맞다. 주어가 I이므로 have known이 알맞다.

02 |해석| 다른 나라들을 여행하는 것은 정말 멋지다.
|해설| 「It ~ to부정사」 구문으로 빈칸에는 진주어인 to부정사구를 대신하는 가주어 It이 알맞다.

03 |해석| 나는 이탈리아에 _____ 가 본 적 있다.
① 한 번   ② 두 번   ③ 전에
④ 2년 전에   ⑤ 여러 번
|해설| 현재완료는 명확한 과거 시점을 나타내는 부사(구)와 함께 쓸 수 없다.

04 |해설| 「It ~ to부정사」 구문으로 각 빈칸에는 가주어인 It과 진주어인 to부정사가 들어가는 것이 알맞다.

05 |해석| [보기] 그는 어젯밤부터 아팠다.

① Julie는 파티를 떠났다.

② 그들은 전에 서로 만난 적이 있다.

③ 아빠는 역에 막 도착하셨다.

④ 그녀는 이미 숙제를 끝냈다.

⑤ 나는 이 컴퓨터를 3년 동안 사용해 오고 있다.

|해설| [보기]와 ⑤는 계속의 의미를 나타내는 현재완료 문장이다. (① 결과, ② 경험, ③, ④ 완료)

06 |해석| ① 보드게임을 하는 것은 재미있다.

② 한국의 이번 여름은 매우 덥다.

③ 액션 영화를 보는 것은 재미있다.

④ 깊은 강에서 수영하는 것은 위험하다.

⑤ 매일 아침 식사를 하는 것은 중요하다.

|해설| ②는 날씨를 나타낼 때 사용하는 비인칭 주어이고, 나머지는 모두 진주어인 to부정사구를 대신하는 가주어이다.

07 |해석| ① 말을 타 본 적 있니?

② Jessica는 여권을 잃어버렸다.

③ 나는 아직 이메일을 확인하지 못했다.

④ 우리는 2시부터 축구를 하고 있다.

⑤ 학생들은 중국어를 6개월 동안 배우고 있다.

|해설| ② 주어가 3인칭 단수(Jessica)이므로 has lost로 써야 한다.

08 |해설| 주어가 to부정사구일 경우, to부정사구를 문장의 뒤로 보내고 주어 자리에 가주어 It을 써서 나타낼 수 있다.

09 |해석| ① Amy는 방금 과제를 마쳤다.

② 인도 음식을 먹어 본 적 있니?

③ 그녀는 작년 겨울에 캐나다에 갔다.

④ 나는 일곱 살 때부터 일기를 써 오고 있다.

⑤ 이 집에 얼마나 오랫동안 살고 있니?

|해설| ③ 과거 시점을 나타내는 부사구(last winter)가 있으므로 현재완료를 쓸 수 없고 과거 시제로 써야 한다. (has gone → went)

10 |해석| Tina는 런던에 가서 지금 여기에 없다.

= Tina는 런던으로 가 버렸다.

|해설| 'Tina는 런던에 가서 지금 없다.'라는 결과의 의미를 나타낼 때는 현재완료 has gone으로 쓴다.

11 |해석| 다른 사람들에게 열린 마음을 갖는 것은 중요하다.

|해설| ①「It ~ to부정사」 구문으로 주어 자리에 진주어인 to부정사구를 대신하는 가주어 It을 써야 한다.

12 |해석| A: 얼마나 오랫동안 민호를 알고 지냈니?

B: 6년 동안. 내가 초등학생일 때 처음 그 애를 만났어.

A: 너희들은 같은 반이었니?

B: 응. 우리는 그때 가장 친한 친구가 됐어.

|해설| ③ 명확한 과거 시점을 나타내는 when절이 이어지므로 과거 시제로 써야 한다. (have met → met)

13 |해석| 나는 5년 전에 영어를 공부하기 시작했다. 나는 여전히 영어를 공부한다.

① 나는 5년 전에 영어를 공부했다.

② 나는 5년 동안 영어를 공부하고 있다.

③ 나는 5살 때부터 영어를 공부하고 있다.

④ 나는 5년 동안 영어를 공부하고 있지 않다.

⑤ 나는 5년 동안 영어를 공부할 것이다.

|해설| 5년 전부터 영어를 공부하기 시작해서 여전히 공부하고 있으므로, 계속의 의미를 나타내는 현재완료를 쓴다. 기간 앞에는 전치사 for를 쓴다.

14 |해석| ⓐ 큰 개를 씻기는 것은 어렵다.

ⓑ 우리와 함께 캠핑 가는 것은 재미있을 것이다.

ⓒ 그 식당은 아직 문을 열지 않았다.

ⓓ Jason은 부모님께 거짓말해 본 적이 없다.

ⓔ 너는 전에 무지개를 본 적 있니?

|해설| ⓐ「It ~ to부정사」 구문이므로 진주어를 to부정사로 써야 한다. (washes → to wash)

ⓔ 현재완료 의문문은「Have/Has+주어+과거분사 ~?」형태로 쓴다. (Did you ever seen → Have you ever seen / Did you ever see)

15 |해설| 주어진 단어들을 배열하여 문장을 완성하면 It is necessary to wear a safety belt.이므로 5번째로 오는 단어는 wear이다.

16 |해석| ① 책을 읽는 것은 재미있다.

② 그녀는 반지를 잃어버려서 그것을 가지고 있지 않다.

= 그녀는 반지를 잃어버렸다.

③ 하루 종일 집에 있는 것은 지루하다.

④ 그들은 제주도에 가서 여기에 없다.

≠ 그들은 제주도에 가 본 적이 있다.

⑤ 지호는 2015년에 부산에 살기 시작해서 여전히 그곳에 살고 있다.

= 지호는 2015년부터 부산에 살고 있다.

|해설| ④ '~에 가서 지금 여기에 없다'라는 결과의 의미를 나타낼 때 have gone to를 쓴다. have been to는 '~에 가 본 적이 있다'라는 의미로 경험을 나타낸다.

17 |해석| ⓐ 역사를 공부하는 것은 중요하다.

ⓑ 나는 그 퍼즐을 푸는 것이 쉬웠다.

ⓒ 영화 보러 가는 것은 항상 재미있다.

ⓓ 전에 이 노래를 들어 본 적 있니?

ⓔ 나는 한 시간 전에 숙제를 끝냈다.

|해설| ⓒ「It ~ to부정사」 구문으로, 주어 자리에 진주어인 to부정사구를 대신하는 가주어 It을 써야 한다. (This → It)

ⓔ 과거를 나타내는 부사구(an hour ago)가 있으므로 과거 시제로 써야 한다. (have finished → finished)

18 |해석| 산악자전거를 타는 것은 신난다.

|해설| 진주어인 to부정사구를 뒤로 보내고 가주어 It을 주어 자리에 쓴다.

19 |해석| Joe는 지갑을 삼 년 전에 샀다. 그는 여전히 그것을 가지고 있다. → Joe는 3년 동안 지갑을 가지고 있다.

|해설| 과거에 지갑을 사서 지금도 계속 가지고 있으므로, 계속의 의미를 나타내는 현재완료(has had)를 사용해 문장을 완성한다. 물건을 산(bought) 것은 과거 특정 시점의 행동이므로 현재완료로 쓰지 않는 것에 유의한다.

20 |해석| A: 'My Hero'라는 영화를 본 적 있니?

B: 응, 있어. 나는 지난 주 토요일에 남동생과 그것을 봤어. 그것은 너무 슬퍼서 나는 많이 울었어.

|해설| (1) 본 적이 있는지 묻는 현재완료 의문문이 되어야 하므로 see의 과거분사형(seen)을 쓴다.

(2) 과거 시점을 나타내는 부사구(last Saturday)가 있으므로 과거 시제(saw)로 쓴다.

21 |해석| 과일과 채소를 많이 먹는 것은 건강에 좋다.
|해설| ⓒ 「It ~ to부정사」 구문이므로 진주어를 to부정사로 써야 한다.

22 |해설| (1) 현재완료 부정문은 「have/has never(not)+과거분사」로 나타낸다.
(2) 의문사가 있는 현재완료 의문문은 「의문사+have/has+주어+과거분사 ~?」로 나타낸다.
(3) 계속의 의미를 나타내는 현재완료(have/has+과거분사)로 나타내며, '~ 동안'은 「for+기간」으로 나타낸다.

23 |해석| [예시] 해외여행을 하는 것은 재미있다.
(1) 야구 경기를 보는 것은 신난다.
(2) 요가를 하는 것은 마음을 느긋하게 한다.
(3) 롤러코스터를 타는 것은 짜릿하다.
|해설| 그림의 내용과 어울리는 표현을 골라 「It ~ to부정사」 구문으로 문장을 완성한다.

24 |해석| [예시] 소년은 시계를 잃어버렸다. 그는 그것을 어디에서도 찾을 수 없다.
→ 소년은 시계를 잃어버렸다.
(1) Jason은 이틀 전부터 아프기 시작했다. 그는 여전히 아프다.
→ Jason은 이틀 동안(이틀 전부터) 아팠다.
(2) Davis 씨는 뉴욕에 갔다. 그녀는 더 이상 이곳에 있지 않다.
→ Davis 씨는 뉴욕에 가 버렸다.
(3) 우리는 모든 돈을 썼다. 우리는 지금 돈이 하나도 없다.
→ 우리는 모든 돈을 써 버렸다.
(4) 미나와 나는 어렸을 때 친구가 됐다. 우리는 여전히 친구이다.
→ 미나와 나는 어렸을 때부터 친구로 지내 왔다.
|해설| 현재완료(have/has+과거분사)를 사용하여 (1)과 (4)는 계속, (2)와 (3)은 결과의 의미를 나타낸다. (1), (4) 기간을 나타낼 때는 for를, 시작 시점을 나타낼 때는 since를 쓴다.

25 |해석| (1) 충분히 자는 것은 좋다.
(2) 새로운 곳들을 탐험하는 것은 흥미롭다.
(3) 물구나무서는 것은 어렵다.
(4) 축구 경기를 보는 것은 재미있다.
|해설| 「It(가주어) is+형용사+to부정사구(진주어).」 형태로 문장을 쓴다.

Ⓡ Reading 빈칸 채우기   pp. 33-34

01 far   **02** lived, with   **03** worked on   **04** Only, were born   **05** going back to   **06** in surprise, floated **07** like   **08** Everything is   **09** For example   **10** never seen   **11** is always   **12** don't have to wear, everywhere **13** pulls you down   **14** What else   **15** are covered with **16** roll down   **17** have, ever rolled   **18** amazing **19** thirsty, shook   **20** formed   **21** swallowed **22** if, get wet   **23** Later   **24** to think, were going to see **25** wanted to do   **26** tell, about   **27** their   **28** got on **29** going to be   **30** alright, excited   **31** finally landed

---

32 difficult to   **33** pulling you down   **34** couldn't, anymore   **35** new thing   **36** sound   **37** is singing **38** heard a bird sing   **39** I've never felt   **40** These were **41** the nearest hill   **42** each other   **43** lay down, rolled down   **44** secret   **45** best, shouted   **46** top of the hill

---

Ⓡ Reading 바른 어휘·어법 고르기   pp. 35-36

01 in   **02** and   **03** other   **04** were   **05** to   **06** floated **07** What's   **08** is   **09** For example   **10** seen   **11** is **12** don't have to   **13** because   **14** asked   **15** with **16** down   **17** have   **18** amazing   **19** shook   **20** in **21** swallowed   **22** if   **23** Later   **24** to think   **25** to do **26** about   **27** secret   **28** on   **29** be   **30** excited **31** finally   **32** it's   **33** you down   **34** anymore **35** new   **36** sound   **37** singing   **38** I've   **39** felt **40** were   **41** nearest   **42** laughed   **43** lay   **44** their **45** all   **46** top

---

Ⓡ Reading 틀린 문장 고치기   pp. 37-38

01 ○   **02** ×, with   **03** ○   **04** ×, were born   **05** ○ **06** ×, in surprise   **07** ○   **08** ×, Everything is different **09** ○   **10** ×, never seen   **11** ○   **12** ○   **13** ×, to jump   **14** ×, What else   **15** ×, There are   **16** ○ **17** ○   **18** ○   **19** ×, so   **20** ×, formed   **21** ○   **22** ○ **23** ○   **24** ×, It was exciting   **25** ○   **26** ×, Mom and Dad   **27** ○   **28** ×, on   **29** ○   **30** ○   **31** ○   **32** ×, to   **33** ×, pulling you down   **34** ○   **35** ×, the first **36** ○   **37** ○   **38** ×, sing(singing)   **39** ×, I've   **40** ×, things   **41** ○   **42** ×, each other   **43** ×, rolled **44** ○   **45** ×, best   **46** ×, up

---

Ⓡ Reading 실전 TEST   pp. 42-45

01 ③   **02** ④   **03** ④   **04** ⑤   **05** ②   **06** ④   **07** ③ **08** ①   **09** container   **10** ⑤   **11** ⑤   **12** ③   **13** ⑤ **14** ⑤   **15** ③   **16** ③   **17** ②   **18** ①

[서술형]
19 What's it like on Earth?   **20** ⓐ seen, ⓑ to jump **21** (1) going (to go) back to Earth (tomorrow) (2) there is air everywhere (on Earth)   **22** have you ever rolled down a hill   **23** 우유 용기를 열고 흔들어서 공중에 우유 방울을 만들어 마시는 방식   **24** (1) space → Earth (2) told → didn't tell

[01~05] |해석|

Rada는 먼 우주의 작은 세계에 살았다. 그녀는 아빠와 엄마, 그리고 남동생 Jonny와 함께 그곳에 살았다. Rada의 아빠와 다른 사람들은 우주선에서 일했다. Rada와 Jonny만 아이들이었고, 그들은 우주에서 태어났다.
어느 날, 아빠가 Rada와 Jonny에게 "우리는 내일 지구로 돌아갈 거야."라고 말했다.
Rada와 Jonny는 깜짝 놀라 아빠를 바라보았고 그를 향해 둥둥 떠서 갔다.
Rada는 "지구는 어떤 곳인가요?"라고 아빠에게 물었다.
"그곳에서는 모든 것이 다르단다. 예를 들어, 하늘이 파란색이지."라고 아빠가 대답했다.
"전 한 번도 파란 하늘을 본 적이 없어요."라고 Jonny가 말했다.
"여기는 하늘이 항상 검은색이잖아요."라고 Rada가 말했다.

01 |해설| ⓒ '놀라서'라는 뜻은 in surprise로 표현한다.

02 |해설| '태어나다'는 be born으로 나타내며, 시제가 과거이므로 were born으로 쓴다.

03 |해석| ① 그러나 ② 대신에 ③ 유사하게 ⑤ 그에 반해서
|해설| 지구에서는 모든 것이 다르다는 앞 문장의 예시로 하늘이 파랗다는 내용이 이어지는 것으로 보아, 빈칸에는 '예를 들면'이라는 의미의 For example이 알맞다.

04 |해석| ① 나는 파란 하늘을 볼 수 없다.
② 나는 파란 하늘을 보지 않을 것이다.
③ 나는 파란 하늘을 보고 싶다.
④ 나는 파란 하늘을 한 번 봤다.
⑤ 나는 파란 하늘을 본 적이 없다.
|해설| '~한 적이 전혀 없다'라는 의미는 「have never+과거분사」 형태의 현재완료로 나타내며 I've는 I have를 줄여 쓴 표현이다.

05 |해설| ② 우주선에서 Rada와 Jonny만 아이들이라고 했다.

[06~10] |해석|

"그곳에는 어디에나 공기가 있기 때문에 크고 무거운 우주복을 입을 필요가 없단다. 또한 지구가 너희를 끌어당기기 때문에 그곳에서는 점프하는 것도 어렵단다."라고 아빠가 말했다.
"그 밖에 또 뭐가 있어요?"라고 Rada가 물었다.
"언덕들이 있는데 부드러운 초록색 잔디로 뒤덮여 있단다. 언덕을 굴러 내려갈 수도 있어."라고 엄마가 대답했다.
"아빠, 언덕을 굴러 내려가 보신 적 있어요?"라고 Rada가 물었다.
"그래, 정말 굉장해!"라고 아빠가 대답했다.
Jonny는 목이 말라서 우유 용기를 열어 그것을 흔들었다. 우유가 공중으로 떠서 방울을 형성했다. Jonny는 그 방울들을 삼켰다.
"Jonny, 지구에서 그런 식으로 우유를 마시면 너는 젖을 거야."라고 엄마가 말했다.

06 |해석| ① 그러나 ② ~까지 ③ ~하지 않는 한 ⑤ ~이긴 하지만
|해설| 빈칸 뒤의 내용이 빈칸 앞의 내용에 대한 이유를 나타내므로 접속사 because가 알맞다.

07 |해설| (A) 주어 air는 셀 수 없는 명사이므로 단수 취급하여 be동사 is를 쓴다.
(B) be covered with: ~로 뒤덮여 있다
(C) 현재완료 의문문인 「Have you+과거분사 ~?」 형태가 되어야 한다.

08 |해설| ⓒ 목이 말라서(thirsty) 우유를 마셨다는 내용이 알맞다.

ⓓ 지구에서 우유병 뚜껑을 열고 흔들어서 우유를 마시면 Jonny는 젖을(wet) 것이라는 내용이 알맞다.

09 |해설| '물건을 안에 넣어 보관하는 것'은 container(그릇, 용기)의 영영풀이다.

10 |해석| Q: Rada의 가족은 무엇에 대해 이야기하고 있는가?
A: 그들은 우주에서의 삶과 지구에서의 삶의 차이점에 대해 이야기하고 있다.
① 우주에서의 그들의 삶
② 공기의 중요성
③ 우주에서 우유를 마시는 법
④ 엄마의 지구에서의 어린 시절 추억들
|해설| ⑤ Rada의 가족은 우주에서의 삶과 지구에서의 삶의 차이점에 대해 이야기하고 있다.

[11~14] |해석|

그날 밤 늦게, Rada와 Jonny는 지구에 대해 오랫동안 이야기했다. 그들이 보고, 하게 될 모든 새로운 것들에 대해 생각하는 것은 흥미진진했다. Rada와 Jonny가 정말로 하고 싶은 한 가지 새로운 것이 있었다. 그들은 그것에 대해 밤새 생각했고 엄마와 아빠에게는 말하지 않았다. 그것은 그들의 비밀이었다.
다음 날, Rada의 가족은 우주선에 올라탔다.
"긴 여행이 될 거야."라고 엄마가 말했다.
"괜찮아요. 정말 신나요!"라고 Rada가 말했다.

11 |해설| 주어진 문장은 다음 날 Rada의 가족이 우주선에 올라탔다는 내용이므로 긴 여행이 될 것이라는 엄마의 말 앞인 ⑤에 들어가는 것이 알맞다.

12 |해석| ① 계획을 세우는 것은 중요하다.
② 그곳에 혼자 가는 것은 안전하지 않다.
③ 이곳에서 나의 집까지는 멀지 않다.
④ 친구들과 캠핑을 가는 것은 재미있다.
⑤ 그곳에서 수영하는 것은 위험할 수 있다.
|해설| ③은 거리를 나타내는 비인칭 주어 It이고, (A)와 나머지는 모두 「It ~ to부정사」 구문의 가주어 It이다.

13 |해설| (B) 감정을 느끼게 하는 능동의 의미가 되어야 하므로 현재분사형 형용사 exciting이 알맞다.
(C) 감정을 느끼게 되는 수동의 의미가 되어야 하므로 과거분사형 형용사 excited가 알맞다.

14 |해설| ⓔ는 지구로 가는 긴 여정을 가리키고, 나머지는 모두 Rada와 Jonny가 지구에서 정말 하고 싶은 새로운 일을 가리킨다.

[15~18] |해석|

우주선이 마침내 착륙했다.
"아빠, 지구에서는 걷는 것이 어려워요."라고 Rada가 말했다.
"그래. 지구가 너를 끌어당기고 있거든."라고 아빠가 말했다.
Rada와 Jonny는 더 이상 떠다닐 수 없었다. 그것이 첫 번째 새로운 것이었다.
"저건 무슨 소리죠?"라고 Rada가 물었다.
"새가 노래하고 있어."라고 엄마가 말했다.
"저는 새가 노래하는 것을 들어본 적이 전혀 없어요."라고 Rada가 말했다.
"그리고 저는 바람을 느껴 본 적도 전혀 없어요."라고 Jonny가 말했다.
이러한 것들이 모두 새로운 것이었다.

Rada와 Jonny는 가장 가까운 언덕을 뛰어 올라갔다. 꼭대기에서, 그들은 서로를 쳐다보고 웃었다. 그러고 나서 그들은 부드러운 초록 잔디에 누워서 언덕 아래로 굴러 내려갔다. 그것이 그들의 비밀이었다!

"이것이 모든 것들 중에서 최고의 새로운 것이에요!"라고 Rada와 Jonny는 외쳤다.

그리고 그들은 언덕 꼭대기로 다시 뛰어 올라갔다.

15 |해설| ③ each other는 '서로'라는 뜻이다.

16 |해설| ③ 지각동사 hear가 쓰인 5형식 문장은 「hear+목적어+동사원형/-ing」의 형태로 쓴다. (→ sing[singing])

17 |해석| the first new thing은 지구에서 처음 접하는 새로운 것을 의미하며, 앞 문장의 Rada and Jonny couldn't float anymore.를 가리킨다.

18 |해석| ① 지구로 오는 데 얼마나 걸렸는가?
② Rada와 Jonny는 지구에서 무엇을 할 수 없었는가?
③ Rada는 지구에서 무슨 소리를 들었는가?
④ Rada와 Jonny는 언덕 위에서 무엇을 했는가?
⑤ Rada와 Jonny에게 최고의 새로운 것은 무엇이었는가?
|해설| ① Rada의 가족이 지구까지 오는 데 걸린 시간은 본문에 언급되어 있지 않다.

[19~21] |해석|
Rada는 먼 우주의 작은 세계에 살았다. 그녀는 아빠와 엄마, 그리고 남동생 Jonny와 함께 그곳에 살았다. Rada의 아빠와 다른 사람들은 우주선에서 일했다. Rada와 Jonny만 아이들이었고, 그들은 우주에서 태어났다.
어느 날, 아빠가 Rada와 Jonny에게 "우리는 내일 지구로 돌아갈 거야."라고 말했다.
Rada와 Jonny는 깜짝 놀라 아빠를 바라보았고 그를 향해 둥둥 떠서 갔다.
Rada는 "지구는 어떤 곳인가요?"라고 아빠에게 물었다.
"그곳에서는 모든 것이 다르단다. 예를 들어, 하늘이 파란색이지."라고 아빠가 대답했다.
"전 한 번도 파란 하늘을 본 적이 없어요."라고 Jonny가 말했다.
"여기는 하늘이 항상 검은색이잖아요."라고 Rada가 말했다.
"그곳에는 어디에나 공기가 있기 때문에 크고 무거운 우주복을 입을 필요가 없단다. 또한 지구가 너희를 끌어당기기 때문에 그곳에서는 점프하는 것도 어렵단다."라고 아빠가 말했다.

19 |해설| '~은 어떤가요?'라는 뜻은 What's it like ~?로 나타낼 수 있다.

20 |해설| ⓐ 앞에 have never가 있으므로 '~한 적이 없다'는 의미의 현재완료 「have never+과거분사」로 나타낸다.
ⓑ 「It ~ to부정사」 구문이므로 to부정사로 쓴다.

21 |해석| (1) Rada의 가족은 내일 무엇을 할 것인가?
→ 그들은 (내일) 지구로 돌아갈 것이다.
(2) Rada와 Jonny는 왜 지구에서 우주복을 입을 필요가 없는가?
→ (지구에는) 어디에나 공기가 있기 때문이다.
|해설| (1) Rada의 가족은 내일 지구로 돌아갈 예정이다.
(2) 지구에는 어디에나 공기가 있기 때문에 우주복을 입을 필요가 없다.

[22~23] |해석|
"그 밖에 또 뭐가 있어요?"라고 Rada가 물었다.
"언덕들이 있는데 부드러운 초록색 잔디로 뒤덮여 있단다. 언덕을 굴러 내려갈 수도 있어."라고 엄마가 대답했다.
"아빠, 언덕을 굴러 내려가 보신 적 있어요?"라고 Rada가 물었다. "그래,

정말 굉장해!"라고 아빠가 대답했다.
Jonny는 목이 말라서 우유 용기를 열어 그것을 흔들었다. 우유가 공중으로 떠서 방울을 형성했다. Jonny는 그 방울들을 삼켰다.
"Jonny, 지구에서 그런 식으로 우유를 마시면 너는 젖을 거야."라고 엄마가 말했다.

22 |해설| 경험의 유무를 묻는 현재완료 의문문은 「Have/Has+주어+ever+과거분사 ~?」의 형태로 쓴다.

23 |해설| that way는 앞에 나온 Jonny가 우주에서 우유를 마시는 방식을 가리킨다.

24 |해석| 그날 밤 늦게, Rada와 Jonny는 지구에 대해 오랫동안 이야기했다. 그들이 보고, 하게 될 모든 새로운 것들에 대해 생각하는 것은 흥미진진했다. Rada와 Jonny가 정말로 하고 싶은 한 가지 새로운 것이 있었다. 그들은 그것에 대해 밤새 생각했고 엄마와 아빠에게는 말하지 않았다. 그것은 그들의 비밀이었다.
⑴ Rada와 Jonny는 우주(→ 지구)에 대해 이야기하는 것에 신났다.
⑵ Rada와 Jonny는 정말로 하고 싶은 한 가지 새로운 것을 부모님께 말했다(→ 말하지 않았다).
|해설| ⑴ Rada와 Jonny는 지구에서의 모든 새로운 것들에 대해 신나서 이야기했다.
⑵ Rada와 Jonny는 정말로 하고 싶은 새로운 것을 비밀로 하고 부모님께 이야기하지 않았다.

Ⓜ 기타 지문 **실전 TEST**   p. 47

01 ⑤   **02** ④   **03** ④   **04** ②   **05** The best new thing
06 ③

[01~02] |해석|
'Dave의 모험'이라는 새로 나온 책에 대해 들었나요? 이 책은 Dave와 그의 숲속 모험에 관한 것입니다. 주인공은 Dave와 큰 곰이에요. 이야기가 재미있죠. 그 책에 대해 궁금한가요? 그러면 그것을 꼭 읽어 봐야 해요!

01 |해설| ⓐ 새로운 정보에 대해 알고 있는지 물을 때 Did you hear about ~?으로 말하며, Are you aware of ~?로도 말할 수 있다.
ⓑ 문맥상 어떤 대상에 대해 궁금한지 물을 때 사용하는 표현인 Are you curious about ~?이 알맞다.

02 |해설| ① 그것의 제목은 'Dave의 모험'이다.
② 그것은 숲속에서 모험을 하는 Dave에 관한 것이다.
③ Dave와 곰이 주인공이다.
④ 글쓴이는 그것이 재미있지만 무섭다고 생각한다.
⑤ 글쓴이는 그것을 다른 사람들에게 추천한다.
|해설| ④ 이야기가 재미있다는 언급은 있지만 무섭다는 내용은 언급되어 있지 않다.

[03~05] |해석|
Rada의 가족은 우주에서 살았다. 어느 날, 그들은 지구로 돌아가기로 결정했다. Rada의 가족은 지구에서의 생활에 대해 이야기했다. 그들은 파란 하늘과 초록색 잔디로 뒤덮인 언덕에 대해 이야기했다. 다음 날, Rada의 가족은 우주선에 올라탔다. 그것은 지구로 가는 긴 여행이었다. 그들이 지

구에 도착했을 때, Rada와 Jonny는 가장 가까운 언덕을 뛰어 올라가 아래로 굴러 내려갔다. 그것이 그들에게 최고의 새로운 것이었다.

03 |해설| 주어진 문장은 지구로의 긴 여정이었다는 내용이므로 우주선에 올라탔다는 문장 뒤인 ④에 들어가는 것이 알맞다.

04 |해설| ⓑ 선행사가 hills로 사물이므로 주격 관계대명사로 which 또는 that을 써야 한다.

05 |해석| Rada와 Jonny에게 최고의 새로운 것은 언덕을 굴러 내려오는 것이었다.
|해설| Rada와 Jonny는 지구에 도착해서 언덕을 굴러서 내려갔고, 그것이 지구에서의 새로운 것들 중 최고였다고 했다.

06 |해석| • 1957년 – 러시아가 우주에 최초의 개를 보냈다. 그것은 몸집이 작았고, 이름은 Laika였다.
　• 1961년 – Yuri Gagarin이 최초로 우주에 갔다.
　• 1969년 – 미국은 달에 최초의 인간을 보냈다. 그의 이름은 Neil Armstrong이었다.
　• 1971년 – 러시아가 최초의 우주 정거장을 건설하였다. 그것은 거의 3천 번 지구 주변을 돌았다.
　① 우주 창조
　② 달 탐험
　③ 우주 탐험의 역사
　④ 달에 간 최초의 인간과 동물
　⑤ 지구와 달 사이의 통신
|해설| 이 글은 우주를 탐험한 내용을 연표로 기록한 것이다. 따라서 ③이 제목으로 알맞다.

STEP **B**

W Words 고득점 맞기　　　　　　　　pp. 48-49

01 ①	02 ⑤	03 ⑤	04 ③	05 space	06 is
covered with	07 ①	08 ①	09 (s)wallow		10 ⑤
11 ③	12 ①	13 ④	14 ⑤	15 ③	

01 |해석| 작은 산과 같은 높은 지대: hill(언덕)
특정 방향으로 반복해서 돌아서 이동하다: roll(구르다, 굴러가다)

02 |해석| 밑줄 친 부분과 바꿔 쓸 수 있는 것은?
그 남자는 집을 향하여 손을 흔들었다.
　① ～을 따라　② ～ 옆에　③ 앞으로　④ 뒤로
　⑤ ～의 방향으로
|해설| towards는 '～을 향하여'라는 뜻의 전치사로 in the direction of와 바꿔 쓸 수 있다.

03 |해석| ① 마지막의 : 마침내 = 진짜의 : 정말로
　② 신나는 : 지루한 = 마른 : 젖은
　③ 시작하다; 시작되다 : 시작하다; 시작되다 = 여행 : 여행
　④ 안전한 : 위험한 = 멀리 : 가까이
　⑤ 혼자 : 혼자 = 착륙하다 : 이륙하다
|해설| ⑤ alone과 by oneself는 유의어 관계이고, land와 take off

는 반의어 관계이다. (① 형용사 – 부사, ②, ④ 반의어, ③ 유의어)

04 |해설| 첫 번째 문장은 '그는 매우 궁금해서(curious) 상자를 열었다.'라는 의미가, 두 번째 문장은 '나는 바람에 떠가는(floated) 잎사귀를 잡으려고 했다.'라는 의미가 되는 것이 자연스럽다.

05 |해석| • 피아노를 놓을 충분한 공간이 있다.
　• 그 영화는 우주에서 여행하는 몇몇 탐험가들에 관한 것이다.
|해설| 첫 번째 빈칸에는 '공간'을 뜻하고, 두 번째 빈칸에는 '우주'를 뜻하는 명사 space가 들어가는 것이 알맞다.

06 |해설| be covered with: ～로 뒤덮여 있다

07 |해석| ⓐ 그 아이는 롤러코스터를 향하여 달려갔다.
　ⓑ 축구 경기를 보는 것은 정말 신날 것이다.
　ⓒ 나는 그 음식의 맛에 매우 만족한다.
　ⓓ 나의 가족은 지난 여름에 유럽으로 여행을 갔다.
|해설| ⓐ에는 towards(～을 향하여), ⓑ에는 exciting(신나는), ⓒ에는 taste(맛), ⓓ에는 trip(여행)이 들어가는 것이 알맞다.

08 |해석| ① 형성하다, 만들다: 땅 위로 하강하다(→ 어떤 것을 존재하게 하거나 성장하게 하다)
　② 떠가다 : 물이나 공기 중에 느리고 부드럽게 움직이다
　③ 흔들다: 위아래 또는 좌우로 빠르게 움직이다
　④ 궁금한: 어떤 것을 알고 싶거나 세상에 대해 배우고 싶은
　⑤ 우주복: 우주 비행사들이 우주에서 입는 특별한 옷
|해설| ①의 영영풀이에 해당하는 단어는 land(착륙하다)이다.

09 |해석| 껌을 삼키지 마! 그건 위험할 수 있어.
|해설| 빈칸에는 '음식이나 음료가 목으로 내려가게 하다'를 뜻하는 swallow(삼키다)가 알맞다.

10 |해석| ① 우리 콘서트 표를 먼저 찾자.
　② 나는 낚시를 좋아한다. 물고기를 잡는 것은 신난다.
　③ 어디에나 매우 많은 사람들이 있었다.
　④ 내 꿈은 외국의 나라들을 여행하는 것이다.
　⑤ 책의 마지막 부분이 너무 슬퍼서 나는 많이 웃었다.
|해설| ⑤ 책의 마지막 부분이 슬펐는데 많이 웃었다고 하는 것은 어색하다.

11 |해석| ① 그 바를 당겨서 내려 주시겠습니까?
　② 모든 사람들이 놀라서 그를 쳐다봤다.
　③ 돌고래들은 서로 의사소통하기 위해 소리를 사용한다.
　④ 크리스찬 안데르센은 1805년 4월 2일 덴마크에서 태어났다.
　⑤ 다른 사람들이 내린 후에 지하철에 타야 한다.
|해설| ③ each other는 '서로'라는 뜻의 표현이다.

12 |해석| • 우주: 지구 바깥의 지역
　• 여행: 여행하는 장소로 방문
　• 형성하다, 만들다: 어떤 것을 존재하게 하거나 성장하게 하다
　• 그릇, 용기: 물건을 안에 넣어 보관하는 것
　• 웃다: 뭔가가 웃기다고 생각해서 목소리로 소리를 내다
|해설| ⓐ space(우주)는 '지구 바깥의 지역'이므로 빈칸에는 outside가 알맞다.

13 |해석| ① 타요 버스를 타 본 적 있니?
　② James는 뉴질랜드로 돌아가기로 결정했다.
　③ 너는 어떤 종류의 카메라를 사고 싶니?
　④ 우리가 마침내 집에 도착했을 때 거의 자정이었다.

⑤ 나는 다음 주 학기가 <u>시작되기</u> 전에 새 가방을 사야 한다.

|해설| ④ finally는 '마침내, 결국'이라는 뜻으로 쓰였고, lately는 '최근에'라는 뜻이므로 바꿔 쓸 수 없다.

14 |해석| <u>비밀</u>을 지킨다고 약속할 수 있니? 누구에게도 말해서는 안 돼.
① 작은 산과 같은 높은 지대
② 사람들을 우주에서 나를 수 있는 운송 수단
③ 사람들이 우주에서 지낼 수 있는 장소 또는 탈것
④ 땅을 덮고 있는 얇고 푸른 잎사귀를 가진 흔한 식물
⑤ 다른 사람들에게 말하지 않는 아이디어, 계획 또는 정보

|해설| 빈칸에는 '비밀'이라는 뜻의 secret이 들어가는 것이 적절하고, secret에 대한 영영풀이로 알맞은 것은 ⑤이다.

15 |해석| ⓐ 너는 해변에 <u>누워</u> 일광욕을 할 수 있다.
ⓑ Kate는 매우 정직한 아이다. 그녀는 절대 <u>거짓말하지 않는다.</u>
ⓒ 그는 만우절에 내게 늘 <u>거짓말을 한다.</u>
ⓓ Tom은 점심 식사 후에 나무 밑에 <u>눕는</u> 것을 좋아한다.
ⓔ 우리는 가끔 공원에 가서 잔디 위에 <u>눕는다.</u>

|해설| ⓐ, ⓓ, ⓔ는 '눕다'라는 뜻으로 쓰였고, ⓑ와 ⓒ는 '거짓말하다'라는 뜻으로 쓰였다.

Listen and Talk 고득점 맞기
pp. 52-53

01 ④ **02** ② **03** ③ **04** ⑤ **05** ② **06** ⑤

[서술형]

07 I'm(I am) really curious about the movie. **08** comes from → is trying to live on **09** They are going to eat (have) lunch. **10** Did you hear about the new book about Mars? **11** ⓒ → It's about Mars and its moons.
12 (1) |모범 답| Did you hear about the (new) book
(2) |모범 답| What's it about (3) I'm (really) curious about it

01 |해석| A: <u>새로 나온 우주 음식에 대해 들었니?</u>
B: 응, 들었어. 그건 아이스크림의 한 종류야.
A: 맞아, 그리고 여기 있네. 맛있어 보인다.
B: 맛이 어떨지 정말 궁금하다.
① 새로 나온 우주 음식은 어땠니?
② 아이스크림을 좀 먹어 볼래?
③ 새로 나온 우주 음식을 먹어 봤니?
⑤ 새로운 아이스크림 가게에 가 봤니?

|해설| 대화의 흐름상 새로운 우주 음식에 대해 들었는지 묻는 ④가 알맞다. 대화의 마지막에 B가 맛이 궁금하다고 했으므로 그 음식을 먹어 보았는지 묻는 ③은 알맞지 않다.

02 |해석| A: 새로운 식당에 대해 들었니?
B: 아니, 못 들었어. 나는 그곳에 대해 궁금해.
A: _____
① 그곳의 직원들은 매우 친절해.
② 나는 네게 저녁 요리를 해 주고 싶어.
③ 음식이 그리 비싸지 않다고 들었어.
④ 그곳은 매우 신선하고 맛있는 음식을 제공해.
⑤ 그들의 토마토 스파게티는 맛이 꽤 좋아.

|해설| 새로운 식당에 대해 궁금하다는 말에 ②와 같이 말하는 것은 어색하다.

03 |해석| 다음 중 자연스럽지 <u>않은</u> 대화는?
① A: 새로운 뮤지컬에 대해 들었니?
 B: 응. 훌륭한 음악들이 있다고 들었어.
② A: 나는 그 책에 대해 궁금해. 그것은 무엇에 관한 거니?
 B: 그것은 뉴욕에 사는 것에 관한 거야.
③ A: 새로운 축구공에 대해 아니?
 B: 아니, 몰라. 그것은 매우 가볍고 색이 다채로워.
④ A: 새 TV 프로그램에 대해 들어 봤니?
 B: 응, 들어 봤어. 그것은 애완동물을 훈련하는 것에 관한 프로그램 아니니?
⑤ A: 처음 우주에 간 동물에 대해 들었니?
 B: 아니, 못 들었어, 하지만 그것에 대해 궁금해.

|해설| ③ 새 축구공에 대해 아는지 묻는 말에 모른다고 답한 후 그 축구공에 대해 설명하는 것은 어색하다.

04 |해석| 자연스러운 대화가 되도록 (A)~(D)를 바르게 배열한 것은?
(D) 우주 마라톤에 대해 들었니?
(B) 아니, 못 들었어.
(C) 그것은 우주 정거장에서 하는 마라톤이야. 이 비디오를 봐.
(A) 그럴게. 정말 궁금하다.

05 |해석| 소녀: Tony, 'My Hero'라는 영화에 대해 들었니?
소년: 아니 못 들었어.
소녀: 음, 나는 정말 좋다고 들었어.
소년: <u>그 영화에 대해 정말 궁금하다.</u>
소녀: 아들을 구하는 한 아버지에 관한 영화야.
① 나는 그 영화를 좋아할 것 같아.
② 나는 그 영화에 대해 알고 싶어.
③ 나는 그 영화의 줄거리를 알아.
④ 나는 그 영화표를 살 거야.
⑤ 나는 그 영화를 보기를 기대해.

|해설| I'm curious about ~.은 어떤 대상에 대해 알고 싶거나 궁금증을 표현할 때 사용하는 표현이므로 ②와 바꿔 쓸 수 있다.

06 |해석| ① 소년은 영화 'My Hero'에 대해 알고 있었다.
② 소년은 'My Hero'가 매우 좋다고 생각한다.
③ 소녀는 영화 'My Hero'에 대해 들어본 적이 없다.
④ 소년은 영화 'My Hero'를 봤다.
⑤ 'My Hero'는 아들을 구하는 아버지에 관한 영화이다.

|해설| ① 소년은 영화 'My Hero'에 대해 못 들었다고 했다.
② 영화 'My Hero'에 대한 소년의 의견은 대화에 나와 있지 않다.
③ 소녀는 영화 'My Hero'가 좋다고 들었다고 했다.
④ 소년이 영화 'My Hero'를 보았다는 언급은 없다.

07 |해설| I'm (really) curious about ~.은 '나는 ~에 대해 (정말) 궁금해.'라는 의미로 궁금증을 나타낼 때 사용하는 표현이다.

08 |해설| 영화 '달에서의 삶'은 달에서 <u>온(→ 살기 위해 노력하는)</u> 남자에 관한 것이다. 화자들은 2시 30분에 우주 극장에서 영화를 볼 것이다.
|해설| 영화 '달에서의 삶'은 '달에서 온 남자'에 관한 것이 아니라 '달에서 살기 위해 노력하는 남자'에 관한 것이다.

09 |해설| 대화가 끝난 직후에, 화자들은 무엇을 할 것인가?

→ 그들은 점심을 먹을 것이다.
┃해설┃ 대화 마지막에 점심부터 먹고 영화를 보자고 했다.

[10~11] ┃해석┃
소녀: 화성에 관한 새로 나온 책에 대해 들었니?
소년: 아니 못 들었어. 난 화성에 대해 정말 궁금해.
소녀: 봐. 바로 여기 있어. 화성과 그것의 위성들에 관한 책이야.
소년: 멋지다. 그 책을 사야겠어.

10 ┃해설┃ '~에 대해 들었니?'라는 뜻으로 상대방이 새로운 정보에 대해 알고 있는지 물을 때 Did you hear about ~?으로 말한다.

11 ┃해석┃ ⓐ 새로 나온 책의 제목은 무엇인가?
　　ⓑ 새로 나온 책은 누가 썼는가?
　　ⓒ 새로 나온 책은 무엇에 관한 것인가?
　　　→ 그것은 화성과 그것의 위성들에 관한 것이다.
　　ⓓ 화성은 얼마나 많은 위성들을 가지고 있는가?

12 ┃해석┃ A: 새로 나온 책 'Dave의 모험'에 대해 들었니?
　　B: 아니, 못 들었어. 그것은 무엇에 관한 거니?
　　A: 그것은 Dave와 그의 숲속 모험에 관한 거야.
　　B: 오, 나는 그것에 대해 (정말) 궁금해.
　　┃해설┃ (1) 알고 있는지 묻는 말이 알맞으므로 Did you hear about ~?으로 말할 수 있다.
　　(2) 무엇에 관한 내용인지 물을 때 What's ~ about?으로 말할 수 있다.
　　(3) 궁금증을 나타낼 때 I'm (really) curious about ~.으로 말할 수 있다.

Ⓖ Grammar 고득점 맞기　　pp. 54-56

01 ③　02 ①　03 ④　04 ⑤　05 ④　06 ③, ④　07 ⑤
08 ④　09 ②, ④　10 ③　11 ④　12 ③　13 ⑤
[서술형]
14 (1) Have, swum, I have, went　(2) has, played, has played, for, taught　15 (1) ┃모범 답┃ is fun to read comic books　(2) ┃모범 답┃ is impossible to live without water
(3) ┃모범 답┃ is dangerous to travel alone　16 (1) I have left my homework at home.　(2) Mina has lived in Seoul since she was born.　(3) It is necessary to do some exercise every day.　17 (1) Seho has eaten Mexican food, but Sumi hasn't.　(2) Seho hasn't(has not/never) sung in front of many people, but Sumi has.　(3) Seho hasn't(has not/never) opened a bank account, but Sumi has.　(4) Seho has run a marathon, but Sumi hasn't.
18 (1) ┃모범 답┃ It is difficult for me to draw pictures.
(2) ┃모범 답┃ It is difficult for me to make new friends.
(3) ┃모범 답┃ It is difficult for me to play the violin well.

01 ┃해석┃ A: 베트남에 가 본 적이 있니?
　　B: 응, 있어. 나는 작년에 그곳에 갔어.
　　┃해설┃ 첫 번째 빈칸에는 경험 여부를 묻는 「Have/Has+주어+과거분사 ~?」 형태의 현재완료 의문문이 되도록 과거분사 been이 알맞다. gone을 쓰면 과거에 가서 현재 없음을 나타낸다. 두 번째 빈칸에는

과거 시점을 나타내는 부사구(last year)가 있으므로 과거 시제인 went가 알맞다.

02 ┃해석┃ 다음 빈칸에 공통으로 들어갈 말로 알맞은 것은?
　　• 쿠키를 굽는 것은 재미있다.
　　• 따뜻하지만 부분적으로 흐리다.
　　• 그것은 위에 두 개의 손잡이가 있다.
　　┃해설┃ 첫 번째 빈칸에는 진주어인 to부정사구를 대신하는 가주어 It, 두 번째 빈칸에는 날씨를 나타낼 때 사용하는 비인칭 주어 It, 세 번째 빈칸에는 대명사 It이 알맞다.

03 ┃해석┃ Daniel은 5년 전에 비행기 조종사로 일하기 시작했다. 그는 여전히 비행기 조종사이다.
　　→ Daniel은 5년 동안 비행기 조종사로 일해 오고 있다.
　　┃해설┃ 5년 전에 비행기 조종사로 일하기 시작해서 현재까지 계속 일하고 있으므로, 계속의 의미를 나타내는 현재완료(have/has+과거분사)로 쓴다. five years는 기간을 나타내므로 전치사 for를 쓴다.

04 ┃해설┃ 주어진 단어들을 바르게 배열하면 It is difficult to understand the movie.가 되므로, 5번째로 오는 단어는 understand이다.

05 ┃해석┃ 나는 그 책을 두 번 읽었다. 나는 그것을 지난 달에 샀다.
　　┃해설┃ 두 번째 문장에는 과거 시점을 나타내는 부사구(last month)가 있으므로 현재완료가 아닌 과거 시제로 써야 한다.

06 ┃해설┃ to부정사구는 주어로 쓸 수 있고(③), 주어로 쓰인 to부정사구는 문장의 뒤로 보내고 가주어 It을 주어 자리에 쓸 수 있다(④).

07 ┃해석┃ 밑줄 친 부분의 쓰임이 [보기]와 같은 것은?
　　[보기] 그녀는 소설을 2년 동안 써 왔다.
　　① 유령을 본 적이 있니?
　　② 그 비행기는 아직 도착하지 않았다.
　　③ Jessica 방금 점심 식사를 끝냈다.
　　④ 그들은 학교에 늦은 적이 전혀 없었다.
　　⑤ 내 남동생은 다섯 살 때부터 안경을 써 왔다.
　　┃해설┃ [보기]와 ⑤의 현재완료는 계속의 의미를 나타내고, ①과 ④는 경험, ②와 ③은 완료의 의미를 나타낸다.

08 ┃해석┃ 물을 많이 마셔라. 그것은 여러분의 건강에 좋다.
　　④ 물을 많이 마시는 것은 여러분의 건강에 좋다.
　　┃해설┃ ④ 주어가 to부정사구일 경우 문장의 뒤로 보내 진주어로 만들고 가주어 It을 주어 자리에 써서 나타낼 수 있다.

09 ┃해석┃ ① 자연을 보호하는 것은 중요하다.
　　② 프렌치토스트를 만드는 것은 아주 쉽다.
　　③ 서로 얼마나 오랫동안 알고 지냈니?
　　④ 그는 어젯밤부터 아무것도 먹지 않았다.
　　⑤ 번지점프를 해 본 적이 있니?
　　┃해설┃ ② 「It ~ to부정사」 구문이므로 진주어를 to부정사로 써야 한다. (make → to make)
　　④ last night이 시작 시점을 나타내는 말이므로 for를 since로 고쳐야 한다. (for → since)

10 ┃해석┃ ① 휴가를 가는 것은 신난다.
　　② 캔과 병을 재활용하는 것은 필요하다.
　　③ 나는 1년 전에 노트북 컴퓨터를 샀지만 그것을 사용하지 않았다.
　　　≠ 나는 1년 동안 노트북 컴퓨터를 사용해 왔다.
　　④ 미소는 이틀 전에 시드니에 가서 지금 여기에 없다.

= 미소는 시드니로 가 버렸다.

⑤ 나는 그 소녀의 이름을 잊었고, 여전히 그녀의 이름을 기억하지 못한다.

= 나는 그 소녀의 이름을 잊어버렸다.

|해설| ③ 첫 번째 문장은 '1년 전에 산 노트북 컴퓨터를 사용하지 않았다'는 뜻이므로, 1년 동안 계속 노트북을 사용하고 있다는 뜻의 두 번째 현재완료 문장과 의미가 다르다.

11 |해석| ⓐ 거짓말을 하는 것은 잘못된 것이다.

ⓑ 그것은 흥미로운 뮤지컬이다.

ⓒ 여기에서 스케이트를 타는 것은 위험하다.

ⓓ 그 질문들에 답하는 것은 어려웠다.

ⓔ 요즘 날씨가 점점 따뜻해지고 있다.

|해설| ⓐ, ⓒ, ⓓ의 It은 가주어로 쓰였다. ⓑ는 대명사, ⓔ는 날씨를 나타낼 때 사용하는 비인칭 주어로 쓰였다.

12 |해석| ① 나는 Mark를 안다. 나는 그를 전에 만난 적이 있다.

② 나는 개를 잃어버렸다. 나는 개를 어디에서도 찾을 수 없다.

③ 내 여동생이 뉴욕에 간 적이 있어서(→ 가 버려서) 나는 그녀가 많이 그립다.

④ 그는 스페인 음식을 먹어 본 적이 없다. 그는 언젠가 그것을 먹어 보고 싶어 한다.

⑤ 쇼핑몰은 아직 열지 않았다. 그것은 다음 달에 열 것이다.

|해설| ③ 여동생이 뉴욕으로 가서 그립다는 내용이 되어야 자연스러우므로, '~에 가 본 적이 있다'라는 의미로 경험을 나타내는 has been을 결과의 의미를 나타내는 has gone으로 고쳐 쓰는 것이 알맞다.

13 |해석| ⓐ 너는 고래를 본 적이 있니?

ⓑ 말을 타는 것은 신난다.

ⓒ 나는 그녀가 어린아이일 때부터 그녀를 알고 지냈다.

ⓓ 그들은 어제 이 주제를 정했다.

ⓔ 외국어를 배우는 것은 매우 어렵다.

|해설| ⓔ 「It ~ to부정사」 구문이므로 진주어를 to부정사로 써야 한다. (learn → to learn)

14 |해석| (1) A: 바다에서 수영해 본 적이 있니?

B: 응, 있어. 사실, 나는 지난 주말에 바다에 수영하러 갔어.

(2) A: 민지는 얼마나 오랫동안 첼로를 연주해 왔니?

B: 그녀는 10년 동안 첼로를 연주해 왔어. 그녀의 엄마는 그녀가 다섯 살 때 연주하는 법을 처음 가르치셨어.

|해설| (1) 바다에서 수영을 해 본 적이 있는지 경험을 묻는 현재완료 의문문과 그에 대한 응답을 완성한다. 과거 시점을 나타내는 부사구(last weekend)가 있으므로 B의 두 번째 문장은 과거 시제로 쓴다.

(2) 계속해 온 기간을 묻는 현재완료 의문문을 완성한다. ten years는 기간을 나타내므로 앞에 전치사 for를 쓴다. B의 두 번째 문장은 과거 시점을 나타내는 부사절(when ~)이 있으므로 과거 시제로 쓴다.

15 |해석| (1) 만화책을 읽는 것은 재미있다.

(2) 물 없이 사는 것은 불가능하다.

(3) 혼자 여행하는 것은 위험하다.

|해설| 주어진 It은 가주어이므로 진주어인 to부정사구를 문장의 뒤로 보내서 「It+be동사+형용사+to부정사구」의 형태로 쓴다.

16 |해석| (1) 나는 숙제를 집에 두고 왔다. 나는 숙제가 지금 없다.

→ 나는 숙제를 집에 두고 왔다.

(2) 미나는 서울에서 태어났다. 그녀는 여전히 그곳에 살고 있다.

→ 미나는 태어났을 때부터 서울에서 살고 있다.

(3) 매일 운동을 좀 해라. 그것은 필요하다.

→ 매일 운동을 좀 하는 것은 필요하다.

|해설| (1) 숙제를 집에 두고 와서 지금 없다고 했으므로, 결과를 의미하는 현재완료(have/has+과거분사)로 나타낸다.

(2) 서울에서 태어나서 지금도 서울에서 살고 있다고 했으므로, 계속을 의미하는 현재완료(have/has+과거분사)로 나타낸다.

(3) 가주어 It을 주어 자리에, 진주어 to부정사구를 문장 뒤에 쓴다.

17 |해석| [예시] 세호는 해변을 따라 걸은 적이 있지만 수미는 없다.

(1) 세호는 멕시코 음식을 먹은 적이 있지만 수미는 없다.

(2) 세호는 많은 사람들 앞에서 노래한 적이 없지만 수미는 있다.

(3) 세호는 은행 계좌를 개설한 적이 없지만 수미는 있다.

(4) 세호는 마라톤을 뛴 적이 있지만 수미는 없다.

|해설| 표의 내용과 일치하도록 경험 여부를 현재완료 「have/has+과거분사」 또는 「have/has+not(never)+과거분사」의 형태로 나타낸다.

18 |해석| [예시] 중국어를 배우는 것은 어려워.

(1) 나는 그림을 못 그려.

(2) 나는 새 친구들을 사귀고 싶어.

(3) 나는 바이올린을 잘 연주할 수 없어.

[예시] 나는 중국어를 배우는 것이 어렵다.

(1) 나는 그림을 그리는 것이 어렵다.

(2) 나는 새 친구들을 사귀는 것이 어렵다.

(3) 나는 바이올린을 잘 연주하는 것이 어렵다.

|해설| 진주어인 to부정사구는 문장의 뒤로 보내고 가주어 It을 사용하여 문장을 완성한다. 의미상의 주어(for+목적격)는 to부정사구 앞에 쓴다.

Ⓡ Reading 고득점 맞기 pp. 59-61

01 ② **02** ③, ⑤ **03** ① **04** ④ **05** ⑤ **06** ④ **07** ②
08 ④ **09** ④ **10** ④

[서술형]

11 (1) ⓓ → is (2) everything은 단수 취급하므로 be동사 is를 써야 한다. **12** I have never seen a blue sky

13 ⓓ → It(The sky in space) is (always) black.

14 (1) 더 이상 떠다니지 못하는 것 / 지구에서 걷기 힘든 것 (2) 새가 노래하는 것을 듣는 것 (3) 바람을 느끼는 것 (4) 언덕에서 아래로 굴러 내려오는 것 **15** (1) She heard a bird sing(singing).
(2) They lay down on the soft green grass. (3) It was (lying on the soft green grass and) rolling down the hill.

---

01 |해설| ⓐ work on: ~에서 일하다

ⓑ go back to: ~로 돌아가다

ⓒ in surprise: 놀라서

ⓓ towards: ~을 향하여

02 |해석| ① Mary는 어제부터 아팠다.

② 대전행 기차가 이미 떠났니?

③ 나는 그 뮤지컬에 대해 여러 번 들었다.

④ 그 아이들은 세 시간 동안 축구를 <u>하고 있다</u>.
⑤ 그녀는 전에 놀이공원에 <u>가 본 적이 있다</u>.
|해설| 본문의 밑줄 친 (A)와 ③, ⑤의 밑줄 친 부분은 경험의 의미를 나타내는 현재완료이다. ①과 ④는 계속, ②는 완료의 의미를 나타낸다.

03 |해석| ① Rada와 Jonny는 지구에서 태어났다.
② Rada의 가족은 내일 지구로 돌아갈 것이다.
③ Rada는 아빠에게 지구에 대해 물었다.
④ Jonny는 전에 파란 하늘을 본 적이 없다.
⑤ 우주의 하늘은 항상 검은색이다.
|해설| ① Rada와 Jonny는 우주에서 태어났다.

04 |해설| ④ 현재완료 의문문은 「Have/Has+주어+과거분사 ~?」의 형태로 쓴다. 따라서 have you로 고치는 것이 알맞다.

05 |해석| ① 물건을 안에 넣어 보관하는 것
② 작은 산과 같은 높은 지대
③ 음식이나 음료를 목구멍 아래로 내려가게 하다
④ 물이나 공기 중에 느리고 부드럽게 움직이다
⑤ 다른 사람들에게 말하지 않은 아이디어, 계획 또는 정보
|해설| ①은 container, ②는 hill, ③은 swallow, ④는 float의 영영풀이다. ⑤는 secret(비밀)에 해당하는 영영풀이로 secret은 본문에 쓰이지 않았다.

06 |해석| 윗글을 읽고 답할 수 <u>없는</u> 질문은?
① Rada와 Jonny는 왜 지구에서 우주복을 입지 않아도 되는가?
② 지구의 언덕들은 무엇으로 덮여 있는가?
③ 누가 언덕을 굴러 내려간 적이 있는가?
④ Rada의 가족은 우주에서 어떻게 우유를 얻었는가?
⑤ Jonny는 우주에서 어떻게 우유를 마셨는가?
|해설| ④ Rada의 가족이 우주에서 우유를 어떻게 얻었는지는 본문에 언급되어 있지 않다.

07 |해석| ⓐ 산책을 <u>하는 것</u>은 마음을 느긋하게 한다.
ⓑ 그는 결승전에서 <u>이겨서</u> 기뻤다.
ⓒ 자주 손을 <u>씻는 것</u>은 중요하다.
ⓓ 나는 우유를 <u>사기 위해</u> 슈퍼마켓에 갔다.
|해설| (A)와 ⓐ, ⓒ는 주어 역할을 하는 명사적 용법의 to부정사이고, ⓑ와 ⓓ는 각각 감정의 원인, 목적을 나타내는 부사적 용법의 to부정사이다.

08 |해석| ① 소미: Rada와 Jonny는 밤새 우주에 대해 이야기했다.
② 하나: Rada는 지구의 새로운 것들에 대해 관심 있지 않았다.
③ 민수: Rada와 Jonny는 그들의 비밀을 부모님께 말씀드렸다.
④ 지호: Rada의 가족은 지구로 가는 우주선을 탔다.
⑤ 다은: Rada는 지구로 떠나서 슬펐다.
|해설| ① Rada와 Jonny는 밤새 지구에 대해 이야기했다.
② Rada는 지구의 새로운 것들에 대해 흥미로워했다.
③ Rada와 Jonny는 자신들의 비밀을 부모님께 말씀드리지 않았다.
⑤ Rada는 지구에 가는 것이 신이 났다.

09 |해설| ⓒ 지각동사 heard의 목적격 보어이므로 동사원형이나 현재분사로 써야 한다. (→ sing(singing))
ⓓ 우주에서 바람을 느껴 본 적이 없다는 뜻으로 경험을 나타내는 현재완료이므로 과거분사로 써야 한다. (→ felt)
ⓔ looked와 병렬 구조를 이루는 동사이므로 과거형으로 써야 한다.

(→ laughed)

10 |해석| ⓐ Rada는 우주에서보다 지구에서 더 쉽게 걸을 수 있었다.
ⓑ 지구에서 떠다니는 것은 불가능했다.
ⓒ Jonny는 처음으로 바람을 느껴 본 것이었다.
ⓓ 언덕을 굴러 내려가는 것이 Rada와 Jonny에게 최고의 새로운 것이었다.
|해설| ⓐ Rada는 지구에서 걷는 것이 힘들다고 했다.

11 |해설| everything은 단수 취급하므로 be동사 is를 써야 한다.

12 |해설| 경험해 보지 못한 것을 나타낼 때 현재완료 부정문(have/has never(not)+과거분사)의 형태로 쓴다.

13 |해석| ⓐ Rada의 가족은 얼마나 오랫동안 우주에서 살았는가?
ⓑ Rada는 몇 살인가?
ⓒ Rada의 부모님은 어디에서 태어났는가?
ⓓ 우주의 하늘은 무슨 색인가?
→ 그것은 (항상) 검은색이다.
|해설| ⓓ Rada는 마지막에 우주의 하늘은 항상 검은색이라고 말했다.

14 |해설| Rada와 Jonny가 지구에 도착한 후 새롭게 겪은 일들을 찾아 쓴다.

15 |해석| 윗글을 읽고, 질문에 완전한 영어 문장으로 답하시오.
(1) Rada는 지구에서 무엇을 들었는가?
→ 그녀는 새가 노래하는(노래하고 있는) 것을 들었다.
(2) Rada와 Jonny는 어디에 누웠는가?
→ 그들은 부드러운 초록색 잔디 위에 누웠다.
(3) Rada와 Jonny에게 최고의 새로운 것은 무엇이었는가?
→ 그것은 (부드러운 초록색 잔디 위에 눕는 것과) 언덕을 굴러 내려가는 것이었다.

서술형 100% TEST

pp. 62-65

01 (1) form (2) towards (3) curious (4) lie **02** (1) was born (2) got on (3) were covered with **03** (1) Did you hear about (2) I'm really curious about it. **04** (1) |모범 답| Did you hear about the new book, living in London (2) |모범 답| Do you know about the new movie, |모범 답| I'm (really) curious / I'd like to know (more), a friendship between a boy and his dog **05** (1) Yes, I did (2) ice cream (3) curious about **06** I'd like to know (more) about the movie. **07** (1) ⓑ → It's about a man who is trying to live on the moon. (2) ⓓ → It's playing at the Space Theater. **08** (1) Mina has left her bag on the taxi. (2) Seho has studied English since (he was in) elementary school. (3) We have visited(been to) New York (twice). **09** (1) It's(It is) impossible to fix it(the smartphone). (2) It's(It is) easy to make cookies. **10** (1) He has been to Russia twice. (2) He has studied Spanish for three years. (3) He finished his report yesterday. **11** (1) ⓑ → It is important to drink enough

water. (2) ⓒ → Emma lost her umbrella yesterday. /
Emma has lost her umbrella.　　12 ⓐ Earth ⓑ space
13 in surprise　　14 ⓑ, space → Earth　　15 It's also hard
to jump there because Earth pulls you down　　16 shakes,
Earth　　17 ⓐ exciting ⓑ excited　　18 one new thing
Rada and Jonny really wanted to do　　19 I've(I have)
never heard a bird sing(singing)　　20 ⓔ → rolling down

01 |해설| (1) 형성하다, 만들다: 어떤 것을 존재하게 하거나 성장하게 하다
(2) ~을 향하여: 어떤 사람이나 사물의 방향으로
(3) 궁금한: 어떤 것을 알고 싶거나 세상에 대해 배우고 싶은
(4) 눕다: 어떤 것 위에 몸을 납작한 자세로 만들다

02 |해설| (1) be born: 태어나다
(2) get on: ~에 타다
(3) be covered with: ~으로 뒤덮여 있다

03 |해석| A: 우주 마라톤에 대해 들었니?
B: 아니, 못 들었어.
A: 그것은 우주 정거장에서 하는 마라톤이야. 이 비디오를 봐.
B: 그렇게. 정말 궁금하다.
|해설| (1) 새로운 정보에 대해 알고 있는지 물을 때 Did you hear about ~?이라고 말한다.
(2) 어떤 대상이 궁금할 때 I'm (really) curious about ~. 이라고 말한다.

04 |해석| (1) A: 새로 나온 책 'Wonderful London'에 대해 들었니?
B: 응, 들었어. 그것은 런던에 사는 것에 관한 거야.
A: 멋지다. 나는 그 책을 읽고 싶어.
(2) A: 새 영화 '내 친구 Max'에 대해 아니?
B: 아니, 몰라. 하지만 나는 (정말) 궁금해.
A: 그것은 한 소년과 개의 우정에 관한 거야.
B: 그거 정말 재미있겠다.
|해설| (1) 표의 내용에 맞게 새로 나온 책에 대한 대화를 완성한다. 새로운 정보에 대해 알고 있는지 물을 때 Did you hear about ~?이라고 말할 수 있다.
(2) 표의 내용에 맞게 새로 나온 영화에 대한 대화를 완성한다. 새로운 정보에 대해 알고 있는지 물을 때 Do you know about ~?이라고 말할 수 있고, 어떤 대상이 궁금할 때 I'm (really) curious about ~.이나 I'd like to know (more) about ~.이라고 말한다.

05 |해석| 나는 친구 Tony와 함께 새로 나온 우주 음식을 봤다. 그는 그것에 대해 이미 알고 있었다. 그는 그것이 아이스크림의 한 종류라고 말했다. 그것은 맛있어 보였다. Tony와 나는 그것의 맛이 어떨지 궁금했다.
지나: 새로 나온 우주 음식에 대해 들었니?
Tony: 응, 들었어. 그건 아이스크림의 한 종류야.
지나: 맞아, 그리고 여기 있네. 맛있어 보인다.
Tony: 맛이 어떨지 궁금하다.
지나: 나도 그래.
|해설| (1) Tony는 새로 나온 우주 음식에 대해 이미 알고 있었으므로 긍정으로 답한다.
(2) 새로 나온 우주 음식은 아이스크림의 한 종류라고 했다.
(3) Tony와 지나는 그 음식의 맛이 어떨지 궁금하다고 했으므로 궁금증을 나타내는 표현인 I'm curious about ~.을 사용한다.

[06~07] |해석|
소년: 수빈아, '달에서의 삶'이라는 새로 나온 영화에 대해 들었니?
소녀: 아니, 못 들었어.
소년: 나는 굉장히 좋다고 들었어.
소녀: 그 영화가 정말 궁금하네. 무엇에 관한 거니?
소년: 달에서 살기 위해 노력하는 한 남자에 관한 것이야.
소녀: 그거 재미있겠다.
소년: 봐. 그 영화가 여기 우주 극장에서 상영 중이야.
소녀: 영화가 몇 시에 상영되니?
소년: 2시 30분에 시작해.
소녀: 우선 점심부터 먹고 나서 영화를 보자.
소년: 그래. 배고프다. 가자!

06 |해설| 궁금증을 나타내는 표현인 I'm curious about ~.은 I'd like to know (more) about ~.으로 바꿔 쓸 수 있다.

07 |해설| ⓐ 누가 소년에게 영화 '달에서의 삶'에 대해 말해 주었는가?
ⓑ 영화는 무엇에 관한 것인가?
→ 그것은 달에서 살려고 노력하는 한 남자에 관한 것이다.
ⓒ 누가 영화의 주인공 역할을 연기했는가?
ⓓ 영화는 어디에서 상영 중인가?
→ 그것은 우주 극장에서 상영 중이다.
ⓔ 소년과 소녀는 몇 시에 점심을 먹을 것인가?

08 |해석| (1) 미나는 가방을 택시에 두고 내렸다. 그녀는 그것을 지금 가지고 있지 않다.
→ 미나는 가방을 택시에 두고 내렸다.
(2) 세호는 초등학생이었을 때 영어를 공부하기 시작했다. 그는 여전히 그것을 공부한다.
→ 세호는 초등학생이었을 때부터 영어를 공부해 오고 있다.
(3) 우리는 삼 년 전에 뉴욕을 처음 방문했다. 우리는 지난 달에 그곳을 다시 방문했다.
→ 우리는 뉴욕을 (두 번) 방문한(가 본) 적이 있다.
|해설| 현재완료(have/has+과거분사)를 사용하여 (1)은 결과, (2)는 계속, (3)은 경험의 의미를 나타낸다.
(2) 시작 시점을 나타낼 경우 since를 쓴다.
(3) 경험해 본 횟수는 once, twice, three times와 같이 나타낼 수 있다.

09 |해석| (1) 내 스마트폰은 고장 났다. 그것을 고치는 것은 불가능하다.
(2) 쿠키를 만드는 것은 쉽다. 누구나 그것을 할 수 있다.
|해설| 주어인 to부정사구를 문장의 뒤로 보내고(진주어), 주어 자리에 가주어 It을 쓴다.

10 |해석| (1) 그는 러시아에 두 번 가 본 적이 있다.
(2) 그는 3년 동안 스페인어를 공부해 왔다.
(3) 그는 어제 보고서를 끝냈다.
|해설| (1) 횟수를 나타내는 표현을 사용해 경험을 나타내는 현재완료 문장으로 쓴다.
(2) 기간을 나타내는 표현을 사용해 계속의 의미를 나타내는 현재완료 문장으로 쓴다.
(3) 과거 시점을 나타내는 부사를 사용해 과거 시제 문장으로 쓴다.

11 |해석| ⓐ 숙제를 끝냈니?
ⓑ 물을 충분히 마시는 것은 중요하다.

ⓒ Emma는 어제 우산을 잃어버렸다.

ⓓ 우리는 십 년 동안 서로를 알고 지내 왔다.

ⓔ 많은 사람들 앞에서 말하는 것은 쉽지 않다.

|해설| ⓑ 「It ~ to부정사」 구문이므로 진주어로 to부정사를 써야 한다. (drinks → to drink)

ⓒ 과거 시점을 나타내는 부사(yesterday)가 있으므로 과거 시제로 쓰거나, yesterday 없이 결과의 의미를 나타내는 현재완료 문장으로 쓴다. (has lost → lost 또는 yesterday 삭제)

12 |해설| ⓐ 지구에 관한 내용이 이어지므로 there는 on Earth를 가리킨다.

ⓑ here는 Rada와 Jonny가 살고 있는 in space를 가리킨다.

13 |해설| '그녀는 충격적인 소식을 들었을 때 놀라서 입을 다물지 못했다.' 라는 의미가 적절하므로 빈칸에는 본문에 사용된 in surprise(놀라서) 가 알맞다.

14 |해석| ⓐ Rada와 Jonny는 우주에서 태어났다.

ⓑ Rada의 가족은 우주로(→ 지구로) 돌아가기로 결정했다.

ⓒ Rada는 지구에 대해 잘 몰랐다.

ⓓ Rada와 Jonny는 파란 하늘을 본 적이 없다.

|해설| ⓑ Rada의 가족은 지구로 돌아가기로 했다.

15 |해설| It이 가주어, to jump there가 진주어가 되어야 하므로 to를 추가해야 한다. 이어동사(pull down)의 목적어가 대명사(you)일 때는 목적어가 반드시 동사(pull)와 부사(down) 사이에 와야 하는 것에 유의한다.

16 |해석| 만일 Jonny가 지구에서 우유 용기를 열고 흔든다면 그는 젖을 것이다.

|해설| Jonny가 우유 용기를 열고 흔들어 우유 방울을 마시는 모습을 보고, 엄마는 지구에서 그런 식으로 우유를 마시면 젖을 것이라고 말했다. 조건을 나타내는 부사절에서는 미래를 나타낼 때 현재 시제로 쓰는 것에 주의한다.

17 |해설| ⓐ에는 감정을 느끼게 하는 능동의 의미가 되어야 하므로 '흥미 진진한'을 뜻하는 현재분사형 형용사 exciting이, ⓑ에는 감정을 느끼게 되는 수동의 의미가 되어야 하므로 '몹시 신이 난'을 뜻하는 과거분사형 형용사 excited가 알맞다.

18 |해설| it이 공통으로 가리키는 것은 'Rada와 Jonny가 정말 하고 싶은 새로운 한 가지'이다.

19 |해설| 현재완료의 부정문은 「have/has not(never)+과거분사」로 쓰며, 지각동사 hear의 목적격 보어로는 동사원형이나 현재분사(-ing) 를 쓸 수 있다.

20 |해석| 오늘, 우리는 마침내 지구에 도착했다. 먼저 나는 우리가 떠다닐 수 없다는 것을 알았다. 또한, 지구에서 걷는 것은 매우 어려웠다. Jonny와 나는 새의 노래를 들었고 우리는 바람도 느꼈다. 이런 것들은 모두 새로운 것이었지만 우리에게 최고의 새로운 것은 언덕을 뛰어 내려오는(→ 굴러 내려오는) 것이었다.

|해설| ⓔ Rada와 Jonny에게 지구에서 있었던 새로운 일 중 가장 최고는 언덕을 굴러 내려오는 것이다.

제1회 대표 기출로 내신 **적중** 모의고사   pp. 66~69

01 ⑤   02 (l)and   03 ⑤   04 ①   05 ②   06 ③
07 (D) – (B) – (C) – (A)   08 ④   09 ③   10 will have(eat)
lunch   11 ①   12 have been to Paris   13 ②   14 ⑤
15 ②   16 I have never seen a blue sky   17 ⑤
18 It's(It is) also hard to jump there   19 ⑤   20 ②
21 ③   22 excited   23 space → Earth   24 ④   25 ③

01 |해석| ① 먼 – 가까운   ② 무거운 – 가벼운   ③ 부드러운 – 딱딱한
④ 신난 – 지루한   ⑤ 여행 – 여행

|해설| ⑤는 유의어 관계이고, 나머지는 모두 반의어 관계이다.

02 |해설| '땅 위로 하강하다'는 land(착륙하다)의 영영풀이다.

03 |해석| • 해변은 모래로 뒤덮여 있다.

• 나는 의자 밑에서 쥐를 봤을 때 놀라서 소리쳤다.

|해설| be covered with ~으로 뒤덮여 있다 / in surprise 놀라서

04 |해석| ① 표지판에는 '잔디에 들어가지 마시오.'라고 쓰여 있다.

② 병을 열기 전에 흔들어라.

③ 아기는 나를 향해 걷기 시작했다.

④ 내 남동생은 나를 어디든 따라다닌다.

⑤ 그 새는 작은 물고기를 잡아서 통째로 삼켰다.

|해설| ① grass는 '잔디'를 뜻한다. '유리'를 뜻하는 단어는 glass이다.

05 |해석| A: 우주 마라톤에 대해 들었니?

B: 아니, 못 들었어.

A: 그것은 우주에서 하는 마라톤이야.

① ~을 언제 뛰었니

③ 참가할 준비가 됐니

④ ~에 대해 어떻게 아니

⑤ ~에 대해 듣고 싶어

|해설| 우주 마라톤에 대한 설명이 이어지는 것으로 보아, 빈칸에는 우주 마라톤을 알고 있는지 묻는 표현이 알맞다. 이어지는 대답의 형태로 보아 과거 시제여야 한다.

06 |해석| A: Tony, 'My Hero'라는 영화에 대해 들었니?

B: 아니, 못 들었어.

A: 음, 나는 그것이 정말 좋다고 들었어.

B: 그 영화에 대해 알고 싶어. 무엇에 관한 거니?

A: 아들을 구하는 한 아버지에 관한 영화야.

B: 재미있겠다.

|해설| 주어진 문장은 내용을 묻는 말이므로 영화의 내용을 설명하는 문장 앞인 ③에 들어가는 것이 자연스럽다.

07 |해석| (D) 우주로 간 첫 번째 우주선에 대해 들었니?

(B) 아니, 못 들었어.

(C) 이것이 그 우주선의 포스터야.

(A) 정말? 그것을 사고 싶다.

08 |해설| ④ 영화가 개봉한 날은 언급되어 있지 않다.

09 |해석| ① 슬픈 ② 화난 ③ 궁금한 ④ 긴장한 ⑤ 실망한

|해설| 문맥상 빈칸에는 영화에 대한 궁금증을 나타내는 단어인 curious가 알맞다.

10 |해석| Q: 소년과 소녀는 영화 보기 전에 무엇을 할 것인가?

A: 그들은 영화 보기 전에 점심 식사를 할 것이다.

11 |해석| 시원한 푸른 바다에서 수영하는 것은 좋았다.

|해설| 첫 번째 빈칸에는 가주어 It이, 두 번째 빈칸에는 진주어 역할을 하는 to부정사의 to가 들어가는 것이 알맞다.

12 |해석| 나는 파리에 2년 전에 처음 갔다. 나는 지난 달에 그곳에 다시 갔다.

→ 나는 <u>파리에 두 번 가 봤다</u>.

|해설| '~에 가 본 적이 있다'는 의미로 경험을 나타낼 때는 have/has been to로 나타낸다.

13 |해석| ① 내 자전거를 고치는 것은 어려웠다.

② 그것은 내 여동생의 배낭이다.

③ 너와 함께 공부하는 것은 좋았다.

④ 그의 파티에 가는 것은 신난다.

⑤ 다른 문화에 대해 배우는 것은 흥미롭다.

|해설| ②는 대명사로 쓰였고, 나머지는 모두 진주어인 to부정사구를 대신하는 가주어로 쓰였다.

14 |해설| ⑤ 현재완료의 부정은 have/has 뒤에 not이나 never를 써서 나타내므로 doesn't have를 has not 또는 hasn't로 써야 한다.

15 |해설| ⓐ in ⓑ to ⓒ in ⓓ towards ⓔ on

16 |해설| 현재까지의 경험을 나타내는 현재완료(have/has+과거분사) 문장으로 쓴다. 부정어 never는 have와 과거분사 사이에 쓴다.

17 |해설| ⑤ 지구로 돌아가는 이유는 언급되어 있지 않다. (① a little world in space, ② father, mother, Rada and Jonny, ③ spaceships, ④ space)

18 |해설| to부정사구가 주어인 경우 가주어 It을 주어 자리에 쓰고, 진주어인 to부정사구를 문장의 뒤로 보낼 수 있다.

19 |해석| ① Q: Rada와 아빠는 무엇에 대해 이야기하고 있는가?

A: 그들은 지구에서 사는 것에 대해 이야기하고 있다.

② Q: 왜 Rada는 지구에서 우주복을 입을 필요가 없는가?

A: 지구에는 어디에나 공기가 있기 때문이다.

③ Q: 지구에서는 언덕들이 무엇으로 덮여 있는가?

A: 그것들은 잔디로 덮여 있다.

④ Q: 누가 전에 지구에서 언덕을 굴러 내려간 적이 있는가?

A: Rada의 아빠가 전에 그것을 해 본 적이 있다.

⑤ Q: Jonny가 우주에서 우유 용기를 열고 흔들었을 때 무슨 일이 일어났는가?

A: 그는 우유를 쏟았기 때문에 젖었다.

|해설| ⑤ 우주에서 Jonny가 우유 용기를 열고 흔들었을 때, 우유는 공중에 떠올라 방울이 되었고, Jonny는 그 방울을 삼켜서 우유를 마셨다. 그렇게 했을 때 우유에 젖게 되는 곳은 지구이다.

20 |해설| ② 뒤의 문장 it이 주어진 문장의 one new thing Rada and Jonny really wanted to do를 가리키므로 ②에 들어가는 것이 자연스럽다.

21 |해설| 가주어 It이 진주어인 to부정사구를 대신하므로 빈칸에는 to부

정사 형태가 알맞다.

22 |해설| 빈칸에는 Rada의 들뜬 기분을 표현해 주는 말이 알맞으므로, 본문에 사용된 exciting을 변형한 excited(신이 난, 들뜬)가 알맞다.

23 |해설| Rada와 Jonny는 <u>우주(→ 지구)</u>로 여행 가기 전날 밤에 지구에서 그들이 보고 하게 될 것에 대해 이야기했다.

24 |해설| (A) 지구가 아래로 끌어당겨서(pull down) 걷기가 어렵다는 내용이 되어야 알맞다.

(B) 서로(each other) 쳐다보고 웃었다는 내용이 되는 것이 자연스럽다.

(C) 잔디에 누웠다(lay down)는 내용이 되는 것이 자연스럽다. lied는 '거짓말하다'라는 뜻인 lie의 과거형이다.

25 |해석| Rada와 Jonny가 겪은 새로운 일이 <u>아닌</u> 것은?

① 바람을 느끼는 것

② 언덕을 굴러 내려가는 것

③ 우주선을 타는 것

④ 새가 노래하는 것을 듣는 것

⑤ 떠다닐 수 없는 것

|해설| ③은 Rada와 Jonny에게 새로운 것으로 언급되지 않았다.

제 2 회 대표 기출로 내신 적중 모의고사 pp. 70~73

01 ⑤ **02** (s)pace **03** ② **04** ④ **05** ③ **06** No, I didn't. → Yes, I did. **07** ② **08** I'm really curious about the movie. **09** ⑤ **10** ③ **11** ② **12** ④ **13** can be dangerous to drive at night **14** ④ **15** ① **16** ②, ④ **17** ③ **18** ④ **19** on Earth **20** ③ **21** There was one new thing Rada and Jonny really wanted to do. **22** ④ **23** ①, ② **24** grass **25** rolling down the(a) hill

01 |해석| 이것은 우리의 <u>비밀</u>이니까 누구에게도 그것에 대해 말하지 마.

① 꼭대기 ② 공기 ③ 정장 ④ 잔디

|해설| 아무에게도 말하지 말라는 말이 이어지는 것으로 보아 빈칸에는 '비밀'을 뜻하는 secret이 알맞다.

02 |해석| • 마침내 나는 주차 <u>공간</u>을 발견했다.

• 러시아는 <u>우주</u>로 첫 번째 개를 보냈다.

|해설| '공간'과 '우주' 둘 다를 뜻하는 space가 알맞다.

03 |해석| ① 여행: 여행하는 장소로 방문

② 착륙하다: 어떤 것을 존재하게 하거나 성장하게 하다(→ 땅 위로 하강하다)

③ ~을 향하여: 어떤 사람이나 물건의 방향으로

④ 궁금한: 어떤 것을 알고 싶어 하거나 세상에 대해 배우고 싶은

⑤ 웃다: 무엇이 웃기다고 생각해서 목소리로 소리를 내다

|해설| ②는 form(형성하다, 만들다)의 영영풀이다.

04 |해석| ① 그는 1990년에 전주에서 <u>태어났다</u>.

② 그 오래된 자동차는 먼지로 <u>뒤덮여</u> 있었다.

③ 그 탑은 언덕 꼭대기에 있다.

④ 영화가 매우 <u>흥미진진해서</u> 나는 졸렸다.

⑤ 우주에서 숨을 쉬기 위해서는 <u>우주복을</u> 입어야 한다.

|해설| ④는 맥락상 어색하다.

05 **|해석|** A: <u>새로 오신 미술 선생님에 대해 들었니?</u>

B: 응, 매우 좋다고 들었어.

① 새로 오신 미술 선생님을 좋아하니?

② 새로 오신 미술 선생님에게서 소식을 들었니?

③ 새로 오신 미술 선생님에 대해 들어 본 적 있니?

④ 새로 오신 미술 선생님에 대해 어떻게 생각하니?

⑤ 새로 오신 미술 선생님에 대해 어떻게 들었니?

|해설| Did you hear about ~?은 새로운 정보에 대해 들었는지 묻는 표현으로, 현재완료의 경험의 의미를 나타내는 Have you heard about ~?과 바꿔 쓸 수 있다.

06 **|해석|** A: Tony, 'My Hero'라는 영화에 대해 들었니?

B: <u>아니, 못 들었어(→ 응, 들었어).</u> 정말 좋다고 들었어.

A: 그 영화가 정말 궁금하다. 무엇에 관한 거니?

B: 아들을 구하는 한 아버지에 관한 영화야.

|해설| B가 영화의 내용에 관해 설명하고 있는 것으로 보아, 'My Hero'라는 영화에 대해 들어 본 적이 있는지 묻는 질문에 긍정으로 답하는 것이 자연스럽다.

07 **|해석|** ① A: 그의 새로운 노래가 궁금하니?

B: 물론이지. 그것을 듣고 싶어.

② A: 새로 나온 뮤지컬에 대해 알고 있니?

B: 아니, 괜찮아. 난 뮤지컬을 좋아하지 않아.

③ A: 새로 나온 TV 프로그램에 대해 들었니?

B: 아니, 그런데 그것에 대해 알고 싶어.

④ A: 이것이 우주에 간 첫 번째 우주선의 포스터야.

B: 정말? 그거 사고 싶다.

⑤ A: 'Dave의 모험'이라는 새로 나온 책에 대해 들었니?

B: 아니. 무엇에 관한 거니?

|해설| ② 새로운 정보에 대해 아는지 묻는 말에 사양하는 표현으로 답하는 것은 어색하다.

08 **|해설|** 궁금증을 나타내는 표현인 I'm really curious about ~.으로 문장을 완성한다.

09 **|해석|** ① 새 영화의 제목은 무엇인가?

② 영화는 무엇에 관한 것인가?

③ 영화는 어디에서 상영되고 있는가?

④ 영화는 언제 시작하는가?

⑤ 화자들은 영화를 본 후에 무엇을 할 것인가?

|해설| ⑤ 두 사람이 영화를 본 후에 할 일은 언급되어 있지 않다.

10 **|해석|** • 나는 Susan을 3일 전에 <u>만났다.</u>

• 우리는 전에 어디선가 서로 <u>만난 적이 있다.</u>

|해설| 첫 번째 빈칸에는 과거 시점을 나타내는 부사구가 있으므로 과거 시제가 알맞다. 현재완료는 과거 시점을 나타내는 부사(구)와 함께 쓰이지 않는다. 두 번째 빈칸에는 과거에서 현재까지의 경험을 나타내는 현재완료 형태가 알맞다.

11 **|해설|** 진주어로 쓰인 to부정사구를 문장의 뒤로 보내고 주어 자리에 가주어 It을 써서 나타낸다.

12 **|해석|** ① Tim은 얼마 동안 나를 기다렸니?

② 나는 전에 멕시코 음식을 먹어 본 적이 없다.

③ 그녀는 이미 보고서를 끝냈다.

④ 나는 여기에 이사 온 후로 Amy를 알고 지낸다.

⑤ 우리는 그 영화를 여러 번 봤다.

|해설| ② 현재완료의 부정은 「have/has+not(never)+과거분사」의 어순으로 쓴다. (I've eaten not → I haven't eaten / I've never eaten)

13 **|해석|** 밤에 운전하는 것은 위험할 수 있다.

|해설| 가주어 It이 주어 자리에 쓰였으므로 진주어인 to부정사구를 뒤로 보낸다.

14 **|해석|** 제주도에 가 본 적 있니? 그곳에는 네가 할 수 있는 것들이 많아. 예를 들어, 말을 타는 것은 재미있어. 네가 제주도에 가 본 적이 없다면, 그곳에 꼭 가 봐야 해.

|해설| ④ 진주어인 to부정사구를 대신하는 가주어 it이 되어야 한다. (what → it)

15 **|해석|** ① 지구는 어떤 곳인가요?

② 우리는 언제 지구로 떠나나요?

③ 우리는 어떻게 지구로 돌아가나요?

④ 우리는 왜 지구로 돌아가는 건가요?

⑤ 지구까지 가는 데 얼마나 걸리나요?

|해설| 지구에 대한 아빠의 설명이 이어지는 것으로 보아 지구는 어떤 곳인지 묻는 질문이 들어가는 것이 알맞다.

16 **|해석|** ① Rada의 가족은 우주에서 살았다.

② Rada는 우주에서 태어난 유일한 아이였다.

③ Rada와 Jonny는 지구로 돌아간다는 말을 듣고 놀랐다.

④ Rada의 엄마는 우주와 지구의 차이점을 설명해 주었다.

⑤ Rada와 Jonny는 전에 파란 하늘을 본 적이 없다.

|해설| ② Rada에게는 남동생 Jonny가 있으며 둘 다 우주에서 태어났다.

④ Rada의 아빠가 지구가 우주와 어떻게 다른지 알려 주었다.

17 **|해설|** ⓒ 경험을 나타내는 현재완료 의문문이 알맞고, 주어가 you이므로 have you로 써야 한다.

18 **|해설|** (A) pull down: ~을 끌어내리다, 당겨서 내리다

(B) be covered with: ~으로 뒤덮여 있다

19 **|해석|** Q: Rada의 가족은 무엇에 대해 이야기하고 있는가?

A: 그들은 지구에서의 생활에 대해 이야기하고 있다.

20 **|해석|** ① 그들과 노는 것은 재미있을 것이다.

② 쿠키를 만드는 것은 쉽지 않다.

③ 그것은 멋진 시합이 될 것이다.

④ 하루 종일 집에 있는 것은 지루하다.

⑤ 뜨거운 냄비를 만지는 것은 위험하다.

|해설| ③의 It은 대명사이고, ⓐ와 나머지는 모두 진주어인 to부정사구를 대신하는 가주어 It으로 쓰였다.

21 **|해설|** '~이 있다'라는 뜻을 나타내는 There is ~. 구문과 one new thing을 수식하는 관계대명사절을 사용하여 문장을 완성한다. 동사는 과거 시제로 쓰고, 목적격 관계대명사는 생략한다.

22 **|해석|** ① Rada와 Jonny는 지구에 대해 오랫동안 이야기했다.

② Rada와 Jonny가 지구에서의 새로운 일들에 신났다는 내용은 있지만 우주를 떠나서 슬퍼했는지는 언급되지 않았다.

③ Rada와 Jonny는 비밀을 부모님께 말하지 않았다.

⑤ 지구로 가는 여정이 길다는 엄마의 말에 Rada는 괜찮다며 신난다고 답했다.

23 |해설| ⓐ 「It ~ to부정사」 구문이므로 진주어를 to부정사 형태로 쓴다. (→ to walk)
ⓑ 이어동사의 목적어가 대명사일 때는 목적어가 동사와 부사 사이에 위치한다. (→ pulling you down)

24 |해설| '땅을 덮고 있는 얇고 푸른 잎사귀를 가진 흔한 식물'은 grass(잔디)에 대한 영영풀이다.

25 |해설| Rada와 Jonny에게 '최고의 새로운 것'은 언덕에서 굴러 내려오는 것이다.

제3회 대표 기출로 내신 적중 모의고사   pp. 74~77

01 ④   02 ③   03 ②   04 you hear about   05 ③
06 ⑤   07 ①   08 ②   09 ④   10 It is not easy to make good friends.   11 ③   12 has played the piano for
13 ③   14 ③   15 ②   16 ④   17 have you ever rolled down a hill   18 ①   19 ③   20 ⑤   21 (1) excited → exciting (2) think → to think   22 ③   23 ①   24 Earth is pulling you down   25 feeling the wind, rolling down the(a) hill

01 |해설| '물건을 안에 넣어 보관하는 것'을 뜻하는 것은 container(그릇, 용기), '물이나 공중에 느리고 부드럽게 움직이다'를 뜻하는 것은 float(뜨다, 떠가다)이다.

02 |해석| [보기] 우리의 농업용 땅은 강 옆에 있다.
① 비행기는 안전하게 착륙했다.
② 내 비행 편은 정시에 착륙할 것이다.
③ Mark는 집을 지으려고 그 땅을 샀다.
④ 작은 파랑새가 내 손가락 위에 내려앉았다.
⑤ 달에 착륙한 최초의 사람은 누구였니?
|해설| [보기]와 ③의 land는 '땅'이라는 의미의 명사로 쓰였고, 나머지는 모두 '착륙하다, 내려앉다'라는 의미의 동사로 쓰였다.

03 |해석| • 공이 계단을 굴러 내려갔다.
• 내 여동생은 놀라서 거의 펄쩍 뛰었다.
• 그 남자는 자신의 방으로 들어가서 침대에 누웠다.
|해설| 첫 번째 빈칸에는 '굴러가다'를 뜻하는 roll의 과거형 rolled가, 두 번째 빈칸에는 '놀라서'를 뜻하는 in surprise에 쓰이는 surprise가, 세 번째 빈칸에는 '눕다'를 뜻하는 lie의 과거형 lay가 들어가는 것이 알맞다.

04 |해석| A: 새로 나온 우주 음식에 대해 들었니?
B: 응, 그것에 대해 들었어. 그건 아이스크림의 한 종류야.
|해설| 새로운 정보에 대해 알고 있는지 묻는 표현인 Did you hear about ~?이 쓰인 문장을 완성한다.

05 |해석| A: '외국에서 살기'라는 새로 나온 책에 대해 알고 있니?
B: 아니, 몰라.
A: 봐. 바로 여기 있어. 뉴욕에서 사는 것에 관한 책이야.

B: 멋지다. 이 책에 대해 정말 궁금해.
① 나는 이미 그것을 읽었어.
② 나는 그것이 너무 걱정스러워.
④ 나는 그 책이 정말 흥미롭다고 생각했어.
⑤ 나는 그 책에 대해 여러 번 들어봤어.
|해설| 빈칸에는 어떤 대상에 대한 자신의 궁금증을 나타내는 말이 들어가는 것이 알맞다.

06 |해설| (D) 봐! 우주에 간 여자에 대해 들었니?
(C) 아니, 못 들었어. 그녀에 대해 정말 궁금하다.
(B) 이것이 그녀에 관한 책이야.
(A) 정말? 그것을 사야겠어.

07 |해설| ⓐ A가 영화에 대해 설명하는 것으로 보아 '나도 못 들었어.'라고 말하는 것은 어색하다.

08 |해설| ② 수빈이는 새로 나온 영화에 대해 못 들었다고 하며 영화에 대한 궁금증을 표현하고 있다.

09 |해석| Sue는 제주도에 _____ 가 본 적이 있다.
① 한 번 ② 전에 ③ 최근에 ④ 지난 달에 ⑤ 여러 번
|해설| 현재완료는 last month와 같이 과거의 시점을 나타내는 부사(구)와는 함께 쓰이지 않는다.

10 |해설| 진주어인 to부정사구를 문장의 뒤로 보내고 주어 자리에 가주어 It을 쓴다.

11 |해석| ① 그녀는 경주에서 두 번 우승했다.
② 우리는 아직 점심 식사를 마치지 않았다.
③ 나는 이틀 전에 지갑을 잃어버렸다.
④ 지수와 인호는 전에 서로 만난 적이 있다.
⑤ 학생들은 이미 공항에 도착했다.
|해설| ③ 과거 시점을 나타내는 부사구(two days ago)가 있으므로 현재완료를 쓸 수 없고 과거 시제로 써야 한다. (→ lost)

12 |해석| 수미는 3시간 동안 피아노를 치고 있다.
|해설| 계속의 의미를 나타내는 현재완료(have/has+과거분사)로 쓰고, 뒤에 기간을 나타내는 three hours가 왔으므로 전치사 for를 쓴다.

13 |해석| ⓐ 새로운 것을 발명하는 것은 어렵다.
ⓑ 규칙적으로 운동하는 것은 좋다.
ⓒ 그는 마을을 떠나기로 결심했니?
ⓓ 액션 영화를 보는 것은 신난다.
ⓔ 그녀는 그 문제에 대해 생각해 본 적이 전혀 없다.
|해설| ⓑ 주어인 to부정사구 대신 주어 자리에 가주어로 쓸 수 있는 것은 It이다. (This → It)
ⓔ 현재완료의 부정은 「have/has+not(never)+과거분사」의 형태로 쓴다. (has thought never → has never thought)

14 |해설| ③ 뒤에서 Rada와 Jonny가 놀라고 지구에 대해 묻고 답하는 내용이 이어지는 것으로 보아, '지구로 돌아가겠다고 아빠가 말했다'는 주어진 문장은 ③에 들어가는 것이 알맞다.

15 |해설| ⓑ '태어나다'라는 뜻은 수동태인 be born으로 나타낸다. (→ were born)

16 |해석| ⓐ Rada의 부모님은 우주에서 얼마나 오랫동안 살아왔는가?
ⓑ Rada의 가족은 몇 명인가?
ⓒ Rada의 아빠는 왜 지구로 돌아가기로 결정했는가?

18 Lesson 7

ⓓ 우주에서는 하늘이 어떤 색인가?

|해설| ⓑ Rada의 가족은 엄마, 아빠, Rada, 남동생 Jonny로 모두 네 명이다.

ⓓ 우주에서는 하늘이 항상 검은색이다.

17 |해설| 경험의 유무를 묻는 현재완료의 의문문은 「Have/Has+주어(+ever)+과거분사 ~?」의 형태로 쓴다.

18 |해설| ⓑ 목이 말라서 우유 용기를 열고 흔들었다는 내용이므로 결과를 나타내는 접속사 so가 알맞다.

ⓒ 그런 방식으로 우유를 마신다면 젖을 것이라는 내용이므로 조건을 나타내는 접속사 if가 알맞다.

19 |해설| ① 우주에서는 우주복을 입어야 한다.

② 지구에서보다 우주에서 점프하는 것이 더 쉽다.

③ 지구에서 떠다니는 우유 방울을 삼키는 것은 가능하다.

④ 우주에서는 우유를 쏟을 걱정을 할 필요가 없다.

⑤ 지구에서 우유 용기를 열고 흔드는 것은 너를 젖게 할 것이다.

|해설| ③ 떠다니는 우유 방울을 삼키는 것이 가능한 곳은 지구가 아니라 우주이다.

20 |해설| ⓔ Rada는 Jonny와 함께 지구에서 할 새로운 일들에 대해 이야기하며 신나 했으므로, 지구로 떠나는 Rada의 감정으로 disappointed(실망한)는 어색하다.

21 |해설| (1) 능동의 의미로 '흥미진진한'을 뜻하는 현재분사형 형용사 exciting이 되어야 한다.

(2) 가주어 It이 대신하는 진주어가 to부정사구 형태로 와야 한다.

22 |해설| ① Rada와 Jonny는 밤늦게까지 지구에 대해 이야기했다.

② Rada와 Jonny는 정말 하고 싶은 한 가지 새로운 것이 있었다.

③ Rada의 부모님은 Rada와 Jonny가 하고 싶은 것에 대해 알고 있었다.

④ Rada의 가족은 우주선을 타고 지구로 떠났다.

⑤ Rada의 지구로의 여행은 시간이 오래 걸릴 것이다.

|해설| ③ Rada와 Jonny는 자신들이 밤새 나눈 이야기를 엄마와 아빠에게 말하지 않았다고 했으므로, Rada의 부모님이 그들이 하고 싶은 일을 알고 있었다는 것은 글의 내용과 일치하지 않는다.

23 |해설| ⓐ 진주어인 to부정사구 to walk on Earth가 뒤로 가고 주어 자리에 쓰인 가주어 it이다.

24 |해설| pull down은 동사와 부사로 이루어진 이어동사로, 대명사 목적어는 반드시 동사와 부사 사이에 쓰인다.

25 |해석| Rada와 Jonny가 지구에서 한 새로운 일들은 지구에서 걷는 것, 새가 노래하는 소리를 듣는 것, 바람을 느끼는 것과 언덕을 굴러 내려오는 것이었다.

제 4 회 고난도로 내신 **적중** 모의고사   pp. 78~81

01 (c)urious   **02** ②   **03** ④   **04** ④   **05** ②   **06** ⓒ → She is going to buy a poster of the (first) spaceship (that went into space).   **07** Did you hear about the new movie   **08** ①, ③   **09** ④   **10** It is not easy to find water in the desert.   **11** ②   **12** ⑤   **13** (1) went to Kenya (2) has

seen wild animals   **14** ③   **15** ②   **16** The sky is blue, the sky is (always) black   **17** ③   **18** ②   **19** ⓓ, in space → on Earth   **20** ⑤   **21** ⓔ → got on   **22** ④   **23** (1) ⓓ, to sing → sing(singing) (2) 지각동사가 쓰인 5형식 문장이므로 목적격 보어는 동사원형 또는 현재분사(-ing)가 되어야 한다.   **24** ④   **25** ②

01 |해석| 나는 매우 궁금했지만 그에게 그것에 대해 묻지 않았다.

|해설| '어떤 것을 알고 싶어 하거나 세상에 대해 배우고 싶은'을 의미하는 단어는 curious(궁금한)이다.

02 |해석| ⓐ 색이 다채로운 꽃들이 어디에나 있었다.

ⓑ 그녀는 용기에 수프를 부었다.

ⓒ Josh는 버스 정류장을 향하여 걷고 있다.

ⓓ 우리는 이 마을에서 많은 집들이 물 위에 떠 있는 것을 볼 수 있다.

|해설| ⓐ에는 everywhere, ⓑ에는 container, ⓒ에는 towards, ⓓ에는 float가 들어가는 것이 알맞다.

03 |해석| ① 가서 잠시 누워라.

더 이상 너의 부모님께 거짓말하지 마라.

② 소리가 어디에서 오고 있지?

이상하게 들릴 수 있지만 그것은 사실이다.

③ 이 양식을 채워 주시겠어요?

나는 십자가를 만들기 위해 두 개의 막대기를 묶었다.

④ 러시아는 첫 번째 우주 정거장을 세웠다.

우주 비행사들은 일주일 동안 우주에 머물 것이다.

⑤ 언제 비행기가 이곳에 착륙하는가?

내 삼촌은 집을 짓기 위해 땅을 샀다.

|해설| ④의 space는 모두 '우주'라는 뜻의 명사로 쓰였다. (① 눕다 / 거짓말하다, ② 소리 / ~하게 들리다, ③ 양식 / 만들다, ⑤ 착륙하다 / 땅)

04 |해석| 다음 중 나머지 문장과 의미가 다른 하나는?

① 새로운 TV 프로그램을 아니?

② 새로운 TV 프로그램에 대해 들었니?

③ 새로운 TV 프로그램에 대해 알고 있니?

④ 새로운 TV 프로그램에 대해 관심 있니?

⑤ 새로운 TV 프로그램에 대해 들어 본 적 있니?

|해설| ④는 상대방에게 어떤 대상에 대해 흥미가 있는지 묻는 표현이고, 나머지는 어떤 대상에 대해 알고 있는지를 묻는 표현이다.

05 |해석| A: 화성에 관한 새로 나온 책에 대해 들었니?

B: 아니, 못 들었어. 난 화성에 대해 정말 궁금해.

A: 봐. 바로 여기 있어. 화성과 그것의 위성들에 관한 책이야.

B: 멋지다. 그 책을 사야겠어.

|해설| (A)에는 새로 나온 책에 대해 알고 있는지 물어보는 말이, (B)에는 궁금증을 나타내는 말이, (C)에는 책이 무엇에 관한 내용인지 설명하는 말이 들어가는 것이 알맞다.

06 |해석| 소년: 우주로 간 첫 번째 우주선에 대해 들었니?

소녀: 아니, 못 들었어. 난 그게 뭔지 궁금해.

소년: 이것이 그 우주선의 포스터야.

소녀: 정말? 그것을 사고 싶다.

ⓐ 우주에 간 첫 번째 우주선의 이름은 무엇인가?

ⓑ 우주에 간 첫 번째 우주 비행사는 누구였는가?

ⓒ 소녀는 무엇을 살 것인가?

→ 소녀는 (우주에 간 첫 번째) 우주선의 포스터를 살 것이다.

07 |해설| 새로운 정보에 대해 알고 있는지 묻는 말이고, 이어서 No, I didn't.라고 답하므로 Did you hear about ~?으로 묻는 것이 알맞다.

08 |해석| 위 대화의 내용과 일치하는 것을 모두 고르시오.

① 소년과 소녀는 새로 나온 영화에 대해 이야기하고 있다.

② 소녀는 전에 그 영화에 대해 들어 본 적이 있다.

③ 소년은 영화가 무엇에 관한 것인지 알고 있다.

④ 영화는 달 극장에서 2시 30분에 시작할 것이다.

⑤ 소년과 소녀는 영화를 본 후에 점심을 먹을 것이다.

|해설| ② 소녀는 새로 나온 영화에 대해 듣지 못했다고 했다.

④ 영화는 우주 극장에서 2시 30분에 시작한다.

⑤ 소년과 소녀는 점심을 먼저 먹고 영화를 볼 것이다.

09 |해석| 채소를 많이 먹는 것은 네 건강에 매우 좋다.

|해설| 「It ~ to부정사」 구문이므로 eats를 to부정사 to eat으로 써야 한다.

10 |해설| 주어인 to부정사구를 뒤로 보내고(진주어), 주어 자리에 가주어 It을 쓴다.

11 |해석| ⓐ Kate는 5년 동안 그 가방을 사용해 왔다.

ⓑ 아빠는 막 세차를 끝냈다.

ⓒ 나는 어제부터 치통이 있다.

ⓓ 전에 한라산을 등반한 적이 있니?

ⓔ Kelly는 피아노 치는 것을 배운 적이 없다.

|해설| ⓐ와 ⓒ는 계속, ⓑ는 완료, ⓓ와 ⓔ는 경험을 나타내는 현재완료 문장이다.

12 |해석| ⓐ 보드게임을 하는 것은 재미있다.

ⓑ 나는 어제 중국 음식을 먹었다.

ⓒ 그 쇼핑몰은 아직 열지 않았다.

ⓓ 그는 작년부터 부산에 살고 있다.

ⓔ 나는 새로운 것을 배우는 것이 신난다.

|해설| ⓐ 진주어로 쓰인 to부정사구가 문장의 뒤로 가고 주어 자리에 가주어 It이 쓰인 문장이다. (play → to play)

ⓑ 현재완료는 과거 시점을 나타내는 부사(구)와 함께 쓸 수 없으므로 과거 시제가 되어야 한다. (have eaten → ate)

13 |해석| Mike와 Simon은 둘 다 지난 겨울에 케냐에 갔다. Mike는 거기서 야생동물을 본 적이 있지만, Simon은 본 적이 없다.

|해설| (1) 과거 시점을 나타내는 부사구(last winter)가 있으므로 과거 시제로 쓴다.

(2) 경험 여부를 현재완료로 나타낸다.

14 |해설| ⓐ work on: ~에서 일하다

ⓑ in surprise: 놀라서

ⓒ What's it like ~?: ~은 어떤가요?

15 |해석| Rada의 가족은 내일 무엇을 할 예정인가?

① 그들은 화성으로 떠날 것이다.

② 그들은 지구로 돌아갈 것이다.

③ 그들은 우주로 여행을 갈 것이다.

④ 그들은 검은색 하늘을 보러 갈 것이다.

⑤ 그들은 다른 우주 정거장으로 이동할 것이다.

|해설| ② Rada의 가족은 내일 지구로 돌아간다고 했다.

16 |해설| 이어서 지구에서는 하늘이 파란색이라고 아빠가 예를 들자, Rada가 우주에서의 하늘이 검은색이라고 말했다.

17 |해설| ① → don't have to   ② → are covered with

④ → formed   ⑤ → drink

18 |해설| 현재완료를 사용하여 have you (ever) rolled down a hill로 써야 하므로 did는 필요하지 않다.

19 |해설| ⓐ 지구에서는 우주복을 입을 필요가 없다.

ⓑ 지구에서 점프하는 것은 우주에서보다 더 어렵다.

ⓒ 아빠는 지구에서 언덕을 굴러 내려온 적이 있다.

ⓓ Jonny가 우주(→ 지구)에서 우유 용기를 열고 흔들면 젖을 것이다.

|해설| ⓓ 지구에서 우유 용기를 열고 흔들면 우유가 (쏟아져) 젖게 될 것이라고 하였다.

20 |해설| ⑤ 선행사 all the new things 뒤에는 목적격 관계대명사 that이 생략되었다.

21 |해설| ⓔ 지구로 출발하는 상황이므로 우주선에서 내린(got off) 것이 아닌 탔다는(got on) 내용이 되는 것이 자연스럽다.

22 |해석| • Rada와 Jonny는 우주에 머물고 싶어 했다.

• Rada와 Jonny는 엄마와 아빠에게 자신들이 정말 하고 싶어 하는 것에 대해 말하지 않았다.

• 지구에 도착하기까지는 그리 오래 걸리지는 않는다.

|해설| • Rada와 Jonny는 지구로 떠나는 것에 대해 신나 했다.

• 엄마는 (지구로 가는) 여정이 길 것이라고 했다.

23 |해설| 지각동사가 쓰인 5형식 문장이므로 목적격 보어는 동사원형 또는 현재분사(-ing)가 되어야 한다.

24 |해석| ① 가장 최악의 것   ② 가장 오래된 것

③ 가장 작은 것   ④ 가장 최고의 새로운 것

⑤ 가장 실망스러운 것

|해설| 맥락상 Rada와 Jonny에게 언덕을 굴러 내려오는 것은 '최고의 새로운 것'이라는 말이 되는 것이 알맞다.

25 |해설| 윗글을 읽고 답할 수 없는 것은?

① Rada의 가족은 어떻게 지구로 왔는가?

② Rada와 Jonny는 지구에서 어떻게 떠다닐 수 있었는가?

③ Rada가 지구에서 걷는 것은 왜 어려웠는가?

④ Rada와 Jonny에게 지구에서의 첫 번째 새로운 것은 무엇이었는가?

⑤ Rada와 Jonny의 비밀은 무엇이었는가?

|해설| ② Rada와 Jonny는 지구에서 더 이상 떠다닐 수 없다고 했다.

Lesson 8
Pride of Korea

STEP A

W Words 연습 문제　　　　　　　p. 85

A 01 금속
02 왕의, 왕실의
03 역사
04 전체의, 전부의
05 인쇄; 인쇄술
06 100만
07 (시간을) 보내다, (돈을) 쓰다
08 입증하다, 증명하다
09 허락하다, 허용하다
10 가치
11 이동시킬 수 있는, 움직이는
12 박람회, 전시회
13 정부
14 악기
15 수집품; 더미
16 결혼(식)
17 규칙
18 초대하다
19 계속하다
20 군대, 부대

B 01 historian
02 national treasure
03 publish
04 research
05 college
06 result
07 traffic
08 type
09 fitting room
10 difficulty
11 traditional
12 minute
13 address
14 abroad
15 display
16 fire
17 wear
18 guess
19 return
20 succeed

C 01 (옷 등을) 입어 보다, 착용해 보다
02 지금까지
03 ~ 덕분에
04 포기하다
05 사진을 찍다
06 ~을 찾다
07 ~하자마자
08 즉시, 곧바로
09 (승낙·허락) 그렇게 하세요
10 ~에 관심을 갖게 되다

D 01 thanks to
02 take a picture
03 search for
04 so far
05 try on
06 give up
07 go ahead
08 become interested in
09 as soon as
10 right away

W Words Plus 연습 문제　　　　　　　p. 87

A 1 prove, 입증하다, 증명하다　2 allow, 허락하다, 허용하다
3 royal, 왕의, 왕실의　4 collection, 수집품
5 display, 전시하다　6 publish, 출판하다, 발행하다
7 army, 군대, 부대　8 government, 정부

B 1 abroad　2 government　3 research　4 historian
5 exhibition

C 1 so far　2 try on　3 searching(looking) for
4 give up　5 Thanks to

D 1 succeed　2 prove　3 exhibition　4 wear
5 national

A |해석|
1 어떤 것이 사실임을 보여 주다
2 누군가가 무엇을 할 수 있다고 말하다
3 왕 혹은 여왕과 관계있거나 속해 있는
4 함께 모아 두는 비슷한 것들의 무리
5 사람들이 볼 수 있는 장소에 물건들을 놓다
6 책, 잡지 또는 신문을 사람들이 사도록 인쇄하다
7 육지에서 자신의 조국을 위해 싸우는 사람들의 거대한 집단
8 국가 또는 주를 통제하는 데 책임이 있는 사람들의 집단

B |해석|
1 전에 해외로 여행한 적 있니?
2 한국 정부는 새로운 세금 정책을 발표했다.
3 집을 사기 전에 조사를 좀 하는 것은 좋은 생각이다.
4 그 역사학자는 조선 시대에 관한 지식으로 유명하다.
5 그 대학은 4월에 학생들의 작품 전시회를 열 것이다.

D |해석|
1 계속하다 : 멈추다 = 성공하다 : 실패하다
2 성공하다 : 성공 = 증명하다 : 증거, 증명
3 초대하다 : 초대 = 전시하다 : 전시회
4 계속하다 : 계속하다 = 입다, 신다, 착용하다 : 입다, 신다, 착용하다
5 전통 : 전통적인 = 국가 : 국가의

W Words 실전 TEST　　　　　　　p. 88

01 ⑤　02 ④　03 ③　04 Thanks to　05 ①　06 ④
07 ②

01 |해석| ① 금속　② 결과　③ 수집품; 더미
④ 전시, 진열; 전시하다, 진열하다　⑤ 연구, 조사
|해설| '어떤 것에 대한 사실을 알아내는 일'은 research(연구, 조사)의
영영풀이다.

02 |해석| [보기] 증명하다 - 증거
① 성공하다 - 실패하다
② 가치 - 소중한, 귀중한
③ 계속하다 - 멈추다
④ 전시하다 - 전시회

⑤ 전통 – 전통적인

|해설| [보기]와 ④는 '동사–명사'의 관계이다. ①과 ③은 반의어, ②와 ⑤는 '명사–형용사'의 관계이다.

03 |해석| 우리는 우리 스스로를 보호하기 위해 마스크를 써야 한다.
|해설| wear는 '입다, 신다, 착용하다'라는 뜻으로, put on과 바꿔 쓸 수 있다.

04 |해설| '~ 덕분에'라는 의미의 thanks to가 알맞다.

05 |해석| • 화재의 원인은 알려지지 않았다.
• 그녀가 항상 늦었기 때문에 그들은 그녀를 해고해야 했다.
|해설| fire는 명사로 '불, 화재', 동사로 '해고하다'라는 뜻을 모두 갖는다.

06 |해석| ① 이 검은색 구두를 신어 봐도 될까요?
② 플래시 없이 사진을 찍을 수 있습니다.
③ 우리는 사라진 개를 찾으러 나갔다.
④ 그 학생은 즉시 그 문제를 풀었다.
⑤ 그 탑은 우리의 가장 위대한 문화재들 중 하나이다.
|해설| ④ right away는 '즉시, 곧바로'라는 뜻이다.

07 |해석| ① 해외에서: 외국에서 혹은 외국으로
② 전시하다(→ 계속하다): 같은 방식으로 유지하거나 지키다
③ 결과: 다른 일로 인해 발생하는 일
④ 성공하다: 하려고 하거나 목표로 하던 것을 성취하다
⑤ 군대: 육지에서 자신의 조국을 위해 싸우는 사람들의 거대한 집단
|해설| display(전시하다)의 영영풀이는 to put things in a place where people can see them이 알맞다. '같은 방식으로 유지하거나 지키다'를 뜻하는 단어는 continue(계속하다)이다.

Listen and Talk 만점 노트   pp. 90~91

Q1 try   Q2 T   Q3 F   Q4 ⓐ   Q5 F   Q6 ⓑ   Q7 not allowed   Q8 take pictures, eat(have) food

---

Listen and Talk 빈칸 채우기   pp. 92~93

Listen and Talk A-1 I've never seen, Is it OK, Go ahead
Listen and Talk A-2 You mean, all right, sorry, but, not allowed
Listen and Talk A-3 looks interesting, traditional, musical instrument, to play, I'm sorry, for display
Listen and Talk A-4 to take pictures, How about, Can I use, I'm afraid not, is not allowed
Listen and Talk C try on, fitting room, Wait a minute, for women, worn, Trying, on
Talk and Play Why don't you, is allowed, OK to take, Taking pictures, not allowed
Review-1 traditional, Is it OK, for display
Review-2 is it OK to, Go ahead, use a flash, Can I eat, not allowed

---

Listen and Talk 대화 순서 배열하기   pp. 94~95

1 ⓐ - ⓒ - ⓑ   2 ⓓ, ⓔ - ⓐ - ⓒ
3 ⓒ - ⓔ - ⓐ - ⓓ   4 ⓔ - ⓐ, ⓑ - ⓓ
5 ⓔ, ⓖ - ⓓ - ⓐ - ⓒ, ⓗ   6 ⓓ, ⓕ - ⓖ, ⓗ - ⓔ
7 ⓓ - ⓐ - ⓔ - ⓒ   8 ⓐ - ⓓ, ⓑ - ⓒ

Listen and Talk 실전 TEST   pp. 96~97

01 ③   02 ①   03 ⑤   04 ④   05 ⑤   06 ⑤   07 ④
08 ⑤   09 ⑤

[서술형]

10 Swimming in the lake is not allowed. / Swimming is not allowed in the lake.   11 Is it OK to sit over there?
12 (1) Is it OK   (2) ahead   (3) is not allowed

01 |해석| A: 이 신발을 신어 봐도 되나요?
B: 죄송하지만 안 돼요. 그것은 전시용이에요.
A: 아, 알겠습니다.
① 물론이죠.   ② 괜찮습니다.
④ 네, 신어 봐도 돼요.   ⑤ 물론이죠. 그렇게 하세요.
|해설| ③ 빈칸 뒤에 전시용 신발이라는 말이 이어지므로, 신어 볼 수 있는지 허가를 구하는 말에 부정의 응답을 하는 것이 알맞다.

02 |해석| A: 여기에서 축구를 해도 되나요?
B: 아니요. 여기에서 축구를 하는 것은 허용되지 않습니다.
① 여기에서 축구를 해도 될까요?
② 축구를 하는 것을 좋아하나요?
③ 여기에서 축구를 할 건가요?
④ 제가 여기에서 축구 하기를 원하시나요?
⑤ 저와 함께 축구를 하고 싶은가요?
|해설| 「Is it OK to+동사원형 ~?」은 무언가를 해도 되는지 허가 여부를 묻는 표현으로, May(Can) I ~?로 말할 수도 있다.

03 |해석| ① A: 잔디 위에 앉아도 되나요?
B: 물론이죠. 그렇게 하세요.
② A: 플래시를 사용해도 될까요?
B: 죄송하지만 안 돼요. 그것은 허용되지 않습니다.
③ A: 창문을 열어도 되나요?
B: 죄송하지만, 안 됩니다.
④ A: 이곳에서 스마트폰을 사용하는 것은 허용되지 않습니다.
B: 죄송합니다. 몰랐어요.
⑤ A: 실례합니다만, 이곳에서 음식을 먹어도 되나요?
B: 물론이죠. 이곳에서 음식을 먹는 것은 허용되지 않습니다.
|해설| ⑤ 음식을 먹어도 되는지 허가 여부를 묻는 말에 긍정으로 답한 후, 음식을 먹는 것이 허용되지 않는다는 말이 이어지는 것은 어색하다.

04 |해석| (C) 실례합니다. 이것이 무엇인가요? 저는 이런 음식을 한 번도 본 적이 없어요.
(A) 아, 그것은 한국의 후식인 떡이에요.
(B) 좀 먹어 봐도 되나요?
(D) 물론이죠. 그렇게 하세요. 정말 맛있답니다.

05 |해석| A: 실례합니다. ＿＿＿＿＿＿＿＿＿＿

　　　B: 물론이죠. 그렇게 하세요.

　　　①, ②, ③ 이곳에서 자전거를 타도 되나요?

　　　④ 이곳에서 자전거를 타는 것이 허용되나요?

　　　⑤ 이곳에서 자전거 타는 것을 즐기나요?

　　　|해설| 빈칸 뒤에 허락하는 응답(네, 그렇게 하세요.)이 이어지는 것으로 보아 허가 여부를 묻는 말이 들어가는 것이 알맞다.

06 |해석| A: 실례합니다. 이것은 무엇인가요? 흥미롭게 생겼네요.

　　　B: 아, 그것은 한국의 전통 악기인 해금이에요.

　　　A: 그것을 연주해 봐도 되나요?

　　　B: 죄송하지만, 그것은 전시용이에요. 그것을 연주하는 것은 허용되지 않습니다.

　　　A: 그렇군요.

　　　|해설| '그것을 연주하는 것은 허용되지 않는다.'라는 뜻의 주어진 문장은 전시용이라는 말 뒤인 ⑤에 오는 것이 자연스럽다.

[07~09] |해석|

소녀: 실례합니다만, 이 한복을 입어 봐도 되나요?

남자: 물론이죠. 탈의실은 저쪽에 있습니다.

소녀: 고맙습니다. 잠깐만요. 저것도 무척 예쁘네요.

남자: 아, 저기 있는 작은 모자요?

소녀: 네. 그것은 뭔가요?

남자: 여성용 한국 전통 모자인 족두리예요. 주로 결혼식 날 쓰죠.

소녀: 정말요? 그것도 써 봐도 될까요?

남자: 죄송하지만, 그것은 전시용이에요. 그것을 써 보는 것은 허용됩니다.

　　　(→ 그것을 써 보는 것은 허용되지 않습니다.)

소녀: 아. 그러면 그냥 이 한복만 입어 볼게요.

07 |해설| 「Is it OK to+동사원형 ~?」은 무언가를 해도 되는지 허가 여부를 물어볼 때 사용하는 표현이다.

08 |해설| ⓔ 족두리를 써 봐도 되는지 묻는 말에 전시용이라고 답했으므로, 허용되지 않는다는 표현이 이어져야 자연스럽다.

09 |해석| ① 소녀는 한복을 입어 보고 싶어 한다.

　　　② 남자는 소녀가 한복을 입어 보는 것을 허락한다.

　　　③ 소녀는 족두리가 예쁘다고 생각한다.

　　　④ 족두리는 한국 전통 모자이다.

　　　⑤ 소녀는 족두리만 써 볼 것이다.

　　　|해설| ⑤ 남자가 족두리는 전시용이라서 써 보는 것이 안 된다고 말했으므로, 소녀는 족두리를 써 보지 않을 것이다.

10 |해석| A: 호수에서 수영을 해도 되나요?

　　　B: 죄송하지만 안 돼요. 호수에서 수영하는 것은 허용되지 않습니다.

　　　|해설| 무언가를 금지할 때는 '허용되지 않는다'라는 뜻의 be not allowed를 사용하여 표현할 수 있다.

11 |해석| A: 실례합니다. 저기에 앉아도 되나요?

　　　B: 잔디 위를 말하는 건가요?

　　　A: 네. 괜찮은가요?

　　　B: 죄송하지만, 앉을 수 없습니다.

　　　|해설| 상대방에게 무언가를 해도 되는지 허가 여부를 물을 때 Can I ~?나 「Is it OK to+동사원형 ~?」으로 말할 수 있다.

12 |해석| A: 실례합니다. 사진을 찍어도 되나요?

　　　B: 물론이죠. 그렇게 하세요.

A: 플래시를 사용하는 것은 어떤가요? 그것도 사용해도 되나요?

B: 죄송하지만 안 돼요. 플래시를 사용하는 것은 허용되지 않습니다.

A: 아, 그렇군요. 고맙습니다.

|해설| (1) 무언가를 해도 되는지 허가 여부를 물을 때는 「Is it OK to+동사원형 ~?」을 사용한다.

(2) 허용된다고 답할 때 Go ahead.로 말할 수 있다.

(3) 무언가를 금지할 때 be not allowed를 사용하여 표현할 수 있다.

G Grammar 핵심 노트 1 QUICK CHECK　　p. 98

1 (1) why you were late　(2) where he is from

　　(3) how long she will stay

2 (1) where you were last night　(2) when the class begins

　　(3) who you met yesterday

1 |해석| (1) 네가 왜 늦었는지 내게 말해 줘.

　　　(2) 그녀는 그가 어디 출신인지 안다.

　　　(3) 나는 그녀가 얼마나 오랫동안 머무를지 알고 싶다.

2 |해석| (1) 어젯밤에 너는 어디에 있었니?

　　　　→ 나는 네가 어젯밤에 어디에 있었는지 궁금하다.

　　　(2) 수업은 언제 시작하니?

　　　　→ 나는 수업이 언제 시작하는지 안다.

　　　(3) 너는 어제 누구를 만났니?

　　　　→ 네가 어제 누구를 만났는지 내게 말해 줄래?

G Grammar 핵심 노트 2 QUICK CHECK　　p. 99

1 (1) because of　(2) his honesty　(3) because

2 (1) because of　(2) because of　(3) because

1 |해석| (1) 우리는 내 실수 때문에 곤경에 빠졌다.

　　　(2) 나는 그의 정직성 때문에 Andrew를 좋아한다.

　　　(3) 그녀는 버스를 놓쳐서 학교에 지각했다.

2 |해석| (1) 나는 치통 때문에 치과에 갔다.

　　　(2) 우리는 교통 체증 때문에 그곳에 제시간에 가지 못했다.

　　　(3) 내가 약속을 지키지 않아서 부모님이 내게 화가 나셨다.

G Grammar 연습 문제 1　　p. 100

A 1 what you want to be　2 who took my camera

　　3 why you decided to join the club

B 1 did they go → they went　2 is she → she is

　　3 how the coat is much → how much the coat is

　　4 Do you think who → Who do you think

C 1 why my brother is angry　2 what he bought for

　　Julia　3 when the guests will arrive

D 1 Tell me where the post office is.

　　2 I'd like to know when the movie starts.

　　3 How old do you guess she is?

A |해석| **1** 너는 무엇이 되고 싶니?

→ 네가 무엇이 되고 싶은지 내게 말해 줘.

2 누가 내 카메라를 가지고 갔니?

→ 너는 누가 내 카메라를 가지고 갔는지 아니?

3 너는 왜 그 동아리에 가입하기로 결심했니?

→ 나는 네가 왜 그 동아리에 가입하기로 결심했는지 궁금해.

|해설| **1** 의문사가 있는 간접의문문은 「의문사+주어+동사」의 어순으로 쓴다.

2 의문사 who가 주어로 쓰였으므로 「의문사+동사」의 어순으로 쓴다.

3 직접의문문을 간접의문문으로 바꿀 때 조동사 did를 삭제하고 동사를 과거형 decided로 쓴다.

B |해석| **1** 나는 그들이 어디에 갔는지 모른다.

2 너는 지금 그녀가 무엇을 하고 있는지 아니?

3 그 외투가 얼마인지 내게 말해 줄래?

4 누가 결승전에서 이길 것이라고 생각하니?

|해설| **1** 의문사가 있는 의문문을 간접의문문으로 바꿀 때 「의문사+주어+동사」의 어순으로 쓰며, 이때 조동사 did를 삭제하고 동사를 과거형으로 써야 한다.

2 의문사가 있는 간접의문문은 「의문사+주어+동사」의 어순으로 쓴다.

3 how much와 같이 의문사가 구로 쓰이는 경우에는 하나의 의문사로 취급한다.

4 간접의문문이 동사 think의 목적어로 쓰이는 경우에는 의문사를 문장 맨 앞에 쓴다.

C |해설| 의문사가 있는 간접의문문은 「의문사+주어+동사」의 어순으로 쓴다.

D |해설| **1** 「의문사+주어+동사」 어순의 간접의문문이 동사 tell의 직접목적어로 쓰인 문장으로 완성한다.

2 간접의문문이 동사 know의 목적어로 쓰인 문장으로 완성한다.

3 간접의문문이 동사 guess의 목적어로 쓰이는 경우에는 의문사를 문장 맨 앞에 쓴다.

G Grammar 연습 문제 2   p.101

A 1 because of   2 because of   3 because   4 because

B 1 We couldn't go camping because of bad weather.

2 Dad missed an important meeting because the traffic was heavy.

3 He can't speak in front of many people because of his shyness.

C 1 he has a high fever   2 dry weather   3 I practiced hard   4 her broken leg

D 1 couldn't sleep last night because of the loud noise

2 fell down and got hurt because of the slippery floor

3 were very tired because they worked all day yesterday

A |해석| **1** Peter는 비 때문에 밖에서 축구를 할 수 없었다.

2 그녀는 아버지의 새 직업 때문에 싱가포르로 이사했다.

3 나는 내일 시험이 있어서 열심히 공부해야 한다.

4 밖이 몹시 추워서 우리는 해변에 가지 않았다.

|해설| 뒤에 명사(구)가 이어질 때는 because of를, 「주어+동사」의 절이 이어질 때는 because를 쓴다.

B |해석| **1** 우리는 안 좋은 날씨 때문에 캠핑을 갈 수 없었다.

2 차가 막혀서 아빠는 중요한 회의를 놓쳤다.

3 그는 수줍음 때문에 많은 사람들 앞에서 말할 수 없다.

|해설| 원인이나 이유에 해당하는 내용이 명사(구)일 때는 because of를, 「주어+동사」로 이루어진 절일 때는 because를 사용하여 문장을 연결한다.

C |해석| **1** Tim은 고열이 있어서 학교에 갈 수 없다.

2 건조한 날씨 때문에 산불이 났다.

3 나는 열심히 연습했기 때문에 노래 경연 대회에서 우승했다.

4 Brown 씨는 부러진 다리 때문에 걸을 수 없었다.

|해설| 접속사 because 뒤에는 「주어+동사」의 절이, 전치사구 because of 뒤에는 명사구가 오도록 문맥상 알맞은 말을 골라 문장을 완성한다.

D |해설| **1, 2** 원인이나 이유를 나타내는 「because of+명사(구)」가 쓰인 문장으로 완성한다.

3 원인이나 이유를 나타내는 「because+주어+동사」가 쓰인 문장으로 완성한다.

G Grammar 실전 TEST   pp. 102~105

01 ④   02 ④   03 ③   04 ①   05 ③   06 ②   07 ②

08 ④   09 ⑤   10 ⑤   11 ③   12 ③   13 ②   14 ⑤

15 ①   16 ③   17 ②

[서술형]

18 cold weather   19 (1) what sport she likes (2) when he was born (3) how much these shoes are   20 ⓒ → because   21 lost the game because of my mistake

22 (1) how long you were waiting for the bus

(2) what kind of books Lucy likes

(3) when you saw him last

23 (1) Do you know when the next train will come?

(2) Can you tell me why you became a singer?

(3) I couldn't hear you because the music was loud. / I couldn't hear you because of the loud music.

(4) He took some medicine because of a terrible headache. / He took some medicine because he had a terrible headache.

24 (1) when I bought it(the watch)

(2) which team won the World Cup in 2006

(3) where I left it(my umbrella)

(4) why she was absent from school today

25 (1) she lost her dog

(2) His feet hurt because of his new shoes.

(3) I couldn't buy the bag because it was too expensive.

01 |해설| '어디에'를 뜻하는 의문사는 where이고, 간접의문문이므로 「의문사+주어+동사」의 어순으로 쓴다.

02 |해석| 그녀는 _____ 때문에 집에 머물러야 했다.
① 독감 ② 두통 ③ 미세먼지 ④ 피곤했다 ⑤ 악천후
|해설| because of 뒤에는 명사(구)가 와야 하므로 「주어+동사」 형태의 절인 ④는 빈칸에 알맞지 않다.

03 |해석| 너는 _____ 아니?
① 그의 이름이 무엇인지
② 그것이 얼마나 걸릴지
③ 그녀가 무슨 색을 좋아하는지
④ 어떤 팀이 경기에서 이겼는지
⑤ Ben이 왜 학교에 지각했는지
|해설| ③ 동사 know의 목적어 역할을 하는 간접의문문은 「의문사+주어+동사」의 어순으로 쓴다. (→ what color she likes)

04 |해석| • 그는 누가 창문을 깨뜨렸는지 내게 물었다.
• 나는 그녀가 자신의 생일에 무엇을 원하는지 잘 모르겠다.
|해설| 문맥상 첫 번째 빈칸에는 '누가'를 의미하는 의문사 who가, 두 번째 빈칸에는 '무엇을'을 의미하는 의문사 what이 알맞다.

05 |해석| 우리는 비가 세차게 와서 하이킹을 하러 갈 수 없었다.
|해설| 이유에 해당하는 말(it rained heavily)이 「주어+동사」 형태의 절이므로, 접속사 because를 사용해야 한다.

06 |해석| 나는 궁금하다. + 그는 얼마나 자주 축구를 하니?
→ 나는 그가 얼마나 자주 축구를 하는지 궁금하다.
|해설| 의문문이 동사 wonder의 목적어 역할을 하므로 「의문사+주어+동사」의 어순의 간접의문문으로 쓴다.

07 |해석| ① 나는 내 새 컴퓨터 때문에 신났다.
② 그는 고열 때문에 병원에 갔다.
③ Sophia는 내가 그녀의 자전거를 망가뜨려서 매우 화가 있다.
④ 교통 체증 때문에 우리는 비행기를 놓쳤다.
⑤ 할인 판매 때문에 쇼핑몰은 많은 사람들로 붐볐다.
|해설| ② 이유에 해당하는 말(a high fever)이 명사구이므로 because of가 알맞다. (→ because of)

08 |해석| ① 나는 네가 가장 좋아하는 배우가 누구인지 궁금하다.
② 네가 어디서 책들을 찾았는지 내게 말해 줘.
③ 나는 누가 교실에 있었는지 모른다.
④ 퍼레이드가 언제 시작하는지 내게 말해 줄래?
⑤ Williams 선생님이 언제 돌아오실지 내게 알려 줘.
|해설| ④ 간접의문문은 「의문사+주어+동사」의 어순으로 쓴다.
(→ when the parade starts)

09 |해석| ① 나는 어젯밤에 잘 자지 못해서 지금 피곤하다.
② 날씨가 좋지 않아서 그 여행은 취소되었다.
③ 나는 늦어서 영화의 앞부분을 놓쳤다.
④ 그는 그 재킷이 너무 커서 사지 않았다.
⑤ 그녀는 내일 시험 때문에 나와 함께 쇼핑을 갈 수 없다.
|해설| ⑤는 빈칸 뒤에 명사구(a test tomorrow)가 이어지므로 because of가 알맞고, 나머지는 모두 뒤에 「주어+동사」 형태의 절이 이어지므로 because가 알맞다.

10 |해설| 이유에 해당하는 표현이 명사(구)인 경우에는 because of를, 주어와 동사가 있는 절인 경우에는 because를 쓴다.

11 |해설| 간접의문문이 동사 think, believe, guess 등의 목적어로 쓰이는 경우에는 의문사를 문장 맨 앞에 쓴다.

12 |해석| • 기차는 폭풍 때문에 멈췄다.
• 엄마는 내가 거짓말을 해서 내게 화가 나셨다.
• 나는 시끄러운 음악 때문에 낮잠을 잘 수 없었다.
|해설| (A), (C) 뒤에 명사구가 이어지므로 이유를 나타내는 전치사구인 due to, because of가 알맞다.
(B) 뒤에 「주어+동사」 형태의 절이 이어지므로 접속사인 since가 알맞다.

13 |해설| 주어진 단어들을 배열하면 Jenny missed the school bus because she got up late.이므로 5번째로 오는 단어는 bus이다.

14 |해석| ① 우리는 Kevin이 언제 태어났는지 안다.
② 우리는 Kevin이 어디에 사는지 모른다.
③ 우리는 Kevin의 취미가 무엇인지 안다.
④ 우리는 Kevin이 장래에 무엇이 되고 싶어 하는지 안다.
⑤ 우리는 Kevin이 가장 좋아하는 노래가 무엇인지 안다.
|해설| 표의 내용에 따르면 Kevin이 가장 좋아하는 노래는 알 수 없다.

15 |해석| A: 너는 왜 영화 시간에 늦었니?
B: 교통이 정체되어서 늦었어.
→ A: 나는 네가 왜 영화 시간에 늦었는지 궁금해.
B: 나는 교통 정체 때문에 늦었어.
|해설| ⓐ 동사 wonder의 목적어로 쓰였으므로 간접의문문인 「의문사+주어+동사」의 어순으로 쓴다.
ⓑ 전치사구인 because of 뒤에는 이유에 해당하는 말이 명사(구)로 온다.

16 |해석| ⓐ 나는 그가 언제 보고서를 끝냈는지 궁금하다.
ⓑ 네가 여기에 얼마나 오래 머물지 내게 알려 줘.
ⓒ 식당이 언제 문을 여는지 내게 말해 줄래?
ⓓ 그 도로는 교통사고 때문에 폐쇄되어 있다.
ⓔ Oliver는 우산을 가져오는 것을 잊어버려서 젖었다.
|해설| ⓑ 간접의문문은 「의문사+주어+동사」의 어순으로 쓴다.
(how long will you → how long you will)
ⓔ 이유에 해당하는 말(he forgot to bring his umbrella)이 절이므로 because of를 because로 고쳐야 한다.

17 |해석| ⓐ 네가 무엇에 관심 있는지 내게 말해 줘.
ⓑ Jane이 어젯밤에 누구를 만났는지 아니?
ⓒ 나는 좋지 못한 성적을 받아서 속상했다.
ⓓ Tom이 언제 돌아올지 내게 묻지 마.
ⓔ Emma는 실수 때문에 그 일을 다시 해야 했다.
|해설| ⓑ 직접의문문을 간접의문문으로 바꿀 때 조동사 did를 삭제하고 동사를 과거형으로 써야 한다. (→ Jane met)

18 |해석| 날씨가 추워서 그 아이들은 밖에서 놀 수 없었다.
= 추운 날씨 때문에 그 아이들은 밖에서 놀 수 없었다.
|해설| because of 뒤에는 원인이나 이유를 나타내는 말을 명사(구)의 형태로 쓴다.

19 |해석| (1) 나는 그녀가 어떤 스포츠를 좋아하는지 궁금하다.
(2) 그가 언제 태어났는지 아니?
(3) 이 신발이 얼마인지 내게 말해 줘.
|해설| 모두 동사의 목적어로 간접의문문이 쓰인 문장이다. 간접의문문

은 「의문사+주어+동사」의 어순으로 쓰며, how much와 같이 의문사가 구로 쓰이는 경우 하나의 의문사로 취급한다.

20 |해석| 우리 반은 열심히 연습해서 노래 경연 대회에서 1등 상을 탔다.
|해설| ⓒ 이유에 해당하는 말(we practiced hard)이 주어와 동사를 갖춘 절이므로 접속사 because를 사용해야 한다.

21 |해설| 이유를 나타내는 전치사구인 because of를 사용하여 문장을 완성한다. because of 뒤에는 명사(구)가 온다.

22 |해석| [예시] 내게 말해 줘. + 그 소년은 어디 출신이니?
→ 그 소년이 어디 출신인지 내게 말해 줘.
(1) 나는 궁금하다. + 너는 버스를 얼마나 오랫동안 기다리고 있었니?
→ 나는 네가 얼마나 오랫동안 버스를 기다리고 있었는지 궁금하다.
(2) 나는 알고 싶다. + Lucy는 어떤 종류의 책을 좋아하니?
→ 나는 Lucy가 어떤 종류의 책을 좋아하는지 알고 싶다.
(3) 너는 기억하니? + 언제 그를 마지막으로 봤니?
→ 너는 그를 언제 마지막으로 봤는지 기억하니?
|해설| 모두 동사의 목적어로 간접의문문이 쓰인 문장이다.
(1) 의문사가 구의 형태이므로 how long은 하나의 의문사로 취급한다.
(2) 의문사가 구의 형태이므로 what kind of books를 하나의 의문사로 취급해서 쓴다. 조동사 does는 삭제하고 동사를 3인칭 단수인 주어에 맞춰 likes로 쓴다.
(3) 직접의문문에서 조동사 did를 삭제하고 동사를 과거형인 saw로 쓴다.

23 |해석| (1) 다음 기차가 언제 올지 아니?
(2) 당신이 왜 가수가 됐는지 제게 말씀해 주시겠어요?
(3) 나는 음악이 시끄러워서 네 말을 들을 수 없었다. /
나는 시끄러운 음악 때문에 네 말을 들을 수 없었다.
(4) 그는 심한 두통 때문에 약을 좀 먹었다. /
그는 심한 두통이 있어서 약을 좀 먹었다.
|해설| (1), (2) 간접의문문은 「의문사+주어+동사」의 어순으로 쓴다.
(3), (4) 이유에 해당하는 말이 「주어+동사」 형태의 절이면 because를 쓰고, 명사(구)이면 because of를 쓴다.

24 |해석| [예시] A: 지금 몇 시야?
B: 나는 지금 몇 시인지 모른다.
(1) A: 너는 언제 그 시계를 샀니?
B: 음, 나는 그것을(그 시계를) 언제 샀는지 기억하지 못해.
(2) A: 어느 팀이 2006년 월드컵에서 우승했니?
B: 나는 어느 팀이 2006년 월드컵에서 우승했는지 몰라.
(3) A: 네 우산을 어디에 뒀니?
B: 나는 그것(내 우산)을 어디에 뒀는지 사실 잊어버렸어.
(4) A: 그녀는 오늘 왜 학교에 결석했니?
B: 나는 그녀가 오늘 왜 학교에 결석했는지 몰라.
|해설| 간접의문문은 「의문사+주어+동사」의 어순으로 쓴다.
(1), (3) 직접의문문을 간접의문문으로 바꿀 때 조동사 did는 삭제하고 동사를 과거형으로 쓴다.
(2) 의문사 which team이 주어이므로 간접의문문은 「의문사+동사」의 어순으로 쓴다.

25 |해석| [예시] 그 경기는 폭우 때문에 취소되었다.
(1) 그녀는 개를 잃어버려서 속상했다.
(2) 새 구두 때문에 그의 발이 아프다(아팠다).

(3) 나는 그 가방이 너무 비싸서 살 수 없었다.
|해설| 이유에 해당하는 말로 명사구가 오면 because of를, 주어와 동사를 갖춘 절이 오면 because를 사용하여 의미상 자연스러운 문장을 완성한다.

Ⓡ Reading 빈칸 채우기   pp. 108~109

01 On, in   02 behind, spent, searching for   03 became interested in   04 in   05 to continue   06 As you know   07 while   08 one of them   09 found   10 how you found   11 As soon as, for   12 After, in   13 more than   14 excited   15 waiting for   16 should be returned   17 even thought, fired   18 had to go, as   19 give up   20 For more than, to finish   21 people the value of   22 were published   23 because of   24 asked, for   25 I'd like to ask   26 first year   27 right away   28 to prove   29 was displayed, that   30 thanks to, thank, for   31 for their return

---

Ⓡ Reading 바른 어휘·어법 고르기   pp. 110~111

01 came   02 who   03 in   04 in   05 to continue   06 As   07 while   08 them   09 in   10 you found   11 to look   12 in   13 more   14 excited   15 were   16 that   17 fired   18 had to   19 up   20 to finish   21 people the value of *Uigwe*   22 were published   23 because of   24 return   25 changed   26 in   27 that   28 hard   29 was displayed   30 to   31 interested

---

Ⓡ Reading 틀린 문장 고치기   pp. 112~113

01 ×, in   02 ×, searching for   03 ×, you became   04 ○   05 ○   06 ○   07 ×, to find   08 ○   09 ○   10 ×, tell me   11 ×, to look for 또는 looking for   12 ○   13 ○   14 ×, found   15 ○   16 ×, be returned   17 ×, thought   18 ×, to do   19 ○   20 ×, to finish   21 ○   22 ×, were published   23 ○   24 ×, for   25 ×, that (which)   26 ○   27 ○   28 ×, succeeded   29 ×, was printed   30 ○   31 ×, their

---

Ⓡ Reading 실전 TEST   pp. 116~119

01 ③   02 abroad   03 ②   04 ⑤   05 ①   06 ④   07 ②   08 ④   09 ③   10 ④   11 ③   12 ④   13 ⑤   14 ④   15 ②

16 how you became interested in *Uigwe*　**17** 프랑스군이 1866년에 가져간 우리나라 문화재들　**18** (1) in Korea → abroad　(2) French → history　**19** return → be returned　**20** ⓓ, pay for → return　**21** a book that(which) changed the history of printing　**22** our national treasures abroad　**23** (1) She found *Jikji*.　(2) It was displayed (as the oldest book in the world that was printed with movable metal type) at a book exhibition in Paris in 1972.

[01~02] |해석|

2011년 5월 27일에, 프랑스군이 1866년에 가져갔던 왕실 서적인 '의궤' 297권이 한국으로 돌아왔다. 이 반환 뒤에 있던 인물이 해외에 있는 한국의 문화재를 찾는 데 평생을 바친 역사학자 박병선 박사이다.

01 |해설| ⓐ 날짜 앞에는 전치사 on을 쓴다.
ⓑ search for: ~을 찾다

02 |해설| '외국에서 또는 외국으로'는 abroad(해외에(서))의 영영풀이다.

[03~06] |해석|

Q: '의궤'에 어떻게 관심을 갖게 되었는지 말씀해 주시겠어요?

Dr. Park: 저는 대학에서 역사를 공부했어요. 저는 1955년에 학업을 계속하기 위해 프랑스에 갔습니다. 아시다시피, 프랑스군은 1866년에 우리 문화재를 많이 가져갔어요. 저는 그곳에서 공부하는 동안 그것들을 찾고 싶었어요. '의궤'는 그것들 중 하나였지요.

Q: 당신은 파리에 있는 프랑스 국립도서관에서 297권의 '의궤'를 발견하셨어요. 그것들을 어떻게 발견하셨는지 말씀해 주세요.

Dr. Park: 1967년에 국립도서관의 연구원이 되자마자, 저는 '의궤'를 찾기 시작했어요. 10년 후인 1977년에 마침내 그 책들을 발견했죠. 제 생각에 3천만 권 이상의 책을 본 것 같아요.

03 |해설| ② '계속하기 위해'라는 의미가 되는 것이 자연스러우므로 목적을 나타내는 부사적 용법의 to부정사인 to continue가 되어야 한다.

04 |해설| (A)에는 '~듯이'라는 의미의 접속사 As가, (B)에는 '~하는 동안'이라는 의미의 접속사 while이, (C)에는 '~하자마자'라는 의미의 접속사 As soon as가 알맞다.

05 |해석| ① 297권의 '의궤'
② 프랑스에 있는 국립도서관들
③ 한국에 있는 문화재들
④ '의궤'를 연구한 역사학자들
⑤ 박 박사가 읽은 역사책들
|해설| 앞에서 언급된 297권의 '의궤'(297 books of *Uigwe*)를 가리킨다.

06 |해석| ① 박 박사는 대학에서 무엇을 공부했는가?
② 박 박사는 왜 프랑스에 가는가?
③ 프랑스군은 언제 '의궤'를 가져갔는가?
④ 박 박사는 '의궤'를 발견했을 때 몇 살이었는가?
⑤ 언제, 어디에서 박 박사는 '의궤'를 찾았는가?
|해설| ④ 박 박사가 '의궤'를 처음 발견했을 때 몇 살이었는지는 언급되어 있지 않다.

[07~10] |해석|

Q: 그 책들을 발견했을 때 분명히 무척 흥분하셨겠어요.

Dr. Park: 네, 그랬죠. 하지만 더 많은 어려움이 저를 기다리고 있었어요. 저는 그 책들이 한국에 반환되어야 한다고 생각했지만, 도서관의 제 상사들은 그 생각을 좋아하지 않았어요. 그들은 심지어 제가 한국의 스파이라고 생각해서 저를 해고했죠. 그 후에, 저는 방문객으로 도서관에 가야만 했고, 그래서 '의궤'를 연구하는 것이 쉽지 않았어요. 하지만 저는 포기하지 않았죠. 10년 넘게, 연구를 끝마치기 위해 매일 도서관에 갔어요. 저는 사람들에게 '의궤'의 가치를 보여 주고 싶었어요.

07 |해설| 주어진 문장은 '그들(상사들)이 심지어 나를 한국의 스파이라고 생각해서 해고했다.'라는 내용이므로, 상사들이 '의궤'가 한국에 반환되어야 한다는 박 박사의 생각을 좋아하지 않았다는 문장 뒤인 ②에 들어가는 것이 알맞다.

08 |해설| ⓓ 「It ~ to부정사」 구문이므로 진주어는 to부정사의 형태로 써야 한다. (→ to do)

09 |해석| ① 또한　② 결국　③ 하지만, 그러나
④ 다시 말해서　⑤ 예를 들어
|해설| 직장에서 해고를 당했음에도 '의궤' 연구를 포기하지 않았다는 내용이므로 연결어 However(하지만, 그러나)가 알맞다.

10 |해설| ④ 도서관에 방문객으로 가야 해서 '의궤'를 연구하는 것이 쉽지는 않았지만 포기하지 않고 도서관에 매일 갔다고 했다.

[11~12] |해석|

Q: 당신의 연구 결과가 1990년 한국에서 책으로 출판되었죠. 많은 한국인들이 당신의 책 때문에 '의궤'에 관심을 갖게 되었어요.

Dr. Park: 네. 1992년에 한국 정부는 프랑스 정부에 그것의 반환을 요청했고, 마침내 297권의 책이 지금 여기 있게 된 거죠.

11 |해설| 연구의 결과가 '출판된' 것이므로 수동태(be동사+과거분사)로 써야 하며, 주어가 복수이고 과거 시점의 일이므로 be동사는 were를 쓴다.

12 |해설| ④ 빈칸 뒤에 이유에 해당하는 명사구(your book)가 이어지므로, '~ 때문에'라는 의미의 because of가 알맞다.

[13~15] |해석|

Q: 이 인터뷰를 마치기 전에, 인쇄의 역사를 바꾼 책인 '직지'에 대해 여쭙고 싶어요.

Dr. Park: 저는 도서관에서 근무한 첫해에 그것을 발견했어요. 저는 그것이 아주 특별하다는 것을 바로 알았어요. 저는 그것의 가치를 증명하기 위해 열심히 연구했고, 마침내 성공했죠. 1972년에 파리의 한 도서 박람회에서 '직지'는 금속활자로 인쇄된 세계에서 가장 오래된 책으로 전시되었죠.

Q: 박 박사님, 당신의 노고 덕분에 '직지'와 '의궤'가 발견되었고, 모든 한국인들이 그 점을 당신에게 감사하고 있어요.

Dr. Park: 저는 사람들이 해외에 있는 우리의 문화재에 더 많은 관심을 갖고 그것의 반환을 위해 애써 주시기를 바랍니다.

13 |해설| ⑤는 '박 박사가 '직지'와 '의궤'를 발견한 것'을 가리키고, 나머지는 모두 '직지'를 가리킨다.

14 |해설| ⓓ thanks to는 '~ 덕분에'라는 뜻이다.

15 |해석| ① 미나: '직지'는 인쇄의 역사를 바꿨어.
② 준호: 박 박사는 '직지'를 발견하고 한참 후에 그것이 특별하다는 것을 알았어.
③ 소윤: 박 박사는 '직지'의 가치를 증명하는 데 성공했어.

④ 다해: '직지'는 금속활자로 인쇄된 가장 오래된 책이야.

⑤ 연우: 박 박사는 해외에 있는 우리의 문화재들이 반환되기를 바라.

|해설| ② 박 박사는 '직지'를 보자마자 그것이 특별하다는 것을 바로 알았다고 했다.

[16~18] |해석|

2011년 5월 27일에, 프랑스군이 1866년에 가져갔던 왕실 서적인 '의궤' 297권이 한국으로 돌아왔다. 이 반환 뒤에 있던 인물이 해외에 있는 한국의 문화재를 찾는 데 평생을 바친 역사학자 박병선 박사이다.

Q: 당신이 '의궤'에 어떻게 관심을 갖게 되셨는지 말씀해 주시겠어요?

Dr. Park: 저는 대학에서 역사를 공부했어요. 저는 1955년에 학업을 계속하기 위해 프랑스에 갔습니다. 아시다시피, 프랑스군은 1866년에 우리 문화재를 많이 가져갔어요. 저는 그곳에서 공부하는 동안 그것들을 찾고 싶었어요. '의궤'는 그것들 중 하나였지요.

16 |해설| tell의 직접목적어가 '당신이 '의궤'에 어떻게 관심을 갖게 되셨는는지'라는 의미의 간접의문문이 되어야 하므로 「의문사＋주어＋동사」의 어순으로 쓴다.

17 |해설| 밑줄 친 them은 1866년에 프랑스군이 가져간 우리나라 문화재들(the French army took many of our national treasures in 1866)을 가리킨다.

18 |해석| (1) 박 박사는 한국(→ 해외)에 있는 한국 문화재들을 찾는 데 평생을 바쳤다.

(2) 박 박사는 프랑스어(→ 역사)를 공부하기 위해 프랑스에 갔다.

[19~20] |해석|

Q: 그 책들을 발견했을 때 분명히 무척 흥분하셨겠어요.

Dr. Park: 네, 그랬죠, 하지만 더 많은 어려움이 저를 기다리고 있었어요. 저는 그 책들이 한국에 반환되어야 한다고 생각했지만, 도서관의 제 상사들은 그 생각을 좋아하지 않았어요. 그들은 심지어 제가 한국의 스파이라고 생각해서 저를 해고했죠. 그 후에, 저는 방문객으로 도서관에 가야만 했고, 그래서 '의궤'를 연구하는 것이 쉽지 않았어요. 하지만 저는 포기하지 않았죠. 10년 넘게, 연구를 끝마치기 위해 매일 도서관에 갔어요. 저는 사람들에게 '의궤'의 가치를 보여 주고 싶었어요.

Q: 당신의 연구 결과가 1990년 한국에서 책으로 출판되었죠. 많은 한국인들이 당신의 책 때문에 '의궤'에 관심을 갖게 되었어요.

Dr. Park: 네. 1992년에 한국 정부는 프랑스 정부에 그것의 반환을 요청했고, 마침내 297권의 책이 지금 여기 있게 된 거죠.

19 |해설| 책들이 '반환되는' 것이므로 수동태로 써야 하며, 조동사 should가 있으므로 「조동사＋be＋과거분사」의 형태가 되도록 쓴다.

20 |해석| ⓐ 박 박사는 '의궤'를 찾았을 때 흥분했다.

ⓑ 박 박사는 도서관에서 해고되었지만 연구를 계속했다.

ⓒ 박 박사는 1990년에 한국에서 자신의 연구에 관한 책을 출판했다.

ⓓ 한국 정부는 1992년에 프랑스 정부에 '의궤'에 대한 돈을 지불할 (→ 를 반환할) 것을 요청했다.

|해설| ⓓ 한국 정부는 1992년에 프랑스 정부에게 '의궤'의 반환(return)을 요청했다.

[21~23] |해석|

Q: 이 인터뷰를 마치기 전에, 인쇄의 역사를 바꾼 책인 '직지'에 대해 여쭙고 싶어요.

Dr. Park: 저는 도서관에서 근무한 첫해에 그것을 발견했어요. 저는 그것이 아주 특별하다는 것을 바로 알았어요. 저는 그것의 가치를 증명하기 위

해 열심히 연구했고, 마침내 성공했죠. 1972년에 파리의 한 도서 박람회에서 '직지'는 금속활자로 인쇄된 세계에서 가장 오래된 책으로 전시되었죠.

Q: 박 박사님, 당신의 노고 덕분에 '직지'와 '의궤'가 발견되었고, 모든 한국인들이 그 점을 당신에게 감사하고 있어요.

Dr. Park: 저는 사람들이 해외에 있는 우리의 문화재에 더 많은 관심을 갖고 그것의 반환을 위해 애써 주시기를 바랍니다.

21 |해설| 주격 관계대명사 that(which)이 이끄는 관계대명사절이 선행사 a book을 수식하는 형태로 쓴다.

22 |해설| their return은 앞에 나온 '해외에 있는 우리 문화재들의 반환'을 가리킨다.

23 |해석| (1) 박 박사는 도서관에서 근무한 첫해에 어떤 책을 발견했는가?
→ 그녀는 '직지'를 발견했다.

(2) '직지'는 언제, 어디에서 금속활자로 인쇄된 세계에서 가장 오래된 책으로 전시되었는가?
→ 그것은 1972년 파리의 한 도서 박람회에서 (금속활자로 인쇄된 세계에서 가장 오래된 책으로) 전시되었다.

Ⓜ 기타 지문 **실전 TEST**   p.121

| 01 ② | 02 ④ | 03 ⓐ making ⓑ telling | 04 ⑤ |

05 Can you tell me what you like about your job?   **06** ⑤

[01~02] |해석|

이것은 우리 집의 규칙입니다. 첫 번째로, 침대에서 먹는 것은 허용되지 않습니다. 두 번째로, 밤 10시 이후에 TV를 보는 것은 허용되지 않습니다. 마지막으로, 친구들을 초대하는 것은 허용됩니다.

01 |해설| 여러 규칙 중 두 번째 규칙에 해당하므로 Second가 알맞다.

02 |해석| A: 너희 집에서는 침대에서 먹어도 되니?
B: _____
① 물론이야. 그렇게 해.
② 침대에서 먹는 것은 허용돼.
③ 응, 가능해. 괜찮아.
④ 미안하지만, 그건 허용되지 않아.
⑤ 우리 집에서는 침대에서 먹어도 돼.

|해설| 침대에서 음식을 먹는 것이 허용되지 않는다고 했으므로, 허가 여부를 묻는 말에 부정으로 응답해야 한다.

03 |해설| • 김장: 이것은 늦가을에 김치를 담그는 활동이다.
• 팔만대장경: 이것은 해인사에 있는 81,258개의 목판이다.
• 판소리: 이것은 노래 및 음악으로 이야기를 하는 한국의 방식이다.

|해설| 전치사 뒤에는 동사를 동명사 형태로 쓴다.

[04~06] |해석|

김유빈 씨와의 인터뷰

다음은 지역 경찰관이신 김유빈 씨와 한 인터뷰입니다.

Q: 언제, 어디에서 태어나셨는지 말씀해 주시겠어요?

A: 저는 1980년 3월 11일, 서울에서 태어났어요.

Q: 인생에서 당신의 목표가 무엇인지 알고 싶어요.

A: 인생에서 제 목표는 더 나은 세상을 만드는 것이에요.

Q: 당신의 직업에 관해 당신이 좋아하는 점이 무엇인지 말씀해 주시겠어요?
A: 저는 사람들을 돕는 것을 좋아해요.
저는 김유빈 씨가 훌륭한 경찰관이라고 생각합니다.

04 |해설| ⓔ 동사 think의 목적어 역할을 하는 명사절을 이끄는 접속사 that을 써야 한다.

05 |해설| 동사 tell의 직접목적어 자리에 간접의문문(의문사+주어+동사)이 오는 형태로 문장을 완성한다.

06 |해설| 인터뷰 대상자는 사람들을 돕는 것을 좋아한다고 했지만, 직장에서 자신의 업무가 무엇인지는 구체적으로 언급하지 않았다.

STEP B

W Words 고득점 맞기
pp. 122~123

01 ②　02 ③　03 ④　04 national treasure
05 (f)itting (r)oom　06 ①　07 ⑤　08 ③　09 prove
10 ③　11 ⑤　12 ③　13 ③　14 ④　15 ①

01 |해석| 다음 영영풀이에 해당하는 단어로 알맞은 것은?
① 금속　② 군대　③ 가치　④ 반환, 반납　⑤ 수집품
|해설| '육지에서 자신의 조국을 위해 싸우는 사람들의 거대한 집단'은 army(군대)의 영영풀이이다.

02 |해석| ① 계속하다 : 멈추다 = 성공하다 : 실패하다
② 증명하다 : 증거 = 성공하다 : 성공
③ 가치 : 소중한, 귀중한 = 역사 : 역사학자
④ 전시하다 : 박람회, 전시회 = 초대하다 : 초대
⑤ 국가 : 국가의 = 전통 : 전통적인
|해설| ③ value와 valuable은 '명사-형용사'의 관계이고 history와 historian은 '명사-명사(직업)'의 관계이다. (① 반의어, ②, ④ 동사-명사, ⑤ 명사-형용사)

03 |해설| 첫 번째 문장은 '그 회사는 어린이용 도서를 출판한다(publishes).'라는 의미가, 두 번째 문장은 '지금 교통(traffic)이 혼잡할지도 몰라. 지하철을 타는 게 어떠니?'라는 의미가 되는 것이 자연스럽다.

04 |해설| national treasure: 국보, 문화재

05 |해석| A: 저는 이 청바지를 입어 보고 싶어요. 탈의실이 어디죠?
B: 그것은 저쪽, 계산대 옆에 있어요.
|해설| 청바지를 입어 보고 싶다고 말하며 장소의 위치를 묻자 계산대 옆에 있다고 답하는 것으로 보아, 탈의실(fitting room)을 찾는 대화임을 알 수 있다.

06 |해석| ① 나는 내 꿈을 포기하고 싶지 않다.
② 너는 곧바로 치과에 가는 것이 낫겠다.
③ 나는 건강하게 지내는 법에 관심을 갖게 되었다.
④ 그녀의 사랑과 보살핌 덕분에 그 개는 살았다.
⑤ 그 모자를 사기 전에 써 보는 것이 어때?

|해설| ① give up은 '포기하다'라는 뜻의 표현이다.

07 |해석| ① 허락하다, 허용하다: 누군가가 무엇을 할 수 있다고 말하다
② 왕의, 왕실의: 왕 혹은 여왕과 관계되거나 속해 있는
③ 반환, 반납: 어떤 것을 되돌려 주거나 보내거나 갖다 놓는 행동
④ 찾아보다, 수색하다: 매우 주의 깊게 보면서 사람이나 사물을 찾으려고 노력하다
⑤ 역사학자(→ 정부): 국가 또는 주를 통제하는 데 책임이 있는 사람들의 집단
|해설| ⑤ historian은 '역사학자'라는 뜻이며, '국가 또는 주를 통제하는 데 책임이 있는 사람들의 집단'은 government(정부)에 대한 영영풀이다.

08 |해석| 다음 중 [보기]의 밑줄 친 단어와 뜻이 같은 것은?
[보기] 당신은 왜 James를 해고하기로 결정했나요?
① 많은 사람들이 화재를 멈추기 위해 도왔다.
② 언제부터 사람들이 불로 요리하기 시작했나요?
③ 그들은 몇몇 직원들을 해고할 계획이다.
④ 내 아버지는 벽난로에 불을 피우고 계신다.
⑤ 화재의 원인이 무엇이었는지 아니?
|해설| [보기]와 ③의 fire는 '해고하다'라는 뜻의 동사로 쓰였고, 나머지는 모두 '불, 화재'라는 뜻의 명사로 쓰였다.

09 |해석| 화성에 생명체의 존재를 증명할 수 있는 것이 있는가?
|해설| '어떤 것이 사실임을 보여 주다'를 뜻하는 단어는 prove(증명하다)이다.

10 |해석| ① 나는 영국의 왕궁을 방문하고 싶다.
② 그의 가족사진은 벽에 전시돼 있다.
③ 네가 계속 게으름을 피우면, 너는 성공할(→ 실패할) 것이다.
④ 우리 동아리의 사진 전시회가 언제 시작되는지 아니?
⑤ 그들은 새 과제를 위해 지구를 보호하는 방법에 관한 연구를 했다.
|해설| ③ 문맥상 '계속해서 게으름을 피우면 실패할 것이다.'라는 의미가 자연스러우므로 succeed(성공하다)를 fail(실패하다)로 고쳐야 한다.

11 |해석| ⓐ 비행기는 금속으로 만들어진다.
ⓑ 그녀는 3년 동안 해외에서 살고 있다.
ⓒ Tom은 어려움 없이 집을 찾았다.
ⓓ 나는 가장 친한 친구와 여가 시간을 함께 보내고 싶다.
|해설| ⓐ에는 metal(금속), ⓑ에는 abroad(해외에서), ⓒ에는 difficulty(어려움), ⓓ에는 spend((시간 등을) 쓰다)가 들어가는 것이 알맞다.

12 |해석| 그가 충분히 공부하지 않아서 그의 시험 결과는 좋지 않았다.
① 예술품 같은 것의 공개적인 전시
② 함께 모아 두는 비슷한 것들의 무리
③ 다른 일로 인해 발생하는 일
④ 어떤 것에 대한 사실을 찾아내는 일
⑤ 사람이나 사물이 중요하거나 유용한 정도
|해설| 문맥상 빈칸에는 '결과'라는 뜻의 result가 알맞다.

13 |해석| ① 지진이 도시 전체를 뒤흔들었다.
② Daniel은 지금까지 열 번 헌혈했다.
③ 그는 보통 청바지를 입고 흰색 운동화를 신는다.
④ 그 개는 마당에서 뼈를 찾고 있다.

⑤ 과학자들은 그 실험을 계속했다.

|해설| ③ wear는 '~을 입다, 신다'라는 의미로 쓰였으므로 put on (~을 입다, 신다)으로 바꿔 쓸 수 있다. take off는 '~을 벗다'라는 뜻이다.

14 |해석| ⓐ 어떤 종류의 방을 원하세요?
　　ⓑ 굵은 활자로 쓰인 단어들을 읽을 수 있니?
　　ⓒ 그는 혼자서 더 잘 일하는 종류의 사람이다.
　　ⓓ 그 회사는 새로운 종류의 스마트폰을 디자인했다.
　　ⓔ 그 책은 금속활자로 인쇄된 가장 오래된 책으로 알려져 있다.
|해설| ⓐ, ⓒ, ⓓ는 '종류, 유형'의 의미로 쓰였고, ⓑ와 ⓔ는 '활자'라는 의미로 쓰였다.

15 |해석| • 전체의: 어떤 것의 전부인
　　• 해외에서, 해외로: 외국에서 혹은 외국으로
　　• 성공하다: 하려고 하거나 목표로 하던 것을 성취하다
　　• 전시하다, 진열하다: 사람들이 볼 수 있는 장소에 물건들을 놓다
　　• 출판하다, 발행하다: 책, 잡지, 또는 신문을 사람들이 사도록 인쇄하다
|해설| ⓐ whole은 '전체의'라는 의미이므로 영영풀이로 all of something이 알맞다.

L·T Listen and Talk 고득점 맞기　　pp. 126~127

01 ①　02 ④　03 ⑤　04 ②　05 ④　06 ②, ⑤
[서술형]
07 Trying it on is not allowed.　08 Men → Women
09 (1) He doesn't allow her to wear it because it's only for display. (2) She(The girl) is going to try on a hanbok(try a hanbok on).　10 (1) Is it OK to bring a pet(dog)
(2) Bringing a pet(dog) is not allowed　11 Is it OK if I eat food there?　12 (1) Video Room　(2) eat(have) food
(3) take pictures

01 |해석| A: 호수에서 수영을 해도 되나요?
　　B: 죄송하지만 안 됩니다. _____
　　① 이곳에서 수영을 해도 됩니다.
　　②, ③ 이곳에서 수영을 하면 안 됩니다.
　　④ 이곳에서는 수영이 허용되지 않습니다.
　　⑤ 이곳에서는 수영하는 것이 허용되지 않습니다.
|해설| 호수에서 수영을 해도 되는지 묻는 말에 부정의 응답을 했으므로 빈칸에는 허용되지 않는다는 말이 들어가야 한다. ①은 '이곳에서 수영을 해도 됩니다.'라는 뜻이므로 알맞지 않다.

02 |해석| A: 실례합니다. 여기에서 사진을 찍어도 되나요?
　　B: 네, 괜찮습니다.
　　A: 플래시를 사용하는 것은 어떤가요? 그것도 사용해도 되나요?
　　B: 물론이죠.(→ 죄송하지만 안 돼요.) 플래시를 사용하는 것은 여기에서 허용되지 않습니다.
　　A: 아, 그렇군요. 고맙습니다.
|해설| ⓒ 플래시를 사용하는 것이 허용되지 않는다는 말이 이어지므로 부정의 응답이 되어야 한다.

03 |해석| A: 실례합니다. 여기에서 스마트폰을 사용해도 되나요?

B: 네. 그렇게 하세요.
A: 사진도 찍어도 되나요?
B: 네. 그것도 괜찮습니다.
A: 죄송하지만, 질문이 하나 더 있어요. 이곳에서 음식을 먹어도 되나요?
B: 안 됩니다. 음식을 먹는 것은 허용되지 않습니다.
|해설| (A)에는 스마트폰을 써도 되는지 묻는 말이, (B)에는 사진을 찍는 것도 되는지 묻는 말이, (C)에는 음식을 먹는 것이 허용되지 않는다는 말이 알맞다.

04 |해석| 다음 중 자연스럽지 않은 대화는?
　　① A: 이곳에서 요리를 해도 되나요?
　　　　B: 네, 괜찮습니다. 요리는 허용됩니다.
　　② A: 이 스웨터를 입어 봐도 되나요?
　　　　B: 그렇게 하세요. 그것은 허용되지 않습니다.
　　③ A: 스케이트보드를 타도되나요?
　　　　B: 아니요. 이곳에서 그것을 하는 것은 허용되지 않습니다.
　　④ A: 실례합니다. 이곳에 주차해도 되나요?
　　　　B: 죄송하지만, 이곳에는 주차가 허용되지 않습니다.
　　⑤ A: 이곳에서 개를 산책시키는 것은 허용되지 않습니다.
　　　　B: 네. 알겠습니다.
|해설| ② 스웨터를 입어 봐도 된다고 허락한 후, 허용되지 않는다고 이어서 말하는 것은 어색하다.

[05~06] |해석|
소년: 실례합니다. 이것은 무엇인가요? 흥미롭게 생겼네요.
여자: 아, 그것은 한국의 전통 악기인 해금이에요.
소년: 그것을 연주해 봐도 되나요?
여자: 죄송하지만, 그것은 전시용이에요. 그것을 연주하는 것은 허용되지 않습니다.
소년: 그렇군요.

05 |해석| 위 대화의 밑줄 친 문장 ⓐ와 바꿔 쓸 수 없는 것은?
　　①, ② 그것을 연주해도 되나요?
　　③ 제가 그것을 연주하는 것이 허용되나요?
　　④ 그것을 연주해 주시겠어요?
　　⑤ 제가 그것을 연주해도 괜찮나요?
|해설| 「Is it OK to+동사원형 ~?」은 무언가를 해도 되는지 허가 여부를 묻는 표현으로 Can(May) I ~?, Is it OK if I ~?, Do you mind if I ~? 등과 바꿔 쓸 수 있다. Can you please ~?는 상대방에게 부탁하거나 요청할 때 사용하는 표현이다.

06 |해석| ① 소년은 해금이 무엇인지 이미 알고 있었다.
　　② 해금은 악기의 한 종류이다.
　　③ 소년이 해금을 연주하는 것은 허용된다.
　　④ 여자는 해금 연주자이다.
　　⑤ 해금은 연주용이 아니라 전시용이다.
|해설| ① 소년은 해금을 보고 무엇인지 물었다.
　　③ 대화 속 해금은 전시용이라서 연주하는 것이 허용되지 않는다.
　　④ 여자의 직업은 언급되지 않았다.

07 |해설| be not allowed(허용되지 않는다)는 무언가를 금지할 때 사용하는 표현이다.

08 |해석| 족두리는 한국 전통 모자이다. 남자들이(→ 여자들이) 주로 결혼식 날 쓴다.
|해설| 족두리는 여성용(for women)이라고 했다.

09 |해석| 위 대화를 읽고 질문에 완전한 영어 문장으로 답하시오.

(1) 왜 남자는 소녀가 족두리를 쓰는 것을 허용하지 않는가?

→ 그것은 전시용이기 때문에 남자는 그녀가 그것을 쓰는 것을 허용하지 않는다.

(2) 대화 직후에 소녀는 무엇을 할 것인가?

→ 그녀(소녀)는 한복을 입어 볼 것이다.

|해설| (1) 남자는 족두리가 전시용이기 때문에 써 볼 수 없다고 했다.

(2) 대화의 마지막에 소녀는 한복을 입어 보겠다고 했다.

10 |해석| A: (1) 이곳에 애완동물을(개를) 데려와도 되나요?

B: 죄송하지만 안 돼요. 이곳에 애완동물을(개를) 데려오는 것은 허용되지 않습니다.

A: 아, 그렇군요.

|해설| (1) 무언가를 해도 되는지 허가 여부를 물을 때는 「Is it OK to+동사원형 ~?」으로 말한다.

(2) be not allowed(허용되지 않는다)는 무언가를 금지할 때 사용하는 표현이다.

11 |해설| 무언가를 해도 되는지 허가 여부를 묻는 표현으로는 Can(May) I ~?, 「Is it OK to+동사원형 ~?」, Is it OK if I ~?, Do you mind if I ~? 등이 있다.

12 |해석| 소녀는 박물관에서 영상실에 먼저 가고 싶어 한다. 그녀는 그곳에서 음식을 먹을 수 있지만 사진은 찍을 수 없다.

G Grammar 고득점 맞기   pp. 128~130

01 ②	02 ⑤	03 ①	04 ③, ⑤	05 ③	06 ②	07 ③
08 ⑤	09 ②	10 ②, ⑤	11 ①	12 ②	13 ②	

[서술형]

14 (1) what the weather is like (2) when you heard the news **15** (1) I can't go hiking (with you) because of my volunteer work. (2) I skipped breakfast because I wasn't hungry. **16** (1) ⓑ → Many sea turtles are dying because of water pollution. (2) ⓒ → Can you tell me what kind of movies she likes? **17** (1) because of the icy road (2) because the room was too hot (3) because of the noise outside (4) because he had a high fever **18** (1) where you are from (2) what you do in your free time (3) when(what time) you (usually) wake up

01 |해석| 다음 빈칸에 들어갈 말로 알맞지 않은 것은?

나는 _____ 궁금하다.

① 누가 내 컴퓨터를 사용했는지

② 네가 무엇을 찾고 있는지

③ 스키 캠프가 언제 시작되는지

④ 네가 어떤 종류의 음악을 좋아하는지

⑤ 그곳에 가는 데 얼마나 걸리는지

|해설| 빈칸은 wonder의 목적어 자리이므로 의문문이 들어갈 경우 간접의문문(의문사+주어+동사)의 형태로 써야 한다. (② → what you are looking for)

02 |해석| 그들은 야외 콘서트에 가려고 계획했지만 그것은 미세먼지 때문에 취소되었다.

|해설| 이유에 해당하는 말이 명사구(fine dust)이므로 접속사 because 대신 같은 의미의 전치사구 because of로 써야 알맞다.

03 |해설| 간접의문문이 포함된 의문문으로 주어진 단어들을 바르게 배열하면 Do you know where Jenny is from?이 된다. 따라서 6번째로 오는 단어는 is이다.

04 |해석| 그녀는 심한 치통이 있어서 아무것도 먹을 수 없었다.

|해설| 이유에 해당하는 말이 「주어+동사」 형태의 절(she had a terrible toothache)이므로 빈칸에는 이유를 나타내는 접속사(as, since, because 등)가 들어가는 것이 알맞다.

05 |해석| ① 나는 네가 누구를 기다리고 있는지 궁금하다.

② 나는 그들에게 왜 서두르는지 물었다.

③ 그녀는 그가 그녀에게 무엇을 사 줄 것인지 알고 싶어 한다.

④ Simon은 누가 그에게 그 책을 보냈는지 몰랐다.

⑤ 내가 몇 시에 공항에 도착해야 하는지 말해 줄래?

|해설| ③ know의 목적어로 쓰인 간접의문문이므로 「의문사+주어+동사」의 어순으로 써야 한다. (→ what he will buy for her)

06 |해석| 폭설 때문에 학교가 휴교했다.

= 눈이 심하게 내려서 학교가 휴교했다.

|해설| 첫 번째 빈칸은 because of 뒤이므로 명사구가 오는 것이 알맞고, 두 번째 빈칸은 뒤에 「주어+동사」 형태의 절이 이어지므로 because가 들어가는 것이 알맞다.

07 |해석| 너는 생각하니? + 그녀는 왜 마을을 떠났니?

→ ③ 너는 왜 그녀가 마을을 떠났다고 생각하니?

|해설| 간접의문문이 think의 목적어로 쓰이는 경우에는 간접의문문에 쓰인 의문사를 문장 맨 앞에 써야 한다. 또한 직접의문문을 간접의문문으로 바꿀 때 조동사 did는 삭제하고 동사를 과거형으로 써야 한다.

08 |해석| ① 그는 병 때문에 일을 그만뒀다.

② 안개 때문에 비행기가 연착되었다.

③ 나는 시끄러운 음악 때문에 잘 수 없었다.

④ 차 사고 때문에 교통이 매우 혼잡하다.

⑤ 나는 너무 피곤해서 수영하러 가지 않았다.

|해설| ⑤ 빈칸 뒤에 절(I was too tired)이 이어지므로 전치사구인 because of는 들어갈 수 없고, 이유를 나타내는 접속사 because, since, as 등이 들어갈 수 있다.

09 |해석| ① 너는 아니? + 누가 노래를 불렀니?

→ 너는 누가 노래를 불렀는지 아니?

② 나는 궁금하다. + 언제 손님들이 도착할까?

→ 나는 언제 손님들이 도착할지 궁금하다.

③ 내게 말해 줘. + 너는 그 문제를 어떻게 풀었니?

→ 네가 어떻게 그 문제를 풀었는지 내게 말해 줘.

④ 나는 모른다. + 그녀의 할머니는 몇 세이시니?

→ 나는 그녀의 할머니가 몇 세이신지 모른다.

⑤ 제게 말씀해 주시겠어요? + 그 소년은 무엇을 입고 있었나요?

→ 그 소년이 무엇을 입고 있었는지 제게 말씀해 주시겠어요?

|해설| ② 간접의문문은 「의문사+주어+동사」의 어순으로 쓴다. (when will the guests arrive → when the guests will arrive)

10 |해석| Ben은 안 좋은 성적 때문에 속상했다.

① 안 좋은 성적에도 불구하고

② , ⑤ 안 좋은 성적을 받아서

③ 안 좋은 성적에 덧붙여

④ 안 좋은 성적을 받았음에도 불구하고

|해설| 「because of+명사(구)」는 「because/since/as+주어+동사 ~」의 형태로 바꿔 쓸 수 있다.

11 |해석| ① 누가 내 케이크를 먹었는지 아니?

② 나는 네가 어떤 동아리에 가입하고 싶은지 궁금하다.

③ 박물관이 언제 여는지 말씀해 주시겠어요?

④ 고열 때문에 나는 학교에 갈 수 없었다.

⑤ Kate는 경연 대회에서 1등 상을 타서 신났다.

|해설| ① 의문사가 주어일 경우 간접의문문은 「의문사+동사」의 어순으로 쓴다. (who my cake ate → who ate my cake)

12 |해석| ① 너는 어떤 방법이 더 낫다고 생각하니?

② Tom은 시험 때문에 요즘 바쁘다.

③ 네가 어떻게 연기에 관심을 갖게 되었는지 내게 말해 줘.

④ 그녀가 거짓말을 해서 선생님은 화가 나셨다.

⑤ 내 전화기가 고장 나서 나는 그에게 전화할 수 없었다.

|해설| ② 이유에 해당하는 말이 명사구(the exam)이므로 접속사가 아닌 전치사구(because of, due to 등)로 고치는 것이 알맞다.

13 |해석| ⓐ 나는 어떤 팀이 경기에서 이겼는지 궁금하다.

ⓑ 네가 어디에서 귀고리를 찾았는지 내게 말해 줘.

ⓒ 나는 그녀가 얼마나 자주 영화를 보러 가는지 알고 싶다.

ⓓ 우리는 미끄러운 길 때문에 빨리 걸을 수 없었다.

ⓔ Tony는 숙제 때문에 늦게까지 깨어 있어야 했다.

|해설| ⓑ 간접의문문은 「의문사+주어+동사」의 어순으로 쓴다. (where did you find → where you found)

ⓔ 이유에 해당하는 말이 명사구(his homework)이므로 접속사 because를 전치사구 because of로 고쳐야 한다. (because → because of)

14 |해석| [예시] 서점이 어디에 있니?

→ 너는 서점이 어디에 있는지 아니?

(1) 날씨가 어떠니?

→ 나는 날씨가 어떤지 궁금하다.

(2) 너는 언제 그 소식을 들었니?

→ 네가 언제 그 소식을 들었는지 내게 말해 줄래?

|해설| (1) 의문사가 있는 의문문이 동사의 목적어로 쓰일 경우 간접의문문(의문사+주어+동사)의 형태로 쓴다.

(2) 직접의문문을 간접의문문으로 바꿀 때 직접의문문에 쓰인 조동사 did를 삭제하고 동사를 과거형으로 쓴다.

15 |해석| [예시] Q: 너는 왜 속상해 하니?

A: 나는 경기에서 져서 속상해.

(1) Q: 너는 왜 나와 함께 하이킹을 갈 수 없니?

A: 나는 자원봉사 때문에 (너와 함께) 하이킹을 갈 수 없어.

(2) Q: 너는 왜 아침 식사를 걸렀니?

A: 나는 배가 고프지 않아서 아침 식사를 걸렀어.

|해설| 이유나 원인을 나타내는 전치사구 because of 뒤에는 명사(구)가 오고, 접속사 because 뒤에는 「주어+동사」 형태의 절이 온다.

16 |해석| ⓐ 나는 그 소식을 누가 네게 말했는지 궁금하다.

ⓑ 많은 바다거북이 수질 오염 때문에 죽고 있다.

ⓒ 그녀가 어떤 종류의 영화를 좋아하는지 내게 말해 줄래?

ⓓ 그 옷은 높은 가격 때문에 그렇게 인기 있지 않았다.

|해설| ⓑ 이유에 해당하는 말이 명사구(water pollution)이므로 접속사 because를 전치사구 because of로 고쳐야 한다.

ⓒ tell의 직접목적어로 간접의문문이 쓰였으므로 「의문사+주어+동사」의 어순으로 써야 한다.

17 |해석| (1) 민수는 빙판길 때문에 넘어졌다.

(2) 지나는 방이 너무 더워서 창문을 열었다.

(3) Elly는 바깥 소음 때문에 책에 집중할 수 없었다.

(4) Ted는 고열이 있어서 약을 좀 먹었다.

|해설| 이유를 나타내는 전치사구인 because of 뒤에는 명사(구)가 오고, 접속사인 because 뒤에는 「주어+동사」 형태의 절이 온다.

18 |해석| [예시] Q: 나는 네가 가장 좋아하는 과목이 무엇인지 궁금해.

A: 내가 가장 좋아하는 과목은 수학이야.

(1) Q: 네가 어디 출신인지 내게 말해 줄래?

A: 나는 부산 출신이야.

(2) Q: 여가 시간에 무엇을 하는지 내게 말해 줘.

A: 나는 여가 시간에 수영하러 가.

(3) Q: 나는 네가 (보통) 언제(몇 시에) 일어나는지 알고 싶어.

A: 나는 보통 7시에 일어나.

|해설| 답변 내용에 맞게 간접의문문(의문사+주어+동사)을 써서 질문을 완성한다. 답변의 주격 인칭대명사 I는 you로, 소유격 인칭대명사 my는 your로 바꿔 쓰는 것에 유의한다.

® Reading 고득점 맞기 pp. 133~135

01 ③ **02** ④ **03** ② **04** ② **05** ⑤ **06** ② **07** ③,

⑤ **08** ③ **09** ② **10** ③, ④

[서술형]

11 how you became interested in *Uigwe* **12** (1) ⓑ → The French army took them(many of Korean national treasures) in 1866. (2) ⓓ → She started to work as a researcher at the National Library of France in 1967.

13 ⓐ '의궤'가 한국으로 반환되어야 한다는 생각 ⓑ 박 박사가 도서관에서 해고당한 것 **14** Korea, bosses, fired, research, value, published

01 |해석| ① 분실되었다 ② 불에 탔다

③ 한국으로 돌아왔다 ④ 프랑스에 기증되었다

⑤ 프랑스로 반환되었다

|해설| ③ 빈칸 뒤 문장의 this return(이 반환)과 박병선 박사가 해외에 있는 한국의 문화재를 찾는 데 평생을 바쳤다는 내용이 이어지는 것으로 보아 '의궤'가 한국으로 돌아왔다는 내용이 되는 것이 자연스럽다.

02 |해설| ⓐ become interested in: ~에 관심을 갖게 되다

ⓑ one of+복수 명사: ~들 중 하나

ⓒ look for: ~을 찾다

ⓓ more than: ~ 이상의

03 |해석| ① 나는 축구를 하는 동안 다리를 다쳤다.

② Anne은 과학을 좋아하는 반면에 그녀의 오빠는 역사를 좋아한다.

③ 내 방을 청소하는 동안, 나는 음악을 들었다.

④ 그녀는 버스를 기다리는 <u>동안</u> 초콜릿을 먹었다.

⑤ 길을 건너는 <u>동안</u> 스마트폰을 사용하지 마라.

|해설| ②는 '반면에'라는 뜻으로 쓰였고, (A)와 나머지는 모두 '~하는 동안'이라는 뜻으로 쓰였다.

04 |해석| • 다연: 박 박사는 대학에서 역사를 전공했어.
- 민지: 박 박사는 몇몇 한국의 문화재들을 소개하기 위해서 프랑스로 갔어.
- 호준: 박 박사는 프랑스군이 가져간 '의궤'를 찾고 싶어 했어.
- 수아: 박 박사는 프랑스 국립도서관의 연구원이 된 첫해에 '의궤'를 찾았어.

|해설| • 민지 → 박 박사는 학업을 계속하기 위해서 프랑스로 갔다.
- 수아 → 박 박사는 프랑스 국립도서관의 연구원이 된 지 10년 후에 '의궤'를 찾았다.

05 |해설| ⓔ 「수여동사 show+간접목적어(people)+직접목적어(the value of Uigwe)」 형태의 4형식 문장이므로 간접목적어 앞에 전치사를 삭제해야 한다. (→ people)

06 |해설| ① 어떤 것에 대한 사실을 찾아내는 일
② 하려고 하거나 목표로 하던 것을 성취하다
③ 사람이나 사물이 중요하거나 유용한 정도
④ 때로는 벌로 어떤 사람이 직업을 그만두게 하다
⑤ 어떤 것을 그것이 온 곳에 다시 놓거나 보내거나 갖다 놓다

|해설| ①은 research(연구, 조사), ③은 value(가치), ④는 fire(해고하다), ⑤는 return(돌려주다, 반환하다)의 영영풀이다. ②는 succeed(성공하다)의 영영풀이로 윗글에서는 쓰이지 않았다.

07 |해설| 윗글의 내용과 일치하는 것을 <u>모두</u> 고르시오.
① 박 박사가 '의궤'를 찾은 직후, 그것들은 한국으로 반환되었다.
② 박 박사의 상사들은 그녀가 '의궤'를 찾았을 때 신났다.
③ 박 박사는 10년 이상을 '의궤'에 대한 연구를 하면서 보냈다.
④ 박 박사는 도서관에서 해고된 후 잠시 동안 연구를 그만두었다.
⑤ 박 박사는 사람들에게 '의궤'의 가치를 알게 하고 싶었다.

|해설| ① '의궤'가 언제 반환되었는지에 대한 언급은 없다.
② 박 박사의 상사들이 그녀를 한국의 스파이라고 생각해서 해고했다는 내용으로 보아, 글의 내용과 일치하지 않는다.
④ 박 박사는 해고된 후에도 연구를 포기하지 않고 연구를 위해 매일 도서관에 갔다고 했다.

08 |해설| ⓒ 이유에 해당하는 말이 명사구(your book)이므로 전치사구인 because of를 써야 한다.

09 |해설| ⓐ와 ⓒ는 주격 관계대명사, ⓑ와 ⓔ는 명사절을 이끄는 접속사, ⓓ는 대명사로 쓰였다.

10 |해석| ① 박 박사는 도서관에서 근무한 첫해에 무엇을 찾았는가?
② '직지'는 언제, 어디에서 금속활자로 인쇄된 세계에서 가장 오래된 책으로 전시되었는가?
③ '의궤'의 가치는 무엇인가?
④ 박 박사는 '직지'와 '의궤' 외에 어떤 다른 책들을 찾았는가?
⑤ 박 박사는 사람들이 무엇을 위해 노력하기를 원하는가?

|해설| ③ '의궤'의 가치가 무엇인지에 대한 언급은 없다.
④ 박 박사가 '직지'와 '의궤' 외에 어떤 다른 책들을 찾았는지에 대한 언급은 없다.

11 |해설| tell의 직접목적어 역할을 하는 간접의문문을 「의문사+주어+동

사」의 어순으로 쓴다. 직접의문문을 간접의문문으로 바꿀 때 직접의문문에 쓰인 조동사 did를 삭제하고 동사를 과거형(became)으로 쓰는 것에 유의한다.

12 |해석| ⓐ 박 박사는 얼마나 오랫동안 역사를 공부했는가?
ⓑ 프랑스군은 언제 많은 한국 문화재들을 가져갔는가?
→ 프랑스군은 그것들을(많은 한국 문화재들을) 1866년에 가져갔다.
ⓒ 프랑스군은 얼마나 많은 한국 문화재들을 가져갔는가?
ⓓ 박 박사는 언제 프랑스 국립도서관에서 연구원으로 일하기 시작했는가?
→ 그녀는 1967년에 프랑스 국립도서관에서 연구원으로 일하기 시작했다.

13 |해설| ⓐ '의궤'가 한국으로 반환되어야 한다는 박 박사의 생각을 가리킨다. ⓑ 박 박사의 상사들이 그녀를 한국의 스파이로 여겨 도서관에서 해고한 일을 가리킨다.

14 |해석| 박 박사는 '의궤'를 찾은 후에 무엇을 했는가?
박 박사는 '의궤'가 한국으로 돌아와야 한다고 생각했다. 하지만 도서관의 <u>상사들</u>은 그녀의 생각에 동의하지 않았고, 그녀는 도서관에서 <u>해고당했다</u>. 그럼에도 불구하고, 그녀는 자신의 <u>연구</u>를 계속했고, 사람들에게 '의궤'의 <u>가치</u>를 알리고 싶어 했다. 그녀는 1990년에 자신의 연구에 관한 책을 <u>출판했다</u>.

서술형 100% TEST
pp. 136~139

01 (1) continue (2) result (3) publish (4) army **02** type
03 (1) try on (2) search(look) for (3) Thanks to(Because of) **04** (1) eat(have) food (2) is allowed **05** (1) it OK to (2) is not allowed **06** (1) Is it OK to play it? (2) Playing it is not allowed. **07** Trying it on is not allowed.
08 (1) try on (2) traditional Korean hat (3) wedding day (4) was not allowed to **09** (1) Can you tell me how long the journey will take? (2) I wonder what you bought for my birthday. **10** (1) Diana was excited, she met her favorite actor (2) the heavy rain, my school's sports day was delayed **11** (1) Do you know how old the cat is? (2) I wonder where he went last night. (3) Can you tell me which player won first place? (4) We don't know how he solved the problem. (5) Who do you think will be the next school president? **12** (1) ⓐ → Do you know who made the box? (2) ⓔ → The flight was cancelled because of the storm. **13** ⓐ searching ⓑ to continue **14** (1) royal books (2) national treasures (3) the French army (4) Korea **15** (1) ① → how you found them (2) tell의 직접목적어로 쓰인 간접의문문이므로 「의문사+주어+동사」의 어순으로 써야 한다. **16** ⓐ As soon as ⓑ However **17** Uigwe(the books) should be returned to Korea **18** (1) researcher (2) search(look) for (3) was published (4) return **19** the oldest book in the world that was printed with movable metal type **20** ⓑ → Dr. Park knew right away (that) Jikji was very special when she found it.

01 |해석| (1) 계속하다: 같은 방식으로 유지하거나 지키다

(2) 결과: 다른 일로 인해 발생하는 일

(3) 출판하다, 발행하다: 책, 잡지, 또는 신문을 사람들이 사도록 인쇄하다

(4) 군대: 육지에서 자신의 조국을 위해 싸우는 사람들의 거대한 집단

02 |해석| • 과학자들은 새로운 유형의 통신 도구를 발명했다.

• 그들은 책을 인쇄하는 세계에서 가장 오래된 활자를 발견했다.

|해설| type은 명사로 '형태, 유형'과 '활자'라는 뜻을 모두 갖는다.

03 |해설| (1) try on: (옷 등을) 입어 보다, 착용해 보다

(2) search(look) for: ~을 찾다

(3) thanks to: ~ 덕분에

04 |해석| A: 여기에서 음식을 먹어도 되나요?

B: 물론이죠. 그렇게 하세요. 여기서 음식을 먹는 것은 허용됩니다.

|해설| 무언가를 해도 되는지 허가 여부를 물을 때는 Can(May) I ~?로 말할 수 있고, 허용된다는 말은 be allowed를 사용하여 나타낼 수 있다.

05 |해석| A: 잔디를 밟아도 되나요?

B: 죄송하지만, 잔디를 밟는 것은 이곳에서 허용되지 않습니다.

A: 알겠어요. 이해합니다.

|해설| 무언가를 해도 되는지 허가 여부를 물을 때는 「Is it OK to+동사원형 ~?」으로 말할 수 있고, 무언가를 금지할 때는 '허용되지 않는다'라는 의미의 be not allowed를 사용하여 말할 수 있다.

06 |해설| (1) 허가 여부를 물어볼 때는 「Is it OK to+동사원형 ~?」으로 말할 수 있다.

(2) 무언가를 금지할 때는 be not allowed를 사용해서 말할 수 있다.

07 |해설| '허용되지 않는다'라는 뜻의 be not allowed를 사용하여 금지를 나타내는 문장을 완성한다. 「동사+부사」 형태인 try on의 목적어가 대명사 it이므로 「try+대명사+on」으로 쓰는 것에 유의한다.

08 |해석| 오늘 나는 한복을 입어 볼 기회가 있었다. 나는 여성용 전통 한국 모자인 족두리도 보았다. 그것은 작은 모자인데 주로 결혼식 날 쓴다. 그것은 매우 예뻤지만, 전시용이라서 내가 그것을 써 보는 것은 허용되지 않았다.

09 |해석| (1) 내게 말해 줄래? + 이동하는 데 얼마나 오래 걸릴까?

→ 이동하는 데 얼마나 오래 걸릴지 내게 말해 줄래?

(2) 나는 궁금하다. + 내 생일을 위해 너는 무엇을 샀니?

→ 나는 네가 내 생일을 위해 무엇을 샀는지 궁금하다.

|해설| (1) 간접의문문은 「의문사+주어+동사」의 어순으로 쓴다.

(2) 직접의문문을 간접의문문으로 바꿀 때 직접의문문의 조동사 did를 삭제하고 동사를 과거형으로 쓴다.

10 |해석| [예시] Tom은 런던에서 직장을 구해서 그곳으로 이사했다.

(1) Diana는 가장 좋아하는 배우를 만나서 신났다.

(2) 폭우 때문에, 우리 학교 운동회는 연기되었다.

|해설| because of 뒤에는 원인이나 이유에 해당하는 명사(구)가 오고, because 뒤에는 「주어+동사」 형태의 절이 온다.

11 |해설| 간접의문문은 「의문사+주어+동사」의 어순으로 쓴다.

(1) how old와 같이 의문사가 구로 쓰이는 경우에는 하나의 의문사로 취급한다.

(3) 의문사가 주어일 경우에는 「의문사+동사」의 어순으로 쓴다.

(5) 간접의문문이 think의 목적어로 쓰이는 경우에는 의문사를 문장

맨 앞에 쓴다.

12 |해석| ⓐ 누가 그 상자를 만들었는지 아니?

ⓑ 영화가 언제 시작하는지 내게 말해 줘.

ⓒ Scott 씨는 일 때문에 늦게까지 깨어 있었다.

ⓓ 나는 우리가 내일 언제 만나야 하는지 모른다.

ⓔ 폭풍 때문에 항공편이 취소되었다.

|해설| ⓐ 간접의문문에서 의문사가 주어일 경우에는 「의문사+동사」의 어순으로 쓴다.

ⓔ 이유를 나타내는 말로 명사(구)가 이어질 때는 because of를 쓴다.

13 |해설| ⓐ spend+시간+-ing: ~하는 데 시간을 보내다

ⓑ 목적을 나타내는 부사적 용법의 to부정사로 써야 한다.

14 |해설| '의궤'는 왕실 서적으로, 프랑스군이 1866년에 가져간 우리 문화재인데 2011년 5월 27일에 한국으로 돌아왔다.

15 |해설| tell의 직접목적어로 쓰인 간접의문문이므로 「의문사+주어+동사」의 어순으로 써야 한다. 직접의문문에서 쓰인 조동사(do/does/did)는 간접의문문에서 없어지고 동사의 수와 시제에 반영되는 것에 유의한다.

16 |해설| ⓐ '~하자마자'라는 뜻으로 시간을 나타내는 접속사 As soon as가 알맞다.

ⓑ 쉽지 않았지만 포기하지 않았다는 내용이므로 '하지만'이라는 역접의 의미를 나타내는 연결어 However가 알맞다.

17 |해석| 그 생각은 '의궤'(그 책들)가 한국으로 반환되어야 한다는 것이었다.

|해설| 도서관의 상사들은 '의궤'가 한국에 반환되어야 한다는 박 박사의 생각을 좋아하지 않았다는 내용이다.

18 |해석| 1967년 – 박 박사는 프랑스 국립도서관의 연구원이 되었고, '의궤'를 찾기 시작했다.

1977년 – 박 박사는 마침내 297권의 '의궤'를 발견했다.

1990년 – 박 박사의 연구에 관한 책이 한국에서 출판되었고, 많은 한국인들이 그것 때문에 '의궤'에 관심을 갖게 되었다.

1992년 – 한국 정부는 프랑스 정부에 '의궤'를 반환할 것을 요청했다.

19 |해설| 관계대명사절이 선행사 the oldest book을 수식하는 형태로 쓴다. 선행사에 최상급이 포함되어 있으므로 주격 관계대명사로 that을 쓰는 것에 유의한다.

20 |해석| ⓐ '직지'는 인쇄의 역사를 바꿨다.

ⓑ 박 박사는 '직지'를 발견했을 때 그것이 매우 특별하다는 것을 몰랐다 (→ 바로 알았다).

ⓒ 박 박사는 '직지'의 가치를 증명하는 데 성공했다.

ⓓ '직지'는 파리의 한 도서 박람회에서 전시되었다.

ⓔ 한국인들은 박 박사가 '직지'와 '의궤'를 찾은 것에 고마워한다.

|해설| ⓑ 박 박사는 '직지'를 찾고 그것이 매우 특별하다는 것을 바로 알았다고 했다.

모의고사

제 1 회 대표 기출로 내신 **적중** 모의고사 pp. 140~143

01 ②　02 ③　03 ②　04 ④　05 ②　06 ④　07 riding a bike is not allowed　08 ④　09 Is it OK to try it on, too?　10 ①　11 ④　12 ③　13 bad weather　14 ⑤　15 ②　16 ⑤　17 how you found them　18 ⓑ printing → history　19 ⑤　20 ③　21 ④　22 Dr. Park's book made them(many Koreans) become interested in *Uigwe*.　23 ③　24 ②　25 |모범 답| 박 박사가 열심히 일한 덕분에 '직지' 와 '의궤'가 발견된 것

01 |해석| ① 증명하다 – 증거
　② 가치 – 소중한, 귀중한
　③ 성공하다 – 성공
　④ 모으다 – 수집품; 더미
　⑤ 전시하다 – 전시회
|해설| ②는 '명사–형용사'의 관계이고, 나머지는 모두 '동사–명사'의 관계이다.

02 |해설| '같은 방식으로 유지하거나 지키다'는 continue(계속하다)의 영영풀이다.

03 |해석| • 지난 주말에 그 건물에서 화재가 있었다.
　• 만일 그가 그런 실수를 계속한다면, 회사는 그를 해고할 것이다.
　① 방문하다; 방문　③ 전시(진열)하다; 전시, 진열
　④ 결과; (~의 결과로) 발생하다　⑤ 보물; 귀하게 여기다
|해설| 명사로 '화재', 동사로 '해고하다'라는 뜻으로 쓰이는 fire가 공통으로 알맞다.

04 |해석| ① 그녀는 쉽게 포기하지 않는다.
　② 바로 회의를 시작합시다.
　③ 이 치마를 입어 보시겠어요?
　④ 그의 도움 덕분에, 나는 그 과제를 끝낼 수 있었다.
　⑤ 너는 인터넷에서 정보를 더 찾을 수 있다.
|해설| ④ thanks to는 '~ 덕분에'라는 뜻이다.

05 |해석| A: 실례합니다. 이 쿠키를 먹어도 되나요?
　B: 물론이죠. 그렇게 하세요. 괜찮습니다.
　① 물 좀 있나요?
　③ 점심으로 뭘 드셨나요?
　④ 이것이 맛있다고 생각하지 않나요?
　⑤ 이 음식을 전에 먹어 본 적 있나요?
|해설| B가 허락하는 내용으로 답하고 있는 것으로 보아, 빈칸에는 「Is it OK to+동사원형 ~?」과 같이 어떤 일을 해도 되는지 허가 여부를 묻는 표현이 들어가는 것이 알맞다.

06 |해석| A: 실례합니다만, 여기에서 사진을 찍어도 되나요?
　B: 네. 그렇게 하세요.
　A: 플래시도 사용해도 되나요?
　B: 죄송하지만 안 돼요.(→ 네, 괜찮아요.) 그것도 괜찮아요.
　A: 죄송하지만, 질문이 하나 더 있어요. 이곳에서 음식을 먹어도 되

나요?
　B: 죄송하지만, 그것은 허용되지 않아요.
|해설| ⓒ 플래시를 사용하는 것도 괜찮다고 이어서 말하고 있으므로, 플래시를 사용해도 되는지 묻는 질문에 허용되지 않는다고 부정의 응답을 하는 것은 어색하다.

07 |해석| A: 실례합니다. 여기에서 자전거를 타도되나요?
　B: 죄송하지만 여기에서는 자전거를 타는 것이 허용되지 않습니다.
|해설| '허용되지 않는다'라는 뜻의 be not allowed를 사용하여 금지하는 말을 완성한다.

08 |해설| 주어진 문장은 착용이 허용되지 않는다는 뜻의 금지 표현으로, it 은 족두리를 가리킨다. 따라서 전시용이라서 착용이 안 된다는 말 뒤인 ④에 들어가는 것이 알맞다.

09 |해설| 어떤 일을 해도 되는지 허가 여부를 물을 때 「Is it OK to+동사원형 ~?」으로 말할 수 있다. '써 보다'라는 의미의 try on의 목적어로 대명사를 쓸 때는 반드시 「try+대명사+on」의 어순으로 쓰는 것에 유의한다.

10 |해석| ① 한복은 얼마인가?
　② 족두리는 무엇인가?
　③ 족두리는 보통 언제 쓰는가?
　④ 왜 소녀는 족두리를 써 볼 수 없는가?
　⑤ 대화 후에 소녀는 무엇을 입어 볼 것인가?
|해설| ① 한복의 가격이 얼마인지는 대화에 언급되어 있지 않다.

11 |해석| A: 너는 왜 파티에 오지 않니?
　B: 나는 심한 감기 때문에 그곳에 갈 수 없었어.
|해설| 이유에 해당하는 말로 명사구(a bad cold)가 이어지므로, '~ 때문에'라는 뜻의 because of가 알맞다. because 다음에는 「주어+동사」 형태의 절이 온다.

12 |해설| 빈칸에는 동사 don't remember의 목적어 역할을 하는 간접의문문이 오는 것이 알맞다. 간접의문문은 「의문사+주어+동사」의 어순으로 쓴다.

13 |해석| 날씨가 좋지 않아서 학교 소풍이 취소되었다.
　= 악천후 때문에 학교 소풍이 취소되었다.
|해설| '~ 때문에'라는 뜻을 나타내는 전치사구인 because of 다음에는 명사(구)가 온다.

14 |해석| ① 누가 시험에 합격했는지 내게 묻지 마라.
　② 네 여동생이 무엇을 입고 있는지 내게 말해 줄래?
　③ 그 경기는 폭풍 때문에 연기되었다.
　④ 그녀는 바닥에 있는 물 때문에 넘어졌다.
　⑤ 그 약을 얼마나 자주 먹어야 하는지 그녀에게 물어봤니?
|해설| ⑤ 동사 ask의 직접목적어 역할을 하는 간접의문문이므로 「의문사+주어+동사」의 어순으로 써야 한다.

15 |해설| ⓑ army는 '군대'라는 뜻이다.

16 |해석| ① 그것은 왕실 서적이다.
　② 그것은 1866년에 프랑스군이 가져갔다.
　③ 그것은 2011년에 한국으로 돌아왔다.
　④ 그것은 박병선 박사 덕분에 한국에 반환될 수 있었다.
　⑤ 그것은 프랑스 문화재 중 하나이다.
|해설| ⑤ 1866년에 프랑스군이 가져가서 한국에 2011년에 돌아왔다고 했으며, 이 반환 뒤에 있던 인물인 박병선 박사가 해외에 있는 한국

의 문화재를 찾는 데 평생을 바쳤다는 내용이 이어지는 것으로 보아 '의궤'는 한국의 문화재 중 하나이다.

17 |해설| 동사 tell의 직접목적어 역할을 하는 간접의문문이므로 「의문사＋주어＋동사」의 어순으로 쓴다. 이때 의문문에 쓰인 조동사 did를 없애고 동사를 과거형(found)으로 바꿔 쓰는 것에 유의한다.

18 |해석| · 1886년, 프랑스군이 '의궤'를 포함한 많은 한국 문화재들을 가져갔다.
· 1955년, 박 박사는 인쇄술을(→ 역사를) 공부하기 위해 프랑스에 갔다.
· 1967년, 박 박사는 프랑스 국립도서관의 사서가 되었고 바로 '의궤'를 찾기 시작했다.
· 1977년, 박 박사는 '의궤'를 찾았다.
|해설| ⓑ 1955년에 박 박사는 역사 공부를 계속하기 위해 프랑스에 갔다.

19 |해설| ⓔ에는 진주어인 to부정사구를 대신하는 가주어 it이 들어가야 한다.
ⓐ, ⓒ thought의 목적어 역할을 하는 명사절을 이끄는 접속사 that
ⓑ idea를 수식하는 지시형용사 that
ⓓ 앞 문장의 내용을 가리키는 대명사 that

20 |해설| 윗글을 읽고 "예"로 답할 수 없는 질문은 무엇인가?
① 박 박사는 '의궤'를 발견했을 때 흥분했는가?
② 박 박사는 '의궤'가 한국으로 돌아와야 한다고 생각했는가?
③ 박 박사의 상사들은 '의궤'에 대한 박 박사의 생각을 좋아했는가?
④ 박 박사는 도서관에서 해고된 후에 '의궤'에 대한 연구를 계속했는가?
⑤ 박 박사는 사람들에게 '의궤'의 가치를 보여 주고 싶어 했는가?
|해설| ③ 박 박사의 상사들은 '의궤'가 반환되어야 한다는 박 박사의 생각을 좋아하지 않았다.

21 |해설| (A) 주어가 The results로 복수이므로 were가 알맞다.
(B) 뒤에 명사구(your book)가 이어지므로 because of가 알맞다. because 다음에는 주어와 동사로 이루어진 절이 온다.
(C) ask A for B: A에게 B를 요청하다

22 |해석| Q: 무엇이 많은 한국인들이 '의궤'에 관심을 갖게 했는가?
A: 박 박사의 책이 그들(많은 한국인들)이 '의궤'에 관심을 갖도록 했다.
|해설| 박 박사의 연구 결과가 책으로 출판되었고, 그 책이 많은 한국인들에게 '의궤'에 관심을 갖도록 했다.

23 |해설| ⓒ '직지'가 도서 박람회에서 금속활자로 인쇄된 세계에서 가장 오래된 책으로 전시되었다는 내용이 이어지므로, 박 박사가 '직지'의 가치를 증명하기 위해 열심히 노력했고 결국 '성공했다(succeeded)'는 내용이 되는 것이 알맞다.

24 |해설| ② '직지'가 출간된 시기는 언급되어 있지 않다.
① 금속활자로 인쇄된 세계에서 가장 오래된 책
③ 금속활자로 인쇄된 책
④ (프랑스 국립)도서관
⑤ 1972년 파리의 도서 박람회

25 |해설| that은 앞에서 언급된 thanks to your hard work, *Jikji* and *Uigwe* were found를 가리킨다.

01 ⑤ **02** ③ **03** ① **04** ④ **05** ② **06** (C) – (B) – (A)
07 ④ **08** ⓓ → |모범 답| Trying it on is not allowed.
09 ④ **10** ① **11** how long you waited for the bus
12 ①, ④ **13** didn't you → you didn't **14** ③ **15** ③
16 French army took **17** ④ **18** ④ **19** (1) *Uigwe*
(2) 10(ten) (3) researcher **20** ③ **21** ⓐ be returned
ⓑ to finish **22** ② **23** (1) France → Korea (2) sell →
return **24** ③ **25** ②

01 |해석| 멈추다 : 계속하다 = 성공하다 : 실패하다
① 찾다, 수색하다 ② 인쇄하다 ③ 반환하다 ④ 출판(발행)하다
|해설| stop(멈추다)과 continue(계속하다)는 반의어 관계이다. fail(실패하다)의 반의어는 succeed(성공하다)이다.

02 |해석| ① 허락하다, 허용하다: 누군가에게 어떤 것을 해도 된다고 말하다
② 연구, 조사: 어떤 것에 대한 사실을 알아내는 일
③ 전시하다, 진열하다(→ (시간 등을) 쓰다): 어떤 것을 하기 위해 시간이나 노력, 에너지를 사용하다
④ 왕의, 왕실의: 왕 혹은 여왕과 관계있거나 속해 있는
⑤ 군대: 육지에서 자신의 조국을 위해 싸우는 사람들의 거대한 집단
|해설| ③ display는 '전시하다, 진열하다'를 뜻하고, '어떤 것을 하기 위해 시간이나 노력, 에너지를 사용하다'를 뜻하는 단어는 spend((시간 등을) 쓰다)이다.

03 |해석| · 그의 도움 덕분에, 나는 지갑을 찾을 수 있었다.
· 내 선글라스를 써 보는 게 어때?
|해설| thanks to: ~ 덕분에
try on: (옷 등을) 입어 보다, 착용해 보다

04 |해석| ① 나의 가족 모두는 그 경기를 함께 봤다.
② 너는 어떤 종류의 악기를 연주할 수 있니?
③ 남대문은 한국 문화재들 중 하나이다.
④ 그녀는 작년에 가르치는 것을 포기해서, 지금은 교사이다.
⑤ 그 과학자는 그 실험의 결과에 만족했다.
|해설| give up은 '포기하다'라는 뜻이므로 ④는 문맥상 어색하다.

05 |해석| A: 이곳에서 음식을 먹어도 되나요?
B: 죄송하지만 안 돼요. 그것은 허용되지 않습니다.
① 지금 배가 고픈가요?
② 이곳에서 음식을 먹어도 되나요?
③ 이곳에서 음식을 먹고 싶나요?
④ 뭔가 먹는 게 어때요?
⑤ 어떤 음식을 먹고 싶은가요?
|해설| 밑줄 친 문장과 ②는 모두 상대방에게 허락을 요청하는 말이다.

06 |해석| A: 실례합니다. 이것이 무엇인가요? 저는 이런 음식을 한 번도 본 적이 없어요.
(C) 아, 그것은 한국의 후식인 떡이에요.
(B) 좀 먹어 봐도 되나요?
(A) 물론이죠. 그렇게 하세요. 정말 맛있답니다.

07 |해석| A: 실례합니다. 이것은 무엇인가요? 흥미로워 보이네요.
B: 아, 그것은 한국의 전통 악기인 장구예요.

A: 그것을 연주해 봐도 되나요?

B: 죄송하지만, 전시용이에요. 그것을 연주하는 것은 허용되지 않습니다.

A: 그렇군요.

|해설| 주어진 문장은 '전시용이기 때문에 안 된다.'라는 부정의 응답으로, 장구를 연주해도 되는지 묻는 말에 대한 대답이므로 금지하는 말 앞인 ④에 들어가는 것이 알맞다.

08 |해설| ⓓ 족두리가 전시용이라는 말 뒤에 이어지므로 착용이 허용되지 않는다는 금지를 나타내는 말이 되는 것이 자연스럽다.

09 |해설| ④ 소녀는 한복과 족두리를 모두 착용해 보고 싶어 한다.

10 |해석| Mike는 _____ 때문에 회의에 참석할 수 없었다.

① 그는 아팠다   ② 그의 가족 여행

③ 심한 두통   ④ 폭설

⑤ 그의 바쁜 일정

|해설| because of 뒤에는 명사(구)가 이어지므로, 「주어+동사」 형태의 절인 ①은 빈칸에 들어갈 수 없다.

11 |해설| 「의문사(how)+형용사(long)+주어+동사 ~」 형태의 간접의문문 어순으로 쓴다.

12 |해석| ① 나는 짖는 개 때문에 잘 잘 수 없었다.

② 그녀는 매우 피곤해서 일찍 잠자리에 들었다.

③ 너무 어두워서 나는 신발을 찾을 수 없었다.

④ 나는 내일 시험 때문에 오늘 하루 종일 공부해야 한다.

⑤ 엄마는 너무 늦어서 내가 외출하는 것을 허락하시지 않았다.

|해설| ①, ④의 빈칸 뒤에 이유에 해당하는 명사구(a barking dog, the test tomorrow)가 오므로 because of를 써야 한다.

13 |해석| A: 네가 왜 오늘 운전을 하지 않았는지 내게 말해 줄래?

B: 눈이 너무 많이 왔기 때문이야.

|해설| tell의 직접목적어로 쓰인 간접의문문은 「의문사+주어+동사」의 어순으로 써야 한다.

14 |해석| ⓐ 그녀는 교통 체증 때문에 늦었다.

ⓑ 나는 열이 나서 집에 있었다.

ⓒ 나는 네가 왜 요리사가 됐는지 알고 싶다.

ⓓ 나는 그들이 휴가로 어디에 갔는지 궁금하다.

ⓔ 우리 반에서 누가 최고의 가수라고 생각하니?

|해설| ⓑ because of 다음에는 명사(구)가, because 다음에는 절이 온다. (because of → because)

ⓔ 간접의문문이 think, believe와 같은 동사의 목적어로 쓰이는 경우에는 의문사가 문장의 맨 앞으로 온다. (Do you think who → Who do you think)

15 |해설| ⓒ '~하는 데 (시간을) 보내다'라는 뜻은 「spend+시간+-ing」로 표현한다. (→ searching)

16 |해석| 1866년에 프랑스군이 가져간 한국 문화재들

|해설| (A)와 (B)의 them은 1866년에 프랑스군이 가져간 우리나라 문화재들을 가리킨다.

17 |해석| ① 누가 '의궤'를 썼는가?

② 박병선 박사는 몇 세인가?

③ 프랑스군은 왜 '의궤'를 가져갔는가?

④ 박병선 박사는 프랑스에서 무엇을 공부했는가?

⑤ 프랑스군은 얼마나 많은 한국 문화재를 가져갔는가?

|해설| ④ 박병선 박사는 대학에서 역사를 공부했고, 학업을 계속하기 위해 프랑스에 갔다고 했다.

18 |해설| ④ 의문사가 있는 의문문이 tell의 직접목적어로 쓰였으므로 「의문사+주어+동사」의 간접의문문의 어순이 되어야 한다.

19 |해설| 박 박사는 프랑스 국립도서관에서 연구원으로 근무하기 시작한 지 10년 후에 '의궤'를 그곳에서 찾았다.

20 |해설| 주어진 문장은 '그 이후에 방문객으로 도서관에 가야 했고 '의궤'에 대해 조사하는 것이 쉽지 않았다'는 내용이므로 박 박사가 도서관에서 해고당했다는 내용 뒤인 ③에 들어가는 것이 알맞다.

21 |해설| ⓐ 책이 '반환되는' 것이므로 수동태(be동사+과거분사)로 써야 한다.

ⓑ 목적(~하기 위해서)을 나타내는 부사적 용법의 to부정사로 써야 한다.

22 |해설| because of는 '~ 때문에'라는 뜻으로, 글의 흐름상 '~ 덕분에'라는 뜻을 나타내는 thanks to와 바꿔 쓸 수 있다.

23 |해석| 박 박사는 1990년에 프랑스(→ 한국)에서 자신의 연구 결과를 출간했다. 2년 뒤에 한국 정부는 프랑스 정부에 '의궤'를 판매할(→ 반환할) 것을 요청했다.

24 |해설| (A) 선행사 a book이 사물이므로 주격 관계대명사 which 또는 that이 알맞다.

(B) '직지'가 '전시된' 것이므로 수동태(be동사+과거분사)로 써야 한다.

(C) 조동사 will 뒤의 become과 work가 등위접속사 and에 의해 병렬로 연결된 형태가 알맞다.

25 |해석| ⓐ 박 박사는 그것을 찾자마자 그것이 특별하다는 것을 알았다.

ⓑ 박 박사는 그것의 가치를 증명하는 데 결국 실패했다.

ⓒ 그것은 1972년 한국에서 전시되었다.

ⓓ 그것은 금속활자로 인쇄된 세계에서 가장 오래된 책이다.

|해설| ⓑ 박 박사는 '직지'의 가치를 증명하기 위해 노력했고 마침내 성공했다고 했다.

ⓒ '직지'는 1972년에 파리의 한 도서 박람회에서 전시되었다.

제3회 대표 기출로 내신 **적중** 모의고사   pp. 148~151

01 (v)alue   **02** ②   **03** ⑤   **04** ④   **05** ⑤   **06** ⓒ →

|모범 답| I'm afraid not. / I'm sorry, but you can't.   **07** ⑤

08 ②, ④   **09** allowed   **10** ②   **11** ②   **12** ④   **13** ③

14 (1) when you became   (2) what you wanted to become

(be)   **15** return   **16** ②, ⑤   **17** ⑤   **18** As   **19** ②

20 ⓓ → were published   **21** ①   **22** ⑤   **23** ③   **24** ②

25 (1) proved   (2) *Jikji*   (3) oldest book   (4) national treasures

01 |해석| 김 박사는 그 민화의 가치를 증명하려고 열심히 노력했다.

|해설| '사람이나 사물이 중요하거나 유용한 정도'를 의미하는 단어는 value(가치)이다.

02 |해석| ⓐ 3백만 명 이상이 그 공연을 봤다.

ⓑ 사업에서 성공하기 위해서는 더 열심히 일해야 한다.

ⓒ 네 첫 번째 책을 언제 출판하려고 계획 중이니?

ⓓ 나는 숙제로 세종대왕에 대한 조사를 좀 하고 있다.

|해설| ⓐ에는 million(100만), ⓑ에는 succeed(성공하다), ⓒ에는 publish(출판하다) ⓓ에는 research(조사, 연구)가 알맞다.

03 |해석| [보기] 사서는 나에게 그 책들의 반납을 요청했다.

① 이탈리아에서 언제 돌아왔니?

② Jake는 자정이 넘어서 집에 돌아왔다.

③ 너희 나라로 돌아갈 거니?

④ Wilson 씨는 지난 달에 런던에 돌아갔다.

⑤ 자전거의 반납에 따라 돈은 환불될 것이다.

|해설| [보기]와 ⑤는 '반환, 반납'을 뜻하는 명사로 쓰였고, 나머지는 모두 '돌아오다, 돌아가다'를 뜻하는 동사로 쓰였다.

04 |해석| A: 실례합니다. 여기에서 사진을 찍어도 되나요?

B: 네, 괜찮습니다.

A: 플래시를 사용하는 것은 어떤가요? 그것도 사용해도 되나요?

B: 죄송하지만 안 돼요. 여기에서 플래시를 사용하는 것은 허용되지 않습니다.

A: 아, 그렇군요. 고맙습니다.

|해설| ⓐ 플래시를 사용하는 것도 가능한지 이어서 묻는 것으로 보아, 사진 촬영을 허가하는 말이 들어가는 것이 알맞다.

ⓑ 빈칸 뒤에 이어지는 말로 보아, 플래시 사용을 허가하지 않는다는 응답이 알맞다.

05 |해석| (D) 실례합니다. 저기에 앉아도 되나요?

(A) 잔디 위를 말하는 건가요?

(E) 네. 괜찮은가요?

(C) 죄송하지만, 잔디에 앉는 것은 허용되지 않습니다.

(B) 알겠어요. 이해합니다.

06 |해석| A: 실례합니다. 이것은 무엇인가요? 흥미롭게 생겼네요.

B: 아, 그것은 한국의 전통 악기인 해금이에요.

A: 그것을 연주해 봐도 되나요?

B: 물론이죠. 그렇게 하세요.(→ 죄송하지만 안 돼요.) 그것은 전시용이에요. 그것을 연주하는 것은 허용되지 않습니다.

A: 그렇군요.

|해설| ⓒ 전시용이라서 해금을 연주하는 것이 허용되지 않는다는 말이 이어지므로, 해금을 연주해도 되는지 허가 여부를 묻는 말에 부정의 응답을 하는 것이 자연스럽다.

07 |해석| ①, ② 제가 ~을 해도 될까요?

③ ~을 해도 괜찮을까요?

④ 제가 ~하는 것이 허용되나요?

⑤ ~을 하고 싶나요?

|해설| 빈칸에는 무언가를 해도 되는지 허가 여부를 묻는 표현이 알맞다. ⑤는 상대방에게 무언가를 하고 싶은지 묻는 표현이다.

08 |해석| ① 그것은 여성을 위한 옷이다.

② 그것은 여성이 쓸 수 있다.

③ 그것은 매우 크고 예쁘다.

④ 주로 결혼식 날 쓴다.

⑤ 그것은 전통적인 한국 명절에만 볼 수 있다.

|해설| ②, ④ 족두리는 여성들이 쓰는 한국 전통 모자로, 주로 결혼식 날에 쓴다고 언급되었다.

09 |해석| 한복을 입어 보는 것은 허용되지만, 족두리를 써 보는 것은 허용

되지 않는다.

|해설| 한복은 입어 볼 수 있지만, 족두리는 전시용이라서 써 볼 수 없다고 했다.

10 |해석| 내게 말해 줘. + 너는 왜 수업에 지각했니?

② 네가 왜 수업에 지각했는지 내게 말해 줘.

|해설| tell의 직접목적어로 쓰인 간접의문문은 「의문사+주어+동사」의 어순으로 쓴다.

11 |해석| 운전자의 부주의한 운전 때문에 차 사고가 있었다. 하지만, 운전자는 짙은 안개 때문에 사고가 일어났다고 거짓말했다.

|해설| ② 이유에 해당하는 말이 명사구(the driver's careless driving)이므로 because of로 쓰는 것이 알맞다.

12 |해설| 괄호 안의 단어들을 배열하면 Do you know where she put the books?이므로 6번째로 오는 단어는 put이다.

13 |해석| ⓐ 몇 시인지 말해 줄래?

ⓑ 나는 누가 내 카메라를 사용했는지 모른다.

ⓒ 나는 늦게 일어나서 버스를 놓쳤다.

ⓓ 고열 때문에 나는 하루 종일 침대에 머물렀다.

ⓔ 지금까지 얼마나 많은 영화를 만드셨는지 말씀해 주세요.

|해설| ⓑ 간접의문문에서 의문사가 주어일 경우에는 「의문사+동사」의 어순으로 쓴다. (who my camera used → who used my camera)

ⓒ 이유에 해당하는 말이 「주어+동사」 형태의 절(I got up late)이므로 접속사 because를 써야 한다. (because of → because)

14 |해석| A: 언제 교사가 되었는지 말씀해 주시겠어요?

B: 저는 2012년에 교사가 되었습니다.

A: 어릴 적에 무엇이 되고 싶었는지 알고 싶습니다.

B: 저는 작가가 되고 싶었어요.

|해설| 각각의 대답을 통해 (1)에는 '언제 ~가 되었는지', (2)에는 '무엇이 되고 싶었는지'라는 의미의 간접의문문을 쓴다. 간접의문문은 「의문사+주어+동사」의 어순으로 쓴다.

15 |해설| '어떤 것을 되돌려 주거나 보내거나 갖다 놓는 행동'을 뜻하면서 글의 흐름상 빈칸에 알맞은 단어는 return(반환)이다.

16 |해설| '의궤'는 왕실 서적으로, 박병선 박사 덕분에 2011년 5월 27일에 프랑스에서 한국으로 반환되었다고 언급되어 있다.

17 |해설| ⓐ와 ⓑ는 '프랑스가 1866년에 가져간 우리나라 문화재들'을 가리키고, ⓒ, ⓓ, ⓔ는 '의궤'를 가리킨다.

18 |해설| (A) as you know: 여러분도 알다시피

(B) as soon as: ~하자마자

19 |해석| ① 박 박사는 1955년에 역사를 전공하기로 결정했다.

② '의궤'는 프랑스군이 가져갔다.

③ 박 박사는 1977년에 '의궤'를 찾기 시작했다.

④ 박 박사는 프랑스 국립박물관의 연구원이 된 직후 '의궤'를 찾았다.

⑤ 박 박사는 해외에 있는 우리 문화재에 대한 책을 3천만 권 이상 썼다.

|해설| ② '의궤'는 1866년에 프랑스군이 가져갔다고 했다.

① 박 박사는 대학에서 역사를 공부했고, 1955년에 학업을 계속하기 위해 프랑스에 갔다.

③ 박 박사는 1967년에 '의궤'를 찾기 시작했다.

④ 박 박사는 프랑스 국립도서관의 연구원이 된 지 10년 후에 '의궤'를

찾았다고 했다.

⑤ 박 박사는 '의궤'를 찾는 동안 자신이 3천만 권이 넘는 책을 본 것 같다고 했다.

20 |해설| ⓓ '출간되었다'라는 의미가 되어야 하므로 과거 시제 수동태의 형태로 써야 한다. 주어 The results가 복수이므로 be동사는 were로 쓴다.

21 |해석| ① 도서관에서 해고된 것
② 매일 도서관에 가는 것
③ '의궤'에 대한 책을 출판하는 것
④ 사람들에게 '의궤'의 가치를 보여 주는 것
⑤ 도서관 방문자로 '의궤'에 대한 연구를 하는 것
|해설| 밑줄 친 that은 '박 박사가 도서관에서 해고된 것'을 가리킨다.

22 |해설| (B) 어려운 상황이었지만 포기하지 않았다는 내용이 되어야 하므로, '하지만, 그러나'라는 뜻의 연결어 However가 알맞다.
(C) 뒤에 이유에 해당하는 명사구(your book)가 이어지므로 '~ 때문에'라는 뜻의 because of가 알맞다.

23 |해설| ⓒ '~ 덕분에'라는 뜻의 thanks to가 되는 것이 알맞다. (→ to)
ⓐ right away: 즉시, 바로
ⓑ as: ~로서
ⓓ thank A for B: A에게 B에 대해 고마워하다
ⓔ become interested in: ~에 관심을 갖게 되다

24 |해석| ① 큰 개를 씻기는 것은 어렵다.
② Tom은 좋은 성적을 얻기 위해 열심히 공부했다.
③ 내 꿈은 수의사가 되는 것이다.
④ Jessy는 여가 시간에 사진 찍는 것을 좋아한다.
⑤ 매일 운동하는 것은 건강에 좋다.
|해설| (A)와 ②는 목적의 의미를 나타내는 부사적 용법의 to부정사이고, 나머지는 모두 명사적 용법의 to부정사이다. (① 진주어, ③ 보어, ④ 목적어, ⑤ 주어)

25 |해석| 박 박사는 마침내 '직지'의 가치를 증명했다. 그것은 금속활자로 인쇄된 세계에서 가장 오래된 책으로 인정받았다. 그녀의 노고로 '직지'와 '의궤' 같은 해외의 우리 문화재가 발견되었다.

제 **4** 회 고난도 내신 **적중** 모의고사   pp. 152~155

01 ⑤   **02** ④   **03** ③   **04** ③   **05** is it OK to open the window   **06** (1) allowed to (2) use a flash (3) not allowed to   **07** ①   **08** (1) ⓐ → She is allowed to try on a(the) hanbok. / She is allowed to try a(the) hanbok on. (2) ⓓ → It's because the jokduri is only for display.   **09** ⑤   **10** Because of the heavy traffic, I was late for the concert.   **11** ④   **12** ③   **13** (1) where is Jina → where Jina is (2) because of → because   **14** ⑤   **15** ④   **16** ④   **17** ③   **18** She found it(Uigwe) in the National Library of France in 1977.   **19** ④   **20** give up   **21** ④   **22** ⑤   **23** the oldest book in the world that was printed with movable metal type   **24** I hope that people will become more interested in our national treasures abroad   **25** ②

01 |해석| ⓐ 같은 방식으로 지키거나 유지하다
ⓑ 예술품 같은 것의 공개적인 전시
ⓒ 하려고 하거나 목표로 하던 것을 성취하다
ⓓ 책, 잡지, 또는 신문을 사람들이 사도록 인쇄하다
|해설| ⓐ는 continue(계속하다), ⓑ는 exhibition(전시회), ⓒ는 succeed(성공하다), ⓓ는 publish(출판하다, 발행하다)의 영영풀이다.

02 |해석| • 윤호는 해외로 공부하러 갈 계획이다.
• 과학자는 마침내 자신의 이론을 증명했다.
• Jonny는 시험 결과에 만족했다.
• 우리는 모두 사라진 개를 찾으러 나갔다.
• 엄마는 이번 주말에 내가 캠핑 가는 것을 허락하셨다.
|해설| ⓓ는 문맥상 빈칸에 search(찾다)나 look이 들어가는 것이 알맞다.

03 |해석| ① Brown 씨는 직장에서 해고되었다.
엄마는 불 앞에서 책을 읽고 계셨다.
② 너는 어떤 종류의 개를 기르고 싶니?
중요한 단어는 굵은 활자로 강조 표시해라.
③ 너는 여가 시간을 어떻게 보내니?
이 선생님은 휴가를 제주도에서 보낼 계획이다.
④ 네 가족사진을 내게 보여 줘.
그 아이들은 마술 쇼를 보러 가서 신났다.
⑤ 내 사촌은 뉴욕으로 돌아가기로 결정했다.
우리는 도난된 반지의 반환에 보상금을 지급할 것이다.
|해설| ③의 spend는 모두 '(시간 등을) 보내다'라는 뜻으로 쓰였다.
① 해고하다 / 불
② 유형, 종류 / 활자
④ 보여 주다 / 공연
⑤ 돌아가다 / 반환

04 |해석| ① 스마트폰을 사용하지 마시오.
② 스마트폰을 사용할 수 없습니다.
③ 스마트폰 사용이 허용됩니다.
④ 스마트폰을 사용하면 안 됩니다.
⑤ 스마트폰을 사용하는 것은 허용되지 않습니다.
|해설| 표지판은 스마트폰 사용을 금지한다는 내용으로, ③은 스마트폰 사용을 허용한다는 뜻이고, 나머지는 모두 스마트폰 사용을 금지한다는 뜻이다.

05 |해석| Andy는 도서관에서 공부하고 있다. 그는 좀 덥다고 느껴서 창문을 열고 싶다. 그는 창문을 열어도 되는지 옆에 있는 여학생에게 물어보려고 한다.
→ 실례합니다만 창문을 열어도 될까요?
|해설| 무언가를 해도 되는지 허락을 구할 때는 「Is it OK to+동사원형 ~?」으로 말할 수 있다.

06 |해석| **소녀**: 실례합니다만, 여기에서 사진을 찍어도 되나요?
남자: 네. 그렇게 하세요.
소녀: 플래시도 사용해도 되나요?
남자: 네. 그것도 괜찮습니다.
소녀: 죄송하지만, 질문이 하나 더 있어요. 이곳에서 음식을 먹어도 되나요?
남자: 죄송하지만, 그것은 허용되지 않습니다.

→ 소녀가 사진을 찍는 것과 플래시를 사용하는 것은 허용되지만 그녀가 그곳에서 음식을 먹는 것은 허용되지 않는다.

|해설| 사진을 찍는 것과 플래시를 사용하는 것은 허용되지만, 음식을 먹는 것은 허용되지 않는다고 했다.

07 |해설| ①은 진주어 to try on this hanbok을 문장 뒤로 보내고 주어 자리에 쓰인 가주어이고, 나머지는 모두 족두리를 가리키는 대명사이다.

08 |해석| ⓐ 소녀가 입어 봐도 된다고 허용된 것은 무엇인가?
→ 그녀가 한복을 입어 보는 것은 허용된다.
ⓑ 한복은 무엇인가?
ⓒ 남자는 족두리에 대해 어떻게 아는가?
ⓓ 소녀가 족두리를 써 보는 것은 왜 허용되지 않는가?
→ 족두리는 전시용이기 때문이다.
|해설| ⓐ 한복을 입어 보는 것은 허용되고, 족두리를 써 보는 것은 허용되지 않는다고 했다.
ⓓ 족두리는 전시용이라서 써 보는 것이 허용되지 않는다고 했다.

09 |해석| 다음 빈칸에 들어갈 말로 어법상 알맞지 않은 것은?
내게 ＿＿＿＿＿＿＿＿＿ 말해 줄래?
① 도서관이 몇 시에 여는지
② 네 안경을 어디에서 샀는지
③ 네가 부산에 얼마나 오래 머물지
④ John에게 어떤 말을 할지
⑤ 한달에 얼마나 많은 책을 읽는지
|해설| 빈칸에는 tell의 직접목적어 역할을 하는 간접의문문이 들어가야 한다. 간접의문문은 「의문사＋주어＋동사」의 어순으로 써야 하므로 ⑤는 알맞지 않다. (do you read → you read)

10 |해석| 교통이 정체되어서, 나는 연주회에 늦었다.
→ 교통 정체 때문에 나는 연주회에 늦었다.
|해설| 이유를 나타내는 전치사구인 because of 뒤에는 명사(구)가 오는 것에 유의하여 문장을 쓴다. '교통 정체'는 the heavy traffic으로 나타낸다.

11 |해설| 단어를 바르게 배열하여 간접의문문이 쓰인 문장을 완성하면 각각 Tell me who she is.와 Who do you think made a mistake? 가 된다.

12 |해석| ⓐ 우리는 눈 때문에 외출할 수 없었다.
ⓑ 나는 그가 정직하지 않아서 그를 좋아하지 않는다.
ⓒ 그는 배가 고파서 피자를 모두 다 먹었다.
ⓓ 그들은 자금 부족 때문에 그 계획을 포기했다.
|해설| because of 뒤에는 명사(구)가 오고, because 뒤에는 「주어＋동사」 형태의 절이 온다.

13 |해석| A: 너는 지나가 어디에 있는지 아니?
B: 그녀는 곧 돌아올 거야. 왜?
A: 그녀가 내 영어 과제를 도와줘서 그녀에게 점심을 사 주고 싶어.
B: 너는 친절하구나.
|해설| (1) 간접의문문은 「의문사＋주어＋동사」의 어순으로 쓴다.
(2) 이유에 해당하는 말이 절(she helped ~ essay)이므로 접속사 because를 써야 한다.

14 |해석| 지금까지 얼마나 많은 소설을 썼는지 말씀해 주시겠어요?
|해설| ⑤ 「의문사＋형용사＋명사」를 하나의 의문사로 취급하여 간접의문문을 how many novels you have written으로 써야 한다.

15 |해설| tell의 직접목적어로 간접의문이 쓰인 문장인 Can you tell me how you became interested in *Uigwe*?가 알맞으므로 조동사 did는 필요하지 않다.

16 |해설| 주어진 문장은 '프랑스군이 1866년에 우리 문화재를 많이 가져갔다'라는 내용이므로, many of our national treasures를 them으로 받아 그것들을 찾고 싶다고 말하는 문장 앞인 ④에 들어가는 것이 알맞다.

17 |해석| ⓐ 쇠가 달아 있는 동안 처라.
ⓑ 운전하는 동안 문자 보내는 것을 멈춰라.
ⓒ 내 여동생과 나는 잠시 휴식을 취했다.
ⓓ Susan은 축구를 좋아하는 반면에 그녀의 남편은 야구를 좋아한다.
|해설| (B)와 ⓐ, ⓑ의 while은 '~하는 동안에'라는 의미의 접속사이다. (ⓒ 잠깐, 잠시, ⓓ ~하는 반면에)

18 |해석| 윗글을 읽고 다음 질문에 완전한 영어 문장으로 답하시오.
어디에서, 언제 박 박사는 '의궤'를 찾았는가?
→ 그녀는 그것('의궤')을 1977년 프랑스 국립도서관에서 찾았다.

19 |해설| (A) 책이 '반환되는' 것이므로 수동태 be returned가 알맞다.
(B) 등위접속사 and에 의해 thought와 병렬로 연결되므로 과거형인 fired가 알맞다.
(C) 「It ~ to부정사」 구문이므로 가주어 it이 알맞다.

20 |해석| 처음에는 성공하지 못할 수 있지만 쉽게 포기하지 마라. 더 열심히 노력해라.
|해설| 본문에 사용된 give up(포기하다)이 들어가는 것이 알맞다.

21 |해설| ⓐ as: ~로서
ⓑ become interested in: ~에 관심을 갖게 되다
ⓒ ask *A* for *B*: A에게 B를 요청하다
ⓓ thanks to: ~ 덕분에

22 |해설| ① → because of   ② → that(which)
③ → that   ④ → succeeded

23 |해석| A: 박 박사는 '의궤'뿐만 아니라 '직지'를 찾았어.
B: '직지'의 가치는 무엇이니?
A: '직지'는 인쇄의 역사를 바꿨어. 그것은 금속활자로 인쇄된 세계에서 가장 오래된 책이야.
|해설| '직지'의 가치는 금속활자로 인쇄된 세계에서 가장 오래된 책이라는 박 박사의 말에서 알 수 있다.

24 |해설| 동사의 목적어 자리에 명사절이 오는 경우, 접속사 that이 이러한 목적어절을 이끈다. I hope 뒤에 접속사 that이 이끄는 목적어 역할을 하는 명사절을 완성해 쓴다.

25 |해석| 윗글을 읽고 답할 수 있는 질문은?
① 박 박사는 언제 '의궤'에 대한 연구를 끝냈는가?
② '의궤'의 연구에 관한 박 박사의 책은 언제 한국에서 출판되었는가?
③ 왜 프랑스 정부는 한국에 '의궤'를 반환하고 싶어 하지 않았는가?
④ 박 박사는 '직지'를 연구하는 데 하루에 몇 시간이나 썼는가?
⑤ 1972년 파리의 도서 박람회에는 다른 어떤 책들이 전시되었는가?
|해설| ② '의궤'에 관한 박 박사의 연구 결과는 1990년에 한국에서 책으로 출판되었다.

Creative Ideas in Stories

STEP A

W Words 연습 문제 p. 159

A 01 요리법, 레시피
02 쌓다
03 반죽
04 사람
05 먹어 보다; ~해 보다
06 누르다
07 (일이) 일어나다
08 한 부분, 조각
09 반지; 고리 (모양의 것)
10 보상, 사례금

B 01 counter
02 lose
03 work
04 mix
05 machine
06 enough
07 excitement
08 prize
09 sign
10 sell

C 01 (옷·장신구 등을) 벗다, 빼다
02 결국, 결과적으로
03 사례금을 지급하다, 포상을 주다
04 잠시 동안
05 ~ 속으로 떨어지다

D 01 all of a sudden
02 for a while
03 step out
04 break up
05 be full of

E 01 lose, 잃어버리다
02 pile, 쌓다
03 leave, ~에 두다, 놓다
04 reward, 보상, 사례금
05 sign, 표지판, 안내판

F 01 was full
02 drop(dropping) into
03 break up
04 All of a sudden
05 take off

E |해석|
01 더 이상 가지고 있지 않다; 찾을 수 없다
02 많은 것들을 서로의 위에 놓다
03 어떤 것을 어딘가에 두고 그것 없이 가 버리다
04 좋은 일을 한 것에 대해 받는 것
05 정보 또는 지시 사항을 주는 상징이나 메시지

W Words 실전 TEST p. 160

01 ③ 02 ② 03 take off 04 ④ 05 ⑤ 06 ①
07 for a while

---

01 |해석| ① 한 부분, 조각 ② 반죽 ③ 요리법, 레시피
④ 사람 ⑤ 기계
|해설| '어떤 것을 요리하기 위한 재료와 지시 사항의 목록'은 recipe (요리법, 레시피)의 영영풀이다.

02 |해석| 그 약이 이번에는 네게 효과가 있길 바라.
① 사다 ③ 잃어버리다 ④ 누르다 ⑤ 일어나다, 발생하다
|해설| 맥락상 '효과가 있다'라는 의미의 work가 들어가는 것이 알맞다.

03 |해설| lose(잃어버리다)와 find(찾다)는 반의어 관계이므로 put on(~을 입다)의 반의어인 take off(~을 벗다)가 알맞다.

04 |해석| • 너는 네 모자를 어디에 뒀니?
• 나는 보통 아침 8시에 집에서 학교로 떠난다.
|해설| leave는 '~에 두다, 놓다'라는 뜻과 '떠나다'라는 뜻을 모두 갖는다.

05 |해석| ① 결국, 그들은 옳은 답을 찾았다.
② 그 반죽은 뜨거운 기름 속으로 떨어지기 시작했다.
③ 쇼핑몰은 많은 사람들로 가득 차 있었다.
④ 나는 내 열쇠를 찾는 사람에게 보상을 줄 것이다.
⑤ 통학 버스가 멈추자 몇몇 어린이들이 내렸다.
|해설| ⑤ step out은 '내리다, 나가다'라는 의미의 표현이다.

06 |해석| ① (일이) 일어나다(→ 잃어버리다): 더 이상 가지고 있지 않다; 찾을 수 없다
② 쌓다: 많은 것들을 서로의 위에 놓다
③ 반죽: 종종 빵이나 케이크로 구워지는 밀가루, 달걀, 우유 등의 혼합물
④ 표지판, 안내판: 정보 또는 지시 사항을 주는 상징이나 메시지
⑤ 보상, 사례금: 좋은 일을 한 것에 대해 받는 것
|해설| ① happen은 '(일이) 일어나다'라는 뜻이며, '더 이상 가지고 있지 않다; 찾을 수 없다'는 lose(잃어버리다)의 영영풀이다.

07 |해설| '잠시 동안'은 for a while로 표현한다.

R Reading 핵심 구문 노트 QUICK CHECK p. 161

1 (1) piece (2) glasses (3) loaf
2 (1) I was sad that they had to leave here.
(2) He is worried that he will make the same mistake again.

1 |해석| (1) 탁자 위에 케이크 한 조각이 있다.
(2) 레모네이드 두 잔 주세요.
(3) Sophia는 오늘 아침에 빵 한 덩이를 먹었다.

R Reading 빈칸 채우기 pp. 165~167

01 doughnut shop 02 was full of 03 One day
04 Uncle 05 to see 06 Isn't it 07 for a while
08 watch the shop 09 try 10 easy to do, doughnut
batter 11 recipe 12 Don't worry 13 After, stepped
out 14 Can I 15 aren't ready 16 Are you making
17 first time 18 took off 19 started to mix

20 delicious doughnuts   21 a lot of batter   22 wait and see, taste   23 turned on   24 dropping into   25 try
26 really   27 have to, much   28 for helping
29 enough, nothing happened   30 coming out of
31 What's wrong   32 full of   33 piled, on   34 right away   35 wrong with   36 all these   37 came back
38 diamond ring   39 took, off   40 looked for   41 find
42 give a reward   43 fell into   44 I'm sure, inside
45 right   46 break up, to find   47 have an idea
48 a piece of, sign   49 put   50 Fresh, for   51 prize
52 give, back   53 to buy   54 All of a sudden, with excitement   55 the ring   56 worked   57 one hundred
58 In the end   59 with   60 back, lots of   61 about
62 that his idea worked

Ⓡ Reading 바른 어휘 · 어법 고르기   pp. 168~170

01 had   02 of   03 visited   04 Uncle Bob   05 to see
06 it   07 for   08 make   09 try   10 to do   11 Here's
12 can   13 in   14 some   15 aren't   16 making
17 first   18 off   19 to mix   20 doughnuts   21 a lot
of   22 great   23 on   24 dropping   25 try
26 delicious   27 have to   28 helping   29 stop
30 coming   31 wrong   32 full   33 on   34 away
35 with   36 sell   37 to   38 left   39 it off   40 for
41 it   42 who   43 into   44 these   45 right   46 to
find   47 idea   48 piece   49 in   50 for   51 finding
52 back   53 began   54 excitement   55 ring
56 worked   57 dollars   58 was   59 with   60 her
61 what   62 that

Ⓡ Reading 틀린 문장 고치기   pp. 171~173

01 ○   02 ×, of cooking machines   03 ○   04 ○
05 ○   06 ×, Isn't it great   07 ×, to go   08 ×, make
09 ○   10 ○   11 ○   12 ×, Don't worry   13 ×, stepped out   14 ○   15 ○   16 ×, Are you making
17 ○   18 ×, took off   19 ×, started to mix 또는 started mixing   20 ○   21 ×, This is   22 ×, great   23 ○
24 ×, batter   25 ○   26 ×, really   27 ○   28 ×, for
29 ×, nothing happened   30 ×, coming out of   31 ○
32 ×, was now full   33 ○   34 ○   35 ×, with   36 ×, these   37 ○   38 ×, left   39 ○   40 ×, looked for
41 ○   42 ×, finds   43 ○   44 ○   45 ○   46 ○
47 ×, Don't   48 ×, a piece of paper   49 ○   50 ○
51 ×, finding   52 ○   53 ×, to buy 또는 buying   54 ○
55 ○   56 ×, worked   57 ○   58 ○   59 ○   60 ×, lots of doughnuts   61 ○   62 ×, that

---

Ⓡ Reading 실전 TEST   pp. 177~179

| 01 ② | 02 ④ | 03 ④ | 04 batter | 05 ⑤ | 06 ④ |
| 07 ② | 08 ④ | 09 ② | 10 ⑤ | 11 ④ | 12 ⑤ | 13 ① |
| 14 ③ |

[서술형]

15 ⓓ → was   16 |모범 답| 도넛 안에 있는 반지를 찾아서 되돌려 주면 100달러의 상금을 주겠다는 안내문을 붙인 것   17 He was happy that his idea worked so well!

[01~05] |해석|
Homer의 삼촌인 Bob은 도넛 가게를 운영했다. Bob 삼촌은 기계를 좋아해서, 가게는 요리 기계들로 가득 차 있었다. 어느 날, Homer가 Bob 삼촌의 가게를 방문했다.
Homer: 안녕하세요, Bob 삼촌!
Bob: 안녕, Homer. 널 보니 반갑구나. 이 새 도넛 기계 좀 봐. 멋지지 않니? Homer, 내가 잠시 집에 다시 가 봐야 해. 나 대신 가게를 봐 주고 도넛을 좀 만들어 주겠니?
Homer: 네, 해 볼게요. 그런데 ….
Bob: 하기 쉽단다. 먼저, 도넛 반죽을 만들고 그것을 기계에 넣렴. 그런 다음에 기계를 작동하기만 하면 돼. 여기 요리법이 있어.
Homer: 그건 할 수 있어요. 걱정하지 마세요.
Bob 삼촌이 떠난 후, 큰 차 한 대가 가게 앞에 섰고, 한 귀부인이 내렸다.
Lady: 도넛과 커피 한 잔 주시겠어요?
Homer: 죄송하지만, 도넛이 준비가 안 됐어요.

01 |해설| 주어진 문장은 Bob 삼촌이 Homer에게 부탁하는 내용이므로 Homer가 해 보겠다고 요청을 수락하는 말 앞인 ②에 들어가는 것이 자연스럽다.

02 |해설| (A) be full of: ~으로 가득 차 있다
(B) for a while: 잠시 동안

03 |해설| ⓑ it이 가리키는 것은 앞 문장의 this new doughnut machine으로, ⓓ와 같은 대상을 가리킨다. ⓒ의 it은 앞에 나온 the doughnut batter를 가리킨다.

04 |해설| '종종 빵이나 케이크로 구워지는 밀가루, 달걀, 우유 등의 혼합물'은 batter(반죽)의 영영풀이다.

05 |해설| ⑤ 귀부인이 가게에 와서 도넛과 커피 한 잔을 살 수 있는지 묻자, Homer는 도넛이 아직 준비되지 않았다고 답했다.

[06~07] |해석|
귀부인은 외투를 벗고 커다란 다이아몬드 반지를 뺐다. 그녀는 반죽을 섞기 시작했다.
Lady: 내가 도와줄게. 나는 맛있는 도넛을 만들 수 있단다.
Homer: 어, 좋아요. 정말 반죽이 많군요.
Lady: 그냥 기다려 보렴. 도넛이 아주 맛있을 거야.
Homer는 도넛 기계를 켰다. 고리 모양의 반죽들이 뜨거운 기름 속으로 떨어지기 시작했다.
Lady: 첫 번째 도넛을 맛보렴. 여기 있어.
Homer: 와! 정말 맛있네요!
Lady: 난 이제 가 봐야 해. 정말 재미있었어! 잘 있으렴!
Homer: 도와주셔서 감사해요. 안녕히 가세요!

06 |해설| ⓓ try는 '먹어 보다'라는 뜻으로 쓰였다.

07 |해설| (A) batter(반죽)는 셀 수 없는 명사이므로 복수형으로 쓸 수 없다.
(B) 감각동사 taste는 보어로 형용사를 취하므로 great가 알맞다.
(C) 전치사 for 뒤에는 명사(구)나 동명사(구)가 오므로 helping이 알맞다.

[08~10] |해석|
Homer는 도넛이 충분하게 있어서 정지 버튼을 눌렀지만, 아무 일도 일어나지 않았다. 도넛이 계속해서 기계에서 나왔다.
Homer: 흐음 … 뭐가 잘못된 거지? Bob 삼촌에게 전화를 해야겠어.
가게는 이제 도넛으로 가득 찼다. Homer는 도넛들을 계산대 위에 쌓아 올렸다.
Homer: Bob 삼촌! 지금 당장 돌아와 주세요. <u>도넛 기계에 뭔가 이상이 있어요.</u>
Bob: 아, 이런! 우리가 이 도넛들을 모두 어떻게 팔지?

08 |해석| ① 지루한　　② 신나는　　③ 자랑스러운
④ 걱정스러운　　⑤ 만족한
|해설| 도넛 기계가 멈추지 않고 계속해서 도넛이 나오는 상황이므로 Homer의 심경으로 worried(걱정스러운)가 알맞다.

09 |해설| ⓑ '계속해서 ~하다'라는 뜻은 keep -ing로 나타낸다.
(→ coming)

10 |해석| ① 도넛이 다 떨어졌어요.
② 저는 아직 도넛을 하나도 만들지 못했어요.
③ 우리는 도넛을 더 만들어야 해요.
④ 도넛 기계는 잘 작동하고 있어요.
|해설| 도넛이 충분해서 기계의 정지 버튼을 눌렀지만 기계가 멈추지 않고 계속 도넛이 나오고 있는 상황이므로, (A)에 들어갈 말로 ⑤가 알맞다.

[11~14] |해석|
바로 그때 귀부인이 가게로 돌아왔다.
Lady: 내 다이아몬드 반지를 잃어버렸어. 내 생각엔 계산대 위에 그것을 놓아둔 것 같은데.
Homer: 아, 기억나요. 반죽 섞기를 시작하기 전에 그것을 빼셨어요.
모두가 다이아몬드 반지를 찾았지만, 찾을 수 없었다.
Homer: 저는 못 찾겠어요.
Lady: 그 반지를 찾아 주는 사람에게 100달러의 보상금을 드릴게요!
Homer: 알겠어요! 그 반지는 반죽 속으로 떨어졌어요. 반지는 이 도넛들 중 하나 안에 있는 게 확실해요!
Lady: 네 말이 맞아!
Bob: 아, 안 돼! 이제 우리는 반지를 찾기 위해 이 도넛들을 모두 쪼개야 해요.
Homer: 걱정하지 마세요, 삼촌. 제게 아이디어가 있어요.
Homer는 종이 한 장을 가져와 안내판을 만들었다. 그러고 나서 그는 그것을 가게 창문에 붙였다.

11 |해설| ⓐ는 앞의 the diamond ring을 가리키고, ⓑ는 앞의 a sign을 가리킨다.

12 |해석| ① 내 취미는 자전거를 <u>타는 것</u>이다.
② 아침을 <u>먹는 것</u>은 중요하다.
③ 규칙적으로 <u>운동하는 것</u>은 쉽지 않다.
④ 우리는 엄마에게 드릴 케이크를 <u>만들 것</u>을 계획하고 있다.

⑤ 나는 운동화 한 켤레를 <u>사기 위해</u> 가게에 갔다.
|해설| (A)와 ⑤는 목적을 나타내는 부사적 용법의 to부정사이고, 나머지는 모두 명사적 용법의 to부정사이다. (① 보어, ② 주어, ③ 진주어, ④ 목적어)

13 |해석| Q: 귀부인은 왜 가게로 돌아왔는가?
A: 그녀는 <u>자신의 다이아몬드 반지를 잃어버려서</u> 돌아왔다.
② 도넛을 가지고 가지 않아서
③ Bob 삼촌을 만나고 싶어서
④ 도넛 속에서 반지를 발견해서
⑤ 도넛을 좀 더 사고 싶어서
|해설| I lost my diamond ring. 문장으로 보아 귀부인이 가게로 돌아온 이유는 자신의 다이아몬드 반지를 잃어버렸기 때문이다.

14 |해석| ① 귀부인은 Homer가 자신의 반지를 가져갔다고 생각했다.
② Homer는 귀부인이 반지를 빼는 것을 본 기억이 없다.
③ Homer, Bob 삼촌과 귀부인은 반지를 찾지 못했다.
④ 귀부인은 Bob 삼촌에게 도넛을 모두 쪼개 달라고 부탁했다.
⑤ Homer는 귀부인의 반지를 찾을 방법에 대한 아이디어가 없었다.
|해설| ③ Homer, Bob 삼촌과 귀부인은 반지를 찾아보았지만 찾지 못했다.
① 귀부인은 반지를 계산대에 둔 것 같다고 했다.
② Homer는 귀부인이 반죽을 섞기 전에 반지를 뺀 것을 기억한다고 했다.
④ 반지가 도넛 중 하나 안에 있을 것이라는 Homer의 말에 도넛을 모두 쪼개야 한다고 한 사람은 Bob 삼촌이다.
⑤ Homer는 귀부인의 반지를 찾을 아이디어가 있다고 했다.

[15~17] |해석|
Homer: 걱정하지 마세요, 삼촌. 제게 아이디어가 있어요.
Homer는 종이 한 장을 가져와 안내판을 만들었다. 그러고 나서 그는 그것을 가게 창문에 붙였다.

> **신선한 도넛**
> 2개에 5센트
> 도넛 안에 있는 반지를 찾으면 100달러의 상금을 드려요.
> 추신. 반지를 돌려주셔야 합니다.

그러자 많은 사람들이 도넛을 사기 시작했다. 갑자기, 한 남자가 흥분해서 소리쳤다.
Man: 찾았어요! 내가 반지를 찾았어요!
Homer: 보세요, 제 아이디어가 통했어요!
Lady: 여기, 100달러예요!
결국에는 모두가 행복했다. 남자는 100달러를 가지고 집에 갔다. 귀부인은 다이아몬드 반지를 되찾았고, Bob 삼촌은 도넛을 많이 팔았다. 그리고, Homer는 어떻게 됐을까? 그는 자신의 아이디어가 아주 잘 통해서 행복했다!

15 |해설| ⓓ 주어 everybody는 단수 취급하므로 was로 써야 한다.

16 |해설| my idea는 앞 부분 Homer took a piece of paper and made a sign.부터 안내문까지의 내용을 가리킨다.

17 |해설| 감정을 나타내는 형용사 happy 뒤에 감정의 원인을 나타내는 that절을 써서 문장을 완성한다.

STEP B

W Words 고득점 맞기
p. 180

01 ⑤　**02** ②　**03** ⑤　**04** (w)ork　**05** ④　**06** ②
07 ③

01 |해석| 그 소년은 드론이 날고 있는 것을 보았을 때 신이 나서 펄쩍 뛰
었다.
　① 표지판, 안내판　② 상, 상금, 상품　③ 반죽
　④ 보상, 사례금　⑤ 흥분, 신남
|해설| 문맥상 빈칸에는 excitement(흥분, 신남)가 알맞다.

02 |해석| • 등산객들은 잠시 동안 휴식을 취했다.
　• 실내에서는 모자를 벗어 주시겠어요?
　• 빵을 작은 조각으로 쪼개서 조각들을 큰 조리용 그릇에 넣으세요.
|해설| for a while: 잠시 동안
take off: (옷 · 장신구 등을) 벗다, 빼다
break up: 쪼개다, 나누다

03 |해석| ① 우리는 문에 걸린 안내판을 보지 못했다.
　② 너는 수학여행 갈 준비가 되었니?
　③ 반죽을 섞고 30분 동안 놓아 두어라.
　④ 식기세척기는 부엌에서 유용한 기계이다.
　⑤ 나는 돈이 충분해서 가방을 살 수 없었다.
|해설| ⑤는 문맥상 어색하다.

04 |해석| • 그녀의 아이디어가 효과가 있을 것이라고 생각하니?
　• Wilson 씨는 작년에 조종사로 일하기 시작했다.
　• 이 오래된 컴퓨터는 더 이상 작동하지 않는다.
|해설| '효과가 있다', '일하다', '작동하다'라는 뜻을 모두 갖는 단어는
work이다.

05 |해석| ① 갑자기, 비가 내리기 시작했다.
　② 양동이는 모래와 돌로 가득 차 있었다.
　③ 그 사고는 3시 경에 발생했다.
　④ 그녀는 점심을 먹기 위해 사무실에서 나갔다.
　⑤ 결국, 그들은 결과에 만족했다.
|해설| ④ step out (of)는 '(~에서) 나가다, 내리다'라는 뜻의 표현으로
go into(~로 들어가다)와 바꿔 쓸 수 없다.

06 |해석| ⓐ James는 책상에 많은 책을 쌓아 놓았다.
　ⓑ Amy는 팬케이크를 만들기 위해 달걀과 밀가루를 섞었다.
　ⓒ 나는 오븐을 닫고 시작 버튼을 눌렀다.
　ⓓ 그는 자신의 새 스마트폰을 잃어버려서 지금 속상하다.
|해설| ⓐ에는 piled(쌓았다), ⓑ에는 mixed(섞었다), ⓒ에는
pushed(눌렀다), ⓓ에는 lost(잃어버렸다)가 알맞다.

07 |해석| ⓐ 적절하게 작동하거나 행동하다
　ⓑ 어떤 것을 어딘가에 두고 그것 없이 가 버리다
　ⓒ 어떤 것을 요리하기 위한 재료와 지시 사항의 목록
　ⓓ 좋은 일을 한 것에 대해 받는 것
|해설| ⓐ는 work(효과가 있다, 잘 작동하다), ⓑ는 leave(~에 두다, 놓
다), ⓒ는 recipe(요리법), ⓓ는 reward(보상, 사례금)의 영영풀이다.

R Reading 고득점 맞기
pp. 183~185

01 ①, ②　**02** ②　**03** ③　**04** ②　**05** ④　**06** ④　**07** ②
08 ①　**09** ②　**10** ⑤　**11** ①　**12** ①
[서술형]
13 You took it off before you started to mix the batter.
14 (1) She is going to give one hundred(100) dollars (to
the person that(who) finds her ring). (2) He thought (that)
it was inside one of the doughnuts.

[01~03] |해석|
Homer의 삼촌인 Bob은 도넛 가게를 운영했다. Bob 삼촌은 기계를 좋
아해서, 가게는 요리 기계들로 가득 차 있었다. 어느 날, Homer가 Bob
삼촌의 가게를 방문했다.
Homer: 안녕하세요, Bob 삼촌!
Bob: 안녕, Homer. 널 보니 반갑구나. 이 새 도넛 기계 좀 봐. 멋지지 않니?
　Homer, 내가 잠시 집에 다시 가 봐야 해. 나 대신 가게를 봐 주고 도넛
　을 좀 만들어 주겠니?
Homer: 네, 해 볼게요, 그런데 ….
Bob: 하기 쉽단다. 먼저, 도넛 반죽을 만들고 그것을 기계에 넣으럼. 그런
　다음에 기계를 작동하기만 하면 돼. 여기 요리법이 있어.
Homer: 그건 할 수 있어요. 걱정하지 마세요.
Bob 삼촌이 떠난 후, 큰 차 한 대가 가게 앞에 섰고, 한 귀부인이 내렸다.
Lady: 도넛과 커피 한 잔 주시겠어요?
Homer: 죄송하지만, 도넛이 준비가 안 됐어요.

01 |해석| ① 적절하게 작동하거나 행동하다
　② 더 이상 가지고 있지 않다; 찾을 수 없다
　③ 일을 하기 위해 사용하는 하나의 장비
　④ 어떤 것을 요리하기 위한 재료와 지시 사항의 목록
　⑤ 종종 빵이나 케이크로 구워지는 밀가루, 달걀, 우유 등의 혼합물
|해설| ③은 machine(기계), ④는 recipe(요리법, 레시피), ⑤는
batter(반죽)의 영영풀이다. ①은 work(효과가 있다, 잘 작동하다),
②는 lose(잃어버리다)에 해당하는 영영풀이로, 본문에 쓰이지 않았다.

02 |해석| ① 나는 도넛을 살 수 있다.
　② 나는 도넛을 만들 수 있다.
　③ 나는 도넛 가게를 떠날 수 있다.
　④ 나는 도넛 기계를 고칠 수 있다.
　⑤ 나는 도넛을 가지러 집으로 돌아갈 수 있다.
|해설| Bob 삼촌이 앞에서 도넛 만드는 방법을 알려 주었으므로,
Homer의 말 I can do that.은 삼촌이 알려 준 대로 도넛을 만들 수
있다는 것을 의미한다.

03 |해석| 윗글을 읽고 답할 수 없는 질문은?
　① Bob 삼촌의 가게는 무엇으로 가득 차 있었는가?
　② Bob 삼촌은 Homer에게 무엇을 해 달라고 요청했는가?
　③ Bob 삼촌은 왜 집으로 다시 가야 했는가?
　④ Bob 삼촌이 떠나고 나서 무슨 일이 일어났는가?
　⑤ 귀부인은 무엇을 주문했는가?
|해설| ③ Bob 삼촌이 집에 다시 간 이유는 언급되지 않았다.

[04~07] |해석|
귀부인은 외투를 벗고 커다란 다이아몬드 반지를 뺐다. 그녀는 반죽을 섞기

시작했다.

Lady: 내가 도와줄게. 나는 맛있는 도넛을 만들 수 있단다.

Homer: 어, 좋아요. 정말 반죽이 많군요.

Lady: 그냥 기다려 보렴. 도넛이 아주 맛있을 거야.

Homer는 도넛 기계를 켰다. 고리 모양의 반죽들이 뜨거운 기름 속으로 떨어지기 시작했다.

Lady: 첫 번째 도넛을 맛보렴. 여기 있어.

Homer: 와! 정말 맛있네요!

Lady: 난 이제 가 봐야 해. 정말 재미있었어! 잘 있으렴!

Homer: 도와주셔서 감사해요. 안녕히 가세요!

Homer는 도넛이 충분하게 있어서 정지 버튼을 눌렀지만, 아무 일도 일어나지 않았다. 도넛이 계속해서 기계에서 나왔다.

Homer: 흐음 … 뭐가 잘못된 거지? Bob 삼촌에게 전화를 해야겠어.

가게는 이제 도넛으로 가득 찼다. Homer는 도넛들을 계산대 위에 쌓아 올렸다.

Homer: Bob 삼촌! 지금 당장 돌아와 주세요. 도넛 기계에 뭔가 이상이 있어요.

Bob: 아, 이런! 우리가 이 도넛들을 모두 어떻게 팔지?

04 |해설| (A) take off: ~을 벗다, 빼다
(B) drop into: ~ 안으로 떨어지다
(C) be full of: ~로 가득 차 있다
(D) something's wrong with: ~에 문제가 있다

05 |해설| 주어진 문장은 도넛이 계속해서 기계에서 나와서 Homer가 무엇이 잘못 되었는지 생각하는 문장 앞인 ④에 들어가는 것이 자연스럽다.

06 |해설| ⓓ 전치사(for) 뒤에는 동사를 동명사 형태로 써야 한다.
(→ helping)

07 |해석| ⓐ 귀부인은 Homer가 맛있는 도넛을 만드는 것을 도왔다.
ⓑ 귀부인은 Homer가 도넛을 모두 만들 때까지 기다렸다.
ⓒ Homer는 도넛들이 만들어졌을 때 첫 번째 도넛을 먹었다.
ⓓ 도넛 기계가 고장났지만 Homer가 그것을 고쳤다.
ⓔ Bob 삼촌은 모든 도넛을 팔 수 있을 것이라고 확신했다.
|해설| ⓑ 귀부인이 떠난 후에도 도넛은 계속 만들어졌다.
ⓓ 도넛 기계에 이상이 있었고 Homer는 도넛이 계속 나오는 것을 막지 못해서 Bob 삼촌에게 알렸다.
ⓔ Bob 삼촌은 쌓여 있는 도넛을 보고 놀라며 그것들을 모두 어떻게 팔지 고민했다.

[08~10] |해석|
바로 그때 귀부인이 가게로 돌아왔다.

Lady: 내 다이아몬드 반지를 잃어버렸어. 내 생각엔 계산대 위에 그것을 놓아둔 것 같은데.

Homer: 아, 기억나요. 반죽 섞기를 시작하기 전에 그것을 빼셨어요.

모두가 다이아몬드 반지를 찾았지만, 찾을 수 없었다.

Homer: 저는 못 찾겠어요.

Lady: 그 반지를 찾아 주는 사람에게 100달러의 보상금을 드릴게요!

Homer: 알겠어요! 그 반지는 반죽 속으로 떨어졌어요. 반지는 이 도넛들 중 하나 안에 있는 게 확실해요!

Lady: 네 말이 맞아!

Bob: 아, 안 돼! 이제 우리는 반지를 찾기 위해 이 도넛들을 모두 쪼개야 해요.

08 |해설| ⓐ에는 동사 think의 목적어 역할을 하는 명사절을 이끄는 접속사 that이 알맞고, ⓑ에는 선행사 the person을 수식하는 관계대명

사절을 이끄는 주격 관계대명사 who 또는 that이 알맞으므로 공통으로 알맞은 말은 that이다.

09 |해석| ① 그녀는 방에 열쇠를 두고 왔다.
② 곧장 두 블록을 가서 왼쪽으로 도세요.
③ Tom은 책상에 자신의 스마트폰을 놓아두었다.
④ 나는 안경을 어디에 두었는지 기억하지 못한다.
⑤ 그 남자는 기차에 자신의 가방을 두고 내렸다고 확신한다.
|해설| ②는 부사로 '왼쪽으로'라는 뜻이고 (A)와 나머지는 모두 '~에 놓았다. 두었다'라는 뜻으로 동사 leave의 과거형이다.

10 |해설| ⑤ 귀부인의 반지는 반죽 속으로 떨어져 도넛 중 하나 안에 있을 것이라는 Homer의 말에, Bob 삼촌은 반지를 찾으려면 도넛을 다 쪼개야 한다고 했다.

[11~12] |해석|

Homer: 걱정하지 마세요, 삼촌. 제게 아이디어가 있어요.

Homer는 종이 한 장을 가져와 안내판을 만들었다. 그리고 나서 그는 그것을 가게 창문에 붙였다.

신선한 도넛
2개에 5센트
도넛 안에 있는 반지를 찾으면 100달러의 상금을 드려요.
추신. 반지를 돌려주셔야 합니다.

그러자 많은 사람들이 도넛을 사기 시작했다. 갑자기, 한 남자가 흥분해서 소리쳤다.

Man: 찾았어요! 내가 반지를 찾았어요!

Homer: 보세요, 제 아이디어가 통했어요!

Lady: 여기, 100달러예요!

결국에는 모두가 행복했다. 남자는 100달러를 가지고 집에 갔다. 귀부인은 다이아몬드 반지를 되찾았고, Bob 삼촌은 도넛을 많이 팔았다. 그리고, Homer는 어떻게 됐을까? 그는 자신의 아이디어가 아주 잘 통해서 행복했다!

11 |해설| ⓒ everybody는 단수 취급하므로 was를 써야 한다.
ⓔ 감정을 나타내는 형용사 happy의 원인을 나타내는 절을 이끄는 접속사 that이 되어야 한다.

12 |해설|
• 미나: Bob 삼촌은 귀부인의 반지를 찾을 아이디어가 있었어.
• 다연: 사람들은 단지 도넛이 맛있어서 도넛을 사기 시작했어.
• 민호: 귀부인의 반지는 도넛 가게 고객에 의해 발견되었어.
• 소윤: 귀부인은 반지를 찾은 남자에게 100달러를 줬어.
• 도준: Homer 덕분에 Bob 삼촌은 많은 도넛을 팔 수 있었어.
|해설| • 미나 → 반지를 찾을 아이디어를 낸 사람은 Homer였다.
• 다연 → 사람들은 도넛의 맛 때문이 아니라, 도넛에 들어 있는 반지를 찾는 사람에게 100달러를 준다는 안내판을 보고 도넛을 사기 시작했다.

13 |해설| take off와 같이 「타동사+부사」 형태의 동사구의 목적어로 대명사가 올 경우에는 대명사를 동사와 부사 사이에 써야 하는 것에 유의하여 문장을 완성한다.

14 |해석| (1) 귀부인은 자신의 반지를 찾는 사람에게 얼마를 줄 것인가?
→ 그녀는 (자신의 반지를 찾는 사람에게) 100달러를 줄 것이다.
(2) Homer는 귀부인의 반지가 어디에 있다고 생각했는가?
→ 그는 그것이 도넛들 중 하나 안에 있다고 생각했다.

모의고사

제 **1**회 대표 기출로 내신 **적중** 모의고사   pp. 186~188

01 ⑤   02 ①   03 ①   04 All, sudden   05 ③   06 ⓔ
→ aren't(are not) ready   07 recipe   08 ⑤   09 ⑤
10 greatly → great   11 ③   12 ②   13 ④
14 |모범 답| 도넛 기계의 정지 버튼을 눌렀지만 아무 일도 일어나지
않은 것(계속해서 도넛이 나온 것)   15 ④   16 ②
17 |모범 답| She went back to the (doughnut) shop because
she lost her diamond ring.   18 worked   19 ④   20 ③

01 |해석| ① 표지판, 안내판   ② 요리법, 레시피   ③ 반죽
④ 반지; 고리 (모양의 것)   ⑤ 보상, 사례금
|해설| '좋은 일을 한 것에 대해 받는 것'은 reward(보상, 사례금)의 영
영풀이다.

02 |해석| 나는 지갑을 못 찾겠어. 나는 그것을 집에 두고 온 것 같아.
② 섞었다   ③ 눌렀다   ④ 효과가 있었다   ⑤ (일이) 일어났다
|해설| 문맥상 빈칸에는 leave(~에 두다, 놓다)의 과거형인 left가 알
맞다.

03 |해석| • 양식에 이름을 서명하세요.
• 도로에 '서행하시오'라고 쓰인 안내판이 있다.
② 떨어뜨리다; 방울   ③ 상, 상금, 상품
④ (잠깐 동안) 봐 주다; 시계   ⑤ 다이아몬드, 금강석
|해설| '서명하다'와 '표지판, 안내판'의 뜻을 모두 가진 단어는 sign
이다.

04 |해석| 갑자기, Jenny가 큰 소리로 울기 시작했다.
|해설| suddenly: 갑자기 (= all of a sudden)

05 |해석| ① 반죽에 땅콩을 약간 넣어라.
② 누가 계산대에 이 가방을 놓았니?
③ 내가 네 스파게티를 좀 먹어 봐도 되니?
④ 그들 모두에게 줄 충분한 음식이 있다.
⑤ 그녀는 영어 말하기 대회에서 1등 상을 탔다.
|해설| ③의 try는 '먹어 보다'라는 뜻으로 쓰였다.

06 |해설| ⓔ 도넛과 커피를 주문하는 말에 I'm sorry라고 사과의 말을 한
뒤 도넛이 준비되었다고 말하는 것은 어색하다.

07 |해설| '어떤 것을 요리하기 위한 재료와 지시 사항의 목록'은 recipe
(요리법, 레시피)의 영영풀이다.

08 |해설| ⑤ 귀부인이 왔을 때 Bob은 가게를 나가고 난 후였다.

09 |해설| ⓔ thank A for B: A에게 B에 대해 감사하다
ⓐ take off: (옷·장신구 등을) 벗다, 빼다
ⓑ a lot of: 많은
ⓒ turn on: ~을 켜다
ⓓ drop into: ~ 속으로 떨어지다

10 |해설| taste는 감각동사이므로 주격 보어로 부사가 아닌 형용사를 써
야 한다.

11 |해석| ① Homer는 Bob 삼촌이 도넛 만드는 것을 도왔다.
② 귀부인은 도넛 반죽을 섞을 때 다이아몬드 반지를 끼고 있었다.
③ Homer는 도넛을 만들기 위해 도넛 기계를 사용했다.
④ 귀부인이 첫 번째 도넛을 먹었다.
⑤ Homer와 귀부인은 함께 도넛을 팔기로 결정했다.
|해설| ③ Homer는 도넛 기계를 사용해서 도넛을 만들었다.
① 귀부인이 Homer가 도넛 만드는 것을 도왔다.
② 귀부인은 반죽을 섞기 전에 다이아몬드 반지를 뺐다.
④ 귀부인이 Homer에게 첫 번째 도넛을 맛보게 했다.
⑤ 귀부인은 도넛을 만든 후 가 봐야 한다며 떠났다.

12 |해설| ⓐ keep -ing: 계속해서 ~하다
ⓒ 명령문이므로 동사원형이 알맞다.

13 |해석| ① Homer는 모든 도넛을 팔았다.
② Homer는 기계 속에 반죽을 넣었다.
③ Homer는 도넛 기계를 고쳤다.
④ 가게는 이제 도넛으로 가득 차 있었다.
⑤ Homer는 아직도 도넛 반죽을 많이 만들어야 했다.
|해설| 빈칸 뒤에 이어지는 문장에서 Homer가 도넛들을 계산대 위에
쌓아 올렸다고 했으므로, 빈칸에 들어갈 말로 ④가 알맞다.

14 |해설| Homer가 도넛 기계에 이상이 있다고 한 것은 정지 버튼을 눌
렀지만 기계가 멈추지 않고 계속해서 도넛이 나왔기 때문이다.

15 |해설| 주어진 문장은 반지가 반죽 속으로 떨어졌다는 내용이므로, 반지
가 도넛 안에 있다고 Homer가 확신하는 문장 앞인 ④에 들어가는 것
이 자연스럽다.

16 |해설| ⓑ start는 목적어로 to부정사와 동명사를 모두 취할 수 있는 동
사이므로, to mix 또는 mixing으로 써야 한다.

17 |해석| 귀부인은 왜 도넛 가게로 돌아왔는가?
→ 그녀는 자신의 다이아몬드 반지를 잃어버려서 (도넛) 가게로 돌아
왔다.

18 |해설| Homer의 아이디어가 잘 통해서 반지를 찾았으므로, '효과가 있
다'라는 의미의 동사 work의 과거형인 worked가 알맞다.

19 |해석| ① 그러나   ② 비슷하게   ③ 예를 들어
④ 결국, 결과적으로   ⑤ 반대로(대조적으로)
|해설| 남자는 보상금을 받았고 귀부인은 반지를 찾았으며 Bob 삼촌은
도넛을 많이 팔았다는 내용이 이어지므로, '결국(In the end) 모두가
행복했다.'라는 의미의 문장이 되는 것이 자연스럽다.

20 |해석| 윗글을 읽고 "예"로 답할 수 없는 질문은 무엇인가?
① Homer는 귀부인의 반지를 찾기 위해 안내판을 만들었는가?
② Homer의 아이디어는 효과가 있었는가?
③ Homer는 귀부인의 반지를 찾은 것에 대한 상을 받았는가?
④ Bob 삼촌은 도넛을 많이 팔았는가?
⑤ 이야기의 마지막에 Homer는 행복했는가?
|해설| ③ 손님들 중 한 남자가 도넛 안에 있는 귀부인의 반지를 찾아서
100달러의 보상금을 받았다.

01 ③ **02** (l)eave **03** ① **04** (p)ile **05** ② **06** ④
07 (1) 자신의 도넛 가게를 잠시 봐 주기 (2) 도넛 만들기 **08** ⑤
09 the first doughnut **10** ③ **11** (D)−(C)−(E)−(A)−(B)
12 ③ **13** ④ **14** ② **15** ⑤ **16** to the person who
(that) finds that ring **17** doughnuts, made a sign
18 ⑤ **19** ③ **20** (1)|모범 답| 100달러를 가지고 집에 갔다.
(2)|모범 답| 자신의 다이아몬드 반지를 되찾았다. (3)|모범 답| 도넛을
많이 팔았다. (4)|모범 답| 자신의 아이디어가 잘 통해서 행복했다.

01 |해석| ① 찾다 − 잃어버리다
② 팔다 − 사다
③ 시작하다 − 시작하다
④ 안에 − 밖에
⑤ ~을 입다 − ~을 벗다
|해설| ③은 유의어 관계이고, 나머지는 모두 반의어 관계이다.

02 |해석| • 나는 버스에 우산을 두지 않았다.
• 당신이 떠날 때 전등을 모두 꺼 주세요.
|해설| '~에 두다, 놓다'와 '떠나다'라는 뜻을 모두 가진 단어는 leave
이다.

03 |해석| • 그 소년은 갑자기 사라졌다.
• 우리는 결국 이겼지만 아슬아슬한 시합이었다.
|해설| all of a sudden: 갑자기
in the end: 결국, 결과적으로

04 |해설| '많은 것들을 서로의 위에 놓다'는 pile(쌓다)의 영영풀이다.

05 |해석| ⓐ 잠시만 나를 기다려 줄래?
ⓑ 정원은 빨간색 장미로 가득 차 있었다.
ⓒ 나는 하루 종일 방에서 나가지 않았다.
ⓓ 그는 사과 파이를 쪼개려고 시도했지만 할 수 없었다.
|해설| ⓐ for a while: 잠시 동안
ⓑ be full of: ~으로 가득 차다
ⓒ step out: 나가다, 내리다
ⓓ break up: 쪼개다, 나누다

06 |해설| 주어진 문장은 도넛을 만드는 첫 번째 순서를 설명하는 내용이므
로, 맥락상 다음 순서를 설명하는 말 앞인 ④에 들어가는 것이 자연스
럽다.

07 |해설| Bob 삼촌은 Homer에게 Can you watch the shop for me
and make some doughnuts?라고 부탁하는 말을 했다.

08 |해석| ① Bob 삼촌은 도넛 가게를 운영했다.
② Homer는 삼촌의 가게에서 새로운 요리 기계를 봤다.
③ Bob 삼촌은 잠시 가게를 떠나야 했다.
④ Bob 삼촌은 Homer에게 도넛 만드는 법을 설명했다.
⑤ Homer는 혼자서 도넛을 만드는 것에 동의하지 않았다.
|해설| 도넛 만드는 방법에 대한 Bob 삼촌의 설명을 들은 Homer가
도넛을 만들 수 있다고 답했으므로, ⑤는 윗글의 내용과 일치하지 않
는다.

09 |해설| It은 앞에서 귀부인이 한 말의 '첫 번째 도넛'을 가리킨다.

10 |해설| ③ batter는 셀 수 없는 명사이므로 복수형으로 쓸 수 없다.

(⋯ batter)

11 |해석| (D) 귀부인이 외투를 벗고 반지를 뺐다.
(C) 귀부인이 반죽을 섞기 시작했다.
(E) Homer가 도넛 기계를 켰다.
(A) Homer가 첫 번째 도넛을 맛보았다.
(B) 귀부인이 도넛 가게를 떠났다.

12 |해설| ⓐ '뭐가 잘못된 거지?'라는 의미의 What's wrong?이 되어야
한다.
ⓑ '~에 문제가 있다'라는 의미의 something's wrong with가 알
맞다.

13 |해석| ① 도넛 가게가 너무 작았다.
② Homer가 도넛 기계를 고쳤다.
③ Bob 삼촌이 Homer에게 도넛을 더 만들라고 요청했다.
④ 도넛 기계가 도넛 만드는 것을 멈추지 않았다.
⑤ Homer가 도넛 기계의 정지 버튼을 누르는 것을 잊어버렸다.
|해설| 가게가 도넛으로 가득 찰 수 밖에 없었던 이유는 Homer가 정
지 버튼을 눌렀지만 기계가 멈추지 않고 계속해서 도넛을 만들어 냈기
때문이다.

14 |해석| ① 미안한, 유감스러운 ② 걱정스러운 ③ 아주 기뻐하는
④ 행복한 ⑤ 흥분한
|해설| 도넛 기계 고장으로 예상치 않게 많은 도넛이 만들어진 상황이므
로 worried(걱정스러운)가 Bob의 심경으로 가장 알맞다.

15 |해설| ⓔ는 '안내판(a sign)'을 가리키고, 나머지는 모두 '귀부인의 다
이아몬드 반지'를 가리킨다.

16 |해설| 「give+직접목적어(a reward ~ dollars)+전치사(to)+간접목
적어(the person)」 형태의 3형식 문장을 완성한다. 또한 the
person을 선행사로 하는 관계대명사절을 써야 하는데, 선행사 the
person이 3인칭 단수 명사이므로 관계대명사절의 동사는 finds로
써야 한다.

17 |해설| Homer는 귀부인의 반지가 도넛들 중 하나 안에 있다고 생각했
고, 반지를 찾기 위해 안내판을 만들었다.

18 |해설| ⓔ 글의 마지막 부분에 Homer는 자신의 아이디어가 아주 잘
통해서 행복했다고 했으므로, failed(실패했다)는 문맥상 어색하다.

19 |해석| ① 그녀는 학교 과제를 (작업)했다.
② 나의 어머니는 중학교에서 일하신다.
③ 그는 약을 좀 먹었지만 그것은 효과가 없었다.
④ 이 회사에서 얼마나 오래 일하셨나요?
⑤ Sarah는 몇 년 동안 보조 요리사로 일했다.
|해설| (A)와 ③의 work는 '효과가 있다'라는 뜻의 동사로 쓰였다. 나머
지는 모두 '일하다, 작업하다'라는 뜻으로 쓰였다.

20 |해설| 글의 마지막 부분 In the end 이하에서 본문 속 인물들이 각자
어떻게 행복하게 되었는지 알 수 있다.

특급기출

기출예상문제집

중학 영어 **2-2** 기말고사 윤정미

정답 및 해설

영역	브랜드	초1~2	초3~4	초5~6	중1	중2	중3	고1	고2	고3
독해	[중등] 기본서 READING CLEAR				READING CLEAR 1	READING CLEAR 2	READING CLEAR 3			
	[중등] 수능 대비서 수작 중학 비문학 영어 독해				수작 비문학 영어 독해	수작 비문학 영어 독해	수작 비문학 영어 독해			
	[고등] 기본서 Supreme 구문독해 / 유형독해							Supreme 구문독해	Supreme 유형독해	
	[중·고등] 문장독해 공식으로 통하는 문장독해 기본 완성							공통문 기본	공통문 완성	
듣기	[중등] 듣기모의고사 LISTENING CLEAR 중학영어 듣기모의고사				LISTENING CLEAR 1	LISTENING CLEAR 2	LISTENING CLEAR 3			
	[고등] 듣기모의고사 Supreme 수능 영어 듣기 모의고사 기본 실전							Supreme 기본	Supreme 실전	
어휘	[초·중·고등] 영단어, 영숙어 뜯어먹는 시리즈	뜯어먹는 필수 영단어 1	뜯어먹는 필수 영단어 2		뜯어먹는 중학 1200	뜯어먹는 중학 1800	뜯어먹는 중학 영숙어 1000	뜯어먹는 수능 1800	뜯어먹는 수능 1800	뜯어먹는 수능 1200
	[중·고등] 영단어 보카클리어				보카클리어	보카클리어	보카클리어	보카클리어 고교필수편	보카클리어 수능편	

문제로 영문법이 쉬워진다!

그래머 클라우드 3000제

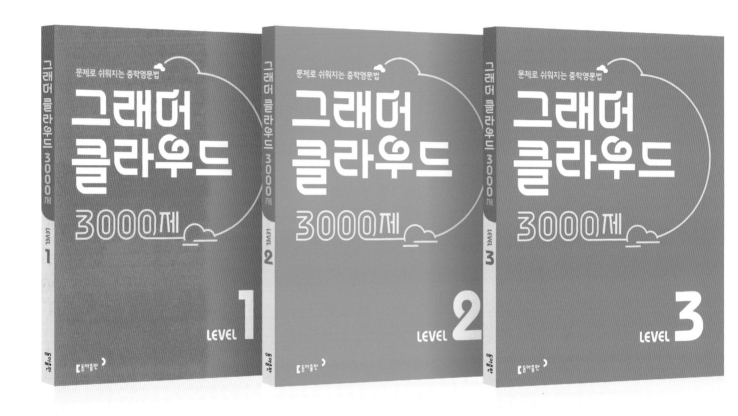

중학영문법을 쉽게 이해하고 싶어 하는 학생들에게 추천합니다!

✔ 핵심 문법 Point와 연습 문제로 자연스럽게 개념 이해

✔ 3단계 개념완성 Test로 유형별 문제와 서술형까지 집중 훈련

✔ 학교 시험에 자주 출제되는 문제로 내신 완벽 대비